Technologieinduzierte Entwicklung neuer Wertversprechen im Software-intensive Business

Felix Schönhofen

Technologieinduzierte Entwicklung neuer Wertversprechen im Software-intensive Business

Springer Gabler

Felix Schönhofen
Sachsenheim, Deutschland

D 93 – Dissertation der Universität Stuttgart

ISBN 978-3-658-43470-0 ISBN 978-3-658-43471-7 (eBook)
https://doi.org/10.1007/978-3-658-43471-7

Die Deutsche Nationalbibliothek verzeichnet diese Publikation in der Deutschen Nationalbibliografie; detaillierte bibliografische Daten sind im Internet über http://dnb.d-nb.de abrufbar.

Planung/Lektorat: Carina Reibold
Springer Gabler ist ein Imprint der eingetragenen Gesellschaft Springer Fachmedien Wiesbaden GmbH und ist ein Teil von Springer Nature.
Die Anschrift der Gesellschaft ist: Abraham-Lincoln-Str. 46, 65189 Wiesbaden, Germany

Das Papier dieses Produkts ist recyclebar.

Geleitwort

Mit der fortschreitenden Digitalisierung in den meisten Branchen sehen sich Unternehmen permanentem Druck ausgesetzt, neue Geschäftsmodelle zu entwerfen oder bestehende verändern zu müssen. Zu den Treibern für diese Veränderungen können Phänomene wie Plattformökosysteme, die fortschreitende Erhebung und Nutzung von Daten (bspw. in der Produktionstechnik) und technische Inventionen gezählt werden. Der technischen Innovationsfähigkeit vieler Unternehmen steht zunehmend die Problemstellung gegenüber, wie diese neuen Technologien in tragfähige Geschäftsmodelle überführt werden können. Dies wird verstärkt durch die im *Software-intensive Business* zu beobachtende zunehmende Diffusion bisher abgegrenzter Märkte, was den Unternehmen große Gestaltungsspielräume bei der Definition von Zielgruppen und Wertangebot eröffnet.

Insbesondere die Forschungsbereiche der (IT-)Geschäftsmodelle und des Innovationsmanagements beschäftigten sich bereits auf vielfältige Weise mit dieser Problemstellung. So thematisierten zwar bereits eine Reihe von Veröffentlichungen im Bereich der Geschäftsmodellforschung die Entwicklung neuartiger Geschäftsmodelle, dennoch mangelt es an methodischen Ansätzen zu deren konkreter Umsetzung und der Verbindung zur darauf aufbauenden Produktgestaltung. Im Bereich des Innovationsmanagements wird eine Vielzahl an Methoden (zu denen bspw. das bekannte Design Thinking gehört) vorgeschlagen, die jedoch nur wenig Aufschluss über die Einbettung des Wertversprechens in den weiteren Entwicklungsprozess geben.

Zudem erfordern die meisten bestehenden methodischen Ansätze zur Entwicklung neuer Geschäftsmodelle und insbesondere des Wertversprechens eine im Vorfeld klar definierte Zielgruppe. Im Fall der Vermarktung neuer Technologien ist diese in der Praxis häufig nur unzureichend bekannt. Die Unternehmen stehen vor dem Dilemma, dass sie aus neuen Technologien Produkte entwickeln müssen, die möglichst genau die Qualitätsziele ihrer Kunden erfüllen, ihnen diese Kunden selbst – und erst recht nicht ihre Anforderungen – zu Beginn der Entwicklung aber noch nicht bekannt sind.

Diesem wichtigen, hochaktuellen und praxisrelevanten Thema widmet sich Herr Felix Schönhofen in der vorliegenden Arbeit, in dem er die bestehende Qualitätsmethode Quality Function Deployment (QFD), basierend auf Forschungsmethoden der Wirtschaftsinformatik, zur Begegnung der Problemstellung methodisch erweitert.

Stuttgart
im Mai 2023

Univ.-Prof. Dr. Georg Herzwurm

Danksagung

Ohne die wertvolle Unterstützung vieler Personen wäre mir die Anfertigung dieser Dissertationsschrift nicht möglich gewesen.

Der erste Dank gilt daher meinem Doktorvater Prof. Dr. Georg Herzwurm, der mir die Anfertigung dieser Arbeit ermöglichte und dessen Vertrauen und wertvollen Rats ich mir stets sicher sein konnte.

Selbstverständlich sei auch dem Zweitgutachter dieser Arbeit, Herrn Prof. Dr. Hans-Georg Kemper herzlichst gedankt, ebenso wie Herrn Prof. Dr. Burkhard Pedell für die Übernahme des Prüfungsausschussvorsitzes.

Das vorliegende Werk wird für mich persönlich immer eine Erinnerung sein – nicht nur an die Bemühungen um wissenschaftlichen Fortschritt, sondern vor allem an einen besonders schönen Lebensabschnitt, nämlich meine Zeit als akademischer Mitarbeiter an der Abteilung VIII des betriebswirtschaftlichen Instituts der Universität Stuttgart. Ich bitte um Nachsicht, dass aus Platzgründen keine vollumfängliche Auflistung möglich ist, möchte jedoch stellvertretend für alle Kolleginnen und Kollegen, die mich über die Jahre begleitet haben, einige Personen hervorheben: Meinen langjährigen Zimmerkollegen Dr. Sixten Schockert, der in Forschung und Lehre als unverzichtbarer Sparringspartner wirkte und gemeinsam mit dem Doktorvater maßgeblich meine Begeisterung für das Requirements Engineering und die Methode QFD weckte. Auch Sook Ja Schmitz, die den Doktorand*innen stets und unermüdlich den Rücken freihält, möchte ich erwähnen, ebenso wie Prof. Dr. Andreas Helferich, Robert Henzel, Dr. Benedikt Krams, Kleophas Model, Dr. Katharina Peine, Dr. Dimitri Petrik und Dr. Tobias Tauterat. Euch allen sei für eure stetige Unterstützung und das freundschaftliche Miteinander gedankt. Bedanken möchte ich auch bei Prof. Dr. Wolfram Pietsch von der FH Aachen sowie den vielen Studierenden für die inspirierenden Diskussionen.

Nicht minderbedeutenden Anteil haben meine Freunde, die auf vielfältige Art und Weise bei der Entstehung dieser Arbeit unterstützt haben: Sebastian Abele danke ich für das jederzeit offene Ohr, Dr. Lars Oliver Mautsch und Olaf Mackert für das Heranführen an die Arbeit im akademischen Umfeld und die ein oder andere willkommene Ablenkung. Dr. Janina Reinhardt und Stefan Starz für die direkte und indirekte Unterstützung über die Jahre.

Die Arbeit an einer Dissertationsschrift verlangte aber nicht nur dem Verfasser einiges ab, sondern auch den Menschen in seinem Umfeld. Ich hatte das große Glück, jederzeit auf meine Familie zählen zu können. Insbesondere danke ich daher meinen Eltern Ursula und Gerd Schönhofen, die stets mit Rat und Tat für mich da waren und es bis heute sind.

Ganz besonderer Dank geht an meine Verlobte Carmen Nowak, deren liebevolle Kritik die Lesbarkeit dieses Werkes erheblich verbesserte und an meine Stieftochter Loreen, die zugunsten dieser Arbeit bei so einigen Monopoly-Runden auf mich verzichten musste.

Ihnen allen sei diese Arbeit gewidmet.

Sachsenheim
im Mai 2023

Felix Schönhofen

Zusammenfassung

Im Zuge der häufig unter dem Schlagwort *Digitalisierung* subsummierten Veränderungen im Software-intensive Business lässt sich ein wachsender Anteil der Software an der Gesamtwertschöpfung beobachten. Dies ermöglicht Unternehmen in nahezu allen Branchen die Schaffung neuer technologischer Innovationen, stellt sie aber auch vor die Herausforderung, diese in für die Kunden wertstiftende Produkte zu überführen.

Der Wert, den ein Produkt bei einer bestimmten Kundengruppe schafft, wird dabei in der Geschäftsmodellforschung häufig durch das Wertversprechen ausgedrückt. Es repräsentiert als Verbindung zwischen Kunde und Produkt den Kern eines Geschäftsmodells.

Die vorliegende Arbeit schlägt eine methodische Vorgehensweise vor, mit der Unternehmen auf Basis technologischer Innovationen neue Wertversprechen entwickeln können. Hierzu verbindet die Arbeit Erkenntnisse des Innovationsmanagements mit Methoden der konstruktiven Qualitätssicherung und stellt somit eine Brücke zwischen Innovations- und Qualitätsmanagement dar.

Um dieses Ziel erreichen zu können, erfolgt zunächst eine strukturierte Analyse der sozioökonomischen Implikationen des Forschungsumfelds *Software-intensive Business*, die in die Formulierung dreier wesentlicher Herausforderungen bei der technologieinduzierten Entwicklung neuer Wertversprechen mündet. Auf Basis der Implikationen konnte mit Quality Function Deployment eine methodische Grundlage identifiziert werden, die einerseits bei der Fokussierung auf das Wertversprechen als Verbindung zwischen Kunden und Produkt unterstützt, andererseits aber auch die Brücke zur nachgelagerten Produktentwicklung schlägt.

Aufbauend auf eine detaillierte Analyse und Eignungsfeststellung von QFD als methodische Grundlage, werden anschließend Methoden im Kontext des

Innovationsmanagements untersucht, um im Sinne des Method Engineerings Gestaltungsanforderungen an die neue Methode abzuleiten.

Die auf Basis dieser Anforderungen gestaltete Methode *Value Proposition Deployment* wird detailliert beschrieben und im Anschluss in einem zweistufigen Verfahren evaluiert.

Die Durchführbarkeit der Methode und der sog. Proof of Concept konnte dabei mittels der Gestaltung eines Softwareprototyps sowie der fallstudienbasierten Durchführung der Methode durch Studierende im Rahmen einer Lehrveranstaltung erbracht werden.

Im Rahmen der Evaluation des Proof of Value konnte zudem in zwei realen Praxisprojekten der Nutzen der Methode auf den angestrebten Anwendungszweck nachgewiesen werden.

Abstract

With increasing digitalization in almost all industries, a growing share of software in total value creation can be observed. Industries are changing towards the so-called Software-intensive Business which enables companies to create new technological innovations. However, it also confronts them with the challenge of transforming these into products that create value for customers.

In business model research, the value that a product creates for a particular customer group is often expressed by the value proposition. It represents the core of a business model as it is the main link between the customer and a product.

This thesis proposes a methodical approach that enables companies to develop new value propositions based on technological innovations. For this purpose, knowledge of innovation management is combined with constructive quality assurance methods. Thus, this paper builds a bridge between these two disciplines.

To achieve this goal, a structured analysis of the socio-economic implications of the research environment of Software-intensive Business is conducted, which leads to the formulation of three major challenges in the technology-induced development of new value propositions. Quality Function Deployment (QFD) was identified as a promising methodological basis for solving these challenges.

On the one hand, QFD supports the focus on the value proposition as the link between customer and product, but on the other hand, it also builds the bridge to further actual product development.

Based on a detailed analysis and determination of the suitability of QFD as a methodological basis, methods are then examined in the context of innovation management to derive design requirements for the new method in terms of method engineering.

Based on these requirements, a new method, the Value Proposition Deployment Method, is developed. It is first described in detail and then evaluated in a two-stage procedure.

The feasibility of the method and the so-called proof of concept could be established by means of the design of a software prototype as well as the case study-based implementation of the method by students in the context of a university information systems course.

During the evaluation of the proof of value, the usefulness of the method for the intended application could be proven in two real practical projects.

Inhaltsverzeichnis

Abkürzungsverzeichnis

AHP	Analytic Hierarchy Process
ASD	Adaptive Software Development
ASQFD	Agiles Software Quality Function Deployment
B2B	Business to Business Geschäftsmodell
B2C	Business to Consumer Geschäftsmodell
BMHoQ	Business Model House of Quality
CQFD	Continuous Quality Function Deployment
CSS	Cascading Style Sheets
DSR	Design Science Research
DSRM	Design Science Research Methodology
DSRM PM	Design Science Research Methodology Prozessmodell
E-Business	Electronic Business
GM	Geschäftsmodell
GM-QFD	Geschäftsmodell Quality Function Deployment
GMT-Methode	Geschäftsmodell-Trend-Methode
HTML	Hypertext Markup Language
IKT	Informations- und Kommunikationstechnologie
IoT	Internet of Things
ISO	International Organization for Standardization
JS	JavaScript
KE	Kritisches Ereignis
KVP	Kontinuierlicher Verbesserungsprozess
MBV	Market Based View
MCoI	Matrix Column of Interest
MRoI	Matrix Row of Interest
MVP	Minimal Viable Product

MVT	Maximum Value Table
NPD	New Product Development
OPC UA	Open Platforms Communications Unified Architecture
PriFo-QFD	Priorisierendes und fokussierendes Software QFD
QFD	Quality Function Deployment
QFD-ID	Quality Function Deployment Institut Deutschland
QFD-PPP	Quality Function Deployment Product Portfolio Planning
RBV	Resource Based View
RE	Requirements Engineering
SECO	Softwareplattformökosystem
SiB	Software-intensive Business
SPO	Software Producing Organization
SQFD	Software Quality Function Deployment
SWP	Softwareplattform
UX	User Experience
VoB	Voice of Business
VoBA	Voice of Business Analyse
VoC	Voice of Customer
VoCA	Voice of Customer Analyse
VoE	Voice of Engineer
VoEA	Voice of Engineer Analyse
VPD	(Quality Function Deployment) Value Proposition Deployment
VUCA	Volatility, Uncertainty, Complexity, Ambiguity
WI	Wirtschaftsinformatik
XP	Extreme Programming

Abbildungsverzeichnis

Tabellenverzeichnis

Problemstellung 1

Im Jahr 2018 tat sich eine internationale Expertengruppe[1] auf Schloss Dagstuhl im Saarland zusammen, um wesentliche Eckpunkte der Forschung bzgl. des Einflusses der Digitalisierung auf die Softwarebranche zu definieren.[2] Ergebnis dieser Überlegungen ist die Definition der Wissenschaftsdisziplin *Software-intensive Business (SiB)*. Danach schafft, erfasst und liefert ein *Software-intensives Unternehmen* Werte durch digitale Technologien. Das SiB beleuchtet Maßnahmen und Methoden innerhalb und zwischen Organisationen unter dem Eindruck von Veränderungen im technologischen Umfeld, unterschiedlichen Markteinflüssen und Trends wie der Digitalisierung.[3] Damit beschäftigt sich das SiB mit den Auswirkungen einer Entwicklung, die unter dem Begriff E-Business bereits zu Beginn der 2000er Jahre begann.[4]

---

[1] Bei der Anfertigung dieser Arbeit wurde auf geschlechterneutrale Formulierung Wert gelegt. Dennoch erfolgte unter Abwägung mit einer möglichst einfachen Lesbarkeit und Exaktheit der Formulierung teilweise die Verwendung des generischen Maskulinums. Damit sind explizit auch die anderen Geschlechter mitgemeint. Um dies zu unterstreichen, erfolgt bspw. in Beispielen die Verwendung rein weiblicher Formen.

[2] Vgl. Abrahamsson et al. (Hrsg., 2018).

[3] Vgl. Werder et al. (2018), S. 193. Zu ähnlichen Schlussfolgerungen kommen die Begründer des sog. *Software-defined Business*. Dieses bezeichnet Unternehmen, deren Wertschöpfung maßgeblich stark durch Software und Dienstleistungen abhängig ist. Vgl. hierzu Alt et al. (2020), S. 610.

[4] Zur Definition von E-Business vgl. Wirtz (2020), S. 22 und bzgl. des Einflusses auf Strategien und Produktentwicklung vgl. Yoffie und Cusumano (1999), S. 72 ff.

Die Originalversion dieses Kapitels wurde revidiert. Ein Erratum ist verfügbar unter https://doi.org/10.1007/978-3-658-43471-7_9

F. Schönhofen, *Technologieinduzierte Entwicklung neuer Wertversprechen im Software-intensive Business*, https://doi.org/10.1007/978-3-658-43471-7_1

Innerhalb des SiB wird die Konkretisierung neuer Technologien in erfolgreiche Geschäftsmodelle für die Unternehmen zu einer Herausforderung.[5] Erst das Geschäftsmodell[6] und insb. das darin enthaltene Wertversprechen[7] (engl. Value Proposition) definiert die Verbindung zwischen dem Produkt und den Kundengruppen.[8] Das Geschäftsmodell als Ganzes wirkt dabei als Vermittler zwischen der Strategie des Unternehmens und den Geschäftsprozessen,[9] während das Wertversprechen ein zusammenfassendes Bild des Wertes für den Kunden (repräsentiert durch ein Produkt oder einen Service), der Zielkundengruppe und deren Verbindung darstellt.[10] Entsprechend müssen in einem Entwicklungsprojekt ausgehend von einer neuen Technologie diese Dimensionen – Produkt und Kundengruppen – in Einklang stehen („Fit").[11]

Lynn und Akgün typologisieren Innovationen innerhalb einer auf der vielzitierten Ansoff-Matrix basierenden Darstellung in vier Grundklassen.[12] Auf einer neuen Technologie basierende Entwicklungsprojekte lassen sich hiernach als Projekte mit dem Ziel der Schaffung sog. *evolutionärer Marktinnovationen* klassifizieren.[13] Diese weisen einerseits eine relativ niedrige Technologieunsicherheit auf, eignen sich also grundsätzlich für die Marktreife. Andererseits ist die Marktunsicherheit eher hoch, so dass Unsicherheit gegenüber den möglichen Kundengruppen herrscht.[14] Die Entwicklung solcher evolutionärer Marktinnovationen wird im Rahmen dieser Arbeit als *technologieinduzierte Entwicklung im Software-intensive Business* bezeichnet und folgendermaßen definiert:

---

[5] Vgl. Veit et al. (2014), S. 55.

[6] Vgl. zum Geschäftsmodell die Definition von Gassmann et al. (2013),

[7] Vgl. auch die Begriffe „Nutzenversprechen" und „Value Proposition" werden häufig verwendet. Diese werden im Folgenden als synonym angesehen. Zur Definition vgl. Osterwalder (2004), S. 43.

[8] Vgl. Osterwalder et al. (2014), S. 8–9.

[9] Vgl. Al-Debei und Avison (2010), S. 370 ff.

[10] Vgl. Osterwalder (2004), S. 50 und Osterwalder et al. (2014), S. 14.

[11] Vgl. zum Begriff Fit: Osterwalder et al. (2014), S. 40 ff. und im allgemeineren Kontext bspw. Mautsch (2015), S. 43.

[12] Vgl. Ansoff (1965), S. 98 f. und Lynn und Akgün (2001), S. 375.

[13] Vgl. Lynn und Akgün (2001), S. 375.

[14] Vgl. Lynn und Akgün (2001), S. 375.

„Eine neue, der Marktreife nahegekommene Technologie mit Software-intensiver Ausrichtung ist Ausgangspunkt der Entwicklung. Es herrscht Unsicherheit über die konkreten Anwendungsfelder und der Generierung von Nutzen bei möglichen Kunden.“[15]

Die Unsicherheit bzgl. der möglichen Kunden steht grundsätzlich im Widerspruch zu den Erfordernissen der kundenorientierten Entwicklung. Diese besagen, „nur derjenige, der die Bedürfnisse der tatsächlichen und potenziellen Kunden kennt und versteht, ist in der Lage diese plan- und wiederholbar in erfolgreiche Produkte umzusetzen.“[16] Diese Aussage deutet das Ausmaß der Herausforderung für die Entwicklung an, das mit dem Streben nach einem Fit zwischen Produkt und Kundengruppe insb. im Fall der technologieinduzierten Entwicklung verbunden ist. Es kommt zum Dilemma der kundenorientierten Entwicklung im technologieinduzierten Umfeld: Die eminente Unsicherheit über den Kunden erschwert die Kundenorientierung, da der Kunde nicht zum Zwecke des Erkenntnisgewinns über seine Präferenzen miteinbezogen werden kann. Wird der Kunde nicht in die Entwicklung miteinbezogen, besteht wiederum das Risiko, dass die entwickelten Produkte nur ungenügenden Nutzen bei Kunden erzeugen und entsprechend nicht Bestandteil eines erfolgreichen Wertversprechens werden können.[17]

Während in der klassischen kundenorientierten Entwicklung die Übertragung der Kundenwünsche in konkrete Produktanforderungen im Vordergrund steht und sich der Fit zwischen Kunde und späterem Produkt daraus nahezu von selbst ergibt, (die korrekte Anwendung geeigneter kundenorientierter Methoden vorausgesetzt), muss im Fall evolutionärer Marktinnovationen das Dilemma zwischen Kundenorientierung und technologieinduzierter Entwicklung aufgelöst werden. Um im technologieinduzierten Umfeld erfolgreiche Wertversprechen formulieren zu können, muss aus einer abstrakten Technologie ein konkretes Produkt abgeleitet werden und simultan eine Kundengruppe definiert werden, bei der dieses Produkt Nutzen schafft. Das Wertversprechen enthält dann das konkrete

[15] Diese Definition steht im Einklang zu den in neuerer Zeit unter dem Begriff VUCA beschriebenen Umwelteinflüssen auf die Unternehmen. Der Begriff steht für Volatility, Uncertainty, Complexity und Ambiguity (Volatilität, Unsicherheit, Komplexität und Mehrdeutigkeit) und stammt ursprünglich aus dem amerikanischen Militär und beschreibt die Unsicherheit der Unternehmen aufgrund der sich schnell veränderenden Unternehmensumwelt. Vgl. hierzu auch: Horney et al. (2010), S. 33, Bennett und Lemoine (2014), S. 314 und Lenz et al. (2019), S. 21.

[16] Vgl. Herzwurm (2000), S. 14.

[17] Vgl. Herzwurm (2000), S. 170.

Produkt, eine Beschreibung der Kunden und den durch das Produkt erbrachten Kundennutzen. Dieses Wertversprechen muss dabei in das Geschäftsmodell des Unternehmens eingebettet sein. Dies ist notwendig, um sicherzustellen, dass es durch die Architektur der Wertschöpfung umgesetzt werden und ein entsprechendes Erlösmodell definiert werden kann um den wirtschaftlichen Erfolg des Geschäftsmodells (bspw. durch die Generierung von Zahlungsströmen) zu ermöglichen.[18] Die folgende Abbildung 1.1 skizziert die beschriebenen Zusammenhänge.

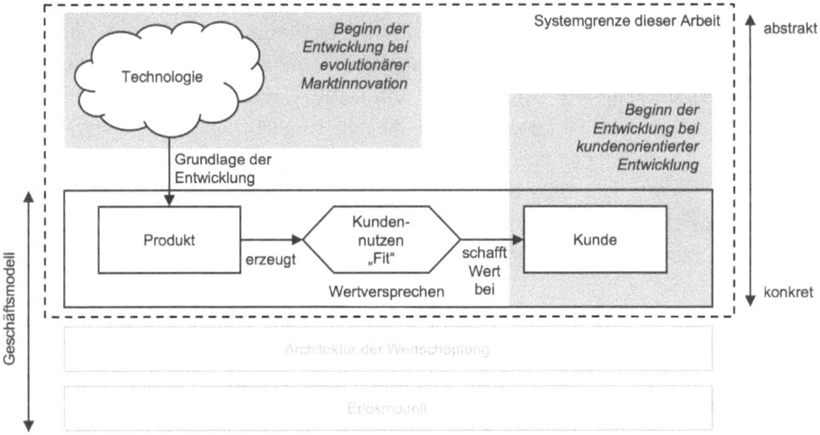

Abbildung 1.1 Zusammenhänge der technologieinduzierten Entwicklung neuer Wertversprechen im Software-intensive Business

Der obigen Argumentation folgend, befindet sich die Problemstellung dieser Arbeit an der Schnittstelle zweier wesentlicher Forschungsbereiche: Der **Entwicklung Software-intensiver Produkte** und deren Übertragung in lebensfähige **Geschäftsmodelle**.

Da zu Beginn der Entwicklung weder ein konkretes Produkt noch klar definierte Kunden vorhanden sind, ist das skizzierte Dilemma der kundenorientierten Entwicklung bei evolutionären Marktinnovationen in den frühen Phasen der Produktentwicklung besonders ausgeprägt. Diese frühen Phasen der Produktentwicklung sind Gegenstand des Requirements Engineerings (RE). Innerhalb

[18] Auf die genauere Definition des Geschäftsmodells sowie den Implikationen der Kundenorientierung und technologieinduzierten Entwicklung wird im weiteren Verlauf der Arbeit detailliert eingegangen. Siehe hierzu Kapitel 2.

der Produktentwicklung beschäftigt sich das RE als Teildisziplin des Software Engineerings mit dem Analysieren und Dokumentieren von Anforderungen an ein Produkt und thematisiert damit insbesondere die frühen Schritte der Entwicklung.[19] Eine Herausforderung[20] innerhalb des RE mit Bezug auf die Auflösung des Dilemmas ist dabei bereits die Abgrenzung des zu entwickelnden Systems von der nicht zu beeinflussenden Systemumgebung, dem *Scoping*.[21] Unter RE-Experten besteht weitgehend Einigkeit darüber, dass bereits bei diesem initialen Schritt, wie auch den weiteren Schritten des RE (bspw. der Anforderungserhebung) die Kenntnis des Kunden notwendig ist.[22]

Den zweiten von der Problemstellung dieser Arbeit tangierte Forschungsbereich stellt das Geschäftsmodell dar. Im Zuge der zunehmenden Betrachtung dieses Begriffs in der Wissenschaft wurden bereits zahlreiche Ansätze zur Erklärung, Darstellung und Entwicklung von Geschäftsmodellen entwickelt.[23] 2016 umfassten 4 % aller untersuchten Veröffentlichungen im Kontext von Geschäftsmodellen die Betrachtung von Terminologien, 46 % die Strukturen von Geschäftsmodellen und 50 % das Management.[24] Immerhin 26 % der untersuchten Veröffentlichungen beschäftigen sich unter dem Begriff *Business Model Innovation* mit der Entwicklung neuer Geschäftsmodelle,[25] wobei es sich nicht um integrierte Methoden handelt, sondern um Verfahren, die auf getrennt ablaufenden Phasen oder Meilensteinen basieren.[26] Spezifisch auf die Entwicklung des Wertversprechens fokussiert ist die *Value Proposition Canvas* nach Osterwalder et al. (2014).[27] Diese versteht sich als fokussierende Ergänzung der vielzitierten

---

[19] Vgl. ISO/IEC/IEEE 24765 (2010), S. 302. Zur Einordnung des RE in das Software Engineering vgl. Schockert (2017), S. 20.

[20] Vgl. Wnuk und Kollu (2016), S. 2.

[21] Vgl. Pohl und Rupp (2015), S. 13 sowie Buschmann (2009), S. 68–69. Auch moderne agile Methoden wie *Scrum* und *Extreme Programming (XP)* (vgl. Beck 1999) benötigen eine Definition des Produktes: So erfordert Scrum zu Beginn eines Softwareentwicklungsprojektes eine sog. *Produktvision*. Die Herausforderung des Scopings zu Beginn der Softwareentwicklung bleibt entsprechend auch bei Scrum bestehen. Vgl. Gloger (2016), S. 77 f.

[22] Vgl. Robertson und Robertson (2012), S. 13–15. Hier wird statt Kunde von Stakeholder gesprochen, die Betrachtung dieser Begriffe erfolgt in Abschnitt 2.3.1.

[23] Vgl. Wirtz et al. (2016), S. 36 und S. 46.

[24] Vgl. Wirtz et al. (2016), S. 47.

[25] Vgl. Wirtz et al. (2016), S. 45.

[26] Vgl. Pelzl (2016), S. 54.

[27] Vgl. Osterwalder et al. (2014).

Business Model Canvas nach Osterwalder und Pigneur (2010).[28] Die Value Proposition Canvas nimmt gezielt den Fit zwischen Kunde und Produkt in den Fokus und stellt damit auch Produkt und Geschäftsmodell in Zusammenhang.[29] Dabei verzichtet die Value Proposition Canvas allerdings auf konkrete Handlungsempfehlungen für die tiefere Analyse und Entwicklung des Fits zwischen Produkt und Kunden.

Um diese Schnittstelle zu verstehen, erscheint es notwendig, die dahinterliegenden komplexen Ursache-Wirkungs-Beziehungen genauer zu analysieren. Dies erfordert auf der einen Seite den Einbezug der Kunden selbst, um deren spezifischen Bedarfe zu verstehen. Auf der anderen Seite muss aber auch die Produktentwicklung miteinbezogen werden, da sie für die bedarfsgerechte Gestaltung der Produkte verantwortlich ist. Die Entwicklung neuer Wertversprechen im Software-intensive Business ist damit eine interdisziplinäre Problemstellung. Gängige Methoden der Geschäftsmodellentwicklung basieren allerdings auf einem eher strategisch geprägten Geschäftsmodellverständnis und abstrahieren zumeist von der detaillierten Produktebene.[30]

Eine Methode zur Entwicklung neuer Wertversprechen muss daher dabei unterstützen, sowohl die mit der Geschäftsmodellentwicklung verbundenen, eher strategischen Ziele, als auch die operativen Herausforderungen der Produktentwicklung in die Betrachtung einzubeziehen und diese unterschiedlichen Sichten miteinander verbinden. Zudem muss die Methode helfen, die daraus resultierenden komplexen Ursache-Wirkungs-Beziehungen zu verstehen und in handlungsleitende Entwicklungsvorgaben zu überführen.

Eben dieses Verständnis komplexer Ursache-Wirkungs-Beziehungen ist der Schwerpunkt der Methode *Quality Function Deployment* (QFD). QFD ist eine in den 1960er Jahren von Yoji Akao ursprünglich für den Maschinenbau entwickelte Produktplanungsmethode.[31] Yoshizawa verwandte die Methode zum ersten Mal auch in der Softwarebranche,[32] Herzwurm et al. übertrugen QFD später auf die kundenorientierte Softwareproduktentwicklung.[33] Kern von QFD ist die

---

[28] Vgl. Osterwalder und Pigneur (2009).

[29] Damit unterscheidet sich die Value Proposition Canvas von der Business Model Ontology nach Osterwalder, in welcher die Value Proposition als Bestandteil des Produktes definiert wurde. Vgl. hierzu Osterwalder (2004), S. 50.

[30] Vgl. Wirtz et al. (2016), S. 39.

[31] Vgl. Akao und Mazur (2003), S. 21–22 und Schockert (2017), S. 32.

[32] Bzgl. der ersten Verwendung von QFD in der Softwarebranche: Vgl. u. a.: Yoshizawa et al. (1990), S. 329–331.

[33] Lt. Schockert (2017) erste Veröffentlichung zu Software Quality Function Deployment: Herzwurm et al. (1997).

systematische Weiterentwicklung von Kundenbedürfnissen in spezifische Entwicklungsvorgaben unter Einbezug der in die Entwicklung involvierten oder von ihr betroffenen Stakeholder und der adressierten Kundengruppen.[34] Dieser Einbezug des Kunden in die Entwicklung (Analyse), sowie die in QFD inhärente Bewertung der Zusammenhänge zwischen Kundenbedürfnissen und technischen Anforderungen ermöglicht die Quantifizierung des Fits zwischen Produkt und Kunde (Synthese). Damit können mit QFD Aussagen über Potenziale für die Weiterentwicklung des Produktes oder dessen Positionierung bei bestimmten Kunden getroffen werden. QFD kann so auch als Brücke zum Kunden verstanden werden, die nicht nur dem Marketing, sondern auch der Produktentwicklung den Zugang zum Kunden ermöglicht. Neben der Verwendung als Methode des RE in der (Software-)Produktentwicklung gibt es auch Ansätze, die das Potenzial von QFD im Bereich der Geschäftsmodellentwicklung aufzeigen: Mit dem *Business Model House of Quality* wurde bereits eine auf Software QFD-Tätigkeiten basierende Methode zur Bewertung von Geschäftsmodellen entwickelt. Kernelement stellt die Bewertung der Zusammenhänge zwischen Kunden, deren Anforderungen und Gestaltungsmerkmalen des Geschäftsmodells dar.[35] Auch wurden bereits QFD-Ansätze für die Entwicklung neuer Geschäftsmodelle entwickelt. Genannt seien hier insb. Pelzl (Methodische Entwicklung zukunftsorientierter Geschäftsmodelle im Cloud Computing, 2016), mit Fokus auf das Wertversprechen weiter Pelicioni et al. (Including the Voice of the Client in the creative process – a case study of the integration of Quality Function Deployment to the Value Proposition Design in the service sector, 2017) sowie Straub et al. (Geschäftsmodellentwicklung für vernetzte Vakuumsauggreifer, 2018).[36] Die grundsätzliche Eignung von QFD hinsichtlich der Entwicklung von Geschäftsmodellen und insbesondere dem Wertversprechen kann entsprechend konstatiert werden.[37]

Der besonderen Eignung von QFD für die Betrachtung von Wertversprechen, die vor allem durch die inhärente Kundenorientierung und die Fokussierung auf frühe Phasen der Entwicklung evident wird, zum Trotz lösen bisherige QFD-Ansätze das Dilemma der Kundenorientierung bei technologieinduzierter Entwicklung nicht vollständig: So fordert die 2015 veröffentlichte internationale

---

[34] Vgl. Auf eine genaue Definition dieser für die Arbeit bedeutenden Begrifflichkeiten wird an dieser Stelle verzichtet und in der Dissertationsschrift eingehend thematisiert.

[35] Vgl. Schönhofen und Schockert (2017) und Schönhofen et al. (2017).

[36] Vgl. Pelzl (2016), Pelicioni et al. (2017) und Straub et al. (2018).

[37] Vgl. zur Eignung von QFD für Geschäftsmodelle vgl. Pelzl (2016) sowie Schönhofen und Schockert (2017).

Norm[38] für QFD, die ISO 16355–1:2015[39], einen „klar definierten Scope" als notwendige Voraussetzung für die Entwicklung[40] und folgt damit früheren Veröffentlichungen, die den Scope als Ausgangspunkt der Entwicklung mit QFD bezeichnen.[41] Entsprechend verlangt QFD einen klar definierten Ausgangspunkt der Entwicklung, während dieser im technologieinduzierten Fall nicht als gegeben gesehen werden kann. Veränderungen der Umweltbedingungen führten zwar zu neuen spezifischen Entwicklungen bei QFD wie dem *Continuous QFD*[42] (CQFD) und in der späteren Entwicklung auch dem *Agilen Software QFD*[43], die jeweils mit einer iterativen Grundauslegung den proaktiven Umgang, mit dem sich schnell ändernden Entwicklungsumfeld ermöglichen.[44] Das Dilemma der Kundenorientierung zu Beginn einer technologieinduzierten Entwicklung lösen aber auch diese modernen Ansätze nicht. Allenfalls einen ersten Ansatz, wie QFD an technologiegetriebene Szenarien adaptiert werden kann, repräsentiert *Reverse QFD*, ein spezielles Deployment zur Identifikation von Kundennutzen aus Produktideen und deren Übersetzung in Lösungskonzepte.[45] Stand heute war Reverse QFD allerdings nie Gegenstand tieferer wissenschaftlicher Auseinandersetzung.[46]

Es bleibt zu konstatieren, dass aktuell kein spezifischer methodischer Ansatz existiert, der die technologieinduzierte Entwicklung neuer Wertversprechen im Software-intensive Business adressiert. Die kundenorientierte Produktplanungsmethode QFD bietet allerdings Potenzial hinsichtlich der Unterstützung früher Phasen der Produktentwicklung. Zudem weist die in QFD inhärente Analyse und Synthese des Zusammenhangs zwischen Produkt und Kunde eine deutliche Parallele zum Fit zwischen Produkt und Kunde im Wertversprechen auf. Dies

[38] Bereits im Jahr 2003 wurde mit der japanischen Norm JIS Q 9025 eine Norm mit zu QFD veröffentlicht. Vgl. hierzu JSA (2003).

[39] Vgl. ISO 16355–1:2015 (2015).

[40] Implizit werden in der ISO 16355–1 mit „drift and creep" bereits mögliche Konsequenzen eines Fehlens eines klar definierten Scopes genannt. Vgl. hierzu ISO 16355–1:2015 (2015), S. 8. Auch moderne agile Methoden wie *Scrum* und *Extreme Programming (XP)* (vgl. Beck 1999) benötigen eine Definition des Produktes: So wird bei Scrum zu Beginn eines Softwareentwicklungsprojektes häufig eine sog. *Produktvision* formuliert. Die Herausforderung des Scopings zu Beginn der Softwareentwicklung bleibt entsprechend auch bei Scrum bestehen. Vgl. Gloger (2016), S. 77 f.

[41] Vgl. u. a. Herzwurm et al. (2000), S. 56 und Cohen (1995), S. 128.

[42] Vgl. Herzwurm und Schockert (2003).

[43] Vgl. Schockert (2017).

[44] Vgl. zur Dynamik des Marktes als auch der Technologien in der Softwarebranche bspw. Helferich (2010), S. 105.

[45] Vgl. Hines und Mazur (2007).

[46] Vgl. Literaturanalyse zu Reverse QFD in Abschnitt 5.4.3.

wird untermauert durch die genannten Veröffentlichungen, die bereits den Nutzen von QFD im Kontext der Geschäftsmodellentwicklung nachweisen konnten.

Somit bleibt festzuhalten, dass QFD eine vielversprechende Basis für die Entwicklung einer Methode zur Lösung der Problemstellung darstellt.

1.1 Ziel der Arbeit

Gemäß der Problemstellung ist das Ziel der vorliegenden Arbeit die Konzeption eines QFD-basierten Ansatzes zur methodischen Unterstützung der technologieinduzierten Entwicklung neuer Wertversprechen im Software-intensive Business. Der zu entwickelnde Ansatz soll QFD hinsichtlich der Anwendung auf die technologieinduzierte Entwicklung im SiB verbessern, ohne aber die Stärken von QFD, insbesondere in der weiteren Produktentwicklung zu verwässern und den Prinzipien von QFD zu widersprechen.[47] Das Ziel der Arbeit lautet entsprechend:

Forschungsziel
Konzeption einer Erweiterung von Quality Function Deployment zur methodischen Unterstützung der technologieinduzierten Entwicklung neuer Wertversprechen im Software-intensive Business.

QFD gliedert sich nach Akao in verschiedene sogenannte Deployments. Unter einem Deployment im Kontext von QFD wird die „detaillierte Analyse und systematische Berücksichtigung aller für ein qualitativ hochwertiges Produkt wichtigen Aspekte an jeder notwendigen Stelle im Entwicklungsprozess“[48] verstanden. Die zu entwickelnde Erweiterung von QFD zur technologieinduzierten Entwicklung neuer Wertversprochen soll sich in dieses Schema einordnen und wird daher beschrieben als „detaillierte Analyse und systematische Berücksichtigung aller notwendigen Aspekte für eine als Leitbild fungierende Beschreibung, wie das zu entwickelnde Produkt Nutzen beim Kunden schafft“ und entsprechend als „Value Proposition Deployment“ (VPD) bezeichnet.[49]

Somit lautet die grundlegende Forschungsfrage:

[47] Vgl. Herzwurm et al. (2000), S. 13.

[48] Vgl. Herzwurm (2000), S. 215 und Schockert (2017), S. 35.

[49] Wie zu Beginn bereits erwähnt, wird Value Proposition und Wertversprechen im Verlauf dieser Arbeit als synonym erachtet.

Leitforschungsfrage
Wie kann ein Value Proposition Deployment zur methodischen Unterstützung der technologieinduzierten Entwicklung neuer Wertversprechen im Software-intensive Business gestaltet sein?

Zur Konzeption eines gut begründeten methodischen Ansatzes müssen zunächst die Spezifika des SiB bei der Entwicklung neuer Wertversprechen betrachtet werden. Dies führt zu Forschungsfrage 1:

Forschungsfrage 1
Welche Herausforderungen existieren bei der technologieinduzierten Entwicklung neuer Wertversprechen im Rahmen des Software-intensive Business?

Aufbauend auf der Analyse der Herausforderungen bei der technologieinduzierten Entwicklung im SiB erfolgt die Formulierung konkreter Gestaltungsanforderungen[50], die handlungsleitend für die Konzeption des Value Proposition Deployments fungieren. Diese sind Inhalt von Forschungsfrage 2:

Forschungsfrage 2
Welche Anforderungen zur Gestaltung des Value Proposition Deployments ergeben sich aus den Herausforderungen bei der technologieinduzierten Entwicklung neuer Wertversprechen im Rahmen des Software-Intensive Business?

Forschungsfrage 3 schließlich betrachtet die Lösungsseite, also die Gestaltungselemente des Value Proposition Deployments, welche die im vorherigen Schritt formulierten Anforderungen erfüllen:

Forschungsfrage 3
Welche Gestaltungsmaßnahmen soll das Value Proposition Deployment zur Erfüllung dieser Anforderungen enthalten?

[50] Begriff übernommen von Schockert (2017).

1.2 Methodische Vorgehensweise

Die Arbeit soll als Beitrag zur gestaltungsorientierten Wirtschaftsinformatik (WI) verstanden werden. Entsprechend orientiert sich die Forschungsmethodik an deren Erkenntnisprozess aus Analyse, Entwurf und Evaluation.[51] Dieser oft iterativ interpretierte Prozess spiegelt sich im Aufbau der Arbeit wider. Diesem Grundgedanken dieses Forschungsprozesses folgend,[52] erfolgt auch die Entwicklung der Lösungen zur Erfüllung der Gestaltungsanforderungen mithilfe einer iterativen Annäherung. Damit richtet sich die Arbeit auch nach den Design Science Research Guidelines nach Hevner et al.[53]

Basierend auf der Einordnung von QFD als einer spezifischen Ausprägung des RE versteht sich diese Arbeit einerseits dem RE zugehörig,[54] verbindet es andererseits aber auch mit Grundmodellen des Innovationsmanagements, bspw. dem idealtypischen 5-*Phasenmodell eines Innovationsprozesses*[55] oder dem *Stage-Gate-Prozess*.[56] Weiterhin gibt es starke Einflüsse der Geschäftsmodellforschung, die das Geschäftsmodell im Kontext der Digitalisierung als Bindeglied zwischen strategischen Entscheidungen, Geschäftsprozessen und der Informationstechnik sieht. So zeigt das Geschäftsmodellkonzept den Zusammenhang zwischen Entscheidungen auf Produktebene und der Geschäftslogik des Unternehmens auf.[57]

Das zu entwickelnde Value Proposition Deployment muss, um dem Anspruch der gestaltungsorientierten WI zu genügen, auf der Basis gut begründeter Gestaltungsempfehlungen basieren. Nur wenn dies gewährleistet ist, kann es handlungsleitend für die Anwendung sein. Sogenannte *Praxeologische Aussagen* beschreiben begründete Empfehlungen zur Lösung praktischer Problemstellungen.[58] Diese Aussagen bestehen aus vier Bestandteilen: Die vorgelagerten **Gestaltungsziele**, welche die Steuerungsfunktion der nachgelagerten Gestaltung übernehmen. Die **Gestaltungsbedingungen** bilden die gegenwärtige Situation

---

[51] Vgl. Österle et al. (2010a), S. 667 f. Die dort ebenfalls erwähnte vierte Phase *Diffusion*, der Verbreitung der wissenschaftlichen Erkenntnisse soll an dieser Stelle abgesehen werden. Vgl. hierzu Becker (2010), S. 13–16.

[52] Vgl. Becker (2010), S. 13.

[53] Vgl. Hevner et al. (2004), S. 83 ff.

[54] Vgl. bzgl. der Einordnung von QFD zum RE: bspw. Schockert (2017), S. 5.

[55] Vgl. Herstatt (1999), S. 73.

[56] Vgl. Cooper (1996), S. 479.

[57] Vgl. hierzu Veit et al. (2013), S. 55 f.

[58] Vgl. Kubicek (1975), S. 13 und Herzwurm (2000), S. 25. Zur weiteren Definition siehe auch: Grochla (1978), S. 70.

der Unternehmung ab. Diese sind bedeutend, da die gleichen Maßnahmen unter anderen Bedingungen möglicherweise auch eine andere **Wirkung** haben. Die **Gestaltungsmaßnahmen** stellen jene Lösungsmerkmale dar, die zur Erreichung der Gestaltungsziele zur Verfügung stehen. Dabei ist zu beachten, dass diese Maßnahmen stets unter Berücksichtigung ihrer Wirkung auf die handelnden Personen zu betrachten sind. Dies macht eine Evaluation der tatsächlichen Wirkungen hinsichtlich ihres Ist-Zustands gegenüber dem indizierten Soll-Zustand unumgänglich (Abbildung 1.2).[59]

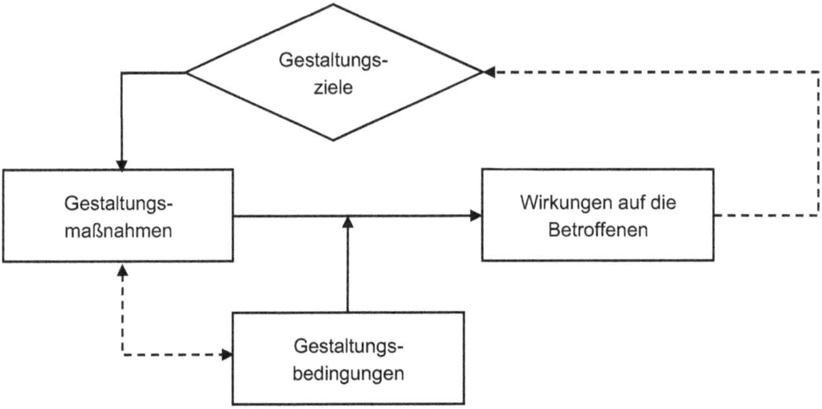

Abbildung 1.2 Zusammenhang zwischen den Elementen praxeologischer Aussagen in der Organisationstheorie[60]

Kritikpunkte an diesem *situativen Modell* betreffen insbesondere die Annahme, dass die Gestaltungsbedingungen als unbeeinflussbar definiert werden. Mit Blick auf die Spezifika des SiB scheint diese Grundannahme nur schwer haltbar. So lässt sich bspw. am Falle eines Anbieters von Softwareplattformen leicht zeigen, dass die Gestaltungsmaßnahmen hinsichtlich des Informationssystems *Plattform* unmittelbar die Gestaltungsbedingungen für alle auf dieser Plattform versammelten Akteure (zu denen auch der Plattformbetreiber selbst gehört) beeinflussen können. Diesen Spezifika trägt bspw. der *Theoretische Bezugsrahmen für die*

[59] Vgl. Kubicek (1975), S. 17–23.

[60] Eigene Darstellung entnommen von Kubicek (1975), S. 22.

Herleitung von Gestaltungsempfehlungen im Kontext von Unternehmenssoftwareökosystemen Rechnung.[61] Für die Gestaltung des VPD erscheinen die im situativen Modell unterstellten deterministischen Bedingungen aber gut vertretbar: Eine unmittelbare Auswirkung auf die Bedingungen ist durch die Gestaltung oder gar Anwendung einer Methode des RE nicht zu erwarten. Entsprechend erscheinen vereinfachte Zweck-Mittel-Beziehungen als geeignet für die Konzeption einer solchen Methode.[62]

Zusammenfassend sei die Forschungsmethodik dieser Arbeit folgendermaßen formuliert:

Basierend auf einer Analyse des Gestaltungsziels (methodische Unterstützung der technologieinduzierten Entwicklung neuer Wertversprechen im Rahmen des SiB) werden unter Berücksichtigung der Restriktionen (Besonderheiten des SiB und Berücksichtigung der QFD-Prinzipien gemäß ISO 16355-1) sog. Gestaltungsanforderungen formuliert. Diese fungieren handlungsleitend für die Entwicklung entsprechender Lösungsmerkmale des Value Proposition Deployments als Gestaltungsmaßnahme. Zudem können sie auch als Beurteilungsgrundlage für die Evaluation der Lösungsmerkmale hinsichtlich ihrer Wirkung zur Erfüllung der Gestaltungsziele genutzt werden.

1.3 Aufbau der Arbeit

Nach der Feststellung der Gültigkeit vereinfachter Zweck-Mittel-Beziehungen stellt sich die Frage der konkreten Umsetzung des Forschungsvorhabens. Dieser Frage widmeten sich die Autoren mehrere Prozessmodelle der Forschung. Bekannter Vertreter ist das Design Science Research Methodology Prozessmodell (DSRM PM) nach Peffers et al.[63] Dieses Prozessmodell instanziiert die Design Science Research Methodology nach Hevner[64] in sechs wesentliche Phasen: Problemidentifikation, Zieldefinition, Gestaltung und Entwicklung, Demonstration, Evaluation und Kommunikation. Grundgedanke des Modells ist dabei die iterative Annäherung an das zu lösende Problem: Zunächst erfolgt eine detaillierte Beschreibung der Problemdefinition und die sich daraus ergebende Zielstellung

[61] Vgl. Mautsch (2015), S. 59.

[62] Die Methode selbst dagegen muss den Spezifika des Software-intensive Business Rechnung tragen und entsprechend den Erkenntnissen über die Gestaltung von Informationssystemen im Rahmen von Softwareökosystemen als Teilgebiet des Software-intensive Business folgen. Vgl. hierzu Abschnitt 2.3.

[63] Vgl. Peffers et al. (2007).

[64] Vgl. Hevner et al. (2004).

der Forschungsarbeit. Diese bildet die Grundlage für die Erarbeitung des Forschungsartefaktes, das die Zielstellung erreichen soll. Das Artefakt wird in der Evaluation hinsichtlich des Grads der Zielerreichung und der dabei erreichten Effizienz geprüft und der Wissenschaft zugänglich gemacht. Ist der Grad der Zielerreichung nicht in ausreichendem Maße erfüllt, sieht das Model eine Iteration zurück zur Artefaktentwicklung vor. Auch eine Anpassung der Zielstellung ist dabei möglich.[65]

Unter Einbezug der Forschungsmethodik dieser Arbeit ergibt sich: Die *Gestaltungsziele* (Entwicklung neuer Wertversprechen im SiB) werden durch die Betrachtung der Problemstellung (Kapitel 1) motiviert und durch eine detaillierte Analyse der Gestaltungsbedingungen (Abschnitt 2.1 bis 2.3) näher definiert. Diese münden über die Formulierung von grundlegenden Herausforderungen, die sich aus den *Gestaltungsbedingungen* ergeben, in die Darstellung des Stands der Forschung in Abschnitt 3.1. Die identifizierten Herausforderungen repräsentieren die Antwort auf Forschungsfrage 1.

Die besonderen Eigenschaften von QFD lassen diese Methode als eine vielversprechende Grundlage zur Begegnung dieser Herausforderungen erscheinen. Die tatsächliche Eignung dieser methodischen Basis wird in Abschnitt 3.2 näher untersucht.

Die in den Herausforderungen beschriebenen Gestaltungsbedingungen beeinflussen nach Kubicek die Wirkung der *Gestaltungsmaßnahmen*. Daher erscheint die Betrachtung von bereits unter den gleichen Bedingungen eingesetzten Entwicklungsansätzen als zielführend für die Ableitung von Gestaltungsanforderungen an die zu gestaltende Methode: Es kann davon ausgegangen werden, dass sich die Implikationen des Umfelds bereits auf den Einsatz dieser Ansätze und deren Ausgestaltung ausgewirkt haben. Entsprechend wirken diese Ansätze als Träger von Informationen über die Auswirkungen des Gestaltungsumfelds. Diese Informationen können über die Analyse der Ansätze in die Untersuchung miteinbezogen werden (Abschnitt 4.2). Ergebnis dessen ist die Beantwortung von Forschungsfrage 2 und der Formulierung von Gestaltungsanforderungen in Abschnitt 4.4. Nachdem bereits die grundsätzliche Eignung von QFD für die Zielerreichung festgestellt wurde, werden bestehende QFD-Ansätze den Gestaltungsanforderungen gegenübergestellt (Kapitel 5). Ergebnis dieser Analyse ist die Information über Ausmaß und Inhalte der noch zu tätigenden Entwicklung zur Erreichung der Gestaltungsziele. Auf Basis der Gestaltungsanforderungen und unter Einbezug der bereits existierenden Lösungsmerkmale wird in Kapitel 6 das Value Proposition Deployment entwickelt und dargestellt. Mit diesem

[65] Vgl. Peffers et al. (2007), S. 54.

Schritt endet die Phase Gestaltung und Entwicklung des DSRM und es erfolgt die Beantwortung von Forschungsfrage 3. Der Einfluss der Gestaltungsbedingungen auf die Wirkung der Maßnahmen auf die Betroffenen macht die Überprüfung der tatsächlichen Wirkung unumgänglich. Zu diesem Zweck schlägt das DSRM-Prozessmodell zwei Phasen vor: In der Demonstration (Abschnitt 7.1) wird der sog. Proof of Concept[66] erbracht. Anhand der Entwicklung eines Softwareprototyps und der Bearbeitung von realitätsnahen Fallstudien durch Studierende unter Nutzung des Value Proposition Deployments wird der Nachweis der Durchführbarkeit erbracht. In der Phase der Evaluation wird mit der Durchführung von Workshops unter Realbedingungen der sog. Proof of Value nachgewiesen (Abschnitt 7.2). In beiden Phasen können Erfahrungen gesammelt werden, die in die Verbesserung des Value Proposition Deployments einfließen. Diese Verbesserungen werden durch Änderungsprotokolle in den jeweiligen Kapiteln kenntlich gemacht. Die Arbeit schließt mit einer kritischen Würdigung und der Beantwortung der Leitforschungsfrage in Kapitel 8. Die im DSRM-Prozessmodell geforderte Kommunikation der Forschungsergebnisse erfolgt neben dieser Dissertation mit der Präsentation auf Fachkonferenzen und Praxisvorträgen.[67] Abbildung 1.3 bildet den Zusammenhang zwischen der oben beschriebenen Forschungsmethodik und dem Aufbau der Arbeit ab.

---

[66] Eine Beschreibung der Konstrukte Proof of Concept und Proof of Value erfolgt in Kapitel 7.

[67] Vgl. Schönhofen et al. (2021) und Schönhofen (2021), URL siehe Literaturverzeichnis.

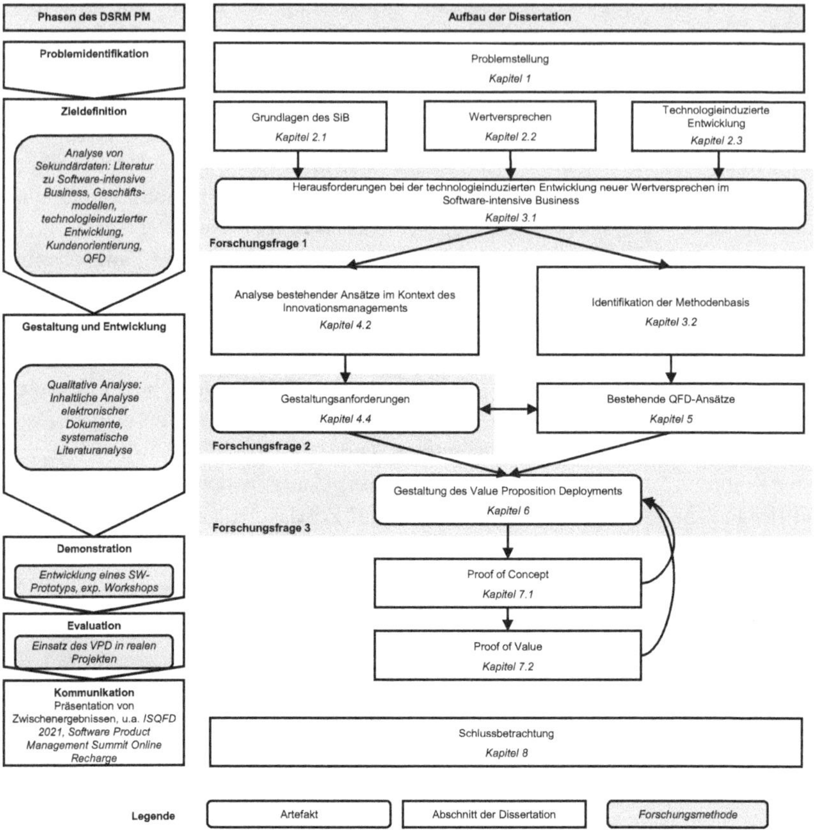

Abbildung 1.3 Aufbau der Dissertation und Phasen des DSRM-Prozessmodells[68]

[68] Eigene Darstellung.

2 Theoretischer Bezugsrahmen

„Eine klare und eindeutige Definition eines Begriffes ist die Voraussetzung für dessen gegenstandsgerechte Anwendung auf praktische Erscheinungsformen des gedanklich erfassten Phänomens.“[1]

Diesem Anspruch entsprechend, ist zur Erreichung des Forschungsziels die Definition und Abgrenzung der zentralen Begriffe notwendig. Dieses leistet der im Folgenden beschriebene theoretische Bezugsrahmen. Innerhalb dieser Arbeit definiert das Software-intensive Business das Umfeld in der die Entwicklung neuer Wertversprechen stattfindet. Die Eigenschaften des Wertversprechens als Verbindung zwischen Kunde und Produkt lassen dabei die Verwendung kundenorientierter Entwicklungsparadigmen sinnvoll erscheinen. Unter der Prämisse, dass die Entwicklung der neuen Wertversprechen durch (neue) Technologien induziert werden, muss der Widerspruch zwischen den Determinanten der Kundenorientierung und der Technologieinduzierung aufgelöst werden (Abbildung 2.1).[2]

---

[1] Grochla (1993), S. 375.

[2] Die Eingrenzung des theoretischen Bezugsrahmens erfolgte im Rahmen einer strukturierten Literaturanalyse zu möglichen Herausforderungen in frühen Entwicklungsphasen softwareintensiver Produkte. Vgl. hierzu Model und Schönhofen (2022).

F. Schönhofen, *Technologieinduzierte Entwicklung neuer Wertversprechen im Software-intensive Business*, https://doi.org/10.1007/978-3-658-43471-7_2

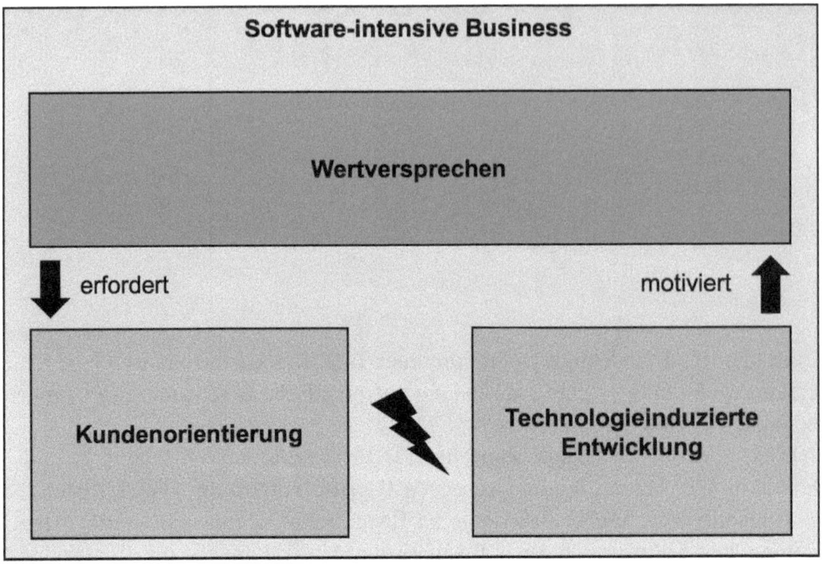

Abbildung 2.1 Theoretischer Bezugsrahmen

2.1 Grundlagen des Software-intensive Business

In Abschnitt 1.2 wurde die Bedeutung der Gestaltungsbedingungen für die Formulierung von Gestaltungsempfehlungen im Allgemeinen und im Speziellen für die Konzeption eines methodischen Ansatzes zur technologieinduzierten Entwicklung neuer Wertversprechens bereits hervorgehoben. Die Gestaltungsbedingungen werden dabei maßgeblich durch das Software-intensive Business (SiB) definiert.

Zur Annäherung an dieses Thema sei nochmals die Definition des SiB genannt: Innerhalb des SiB schafft, erfasst und liefert ein *software-intensives Unternehmen* Werte durch digitale Technologien. Das SiB beleuchtet Maßnahmen und Methoden innerhalb und zwischen Organisationen unter dem Eindruck von Veränderungen u. a. im technologischen Umfeld oder durch Markteinflüsse und Trends wie der Digitalisierung.[3]

Basierend auf dieser Definition des SiB konnten Wissenschaftler und Industrievertreter eine Forschungsagenda für die weitere wissenschaftliche Betrachtung des SiB formulieren. Diese Agenda gliedern die Autoren im Report des Dagstuhl

[3] Vgl. Werder et al. (2018), S. 193, siehe auch: Jansen (2019), S. 19.

Seminars 18182, der als Grundlagenwerk des SiB betrachtet werden kann, in drei zu adressierende Schwerpunktbereiche.[4] Diese umfassen das Softwaresystem, das Humansystem sowie das Ökosystem. Basierend auf diesen Schwerpunkten wurde durch die Autoren eine Fokusmatrix erstellt, in der künftig zu adressierende Forschungsbereiche vorgeschlagen werden. Tabelle 2.1 stellt diese Fokusmatrix in deutscher Übersetzung dar.

Tabelle 2.1 Untersuchungsgegenstand des Software-intensive Business[5]

	Softwaresystem	**Humansystem**	**Ökosystem**
Wert	Liefert Nutzern Mehrwert	Reduktion der Time-to-market und der Time-to-release	Mehrwert durch ein etabliertes Netzwerk liefern
Stufen des Lebenszyklus	Vom Prototyp zum stabilen Release	Vom Studierenden zum Experten	Von der Betaversion zur Marktmacht
Enablers	Wissensbasis und Forschungsplattform	Trainings, Workshops und Graduiertenprogramme	Data mining und data analytics

Das Softwaresystem kann demnach als Ganzes untersucht werden, oder auch in einzelne Komponenten oder Module separiert werden. Das Humansystem beschäftigt sich mit der Softwareorganisation, einem Entwicklungsprojekt bzw. Entwicklungsteam, oder einer individuellen Rolle, wie dem Entwickler oder dem Nutzer.[6] Das Ökosystem beschreibt die Gesamtheit der sozioökonomischen Besonderheiten des Marktes und im Speziellen die Spezifika der im SiB entstehenden Unternehmens- und Entwicklungsnetzwerke.[7]

Innovationen im SiB können sowohl aus der Technologieseite als auch aus der Marktseite heraus, oder aber aus einer Kombination dieser Seiten entwickelt werden. Auch die Eigenschaften des Innovationsprozesses, bspw. die Entwicklungsgeschwindigkeit, können dabei in den Fokus der Betrachtung genommen

[4] Vgl. Abrahamsson et al. (2018).

[5] Eigene Darstellung, übersetzt entnommen nach Brinkkemper et al. (2018), S. 194.

[6] Vgl. Brinkkemper et al. (2018), S. 194.

[7] Vgl. Brinkkemper et al. (2018), S. 194 f.

werden.[8] Von der dargestellten Fokusmatrix ausgehend, werden insbesondere die folgenden sechs Bereiche für Forschungsaktivitäten im SiB empfohlen:[9]

1) Definition und Wiederverwendung der Kernkonzepte des SiB
2) Geschäftslebenszyklen im Software-intensive Business
3) Zukünftige Geschäftsmodelle
4) Vorteile neuer Technologien
5) Förderung von Innovation
6) Enabler, die diese Forschungstrends ermöglichen

Die vorliegende Arbeit legt den Schwerpunkt insbesondere auf die Betrachtung zukünftiger Geschäftsmodelle (3) unter besonderer Berücksichtigung der Vorteile neuer Technologien (4) und der Förderung sowie des expliziten Einbezugs von (evolutionären Markt-)Innovationen (5). Im Folgenden sollen die Schwerpunktfelder des SiB näher untersucht werden und ihre jeweiligen Implikationen auf die Gestaltung einer Methode zur technologieinduzierten Entwicklung neuer Wertversprechen herausgearbeitet werden.

2.1.1 Softwaresystem

Bereits der Name des Forschungsbereichs Software-intensive Business verdeutlicht den maßgeblichen Anteil der Software an der Wertschöpfung in diesem Umfeld. Das SiB trägt der Entwicklung Rechnung, dass Software zunehmend auch in allen anderen – vorher auf physische bzw. tangible Produkte ausgerichteten Branchen an Bedeutung gewinnt.[10] Ebert drückt diese Entwicklung etwas plakativer wie folgt aus: „No matter what business you're in, you're also in the software business".[11] Eine andere, häufig zitierte Aussage in diesem Zusammenhang stammt von Andreessen und lautet „Software is eating the world".[12] Auch das insb. von verschiedenen Vertretern aus Medien und Politik seit Jahren regelmäßig (und intensiv) genutzte Schlagwort *Digitalisierung* kann als Indikator für

[8] Vgl. Brinkkemper et al. (2018), S. 194 f.

[9] Vgl. Brinkkemper et al. (2018), S. 194. Auf die drei Systeme wird in den nachfolgenden Abschnitten 2.1.1 bis 2.1.3 detailliert eingegangen.

[10] Vgl. Herzwurm (2018), S. 176, auch bspw. Bosch (2019), S. 4 und Jansen (2019), S. 19.

[11] Ebert (2014a), S. 21.

[12] Vgl. Andreessen (2011), o.S.

den gewachsenen Einfluss der Software auf die unterschiedlichsten Lebensbereiche angesehen werden. Die Digitalisierung geht einher mit dem Bestreben der beteiligten Akteure neue Wertschöpfungsmöglichkeiten durch den Gebrauch oder die Entwicklung digitaler Technologien zu schaffen. Konkreter bedeutet dies, dass Unternehmen versuchen den Wert ihrer (physischen) Produkte durch die Ergänzung von Software zu erhöhen, Software selbst zu vermarkten oder die eigenen Produkte durch die Nutzung von Daten zu verbessern.[13] Somit stellt das SiB gegenüber der Betrachtung reiner bzw. hauptsächlicher IT-bzw. Softwareunternehmen (wie bspw. SAP oder IBM) eine Erweiterung dar. Auch Unternehmen mit ehemals rein physischem Produktangebot werden zu sog. Software Producing Organizations (SPO).[14]

Dieser hohe Einfluss der Software begründet auch die Annahme, dass Prämissen des Softwaremarktes grundsätzlich auch auf das SiB übertragbar sind. Gleichzeitig müssen allerdings auch die Implikationen der ebenfalls betroffenen oder zumindest tangierten physikalischen Produkte und Dienstleistungen in die Betrachtung miteinbezogen werden. Um sich diesem Thema zu nähern, lohnt ein Blick auf die produktbezogenen Aktivitäten innerhalb eines Unternehmens. Diese umfassen im Allgemeinen die Analyse, Planung, Umsetzung und Kontrolle von Produkten und stellen die Aufgaben des *Produktmanagements* dar.[15] Das Produktmanagement betrifft damit alle Aktivitäten entlang des Produktlebenszyklus, insb. also die Entwicklung, Einführung, Pflege und Ablösung von Produkten.[16] Der Dagstuhl-Report zum SiB definiert allerdings gerade in diesem Bereich eine existierende Forschungslücke hinsichtlich des Produktmanagements im SiB: „The existing academic structures do not sufficiently support research in the area of business aspects and product management of software-intensive products.“[17]

Um die Auswirkungen des SiB als Gestaltungsdeterminante der zu konzipierenden Methode zu bewerten, ist es notwendig, die Unterschiede zwischen dem Produktmanagement in der Softwarebranche, der Fertigungsbranche und (von diesen Polen abgeleitet) dem Software-intensive Business zu betrachten.

Im Produktlebenszyklus, wie in Abbildung 2.2 exemplarisch dargestellt, befindet sich der angestrebte Aufgabenbereich der zu konzipierenden Methode insbesondere in der frühen Phase *Produktentstehung*. Biermann und Erne ordnen

[13] Vgl. Bosch (2018), S. 169.

[14] Vgl. Mädche (2018), S. 180.

[15] Vgl. Homburg (2017), S. 1160.

[16] Vgl. Pepels (2016), S. 6.

[17] Kittlaus (2018), S. 179.

dieser Phase die Aufgaben *Produktideen finden und selektieren*, *Produktkonzepte und Geschäftsmodelle entwerfen* und *Produktkonzepte und Geschäftsmodelle realisieren* zu. Leicht tangiert wird auch die *Vorbereitung der Markteinführung*.[18]

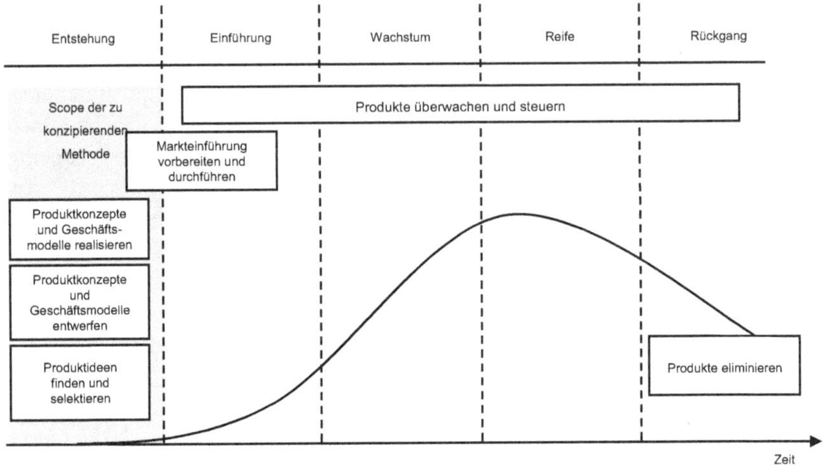

Abbildung 2.2 Aufgaben des Produktmanagements entlang des Produktlebenszyklus' und Scope des angestrebten methodischen Ansatzes[19]

Die Spezifika von Softwareprodukten gegenüber Fertigungsprodukten, bspw. die Immaterialität, die höhere Komplexität und die Verschleißfreiheit führen in der Etablierung des Softwareproduktmanagements zu Unterschieden gegenüber dem klassischen Produktmanagement, die im Rahmen des SiB, wo beide Welten aufeinandertreffen, ebenfalls berücksichtigt werden müssen. In diesem Zusammenhang stellt sich die Frage, wie sich die im SiB beteiligten Branchenspezifika gegenseitig beeinflussen. Zu diesem Zweck müssen die Unterschiede in den Branchen detaillierter betrachtet werden. Herzwurm und Pietsch erarbeiteten Unterschiede zwischen der Fertigungs- und Softwarebranche innerhalb des Produktmanagements.[20] Tabelle 2.2 stellt diese Unterschiede dar.

[18] Vgl. Biermann und Erne (2020), S. 18.

[19] Eigene Darstellung in Anlehnung an Biermann und Erne (2020), S. 18.

[20] Vgl. Herzwurm und Pietsch (2009), S. 4.

Tabelle 2.2 Unterschiede zwischen dem Produktmanagement in der Software- und der Fertigungsbranche[21]

	Fertigungsindustrie	Softwareindustrie	Konsequenzen für das Softwareproduktmanagement
Produktionsfaktoren	Rohstoffe und Maschinen	Hardware und Software	Keine Notwendigkeit der Planung des Ersatzes verschlissener Produktionsfaktoren
	Technische Überalterung und Verschleiß	Technische Überalterung	Hohe Ergebnisungewissheit, variable Kosten annähernd identisch mit bewerteten Zeitverbräuchen
	Hohe Bedeutung der Werkstoffe	Hohe Bedeutung des Menschen	
Faktorkombination	Produktion eines stofflichen Sachgutes	Produktion eines immateriellen Sachgutes oder einer Dienstleistung	Hoher Variabilitätsgrad, geringer Strukturiertheitsgrad
	Teilweise Projektorganisation	Nahezu ausschließlich Projektorganisation	Projektorganisation
	Innerbetriebliche Entwicklung selten	Innerbetriebliche Entwicklung verbreitet	Verhandlungsmacht des Kunden vergleichsweise groß
	Geringe Leistungsvarianzen der Produktion	Sehr hohe Leistungsvarianzen der Produktion	Wahrscheinlichkeit der Abweichung gegenüber Planung groß
	Steuerbarer Konstruktionsprozess	Nicht-deterministischer intellektueller Prozess	
	„Ingenieurmentalität“	„Künstlermentalität“	Gefahr von Kommunikationsproblemen
	Kopierrisiken	Entwurfsrisiken	Höhere Bedeutung der Produktentwicklung, geringere Bedeutung der Phase Fertigungsüberleitung, essenzielle Bedeutung der Phase Produktplanung

(Fortsetzung)

[21] Tabelle entnommen von Herzwurm und Pietsch (2009), S. 4.

Tabelle 2.2 (Fortsetzung)

	Fertigungsindustrie	Softwareindustrie	Konsequenzen für das Softwareproduktmanagement
	Schwierige Änderbarkeit nach der Auslieferung	Leichte Änderbarkeit nach der Auslieferung	Fehler der Produktentwicklung leichter korrigierbar
	Sequenzieller Prozess	Oft iterativer Prozess (Prototyping)	Produktplanung und Prototypenentwicklung u.U. identisch
Output	Stoffliches Sachgut	Immaterielles Sachgut auf Trägermedium	Kontrolle des Zielgrößenerreichungsgrades schwierig, sowohl mengenmäßig als auch qualitätsmäßig
	Einfache Quantifizierung	Schwierige Quantifizierung	
	Objektive Qualitätsprüfungen durch Messen, Zählen, Wiegen etc. möglich	Qualitätsprüfungen schwierig, Qualitätsurteile oft subjektiv	Hohe Erklärungsbedürftigkeit gegenüber Kunden

Im Folgenden werden die Unterschiede zwischen dem Produktmanagement in der Fertigungs- und der Softwarebranche hinsichtlich möglicher Implikationen auf die technologieinduzierte Entwicklung neuer Wertversprechen im SiB untersucht.

Hinsichtlich der Produktionsfaktoren werden Unterschiede deutlich. Diese beziehen sich insbesondere auf den Verschleiß, der bei Software keine Rolle spielt. Es ist allerdings davon auszugehen, dass dieser bei der Produktentstehung der im SiB ebenfalls betrachteten Fertigungskomponente ebenso von eher geringer Bedeutung ist. Die technische Überalterung trifft allerdings sowohl die Fertigungs- als auch die Softwareindustrie: Software altert zwar nicht im klassischen Sinne, allerdings führen Veränderungen im Systemumfeld zu anderen technischen Anforderungen.[22] Da Software nicht auf Rohstoffe angewiesen ist, spielt der Mensch als Entwickler eine deutlich höhere Rolle, als dieses in der Fertigungsindustrie der Fall ist. Diesem Einfluss trägt das SiB durch die dedizierte Betrachtung des Humansystems Rechnung, welches in Abschnitt 2.1.3 ausführlich untersucht wird.

Bzgl. der Faktorkombination sehen Herzwurm und Pietsch im Vergleich von Fertigungs- und Softwarebranche einen erhöhten Grad der Variabilität und eine Abnahme der Struktur. Dies führt durch die Zunahme an Kombinationsmöglichkeiten zu einer Vergrößerung des Lösungsraumes. Es ist anzunehmen, dass innerhalb des SiB, das Komponenten beider Branchen verbindet, eine gegenüber der Softwarebranche nochmals heterogenere Faktorkombination ermöglicht wird. Damit steigt die Lösungsunabhängigkeit der Anforderungserfüllung beim Kunden und damit verbunden ein nochmals größerer Lösungsraum.[23]

Im Vergleich der Branchen zeichnet sich hinsichtlich der Softwarebranche eine Verringerung der Planungshorizonte ab. Dies manifestiert sich in der zunehmenden Projektarbeit und dem Übergang des steuerbaren Konstruktionsprozesses hin zu einem nicht-deterministischen Prozess. Dies erhöht laut Herzwurm und Pietsch die Schwierigkeit der Planung und damit einhergehend eine häufig zu beobachtende Abweichung gegenüber der ursprünglichen Planung. Dies führt, verstärkt durch die – verglichen mit der Fertigungsindustrie – leichteren Einarbeitung von Änderungen auch in späten Projektphasen zu einer Hinwendung zu eher iterativen Produktentwicklungsprozessen in der Softwarebranche. Fehler können auch später im Projekt korrigiert werden, sofern sie durch richtiges Testen

[22] Vgl. Herzwurm und Pietsch (2009), S. 4.

[23] Vgl. Tabelle 2 und Herzwurm und Pietsch (2009), S. 4.

erkannt werden. Prototypen gewinnen derart an Bedeutung, dass die Entwicklung dieser u.U. die Produktplanung ersetzen kann.[24] Das verstärkte Aufkommen agiler Organisationsprozesse, insb. in der Softwarebranche, scheint die Annahmen von Herzwurm und Pietsch zu bestätigen. Zunehmend verbreiten sich agile Entwicklungsmethoden aber auch in Nicht-Softwarebranchen, weshalb davon ausgegangen werden kann, dass dieses Paradigma auch – zumindest auf große Teile – des SiB übertragen werden kann.[25]

Herzwurm und Pietsch erkennen des Weiteren Unterschiede hinsichtlich der Mentalität der Entwicklungsteams. Bei aller Vorsicht, die bei der Beschreibung persönlicher Eigenschaften der handelnden Personen geboten ist, mag es dennoch lohnend erscheinen, solche Unterschiede in die Überlegungen miteinzubeziehen. So ist es zumindest nicht unmöglich, dass im SiB eher rational-denkende Menschen („Ingenieursmentalität") auf Menschen mit einer gewissen „Künstlermentalität" treffen. Aus dieser Diskrepanz heraus erwarten Herzwurm und Pietsch die mögliche Gefahr vom Kommunikationsproblemen, die im SiB ebenfalls nicht ausgeschlossen werden kann. Auch an dieser Stelle zeigt sich die Bedeutung des Humansystems im SiB.

Weitere Unterschiede, die ebenfalls für das SiB relevant sein können, betreffen die gestiegene Verhandlungsmacht der Kunden, bei gleichzeitig gestiegenem Erklärungsbedarf der Produkte. Intangible Produkte wie Software oder Dienstleistungen erfordern vom Konsumenten ein höheres Vertrauen ggü. dem Anbieter, da die Messung (bzw. das Erleben) der Produktqualität erschwert ist. Durch den hohen Anteil an Software an der Wertschöpfung im SiB ist dies auch hier zu erwarten.[26]

Technologieinduzierte Entwicklung neuer Wertversprechen im SiB
Implikationen des Softwaresystems
Durch den steigenden Anteil von Software an der Wertschöpfung kommt es im Software-intensive Business zu einer Diffusion der Spezifika des Managements von Softwareprodukten in andere Branchen, etwa der Fertigungsindustrie. Dies führt zu einer Steigerung der Komplexität bei der Entwicklung neuer Wertversprechen, da Spezifika beider Teilbereiche betrachtet werden müssen.

[24] Vgl. Tabelle 2 und Herzwurm und Pietsch (2009), S. 4.

[25] Vgl. Tabelle 2 und Herzwurm und Pietsch (2009), S. 4 sowie Lima et al. (2015), S. 784 und Katumba und Knauss (2014), S. 33 f.

[26] Vgl. Lee und See (2004), S. 52.

2.1.2 Ökosystem

Im erwähnten Dagstuhl Report wird der Wert eines Ökosystems im SiB allgemein mit “provide value through an established network“ beschrieben.[27] Der eigentlich aus dem Bereich der Biologie stammende Begriff Ökosystem findet aber bereits seit den 1990er Jahren zunehmend auch in der Ökonomie Beachtung.[28] Moore (1997) verwandte diesen Begriff erstmals mit den sog. *Businessökosystemen*, die er folgendermaßen definierte:

„An economic community supported by a foundation of interacting organizations and individuals – the organisms of the business world. This economic community produces goods and services of value to customers, who are themselves members of the ecosystem. The member organism also include suppliers, lead producers, competitors, and other stakeholders. Over time, they coevolve their capabilities and roles, and tend to align themselves with the direction set by one or more central companies. Those companies holding leadership roles may change over time, but the function of ecosystem leader is valued by the community because it enables members to move toward shared visions to align their investments, and to find mutually supportive roles.“[29]

Trotz der in dieser Definition enthaltenen Führungsrolle eines (oder mehrerer) Unternehmen, wird das Businessökosystem vor allem als Gemeinschaft gesehen, in der (nahezu) alle Akteure mit allen interagieren. Unter dem Begriff Businessökosystem werden nach dieser Sicht alle Eigenschaften des Unternehmensumfeldes subsummiert.[30] Dieses Umfeld ist einem ständigen Wandel unterworfen, auf den die Unternehmen im Ökosystem durch permanente Anpassung reagieren müssen.[31] Diese multiplen Zusammenhänge erschweren allerdings die wissenschaftliche Untersuchung der Koevolution der Akteure innerhalb der Businessökosysteme.[32] Der sich aus der Breite der Definition ergebenden Komplexität zum Trotz, lässt sich innerhalb der wissenschaftlichen Beschäftigung eine tendenzielle Übereinkunft über die Existenz einer Führungsrolle in Businessökosystemen erkennen. Diese Führungsrolle, häufig in Form sogenannter

---

[27] Vgl. Brinkkemper et al. (2018), S. 194.

[28] Vgl. Jansen und Cusumano (2013), S. 16 f. und Jacobides et al. (2018), S. 2256 f.

[29] Moore (1997), S. 26.

[30] Vgl. auch Teece (2007), S. 1325.

[31] Vgl. Teece (2007), S. 1325 und den in Abschnitt 2.3.3 beschrieben Ansatz der Dynamic Capabilities.

[32] Vgl. Jacobides et al. (2018), S. 2257.

Schlüsselunternehmen, wird als bedeutend für die Stabilität und das Management des Businessökosystems angesehen.[33]

Ausgehend von den Businessökosystemen entwickelte sich eine vielschichtige wissenschaftliche Auseinandersetzung mit dem Begriff des Ökosystems, die in verschiedene Interpretationen des Aufbaus und der Interaktion innerhalb solcher Ökosysteme mündeten. Ungeachtet der großen Varianz in der wissenschaftlichen Reflektion stellen die Ökosysteme eine neue Sicht auf die Interaktion von Unternehmen dar: So passen sie bspw. nicht in die klassische Sicht der kontraktbasierten Zusammenarbeit von Unternehmen und Zulieferern in Wertschöpfungsketten.[34]

Eine stärker fokussierte Interpretation des Begriffs *Ökosystem* begründen die Vertreter der sog. *Innovationsökosysteme.* Hier steht nicht das Unternehmen und sein (gesamtes) Umfeld im Fokus der Betrachtung, sondern das Ökosystem wird vielmehr als „die kooperativen Arrangements, durch die Unternehmen ihre individuellen Angebote zu einer kohärenten, kundenorientierten Lösung kombinieren" verstanden.[35] Das Innovationsökosystem beschreibt also insb. die Verbindung zwischen einem Kernprodukt und sog. *Komplementen*, die im Zusammenspiel einen Mehrwert für einen Kunden bilden.[36]

Die sog. Plattformökosysteme zentrieren die Interpretation der Innovationsökosysteme weiter auf eine spezifische Technologie, eben der namensgebenden Plattform, welche den Ausgangspunkt für das Ökosystem darstellt.[37] Um diese Plattform herum bildet sich nach dem Hub-and-Spoke-Prinzip ein Netzwerk mit der Plattform im Zentrum. Die Plattformökosysteme umfassen neben der zentralen Plattform auch die Komplemente, die auf der zentralen Plattform aufbauen. Die Endkunden profitieren von der Nutzung einer (individuellen) Kombination aus Plattform und Komplementen, die Anbieter der Komplemente (die sog. Komplementoren) vom Zugang zum Markt des Plattformanbieters und der Plattformanbieter selbst profitiert von der Möglichkeit, kundenspezifischere Lösungen anbieten zu können.[38]

Durch dieses Zusammenspiel der unterschiedlichen Akteure sind insbesondere die Innovations- und Plattformökosysteme von zentralem Interesse innerhalb des SiB. Zur genaueren Untersuchung und Ableitung von Herausforderungen bei der

---

[33] Vgl. Dhanaraj und Parkhe (2006), S. 664 und Iansiti und Levien (2004), S. 74.

[34] Vgl. Jacobides et al. (2018), S. 2258, ergänzend auch Mautsch (2015), S. 27.

[35] Vgl. Adner (2006), S. 98.

[36] Vgl. Brandenburger & Nalebuff (2008), S. 110 ff.

[37] Vgl. Jacobides et al. (2018), S. 2258.

[38] Vgl. bspw. Ceccagnoli et al. (2012), S. 263, Gawer und Cusumano (2008), S. 28.

Entwicklung neuer Wertversprechen im SiB müssen die Spezifika der Softwarebranche mit in die Betrachtung genommen werden. Diese Spezifika führten zu einer eigenständigen Definition von Ökosystemen im Bereich der Softwareindustrie, den sog. *Softwareökosystemen.* Diese Softwareökosysteme werden von Jansen und Cusumano folgendermaßen definiert:

„A software ecosystem is a set of actors functioning as a unit and interacting with a shared market for software and services, together with the relationships among them. These relationships are frequently underpinned by a common technological platform or market and operate through the exchange of information, resources, and artifacts."[39] Diese Definition umfasst drei wesentliche Säulen der Softwareökosysteme: Die Netzwerke, die Akteure und die als Plattform fungierende Technologie, in diesem Fall insb. eine Software, Softwaretechnologie oder auch eine Norm.[40] Auch wenn von den Autoren als Weiterentwicklung der Businessökosysteme verstanden, kombiniert das Softwareökosystem die Sichten der oben dargestellten Interpretationen der Ökosysteme. Insb. die zentrale und gestaltbare(!) Softwareplattform stellt einen bedeutenden Unterschied zu den Businessökosystemen dar. Diese Gestaltbarkeit der zentralen Softwareplattform und der im SiB obligatorische starke Softwarebezug lassen die Interpretation der Softwareökosysteme als relevant für die Gestaltung einer Methode zur technologieinduzierten Entwicklung innerhalb des SiB erscheinen.

Der Plattformbegriff selbst findet seit mindestens drei Jahrzehnten breite Verwendung in verschieden Disziplinen der Wissenschaft und Praxis.[41] Die frühe wissenschaftliche Auseinandersetzung mit diesem Begriff fokussierte dabei zumeist auf die sog. Produktplattformen, die in Wertschöpfungsketten die Effizienz bspw. durch Wiederverwendung von Komponenten bei Beständigkeit der grundlegenden Architektur erhöhen sollten.[42]

Cusumano und Gawer übertrugen den Begriff der Plattform in den Kontext der Ökosysteme.[43] Gawer grenzt dabei die sog. Branchenplattformen[44] von internen (Internal Platforms) und Supply-Chain Plattformen ab. Diese Konzepte unterscheiden sich nach der Analyseebene, den handelnden Akteuren, der Architektur,

---

[39] Jansen et al. (2009), S. 187 f.

[40] Vgl. Jansen und Cusumano (2013), S. 17 f. und Mautsch (2015), S. 28.

[41] Vgl. bspw. Wheelwright und Clark (1992), S. 73, die das Plattformkonzept zur Effizienzsteigerung in der Produktion untersuchten.

[42] Vgl. Buxmann et al. (2011), S. 189.

[43] Vgl. Cusumano und Gawer (2002) und zur Einordnung Hilkert (2012), S. 6.

[44] Neben dem englischen Begriff „Industry Platforms" findet in deutschen Veröffentlichungen auch der Begriff „Industrieplattformen" Verwendung. Diese Begriffe werden im Rahmen dieser Arbeit als synonym angenommen.

den mit ihnen verbundenen Innovationsmöglichkeiten und ihren Koordinationsmechanismen.[45] Das gemeinsame Merkmal aller drei Plattformkonzepte stellt dabei die technologische Architektur dar. Die Plattform soll modular aufgebaut sein und besteht grundsätzlich aus einem Kern und periphären Ergänzungen.[46] Den wesentlichen Unterschied zwischen Branchenplattformen und den internen bzw. Supply-Chain Plattformen stellt ihre Zugänglichkeit dar. Während die Letztgenannten sich lediglich auf ein Unternehmen (interne Plattformen) bzw. maximal auf die Wertschöpfungskette (Supply Chain Plattformen) bezieht und für diese nutzbar gemacht wird, kann die Branchenplattform (theoretisch) offen für jeden Marktteilnehmer gestaltet sein. Der Grad der Offenheit des Zugangs zur Branchenplattform wird dabei maßgeblich über Schnittstellen gesteuert. An die Stelle kontraktbasierter Steuerung kann entsprechend auch eine technische Steuerung treten.[47] Hinsichtlich der Innovationsmöglichkeiten bietet dies die Möglichkeit nicht nur das Innovationspotenzial des plattformetablierenden Unternehmens und seiner Kontraktpartner zugänglich zu machen, sondern – zumindest in der Theorie – jedes Branchenteilnehmers. Dieses Potenzial für Produkte und Wertversprechen nutzbar zu machen ist ein mögliches Ziel der Akteure bei der Gestaltung von Branchenplattformen.[48] Tabelle 2.3 stellt die Abgrenzung der Branchenplattformen im Vergleich zu anderen Plattformkonzepten dar.

Für Softwareplattformen sind Wirkungen aller drei Plattformkonzepte zu erwarten. Hinsichtlich ihrer Wirkung auf die hier thematisierten Softwareökosysteme und die Gestaltung neuer Produkte und Wertversprechen, wird aber die besondere Bedeutung der Branchenplattformen evident. Im Folgenden wird insbesondere auf die Spezifika der Branchenplattformen in Softwareökosystemen eingegangen, weswegen die Begriffe Branchenplattform und Softwareplattform als synonym verstanden werden.

Hinsichtlich des Gestaltungsziels der Entwicklung neuer Wertversprechen sind Softwareplattformen in mehrfacher Hinsicht relevant: Einerseits kann die Softwareplattform selbst eine mögliche Lösung für die Gestaltung eines neuen Wertversprechens im SiB sein. Andererseits befinden sich Akteure im SiB häufig als Teilnehmer innerhalb eines Softwareökosystems und müssen bei der Gestaltung ihrer Wertversprechen die Handlungen und Mechanismen ihres Umfelds antizipieren.[49]

---

[45] Vgl. Gawer (2012), S. 1244 ff.

[46] Vgl. Baldwin und Woodard (2009), S. 22 f.

[47] Vgl. Eisenmann et al. (2006), S. 94.

[48] Vgl. Mautsch (2015), S. 28.

[49] Vgl. Mautsch (2015), S. 58.

Tabelle 2.3 Klassifikation von Plattformen nach Gawer[50]

	Interne Plattform	Supply Chain Plattform	Branchenplattform
Analyseebene	• Unternehmen	• Wertschöpfungskette	• Branchenökosysteme
Konstituierende Elemente der Plattform	• Einzelunternehmen und Untereinheiten	• Hersteller • Zulieferer	• Offene Schnittstellen: Schnittstellen werden mit Komplementoren geteilt
Technologische Architektur	• Modulare Gestaltung • Kern und Peripherie		
Innovative Fähigkeiten im Zugriff	• Fähigkeiten des Unternehmens	• Fähigkeiten der Wertschöpfungskette	• Potenziell unbegrenzter Vorrat externer Fähigkeiten
Koordinationsmechanismen	• Autorität durch Führungshierarchie	• Vertragsbeziehungen zwischen Teilnehmern der Wertschöpfungskette	• Regelungsstrukturen des Ökosystems • Im Sonderfall mehrseitiger Märkte ausschließlich durch die Preisgestaltung
Beispiele	• Black and Decker (Werkzeugmaschinen) • Sony Walkman (Unterhaltungselektronik)	• Renault-Nissan (Autohersteller) • Boeing (Luft- und Raumfahrttechnik)	• Apple iPhone/Apps (Smartphones) • Google (Suchmaschine und Werbung) • SAP (Unternehmenssoftware)

[50] Eigene Darstellung, übersetzt übernommen von Gawer (2014), S. 1244.

Hinsichtlich der Gestaltung nennt Cusumano (2010) zwei wesentliche Eigenschaften einer Softwareplattform (bzw. Branchenplattform): Die Softwareplattform eines Softwareplattformanbieters wird als Kerntechnologie angesehen, die bei den Endkunden selbst nur relativ wenig Nutzen generiert. Sie ist daher auf eine (neben Plattformanbieter und Endkunden) weitere Marktseite angewiesen: den Komplementoren. Diese Komplementoren generieren Kundennutzen durch die Bereitstellung ergänzender Produkte und Dienstleistungen[51] (kooperative Wertschöpfung, Cocreation[52]). Softwareplattformen können daher auch als sog. mehrseitige Märkte verstanden werden.[53] Aus dieser Grundannahme hervorgehende Überlegungen führen zur zweiten wesentlichen Eigenschaft der Softwareplattformen: Der Entstehung sog. direkter und indirekter Netzeffekte.[54] **Direkte Netzeffekte** entstehen durch die gegenseitige Beeinflussung von Akteuren einer Klasse. Der Wert der Plattform für die Akteure steigt durch eine zunehmende Anzahl an Akteuren auf der Plattform. So steigt der Wert eines sozialen Netzwerks mit der Zahl seiner Nutzer (hier den Endkunden), da diese wiederum eine größere Zahl anderer Nutzer erreichen können.[55] **Indirekte Netzeffekte** entstehen aus der gegenseitigen Beeinflussung von Akteuren verschiedener Klassen. So kann die Attraktivität einer Plattform für einen Komplementor durch eine hohe Zahl auf der Plattform versammelter Endkunden zunehmen, andersherum kann eine Plattform, die durch eine hohe Zahl an Komplementoren mehr Nutzen bei Endkunden generiert für die Endkunden selbst attraktiver werden. Bspw. kann die Anzahl der verfügbaren Apps die Attraktivität eines Smartphones steigern und für die Endkunden ein relevantes Kaufkriterium sein. Andersherum kann eine hohe Zahl an Nutzern eines Smartphonebetriebssystems dieses attraktiver machen für die Gestaltung komplementärer Angebote.[56]

Abbildung 2.3 stellt die beschriebenen Zusammenhänge im Softwareökosystem grafisch dar.

---

[51] Vgl. Cusumano (2010), S. 23 ff.

[52] Vgl. Mautsch (2015), S. 30 f.

[53] Vgl. Hilkert (2012), S. 15 f., zu mehrseitigen Märkten auch: Rochet und Tirole (2003).

[54] Vgl. Cusumano (2010), S. 25.

[55] Vgl. Cusumano (2010), S. 25 f. und Mautsch (2015), S. 32.

[56] Vgl. Cusumano (2010), S. 25 f. und Mautsch (2015), S. 32 f.

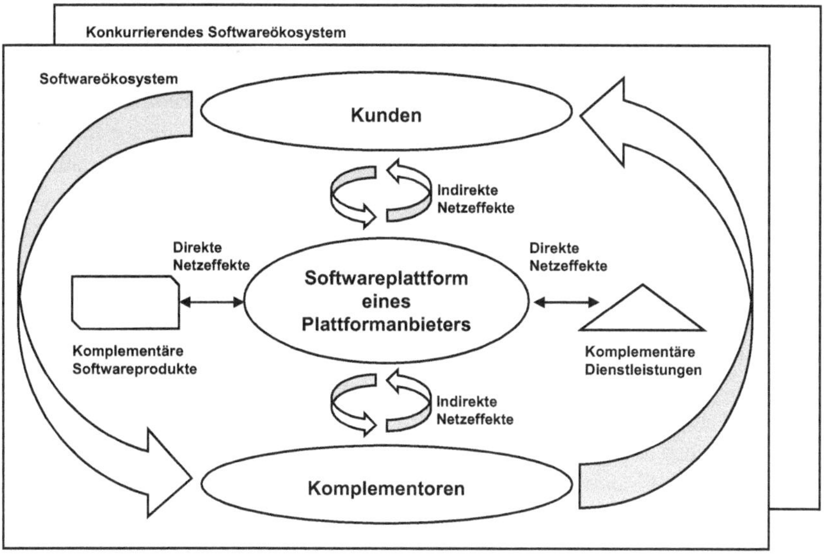

Abbildung 2.3 Bestandteile und Netzeffekte in Softwareökosystemen[57]

Stellen die Netzeffekte zumeist für das Wachstum des Softwareökosystems eine als positiv zu bewertende Feedbackschleife dar, gibt es auch Phänomene, die dem Wachstum des Ökosystems entgegenstehen können: Zu nennen ist hier insb. die sogenannte **Koopkurrenz**, also einer Überlagerung von Kooperation und Konkurrenz zwischen Akteuren der gleichen Klasse (insb. konkurrierender Komplementoren, die beide Teil des gleichen Softwareökosystems sind) oder zwischen verschiedenen Klassen (etwa zwischen Plattformanbieter und Komplementoren).[58] Koopkurrenz entsteht auch, wenn kooperierende Unternehmen im Zeitverlauf in ein Konkurrenzverhältnis übertreten oder umgekehrt (sequenzielle Koopkurrenz). Weiterhin kann sich Koopkurrenz entweder über den gesamten Geschäftsbereich oder einzelne Sektoren erstrecken (sektorale Koopkurrenz).[59]

---

[57] Eigene Darstellung in Anlehnung an Mautsch (2015), S. 34 und Cusumano (2010), S. 25.

[58] Vgl. Bernecker (2005), S. 125.

[59] Vgl. Bernecker (2005), S. 125 f.

Innerhalb der Branchenplattformen unterscheiden mehrere Autoren zwischen drei Unterklassen.[60] Die sog. Transaktionsplattformen fungieren als Intermediäre oder als Marktplätze, die Wert durch das Zusammenbringen von Nachfrager- und Angebotsseite mit dem Ziel der Ermöglichung von Transaktionen generieren. Auch die bereits genannten sozialen Netzwerke können zu dieser Kategorie der Plattformen gezählt werden. Die Innovationsplattformen fokussieren auf den technischen Aspekt der Plattform, in dem sie den Komplementoren die technische Basis für deren Innovationen bieten. Betriebssysteme wie Microsoft Windows oder Apple iOS werden als Beispiele für solche Innovationsplattformen genannt. Aber auch Plattformen, die einen industriellen Hintergrund haben, also keine reinen Softwareplattformen sind, wie bspw. GE Predix, IBM Watson oder Microsoft Azure, können zu den Innovationsplattformen gezählt werden und zeigen die Gültigkeit der Spezifika von Branchenplattformen auch für das SiB.[61] Dies wird auch durch die häufig verwendete Bezeichnung „digitale Plattform" deutlich.[62] Die Abgrenzung dieser Plattformen ist dabei nicht trennscharf – so kann das iOS-Ökosystem durch die Bereitstellung von Entwicklungswerkzeugen und Programmierschnittstellen beispielsweise als Innovationsplattform gesehen werden, erfüllt gleichzeitig über den tief mit dem Betriebssystem verbundenen App Store allerdings auch über alle Merkmale einer Transaktionsplattform. Aufgrund ihrer Mittellage bilden diese Plattformen eine weitere Unterklasse.[63]

Aufgrund dieser Implikationen können die zahlreichen multilateralen Beziehungen, die dem Wertangebot in Ökosystemen zugrunde liegen, nicht in viele bilaterale Beziehungen unterteilt werden.[64] Dies führt dazu, dass Zweck-Mittel-Verbindungen im Kontext von Softwareökosystemen nur begrenzt darstellbar sind. Für die spezifischere Ausprägung von Softwareplattformen im Bereich der Unternehmenssoftware trägt der theoretische Bezugsrahmen für die Herleitung von Gestaltungsempfehlungen im Kontext von Unternehmenssoftwareökosystemen den Prämissen der Softwareökosystemen Rechnung.[65]

Wie beschrieben bestehen enge Verflechtungen zwischen den verschiedenen Akteuren in Softwareökosystemen. Die Akteure verfolgen dabei unterschiedliche

[60] Vgl. Evans und Gawer (2016), Cusumano et al. (2019) und Gawer (2021), S. 7.

[61] Vgl. Gawer (2021), S. 8. Zu Branchenplattformen im industriellen Kontext siehe auch Porter und Heppelmann (2014).

[62] Vgl. Gawer (2021), S. 8.

[63] Vgl. Gawer (2021), S. 7 f.

[64] Vgl. Adner (2006), S. 100.

[65] Vgl. Mautsch (2015), S. 59 ff.

Ziele auf verschiedenen Ebenen. So verfolgt der Softwareplattformanbieter einerseits auf Einzelorganisationsebene Ziele (bspw. hinsichtlich. des Umsatzes oder des Marktanteils), gleichzeitig aber auch Ziele auf der Ökosystemebene (bspw. hinsichtlich der Zahl der auf der Plattform versammelten Komplementoren). Wie bereits anhand dieser Beispiele offensichtlich wird, sind diese Ziele nicht unabhängig voneinander, sondern mit gegenseitigen Dependenzen behaftet.[66] Den Akteuren stehen jeweils Gestaltungsdeterminanten zur Verfügung, durch die sie ihre Ziele zu erreichen versuchen. Durch die vielfältigen Zusammenhänge ist es dabei erforderlich, dass die Gestaltung konsistent hinsichtlich der Ziele auf den verschiedenen Ebenen ist. Daraus ergibt sich eine Vielzahl an Abstimmungsbedarfen und Reziprozitäten, die keinen dauerhaft stabilen Zustand des Gesamtsystems erwarten lassen, sondern vielmehr permanente Anpassungsprozesse auf allen Ebenen und eine damit einhergehende Dynamik in der Gestaltung benötigen.[67] Diese Eigenschaften der Softwareökosysteme können damit als einer der wesentlichen Treiber für die später thematisierte Verringerung der Planbarkeit im SiB angesehen werden.[68] Abbildung 2.4 stellt die Zusammenhänge von Zielen und Gestaltungsdeterminanten für Softwareökosysteme im Kontext von Unternehmenssoftware grafisch dar.

Die durch koevolutionäre Prozesse in Softwareökosystemen induzierte Dynamik skizziert Gawer (2021) anhand von zwei Phasen im Lebenszyklus einer Softwareplattform. Während der **Initiierungsphase**[69] müssen die Plattformen möglichst früh die angesprochenen Netzeffekte generieren, da sie sonst nicht am Markt bestehen können. In diese Phase fällt das auch als *Bandwagon-Problem* bekannte *Henne-Ei-Problem* der Plattformgestaltung: Insb. indirekte Netzeffekte sind schwer zu etablieren, da beide Marktseiten parallel entstehen müssen.[70] Ebenfalls in die Phase der Initiierung fällt die Entscheidung über den Scope der Plattform: Also die Entscheidung, welche Funktionalitäten der Softwareplattformanbieter selbst anbietet und welche (bewusst) Komplementoren überlassen werden, um die Attraktivität der Plattform für diese zu erhöhen.[71]

[66] Vgl. Mautsch (2015), S. 59 ff.

[67] Vgl. Mautsch (2015), S. 69 ff.

[68] Vgl. hierzu die Implikationen der technologieinduzierten Entwicklung in Abschnitt 2.3.3.

[69] Im englischen wird der Begriff Launch Phase verwendet. Vgl. Gawer (2021), S. 8.

[70] Vgl. Gawer (2009b), S. 47, Cusumano (2002), S. 25, Parker und Van Alstyne (2005).

[71] Vgl. Cusumano (2002), S. 53.

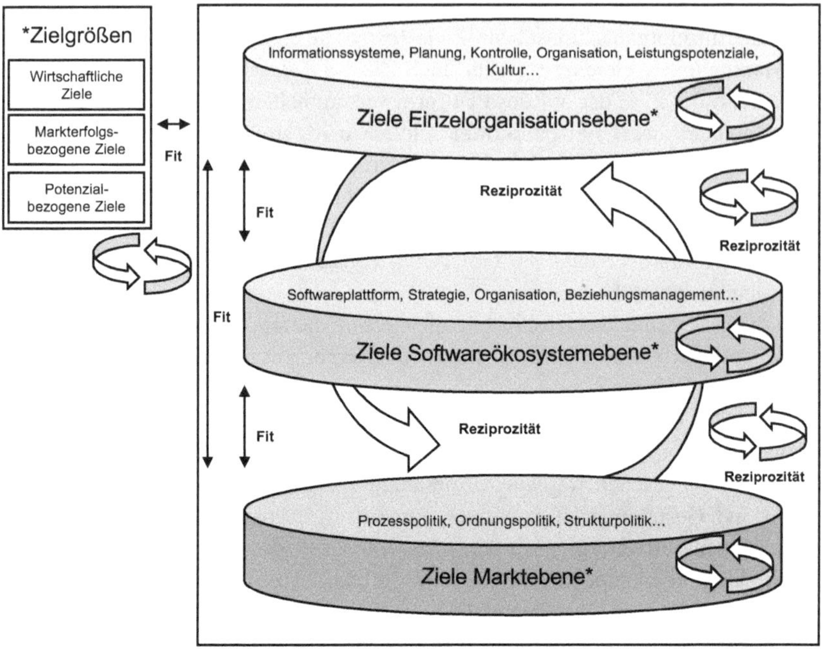

Abbildung 2.4 Theoretischer Bezugsrahmen für die Herleitung von Gestaltungsempfehlungen im Kontext von Unternehmenssoftwareökosystemen[72]

Gemäß oben beschriebener Logik ist diese Entscheidung keine dauerhafte: Der Scope der Plattform kann und muss regelmäßig angepasst werden, um auf Veränderungen im Marktumfeld reagieren zu können. Diese Anpassung des Scopes ist dementsprechend auch in der **Reifephase**[73] der Plattformen eine notwendige Aktivität. Weitere Aktivitäten in dieser Phase umfassen die Identifikation von Ertragsmöglichkeiten und ggf. den Aufbau oder den Erhalt von Wettbewerbsbarrieren.[74]

Hinsichtlich der Entwicklung neuer Wertversprechen im SiB ergeben sich aus der Betrachtung des Ökosystems folgende Erkenntnisse:

[72] Eigene Darstellung nach Mautsch (2015), S. 59.

[73] Vgl. Gawer (2021), S. 8.

[74] Vgl. Gawer (2021), S. 8.

Technologieinduzierte Entwicklung neuer Wertversprechen im SiB
Implikationen des Ökosystems
Im Software-intensive Business ergibt sich der Nutzen für den Endkunden nicht mehr ausschließlich aus den Funktionen eines Softwareprodukts, sondern oft aus der Summe der Funktionen der zentralen Softwareplattform sowie seiner Komplemente. Da praktisch jeder Marktteilnehmer die Softwareplattform um Komplemente erweitern kann, führt dies zu einer überproportionalen Verbreiterung des gestaltbaren Lösungsraums.
Softwareökosysteme sind instabil. Sowohl Softwareplattform als auch die Komplemente müssen permanent an das sich weiterentwickelnde Ökosystem angepasst werden.

2.1.3 Humansystem

Nach der Forschungsagenda des SiB bezieht sich das Humansystem im SiB auf Softwareorganisationen, ein Entwicklungsprojekt, ein Entwicklungsteam oder Individuen wie Entwickler oder User.[75] Die Bedeutung des Humansystems wird dabei insb. hinsichtlich dessen Einflusses auf die Time-to-market bzw. Time-to-release bezogen, ohne diesen Zusammenhang näher zu definieren.[76] Hinsichtlich der Gestaltung einer Methode zur Entwicklung neuer Wertversprechen ist allerdings eine nähere Betrachtung des Einflusses des Humansystems notwendig. An dieser Stelle sei nochmals auf den Zusammenhang zwischen den Elementen praxeologischer Aussagen in der Organisationstheorie verwiesen.[77] Das Erreichen der Gestaltungsziele ist hiernach grundsätzlich – neben den Gestaltungsbedingungen – insb. von der Wirkung auf die betroffenen Individuen abhängig. Diese Wirkung drückt sich insb. durch die Beeinflussung der Verhaltensweisen der handelnden Akteure aus. Kubicek unterscheidet dabei zwischen den prognostizierten und tatsächlich eingetretenen Verhaltensweisen.[78] Dies ist hinsichtlich des vorliegenden Forschungsziels in zweifacher Hinsicht relevant:

- **Verhaltensweisen des die Methode anwendenden Humansystems:** Nach Heym bzw. Gutzwiller umfasst eine Methode Aktivitäten, Rollen, Ergebnisse und ein Metamodell für die Ergebnisdarstellung.[79] Die Rollen werden

[75] Vgl. Werder et al. (2018), S. 194.
[76] Vgl. Werder et al. (2018), S. 194.
[77] Vgl. Kubicek (1975), S. 22.
[78] Vgl. Kubicek (1975), S. 21.
[79] Vgl. Heym (1993), S. 123 ff. und Gutzwiller (1994), S. 11.

dabei durch die handelnden Personen eingenommen, welche die in der Methode vorgesehenen Aktivitäten ausführen. Hierbei handelt es sich nach Kubicek um angestrebte, also prognostizierte Handlungsweisen, die sich von der praktischen Durchführung unterscheiden können (tatsächlich eingetretene Verhaltensweisen).[80] Auf Individualebene können die Wirkungen, bspw. die Akzeptanz des Rollenmodells oder die Identifikation mit den erwarteten Ergebnissen, beeinträchtigt werden. Dies ist bei der Gestaltung der Methode zu beachten und führt insb. zur Notwendigkeit der Prüfung, ob die angestrebten Ergebnisse tatsächlich eintreten.[81]

- **Verhaltensweisen hinsichtlich der durch die Anwendung der Methode angestrebten Ergebnisse:** Wie bereits im vorherigen Kapitel teilweise beschrieben, sind die Bedingungen zur Gestaltung neuer Wertversprechen im SiB geprägt durch ein hohes Maß an Komplexität (bspw. durch die Spezifika der Softwareökosysteme) und Unsicherheiten (u. a. durch die vorhandene Unsicherheit über den zu adressierenden Markt im Fall technologieinduzierter Entwicklung).[82] Dies führt dazu, dass die Anwender der Methode zur technologieinduzierten Entwicklung neuer Wertversprechen im SiB keine vollständig belastbaren Prognosen hinsichtlich der Handlungsweisen der Komplementoren und Kunden im SiB treffen werden können. In diesem Fall zeigt sich, dass sich die Gestaltung von Produkten wie Informationssystemen im SiB nicht mehr durch stabile Zweck-Mittel-Aussagen planen lässt, sondern Veränderungen im Zeitverlauf berücksichtigt werden müssen. Dies gilt insb. durch die erhöhte Zahl an Akteuren (und deren individuellen Zielstellungen) in Softwareökosystemen.[83] Dies erhöht einerseits das Risiko, dass die potenziellen Kunden neuer Wertversprechen andere Handlungsweisen zeigen, als das Entwicklungsteam prognostiziert und andererseits auch das Risiko, das zutreffende Prognosen im Zeitverlauf ihre Richtigkeit verlieren und korrigiert werden müssen. Diese Korrekturen können bspw. die Time-to-market negativ beeinflussen.

Hinsichtlich der Entwicklung neuer Wertversprechen im SiB ergibt sich aus der Betrachtung des Humansystems als wesentliche Erkenntnis:

---

[80] Vgl. Kubicek (1975), S. 21.

[81] Vgl. Kubicek (1975), S. 21 ff.

[82] Vgl. hierzu Abschnitt 2.3.3.

[83] Vgl. Mautsch (2015), S. 58.

Technologieinduzierte Entwicklung neuer Wertversprechen im SiB
Implikationen des Humansystems
Die Komplexität und Unsicherheit im Software-intensive Business führt zu schwierigeren Prognosen über das Verhalten potenzieller Kunden. Die zu entwickelnde Methode muss das Entwicklungsteam daher beim Umgang mit nichtzutreffenden Prognosen und deren Korrektur unterstützen.

2.2 Wertversprechen

Zentraler Entwicklungsgegenstand der zu konzipierenden Methode ist das Wertversprechen. Das Wertversprechen beschreibt, wie Wert bei einem Kunden geschaffen werden kann und stellt somit eine wesentliche Komponente des Geschäftsmodells eines Unternehmens dar.[84] Das Geschäftsmodell als Ganzes wiederum dient als Werkzeug für die Abbildung der Geschäftslogik eines Unternehmens und hilft damit bei deren Innovation und Evaluation.[85] Sowohl das Geschäftsmodell als auch das Wertversprechen werden in der Literatur unterschiedlich definiert und bewertet. Im folgenden Kapitel werden die begrifflichen Grundlagen der Geschäftsmodelle für die weitere Analyse dieses Forschungsgebiets im Hinblick auf die technologieinduzierte Entwicklung neuer Wertversprechen im Rahmen des SiB gelegt.

2.2.1 Geschäftsmodelldefinitionen

Der Begriff *Geschäftsmodell* ist seit langem Gegenstand der wissenschaftlichen Auseinandersetzung.[86] Bereits 1957 nutzte Bellman et al. vereinfachende Modelle des Geschäftsumfelds, um Methoden zur Simulation von Entscheidungsproblemen zu entwickeln.[87] In der Folgezeit wurden Geschäftsmodelle im wörtlichen Sinne v.a. zur „Modellierung des Geschäfts" respektive der dabei genutzten

[84] Vgl. bspw. Osterwalder (2004), S. 50. Eine ausführliche Beschäftigung mit den Definitionen des Wertversprechens erfolgt in Abschnitt 2.2.2.

[85] Vgl. bspw. Veit et al. (2014), S. 46. Eine nähere Beschäftigung mit dem Begriff und der Abgrenzung zu anderen Konzepten erfolgt im weiteren Kapitel.

[86] Vgl. Wirtz et al. (2016), S. 37,

[87] Vgl. Bellman et al. (1957), S. 473 f.

Geschäftsprozesse genutzt.[88] Von wenigen Ausnahmen[89] abgesehen, hielt sich diese Sicht bis in die 1990er Jahre.[90] Im Zuge des verstärkten Aufkommens neuer Informations- und Kommunikationstechnik (IKT) und deren Einfluss auf die Geschäftswelt, wurden Geschäftsmodelle zunehmend auch als Analyseeinheit betrachtet, die es ermöglichten, die als rapide wahrgenommenen Veränderungen in den Unternehmen und dem Unternehmensumfeld darstellen zu können.[91] In der Folge kam es zu einer geradezu inflationären Zahl verschiedener Definitionen des Begriffs im wissenschaftlichen Bereich, während die Nutzung des Begriffs auch in der medialen Verwendung stark zunahm.[92] Dieses Missverhältnis eines populären Begriffs, dem es jedoch an einer eindeutigen wissenschaftlichen Definition mangelt, veranlasste Michael E. Porter im Jahr 2001 zu seiner populären Aussage „The definition of a business model is murky at best. Most often, it seems to refer to a loose conception of how a company does business and generates revenue. Yet simply having a business model, is an exceedingly low bar to set for building a company.“[93] Wenn auch überspitzt formuliert, bringt Porter damit zwei wesentliche Diskussionen, auch in der wissenschaftlichen Beschäftigung mit dem Begriff auf den Punkt: Einerseits gibt es bis heute kein eindeutiges Verständnis über die Definition und Inhalte des Geschäftsmodells, andererseits ist auch die Frage bzgl. der Abgrenzung zu anderen Konstrukten, wie der Unternehmensstrategie und den Geschäftsprozessen zumindest uneinheitlich.[94]

Hinsichtlich des letztgenannten Punktes ist in der jüngeren Vergangenheit zumindest eine Art Konsens unter vielen Wissenschaftlern zu beobachten:[95] Viele Definitionen des Geschäftsmodells verorten es zumeist in einer Art Mittelposition zwischen Geschäftsstrategie und -prozessen, wobei die Abgrenzung zu beiden Polen nicht immer eindeutig ausfällt (vgl. Abbildung 2.5).[96]

---

[88] Vgl. Wirtz et al. (2016), S. 37.

[89] Wirtz et al. (2016) erwähnt als Beispiel für den eher synthetischen Einsatz des Geschäftsmodells Konczal (1975).

[90] Vgl. Wirtz (2014), S. 37.

[91] Vgl. Al-Debei et al. (2008), S. 1551.

[92] Vgl. Wirtz et al. (2016), S. 38 und Al-Debei et al. (2008), S. 1553.

[93] Porter, M.E. (2001), S. 73.

[94] Vgl. Wirtz et al. (2016), S. 37, Al-Debei et al. (2008), S. 1553 und Osterwalder (2004), S. 11 f.

[95] Vgl. Veit et al. (2014), S. 46.

[96] Vgl. Al-Debei (2008), S. 1556.

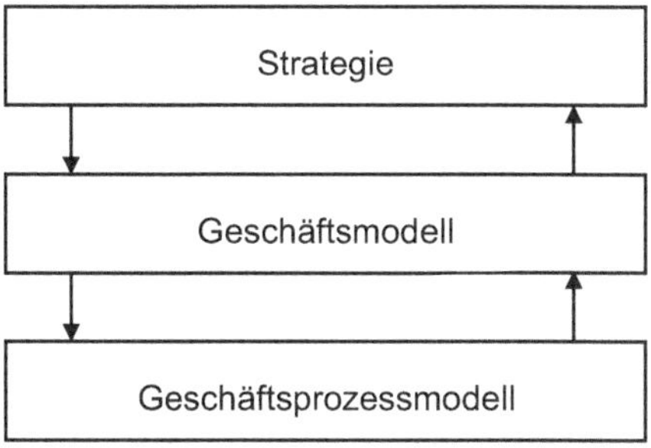

Abbildung 2.5 Das Geschäftsmodell zwischen Strategie und Geschäftsprozessen[97]

Diese Interpretation der Positionierung des Geschäftsmodells kann gewissermaßen als Reaktion auf Porters Aussage gesehen werden, nach der das Geschäftsmodell nicht die Unternehmensstrategie ersetzen kann (und soll). Andererseits soll das Geschäftsmodell auch nicht die Modellierung der Geschäftsprozesse einbeziehen, da sonst die Fokussierung auf die Geschäftslogik verschwimmen könnte. Vielmehr wird das Geschäftsmodell in dieser Interpretation als Verbindung zwischen Unternehmensstrategie und Geschäftsprozessen verstanden. Notwendig erscheint den Vertretern dieser Sicht, dass die eher langfristig angelegte Unternehmensstrategie im volatilen Umfeld digitaler Branchen nur durch schnelle Anpassung der Geschäftsprozesse überlebensfähig bleibt.[98] Das Geschäftsmodell wird hierbei auch als „Ort der Innovation" beschrieben.[99]

Wirtz et al. sehen neben dem Abstraktionslevel auch Unterschiede hinsichtlich der Adressaten des Geschäftsmodells in der akademischen Auseinandersetzung. Die Autoren erkennen aus der Sichtung einer Vielzahl älterer und jüngerer Veröffentlichungen zum Thema Geschäftsmodell hier neben der bereits angeklungenen Verschiebung weg von der prozessorientierten Sicht, hin zu einer Mittelsicht zwischen Prozessen und Strategie, auch eine Verschiebung von der detaillierten Produktebene, hin zu einer Sicht auf das ganze Unternehmen.

Abbildung 2.6 zeigt die sog. moderne Geschäftsmodellsphäre, in der sich die meisten jüngeren Definitionen des Geschäftsmodells verorten lassen. Neben der bereits angesprochenen Mittellage zwischen Prozessen und Strategien, scheint es einen gewissen Konsens hinsichtlich der Verortung auf der Ebene des Einzelunternehmens zu geben, wobei – insbesondere im Software-intensive Business – die Grenzen zwischen Produktebene und Unternehmensebene allein

[97] Eigene Darstellung in Anlehnung an Al-Debei (2008), S. 1556.

[98] Vgl. u. a. Al-Debei (2008), S. 1556 f., Zott und Amit (2008), Veit et al. (2014).

[99] Vgl. Stähler (2002), S. 36.

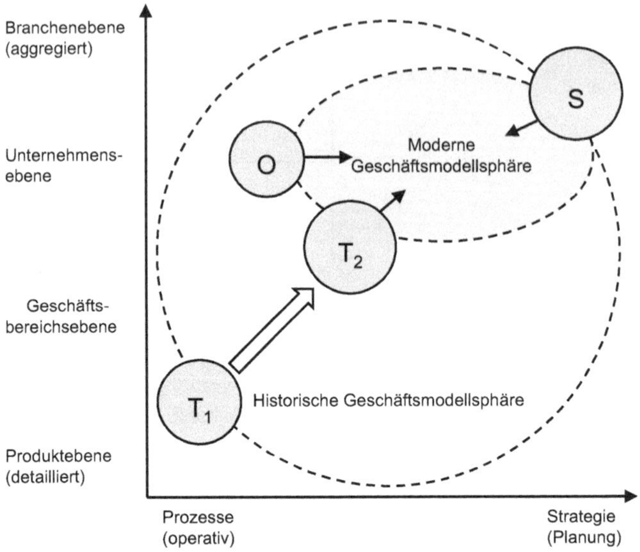

Abbildung 2.6 Veränderung des Geschäftsmodellbegriffs im Zeitverlauf[100]

durch die zunehmende Betrachtung von Startup-Unternehmen, die häufig sog. „Ein-Produkt-Unternehmen" sind, zu verwischen drohen.[101]

Eine weitere Möglichkeit, sich dem Geschäftsmodellbegriff zu nähern, bietet die Sicht auf die verschiedenen enthaltenen Komponenten. Hierbei unterscheiden sich die Veröffentlichungen hinsichtlich Granularität und Breite des Begriffs teilweise deutlich. So weisen Geschäftsmodelle je nach Definition zwischen drei (Gassmann et al., Mahadevan) und neun (Osterwalder und Pigneur) Komponenten auf.[102] Hierbei fällt auf, dass keine der Komponenten bei allen Autoren in die Betrachtung einbezogen wird. Wirtz et al. identifizierten allerdings zwei Komponenten, die in einer Vielzahl der betrachteten Geschäftsmodellansätze vorkommen: Diese sind einerseits der Blick auf die Unternehmensressourcen, andererseits der Blick auf das Angebot, das dem Markt gemacht wird (Market Offering). Dieses *Market Offering* ist bezüglich der Entwicklung neuer Wertversprechen im SiB von besonderem Interesse.

[100] Eigene Darstellung in Anlehnung an Wirtz et al. (2016), S. 39.

[101] Giardino et al. (2016), S. 586.

[102] Vgl. Gassmann et al. (2013), Mahadevan (2000) und Osterwalder und Pigneur (2009).

Analog zur umfangreichen und heterogenen Landschaft an Geschäftsmodelldefinitionen ist auch die Entwicklung neuer Geschäftsmodelle häufig Gegenstand wissenschaftlicher Auseinandersetzung. Unter dem Begriff Geschäftsmodellinnovation wird laut Wirtz und Thomas der Gestaltungsprozess zur Hervorbringung eines weitgehend neuen Geschäftsmodells verstanden, das mit einer Anpassung des Wertversprechens (und/oder des Wertschöpfungsnetzwerks) einhergeht.[103] Auch andere Autoren stellen die Bedeutung der Kernelemente des Geschäftsmodells, zu denen insb. das Wertversprechen zählt, für die Schaffung von Geschäftsmodellinnovationen heraus.[104]

2.2.2 Definition eines Wertversprechens im Software-intensive Business

„But general equilibrium models, with (one-sided) markets and perfect competition are a caricature of the real world. Intangible products are in fact ubiquitous, two-sided markets are common, and customers don't just want products; they want solutions to their perceived needs. In some cases, markets may not even exist, so entrepreneurs may have to build organizations in order to perform activities for which markets are not yet ready."[105] Mit dieser Aussage kritisiert Teece „Mainstream-Ansätze" der Geschäftsmodellentwicklung. Dabei greift er auch wesentliche Problemstellungen der in dieser Arbeit thematisierten Entwicklung von Wertversprechen im SiB auf: Die bereits thematisierten Implikationen des SiB, wie die mehrseitigen Märkte und die Instabilität des Ökosystems und auch die in späteren Kapiteln beleuchtete Unsicherheit gegenüber den zu adressierenden Märkten. Die Aussage, Kunden möchten keine Produkte, sondern Lösungen ihrer wahrgenommen Bedürfnisse, bezieht er insb. auf das Wertversprechen als Kern des Geschäftsmodells:[106] „In mainstream [Business Model] approaches, there is simply no need to worry about the value proposition to the customer..."[107] Dieser Kritik entsprechend wird im Folgenden vertieft auf das Wertversprechen eingegangen. Das Wertversprechen wird von den Autoren zumeist der bereits erwähnten Geschäftsmodellkomponente *Market Offering*

---

[103] Vgl. Wirtz und Thomas (2014), S. 36. Eine spezifischere Beschäftigung mit Methoden der Geschäftsmodellinnovation erfolgt in Abschnitt 4.2.8.

[104] Vgl. Osterwalder und Pigneur (2010), S. 136.

[105] Teece (2010), S. 175.

[106] Vgl. Teece (2010), S. 175 f.

[107] Teece (2010), S. 175.

zugeordnet und ist unter vielfältigen Bezeichnungen häufig Teil von Geschäftsmodelldefinitionen.[108] Zur Annäherung an eine für diese Arbeit gültige und einheitliche Definition dieser Komponente werden im Folgenden verschiedene Ansätze diskutiert. Ausgehend von der detaillierten Sekundärstudie von Wirtz et al. (2016) werden Ansätze zur Beschreibung der Market Offering-Komponente untersucht. Neben *Market Offering* werden auch die Begriffe *Nutzenversprechen*, *Wertversprechen* und *Value Proposition* in die Betrachtung miteinbezogen.[109] Nachfolgende Tabelle 2.4 stellt eine Übersicht an verschiedenen Definitionen der Value Proposition der einbezogenen Veröffentlichungen dar.

Im Vergleich zur (relativ) großen definitorischen Breite beim Begriff des Geschäftsmodells zeigt sich bei den Definitionen der Value Proposition eine größere Einigkeit. Trotzdem werden inhaltlich teilweise unterschiedliche Akzente gesetzt, die für die weitere Beschäftigung mit dem Begriff im Rahmen dieser Arbeit von Bedeutung sind. Nachfolgend soll auf die in dieser Hinsicht bedeutendsten Unterschiede eingegangen werden.

Zentraler Aspekt der Betrachtung der Value Proposition durch **Stähler (2002)** ist die Betrachtung des Nutzens, der durch das Geschäftsmodell generiert wird. Stähler erweitert die in anderen Definitionen eher bipolare Sicht aus Kunde und Wertangebot auf die Value Proposition um zusätzliche Adressaten: Es wird nicht nur der Kunde, sondern auch Partner des Wertschöpfungsprozesses mit in die Betrachtung einbezogen. Das Geschäftsmodell definiert sich nach dieser Sicht über die Generierung des Nutzens beim Kunden und Wertschöpfungspartner (im Begriffsschema dieser Arbeit also auch insb. der Komplementoren). Während die Nutzengenerierung beim Kunden letztlich zu Bedürfnisbefriedigung oder im Falle von Unternehmenskunden zur Erreichung von Unternehmenszielen führen soll, motiviert der Nutzen die Komplementoren zur Teilhabe am Geschäftsmodell. Gleichzeitig hilft die Value Proposition bei der Fokussierung: Die positive Auswahl der Kunden und Komplementoren soll angesprochen werden, die negative Auswahl, also jene nicht erwähnten Gruppen, explizit nicht.[110]

Osterwalder (2004) beschreibt das Wertversprechen als einen Überblick über die Angebote eines Unternehmens, die Wert für ein spezifisches Kundensegment generieren. Das Wertversprechen (Value Proposition) enthält in der Ontologie des Geschäftsmodells die Angebote (Offerings). Diese bezeichnen die vom Unternehmen angebotenen Produkte und Dienstleistungen.[111]

[108] Vgl. Wirtz et al. (2016), S. 43.

[109] Vgl. Wirtz et al. (2016), S. 43 f.

[110] Vgl. Stähler (2002), S. 42 f., auch Demil und Lecocq (2010), S. 231.

[111] Vgl. Osterwalder (2004), S. 50 f.

Tabelle 2.4 Definitionen des Wertversprechens[112]

Autoren	Value Proposition Definition
Mahadevan (2000), S. 59	„The value stream identifies the value proposition for the buyers, sellers, and the market makers and portals in an Internet context.“
Wirtz (2000), S. 213	„Das Leistungsangebotsmodell gibt Auskunft darüber, welches Leistungsspektrum welchen Nachfrager- bzw. Kundengruppen angeboten werden soll. Die Kunden unterscheiden sich dabei in ihren Nachfragewünschen z.T. erheblich. Um die Wünsche der Kunden zu befriedigen, sollte versucht werden, das Leistungsangebot auf den speziellen Bedarf der einzelnen Kunden auszurichten. (…) Den einzelnen Nachfragergruppen wird jeweils ein segmentspezifisches Angebot unterbreitet, das auf die Nachfragerbedürfnisse dieses Segments abgestimmt ist.“
Hedman und Kalling (2002), S. 50	„In order to contribute to performance, IS must be acquired cleverly, fit with other resources and implemented effectively, understood and used, and aligned and embedded with organization in a unique way. Any improvements in value chain activities must be materialized by an offering that increases customer-perceived quality and/or reduces cost. All these factors and their causal interrelations need to be understood for any specific business model.“
Stähler (2002), S. 42 f.	„Die Value Proposition beschreibt den Nutzen und damit den Wert, den Kunden und Wertschöpfungspartner durch das Geschäftsmodell erhalten. Die Value Proposition richtet sich an zwei unterschiedliche Anspruchsgruppen: Kunden und Wertschöpfungspartner.“

(Fortsetzung)

[112] Eigene Darstellung.

Tabelle 2.4 (Fortsetzung)

Autoren	Value Proposition Definition
Mahadevan (2004), S. 2	„Once the right target is identified, firms need to decide the exact nature of the value proposition that it needs to provide to the targeted segment. It may call for deciding the breadth and the depth of the offering, the level of interface required with the customer and the mode of offering. The "what" aspect of a business model addresses these issues."
Osterwalder (2004), S. 50	„A Value Proposition represents *value for* one or several target customer(s) and is based on one or several capabilit(ies). It can be further decomposed into its *set of* elementary offering(s). A Value Proposition is characterized by its attributes description, reasoning, value level and price level and an optional life cycle."
Voelpel et al. (2004), S. 261	„…it seems to be generally accepted that the model should enable the creation of value for customers and the various participants in its value chain. Moreover, it must generate a total 'system' value that is higher than the sum total value from its individual parts. From the above analysis of various generic elements of a business model, the term 'business model' can be defined as (…): The particular business concept (or way of doing business) as reflected by the business's core value proposition(s) for customers;…"
Yip (2004), S. 19	Yip stellt die Value Proposition als Klammer um die „Nature of Inputs", deren „Transformation" und der „Nature of Customers" dar.
Lehmann-Ortega und Schoettl (2005), S. 6	„Value Proposition, comprising • The type of customer, or the market segment addressed by the business. • The product or service or mere information. • The partners who form a link between the business and the customers."

(Fortsetzung)

Tabelle 2.4 (Fortsetzung)

Autoren	Value Proposition Definition
Osterwalder et al. (2005), S. 10	„Gives an overall view of a company's bundle of products and services."
Al-Debei et al. (2008), S. 4	„A way in which organizations creates value."
Demil und Lecocq (2010), S. 231	„Finally, a BM also includes a third component – the value propositions a company delivers to customers, in the form of its products and services. At a subsidiary level, these propositions also encompass how and to whom the offer will be marketed. Firms may address value propositions to various kinds of 'customers' – end consumers, suppliers, complementors, competitors or sponsors – particularly in the case of multisided markets."
Johnson (2010), S. 6 f.	„[A Value Proposition] that is, it offers its customers some goods, services, or a combination of the two that fulfill an important job a customer needs to get done better than any current alternative does."
Osterwalder und Pigneur (2010), S. 23	"A Value Proposition creates value for a Customer Segment through a distinct mix of elements catering to that segment's needs. Values may be quantitative […] or qualitative […]."
Schön (2012), S. 74	"The first dimension is called *Value Proposition*. This represents the unique value a business offers to its customers and needs to be based on the specific geography and customer segments targeted and the intended product and service mix."
Gassmann et al. (2013), S. 6	„Das Nutzenversprechen – was bieten wir den Kunden an? Die zweite Dimension beschreibt, was den Zielkunden angeboten wird, um deren Bedürfnisse zu befriedigen. Das Nutzenversprechen beschreibt alle Leistungen eines Unternehmens (Produkte und Dienstleistungen), die dem Kunden von Nutzen sind."

(Fortsetzung)

Tabelle 2.4 (Fortsetzung)

Autoren	Value Proposition Definition
Osterwalder et al. (2014), S. 8 f.	„Value Proposition describes the benefits customers can expect from your products and services.“
Teng und Lu (2016), S. 1758	„A value proposition can be represented as the value a firm are supposed to deliver and realize, which is closely associated with customers. Creating value proposition is a part of business strategy and goals. Value proposition identified what benefits customers will achieve from products and services, which has higher competitiveness than the forms. From the perspectives of both customers and products/services providers, characters of value proposition creation and regulation are generalized. Value proposition is enabled by customer desired value and changes with customer group's expectations.“

Osterwalder und Pigneur (2010) bauen auf der Definition von Osterwalder (2004) auf. Jede Value Proposition wird als Bündel an Produkten und Dienstleistungen gesehen, welche die Anforderungen eines spezifischen Kundensegments erfüllen. Unterstrichen wird die Bedeutung des Wertversprechens: Dieses wird als Grund angesehen, warum sich Kunden für ein Unternehmen bzw. dessen Produkte und Dienstleistungen entscheiden.[113]

Osterwalder et al. (2014) verkürzen die vorhergehenden Definitionen von Osterwalder (2004) und Osterwalder et al. (2005) in einem der bekanntesten, allerdings eher an die Praxis gerichteten Werk *Value Proposition Design* auf die knappe Feststellung, dass die Value Proposition eine Beschreibung der Vorteile, die ein Kunde oder mehrere (allerdings spezifische) Kunden aus den Produkten und Dienstleistungen des Unternehmens generieren können.[114] Osterwalder et al. beschreiben mit der sog. *Value Proposition Canvas* auch ein detaillierteres Werkzeug zur Beschreibung der Value Proposition. Dieses Modell basiert auf der populären

[113] Vgl. Osterwalder et al. (2010), S. 22.

[114] Vgl. Osterwalder et al. (2014), S. 6.

Business Model Canvas, fokussiert allerdings auf deren Bestandteile „Value Propositions“ und „Customer Segments“.[115] Die Value Proposition Canvas ist in zwei Bereiche unterteilt. Auf der linken Seite ist die sog. *Value Proposition Map* dargestellt. Diese beschreibt die Produkte und Dienstleistungen. Unter den Begriffen *Gain Creators* bzw. *Pain Relievers* folgt eine Beschreibung möglicher Vorteile bzw. Vermeidung von Nachteilen, welche die Produkte und Dienstleistungen beim Kunden erzeugen sollen.[116]

Auf der rechten Seite ist das sog. *Customer Profile* dargestellt. Es handelt sich hierbei um eine detaillierte(re) Beschreibung eines spezifischen Kundensegments. Diese besteht aus den Customer Jobs, einer Beschreibung aus Sicht des spezifischen Kunden, wie mit den Produkten und Dienstleistungen Aufgaben erledigt werden können, und Zielen bzw. Problemen („Gains“ und „Pains“), welche der betrachtete Kunde erreichen bzw. vermeiden möchte.[117] Abbildung 2.7 stellt die Value Proposition Canvas grafisch dar.

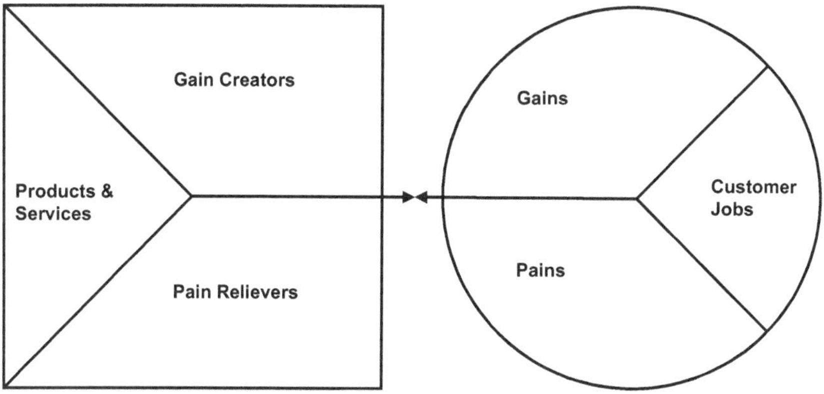

Abbildung 2.7 Value Proposition Canvas[118]

Diese beiden Pole werden durch den sog. *Fit* verbunden. Dieser Fit wird erreicht, wenn die Value Proposition Map zum Customer Profile passt – also die Produkte und Dienstleistungen dem Kunden helfen, seine Aufgaben zu

[115] Vgl. zur Business Model Canvas Osterwalder und Pigneur (2010), S. 21 ff., zur davon abgeleiteten Value Proposition Canvas Osterwalder et al. (2014).

[116] Vgl. Osterwalder et al. (2014), S. 8.

[117] Vgl. Osterwalder et al. (2014), S. 9.

[118] Eigene Darstellung in Anlehnung an Osterwalder et al. (2014), S. 8 f.

erfüllen:[119] „You achieve Fit when your value map meets your customer profile – when your products and services produce pain relievers and gain creators, that match one or more of the jobs, pains, and gains that are important to your customer."[120]

Zur Messung, inwieweit der Fit erreicht wird, schlagen Osterwalder et al. vor, die jeweilige Ausgestaltung der Value Proposition Map dahingehend zu prüfen, ob sie auf Seiten des Customer Profiles auf entsprechende Aussagen des Kunden trifft.[121]

Gassmann et al. (2013) beschreibt ein der Value Proposition ähnliches Konstrukt und bezeichnet es als Nutzenversprechen. Es dient der Frage: „Was bieten wir dem Kunden an?". Im zugrundeliegenden Modell, dem *magischen Dreieck,* wird ein Geschäftsmodell anhand von vier „W-Fragen" beschrieben: Neben den bereits Genannten sind es die Fragen „Wer (sind unsere Zielkunden)?", „Wie (stellen wir die Leistung her)?" und „Wie (wird Wert erzielt)?". In dieser Logik dient das Nutzenversprechen als Verbindung der Fragepole „Wer?" und „Was?". Im Gegensatz zu Stähler fordert Gassmann eine klare Fokussierung auf den Kunden: „Der Kunde steht im Zentrum jedes Geschäftsmodells – immer und ohne Ausnahme."[122]

Eine differenzierte Betrachtung der Wertversprechen innerhalb des Geschäftsmodells liefern **Itami und Nishino**. Sie unterscheiden in ihrer Definition eines Geschäftsmodells zwischen dem sog. *Geschäftssystem* und dem *Profitmodell.* Den Autoren nach repräsentiert das Profitmodell die strategische Absicht des Unternehmens, sich von seinen Konkurrenten abzuheben, während das Geschäftssystem die tatsächliche Umsetzung der im Profitmodell erfolgten Planung enthält.[123] Itami und Nishino verweisen weiterhin auf die Notwendigkeit der beständigen Weiterentwicklung des Geschäftsmodells und betonen daher die Bedeutung des Geschäftssystems auch als ein Lernsystem: Da die im Geschäftssystem enthaltenen Aspekte tatsächlich umgesetzt werden, können Lerneffekte über die Wirkung im realen Geschäftsmodell erlangt werden, die in die Weiterentwicklung des Geschäftsmodells einfließen. Sie argumentieren, dass das Profitmodell ohne funktionierendes Geschäftssystem nur theoretischen Wert hat und unterstreichen daher die besondere Bedeutung des Letztgenannten.[124] Abbildung 2.8 stellt

[119] Vgl. Osterwalder et al. (2014), S. 9.

[120] Osterwalder et al. (2014), S. 9.

[121] Vgl. Osterwalder et al. (2014), S. 44 f.

[122] Vgl. Gassmann et al. (2013), S. 6, wörtliches Zitat derselben Stelle.

[123] Vgl. Itami und Nishino (2010), S. 364.

[124] Vgl. Itami und Nishino, S. 365 f.

die Zusammenhänge zwischen Profitmodell und Geschäftssystem innerhalb eines Geschäftsmodells grafisch dar.

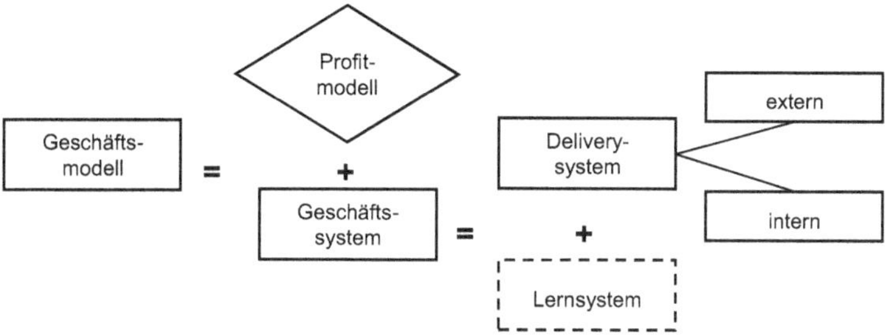

Abbildung 2.8 Profitmodell und Geschäftssystem innerhalb eines Geschäftsmodells[125]

Während Itami und Nishino in ihrer Arbeit auf den Begriff Wertversprechen verzichten, differenzieren **Birkinshaw und Ansari** (2015) das Wertversprechen als Träger der dem Geschäftsmodell zugrundeliegenden Innovation, während das Geschäftssystem diese Innovationen dem Kunden zugänglich macht.[126] Diese direkte Zuordnung des Wertversprechens zu den Aspekten des Geschäftsmodells nach Itami und Nishino erscheint in Hinblick auf die anderen Definitionen allerdings nicht eindeutig zu sein: Vielmehr erscheint das Wertversprechen sowohl eine planerische als auch eine umsetzende Komponente zu enthalten. So enthält das Wertversprechen als Bestandteil des Geschäftsmodells offensichtlich auch einen Aspekt der gestalterischen Planung im Rahmen der Geschäftsmodellentwicklung.[127] Da das Wertversprechen (zumindest nach den meisten der genannten Definitionen) auch das tatsächlich angebotene Produkt beinhalten soll und daher nahe an der Umsetzung des Geschäftsmodells verankert ist, lässt sich auch ein deutlich planerischer Aspekt konstatieren. Während das Geschäftsmodell als Ganzes einen in der wissenschaftlichen Betrachtung (lt. Wirtz 2016 sogar weiter zunehmenden) strategisch-aggregierten Charakter aufweist, verbleibt das Wertversprechen selbst produkt- und umsetzungsnah: Wie gezeigt werden konnte, besteht unter den meisten Autoren Einigkeit darüber, dass im Wertversprechen die Verbindung aus Produkten und Dienstleistungen mit einem spezifischen Kunden dargestellt wird. Das Wertversprechen dient damit auch der Verbindung zwischen

[125] Eigene Darstellung in Anlehnung an Itami und Nishino, S. 365.

[126] Vgl. Birkinshaw und Ansari (2015), S. 8 ff.

[127] Vgl. zur Planung und Entwicklung von Wertversprechen Osterwalder et al. (2014).

den Produkten und Dienstleistungen eines Unternehmens mit dem Geschäftsmodell und verbindet damit letztlich auch die Produkte und Dienstleistungen mit der Unternehmensstrategie einerseits und den Geschäftsprozessen andererseits.[128] Zu diesem Zweck werden sowohl Produkte als auch Dienstleistungen, also die Frage nach dem „Was?“, detailliert beschrieben. Dies kann quantitativ anhand geeigneter Kennzahlen[129] oder qualitativ[130] geschehen. Im Rahmen des SiB kommt der Frage nach dem „Wer?“ besondere Bedeutung zu. Wie bereits erwähnt, lassen sich sowohl Definitionen, welche den Kunden als alleinigen Adressaten sehen, als auch solche, die sowohl Kunden als auch Komplementoren als Adressaten sehen, identifizieren.[131] Da im Rahmen des SiB mehrseitige Märkte, wie sie um Softwareplattformen entstehen, eine zunehmende Rolle spielen, erscheint der Einbezug dieser Wertschöpfungspartner naheliegend. Entsprechend ist denkbar und empfehlenswert, dass für die verschiedenen im SiB relevanten Akteure differenzierte Wertversprechen entwickelt werden müssen.

Für diese Arbeit wird das Wertversprechen im Software-intensive Business folgendermaßen definiert:

Wertversprechen im Software-intensive Business

Das Wertversprechen im Software-intensive Business ist die als Leitbild fungierende, detaillierte Beschreibung der durch den Wert repräsentierten Verbindung (Fit) zwischen einem Kunden bzw. Komplementor und einem Produkt. Es enthält eine Beschreibung des Produkts, der Kunden bzw. Komplementoren und des Fits zwischen diesen.[132]

Diese Definition folgt der Forderung der Spezifität, in dem nur eine Kunden- oder Komplementorengruppe angesprochen wird. Ein wichtiger Aspekt dieser Definition ist auch, dass nicht nur das Produkt selbst Bestandteil der Value Proposition ist, sondern insb. auch der Fit, der sie mit den adressierten Kunden bzw. Komplementoren verbindet. In Bezug auf das Forschungsziel dieser Arbeit ergibt sich aus der Definition des Wertversprechens folgende Implikation:

---

[128] Vgl. Al-Debei et al. (2008), S. 1556.

[129] Vgl. Osterwalder (2004), S. 50 f.

[130] Vgl. bspw. Gassmann (2013), S. 6.

[131] Vgl. Demil und Lecocq (2010), S. 231.

[132] Vgl. Osterwalder (2004), S. 50, Gassmann (2013), S. 6, Stähler (2002), S. 42 f. und Osterwalder et al. (2014), S. 6 f. Zum Begriff des Kundennutzens vgl. Abschnitt 2.3.2. Zur Begrifflichen Nähe des später noch diskutierten Kundennutzens sowie des Wertbegriffs vgl. Herzwurm (2000), S. 16 f.

Technologieinduzierte Entwicklung neuer Wertversprechen im SiB
Implikationen bzgl. der Formulierung von Wertversprechen
Die Formulierung von Wertversprechen im Software-intensive Business erfordert die detaillierte Beschreibung des adressierten Kunden bzw. Komplementors, des Produkts und des Fits zwischen diesen Entitäten.

2.3 Technologieinduzierte Entwicklung

Die Entwicklung eines neuen Wertversprechens lässt die Anwendung kundenorientierter Strategien äußerst naheliegend erscheinen, da sowohl die Kundenorientierung als auch das Wertversprechen auf die Erfüllung von Kundenbedürfnissen (bzw. Erzeugung von Kundennutzen) fokussieren und von anderen Metriken, wie z. B. Kostenbetrachtungen, abstrahieren. Da im Fall technologieinduzierter Entwicklung die Kunden zu Beginn eines Entwicklungsprojekts noch nicht bekannt sind, oder zumindest Unsicherheit über ihre Bedürfniskonfiguration besteht, scheint die technologieinduzierte Entwicklung der Anwendung des Paradigmas der Kundenorientierung zu widersprechen.[133] Während kundenorientierte Strategien die Erfüllung von Kundennutzen durch eine Betonung der Kommunikation zwischen Entwicklern und Kunden zu lösen versuchen, muss im Folgenden der Frage nachgegangen werden, wie dies im technologieinduzierten Entwicklungsfall ermöglicht werden kann und welchen Herausforderungen dabei begegnet werden muss. Zur Annäherung an diese Fragestellung beschäftigt sich das folgende Kapitel zunächst in Grundzügen mit dem Paradigma der kundenorientierten Entwicklung als Maßstab für die Gestaltung einer Methode zur Entwicklung neuer Wertversprechen. Darauf aufbauend wird ein Überblick über die Aktivitäten des Requirements Engineerings gegeben, um aufzuzeigen, wie kundenorientierte Entwicklung praktisch umgesetzt werden kann. Auf dieser Basis wird untersucht, welche Herausforderungen sich aus dem hier untersuchten Fall der technologieinduzierten Entwicklung neuer Wertversprechen ergeben.

[133] Vgl. hierzu die Ausführungen in Abschnitt 2.3.3 sowie Lynn und Akgün (2001), S. 375 und Herzwurm (2000), S. 14.

2.3.1 Kunden und Kundenorientierung

Wie bereits in Abschnitt 2.1.1 thematisiert, bedingt das SiB als Entwicklungsumfeld einen hohen Softwareanteil an der Wertschöpfung der Produkte.[134] Dieser hohe Wertschöpfungsanteil der Software wird im Folgenden zum Anlass genommen, um die spezifischen Aspekte der Entwicklung von Software- bzw. IT-Produkten in den Fokus zu nehmen. Laut Herzwurm und Pietsch ist ein IT-Produkt „...das Ergebnis eines IT-Entwicklungsprozesses oder der Prozess selbst, dessen wirtschaftliches und technisches Potenzial eine zielgerichtete Vermarktung ermöglicht.“[135] Als Produktentwicklung wird dabei die "systematische Anwendung und Auswertung von Forschungsergebnissen und technischer Erfahrung mit dem Ziel, zu grundlegend neuen gebrauchsfähigen, d. h. marktreifen, Produkten ... zu gelangen oder bestehende Lösungen zu verbessern".[136] Im Rahmen dieser Arbeit stellt das Wertversprechen den Entwicklungsgegenstand der zu konzipierenden Methode dar. Wie im vorherigen Kapitel definiert, beschreibt das Wertversprechen den Fit zwischen Kunden und Produkt. Das Wertversprechen des Produkts bestimmt sich für den Kunden aus dem Beitrag des Produkts zur Nutzengenerierung beim Kunden.[137] Das Produkt bzw. eine bestimmte Kombination aus Produkten ist entsprechend Träger des Wertversprechens ggü. einem Kunden.[138] Diese begriffliche Annäherung verdeutlicht die enge Verbindung zwischen (Software-)Produkt und Kunde. Die Betrachtung der Verbindung von Kunde und Produkt ist dabei nicht neu: Diese steht im Zentrum der u. a. von Herzwurm (2000) in die Softwareproduktentwicklung übertragenen Prämisse der kundenorientierten Entwicklung. Durch den frühen Einbezug des Kunden in die Entwicklung wird ein besseres Verständnis der Kundenanforderungen erreicht, was es den Entwicklern vereinfacht, diese in Produktfunktionen umzusetzen. Angestrebtes Ergebnis ist dabei die Erhöhung der Kundenzufriedenheit.[139] Die Erreichung hoher Kundenzufriedenheit birgt das Potenzial langfristige Wettbewerbsvorteile für das Unternehmen zu erzielen.[140] Hinsichtlich der Entwicklung neuer Produkte bedingt diese Fokussierung, dass die Zielsetzung nicht im Bereich von Effizienzüberlegungen, wie Kostensenkung oder

[134] Vgl. Brinkkemper et al. (2018), S. 26 ff. sowie Porter und Heppelmann (2014), S. 66 f.

[135] Herzwurm und Pietsch (2009), S. 28.

[136] Vgl. Backhaus und de Zoeten (1992), S. 2027.

[137] Vgl. Herzwurm und Pietsch (2009), S. 7.

[138] Vgl. Osterwalder (2004), S. 49.

[139] Vgl. Herzwurm (2000), S. 18.

[140] Vgl. Herzwurm (2000), S. 57 f.

der Gewinnmaximierung liegt, sondern darin, die Kundenzufriedenheit über die Erfüllung der Kundenanforderungen zu maximieren. Entsprechend adressieren kundenorientierte Strategien nicht interne Prozesse, sondern die Ausrichtung der Entwicklung nach (heterogenen) Kundenbedürfnissen.[141] In endogener Richtung bedingt die Ausrichtung an kundenorientierten Strategien für die Produktentwicklung dementsprechend eine höhere Priorisierung von Qualitätszielen gegenüber anderen internen Zielkriterien. In exogener Richtung nimmt der Grad des Einbezugs des Kunden in die Entwicklung gegenüber anderen exogenen Strategien zu.[142] Nach Herzwurm ist dies trotz Zunahme der Intensität der Kommunikation zwischen Entwicklern und Kunden mit einem Anstieg der Unsicherheit in der Produktentwicklung verbunden.[143]

Pauschal können alle von der Entwicklung betroffenen oder an ihr beteiligten Subjekte unter dem Begriff Stakeholder subsummiert werden.[144] Gemäß ISO 29148 weist ein Entwicklungsprojekt mindestens zwei Stakeholdergruppen auf: Die späteren Nutzer des Entwicklungsgegenstands und jene für die Beschaffung zuständigen Personen (wobei offensichtlich denkbar ist, dass es sich hierbei um ein und dieselbe Person handeln könnte).[145] Damit schließt der Stakeholderbegriff neben den späteren Nutzern auch die Entwickler, die Leitungsebenen der beteiligten Unternehmen und die Kunden des Entwicklungsgegenstandes mit ein, wobei manche Autoren den Kundenbegriff dabei auch als Synonym zum Stakeholderbegriff verwenden.[146] Wie bereits in Abschnitt 2.1.2 dargelegt, sind im SiB mehrseitige Märkte typisches Merkmal der Softwareökosysteme. Hier werden neben dem Softwareplattformanbieter, auch die Komplementoren und die Endkunden als Beteiligte beschrieben. Dies führt zu weiterer Komplexität bei der Abgrenzung der Kunden von Stakeholdern. Für die Akteure im SiB führt dies zu einer situativen Unterscheidung der Begriffe, je nach Zuordnung der jeweils eigenen Akteursgruppe: In mehrseitigen Märkten muss der Anbieter einer Plattform also sowohl bei den Komplementoren als auch bei den späteren Endkunden, die von der Plattform inklusive ergänzender Komplemente profitieren, Kundenzufriedenheit erreichen. Soll das Wertversprechen aus Sicht eines Anbieters einer Softwareplattform entwickelt werden, muss dieser sowohl den Endkunden als

[141] Vgl. Herzwurm (2000), S. 93, ergänzend Frese und Noetel (1992), S. 83 f.

[142] Vgl. Herzwurm (2000), S. 94 f.

[143] Vgl. Herzwurm (2000), S. 95.

[144] Vgl. DIN EN ISO 9001:2015-11 (2015), S. 28, Glinz (2017), S. 20, Pohl und Rupp (2015), S. 3 f., zusammenfassend auch Schockert (2017), S. 14.

[145] Vgl. ISO 29148:2018 (2018), S. 9 f.

[146] Vgl. Herzwurm et al. (1997), S. 24.

auch die Komplementoren als Kunden auffassen und sich an Ihnen bzw. ihren Präferenzen bei der Entwicklung des Wertversprechens orientieren. Da zu erwarten ist, dass der Endkunde mit der Teilhabe am Softwareökosystem andere Ziele erreichen möchte als die Komplementoren, muss der Plattformanbieter für beide Akteure differenzierte Wertversprechen erarbeiten.[147] Dies spiegelt sich auch in der im Rahmen dieser Arbeit verwendeten Definition des Wertversprechens wider.[148]

In der folgenden Tabelle 2.5 sind die in dieser Arbeit verwendeten Kunden- und Stakeholderbegriffe dargestellt.

Tabelle 2.5 Kunden und Stakeholder im Rahmen der vorliegenden Arbeit[149]

Als Anbieter einer Softwareplattform	
Kunden	
Endkunde	Empfänger der Leistung
Komplementor	Empfänger der Leistung
Als Komplementor einer Softwareplattform	
Kunden	
Endkunde	Empfänger der Leistung
Alle Akteure	
Stakeholder	
Stakeholder	Sonstige von der Entwicklung Betroffene oder an ihr Beteiligte

2.3.2 Requirements Engineering

Wie dargelegt erfolgt die Implementierung der Kundenorientierung in die Entwicklung über das Streben nach der Erreichung von Qualitätszielen der Kunden durch Erfüllung ihrer heterogenen Anforderungen.[150] Laut ISO 29148:2018 ist eine Anforderung ein „statement which translates or expresses a need and

[147] Vgl. Demil und Lecocq (2010), S. 231. Zu den Akteuren vgl. weiterhin Abschnitt 2.1.2 und Mautsch (2015), S. 94 f.

[148] Vgl. Abschnitt 2.2.2.

[149] Eigene Darstellung.

[150] Vgl. Herzwurm (2000), S. 93.

its associate constraints and conditions".[151] Eine klassische Beschreibung von Anforderungen lautet wie folgt: Eine Anforderung beschreibt, *was* ein (Software-)produkt tun soll und nicht *wie*.[152] Diese handliche Unterscheidung zwischen *was* und *wie* kann der Komplexität dieses Themenbereichs allerdings nicht gerecht werden und wird daher in der Literatur häufig kritisiert. Davis (1993) kritisiert vor allem die Subjektivität des Begriffspaars: So könne das *Wie* bei einer Person das *Was* einer anderen Person sein, immer abhängig vom Kontext, in dem sich die Person gerade befindet.[153] Schockert (2017) merkt darüber hinaus an, dass auch die Qualitätsmerkmale eines Produkts Aufschluss über das *Wie* geben können.[154] Diese Kritikpunkte zeigen neben der in der Begriffsvielfalt der Fachliteratur begründeten Komplexität auch die Situativität des Anforderungsbegriffs.[155]

Ebert schlägt zur Annäherung an den Anforderungsbegriff die grundsätzliche Unterscheidung zwischen einem *Problemraum* und einem *Lösungsraum* vor. Der lösungsunabhängige Problemraum enthält sog. Kundenanforderungen, die er mit Kunden-/Benutzer-/Geschäftsanforderungen, Zielen und Bedürfnissen beschreibt. Gegenüber der Was-Wie-Unterscheidung beschäftigt sich der Problemraum mit der Frage, warum eine Anforderung gestellt wird. Dadurch wird das hinter der Anforderung stehende *Kundenbedürfnis* in das Zentrum der Analyse gerückt.[156]

Dem Problemraum steht der Lösungsraum gegenüber. Dieser enthält einerseits die als Produktanforderungen bezeichneten Produktfunktionen und Qualitätsmerkmale und andererseits auch Randbedingungen wie Design Restrictions.[157]

Wie bereits dargestellt, beschreibt das in dieser Arbeit zentrale Wertversprechen die Verbindung (Fit) zwischen den Kunden und einem Produkt. Dieser Fit wird erreicht, wenn das Produkt funktionale Fähigkeiten und Eigenschaften aufweist, die beim Kunden Nutzen generieren. Dementsprechend verbessert sich der Fit mit dem Grad der Nutzengenerierung beim Kunden. Vor diesem Hintergrund wird die Bedeutung der verschiedenen Ebenen der Anforderungen und deren Erhebung für das Erreichen der Ziele dieser Arbeit evident.

Die folgende Tabelle 2.6 stellt die im Rahmen dieser Arbeit verwendeten Begriffe dar.

---

[151] Vgl. ISO 29148 (2018), S. 4 f.

[152] Vgl. Boehm (1976), S. 1227.

[153] Vgl. Davis (1993), S. 17.

[154] Vgl. Schockert (2017), S. 13 f.

[155] Ein Überblick über die verschiedenen Anforderungsbegriffe ist in Schockert (2017), S. 17 dargestellt.

[156] Vgl. Ebert (2014), S. 23, auch Schockert (2017), S. 18.

[157] Vgl. Schockert (2017), S. 18 f. und Ebert (2014), S. 23.

Tabelle 2.6 Anforderungsbegriffe im Rahmen der vorliegenden Arbeit[158]

Kunden-anforderungen	**Produktanforderungen**		
Kundennutzen[159]	Produktfunktionen	Qualitätsmerkmale	Randbedingung
"Potential benefit to the customer"[160]	Funktionale Fähigkeit des Produkts	Eigenschaft (Bedingung)	Organisatorische oder technische Einschränkung

Das Erreichen des Fits zwischen Kunden und Produkt im Rahmen der Entwicklung von Wertversprechen bedingt die genaue Kenntnis (und letztlich auch die Erfüllung) der Kundenanforderungen.[161] Diesen Aufgaben widmet sich die Disziplin des Requirements Engineerings (RE). Ebert definiert das RE als „das disziplinierte und systematische Vorgehen zur Ermittlung, Spezifikation, Analyse, Vereinbarung, Validierung und Verwaltung von Anforderungen, um Bedürfnisse und Ziele in ein Produkt umzusetzen.[162] Ähnlich hierzu auch die Definition von Pohl und Rupp: „Das RE ist ein kooperativer, iterativer, inkrementeller Prozess, dessen Ziel es ist zu gewährleisten, dass

- alle relevanten Anforderungen bekannt und in dem erforderlichen Detaillierungsgrad verstanden sind,
- die involvierten Stakeholder eine ausreichende Übereinstimmung über die bekannten Anforderungen erzielen,
- alle Anforderungen konform zu den Dokumentationsvorschriften dokumentiert bzw. konform zu den Spezifikationsvorschriften spezifiziert sind."[163]

---

[158] Vgl. Schockert (2017), S. 19., ISO 16355-1:2015, S. 2 und Pietsch (2019).

[159] Engl. „Customer Need", vgl. ISO 16355-1:2015, S. 2. Dieser wird als „potential benefit to a customer" beschrieben. Pietsch (2019) übersetzte dies mit *Kundennutzen*. Die ebenfalls mögliche und bspw. von Schockert (2017) verwendete Übersetzung als *Kundenbedürfnis* könnte als Verengung auf die Beseitigung eines Missstandes missverstanden werden. Herzwurm (2000) diskutiert darüber hinaus den Zusammenhang zwischen dem Kundennutzen und dem *Wert*. Dies zeigt einmal mehr die Nähe des Kundennutzens und dem Wertversprechen. Zur Vereinheitlichung erfolgt hier und im Weiteren die Bezeichnung als Kundennutzen. Die Begriffe Kundennutzen, Nutzen und Kundenbedürfnis sind im weiteren Verlauf der Arbeit als synonym anzusehen. Vgl. hierzu Pietsch (2019), Herzwurm (2000), S. 16 f. und Schockert (2017), S. 19.

[160] Vgl. ISO 16355-1:2015, S. 2.

[161] Vgl. bspw. Herzwurm (2000), S. 170 f.

[162] Ebert (2014b), S. 32.

[163] Pohl und Rupp (2015), S. 12.

Wenngleich dies nur eine kleine Auswahl der vielen RE-Definitionen darstellt, lässt sich hieran exemplarisch[164] einerseits die heterogene Sicht der Fachliteratur auf dieses Thema feststellen, andererseits aber auch eine gewisse Einigkeit hinsichtlich der Kernaktivitäten des RE aufzeigen. Diese sind hauptsächlich: Das Ermitteln und Verstehen der Anforderungen, Schaffung von Einigkeit über die Anforderungen und der Verwaltung der Anforderungen. Einigkeit besteht unter den Autoren auch darin, dass das RE einen eher prozessualen Charakter aufweist. Pohl und Rupp unterstreichen aber bereits in der Definition noch darüberhinausgehende Charakteristika: Der RE-Prozess soll hiernach iterativ, inkrementell und kooperativ ablaufen. Konkret schlagen die Autoren folgende Aktivitäten des RE vor:

System und Systemkontext abgrenzen

Hierbei handelt es sich um die grundsätzliche Festlegung, was Gegenstand des zu entwickelnden Systems ist und was nicht. Diese Festlegung, häufig auch als Scope der Entwicklung bezeichnet, ist für die korrekte und vollständige Durchführung der weiteren Schritte des RE (und der gesamten Entwicklung) bedeutend.[165] Das System wird durch die Systemgrenze vom Systemkontext getrennt.[166] Der Systemkontext umfasst Stakeholder, Systeme, Prozesse, Ereignisse und Dokumente, die Einfluss auf das System nehmen oder potenziell nehmen können.[167] Die Kontextgrenze definiert den Übergang vom Systemkontext zur (für die Entwicklung) irrelevanten Umgebung.[168] In der praktischen Umsetzung dieser Aktivität zeigt sich allerdings, dass die Bestimmung dieser Grenzen problembehaftet sein kann. Sowohl bei der System-, als auch der Kontextabgrenzung entstehen häufig sog. Grauzonen. Diese resultieren bspw. dann, wenn während der Entwicklung Veränderungen im Systemkontext entstehen. Als Beispiel hierfür werden Veränderungen in den abzudeckenden Prozessen genannt.[169] Grauzonen entstehen insbesondere auch dann, wenn zu Beginn der Entwicklung noch Unkenntnis über Teile des Systemkontexts besteht. Insb. bei komplexen Systemen wird eine präzise Kontextabgrenzung als

[164] Die detaillierte Auseinandersetzung mit den Definitionen und Abgrenzung des RE ist Gegenstand mehrerer wissenschaftlicher Arbeiten. Genannt sei hier bspw. Schockert (2017), S. 20 ff.

[165] Vgl. Pohl und Rupp (2015), S. 23.

[166] Vgl. Pohl und Rupp (2015), S. 24.

[167] Vgl. Pohl und Rupp (2015), S. 21 f.

[168] Vgl. Pohl und Rupp (2015), S. 23.

[169] Vgl. Pohl und Rupp (2015), S. 25.

kaum möglich angesehen. Häufig ist daher die System- und Kontextgrenze über den Verlauf des RE hinweg in Bewegung (Vgl. Abbildung 2.9).[170]

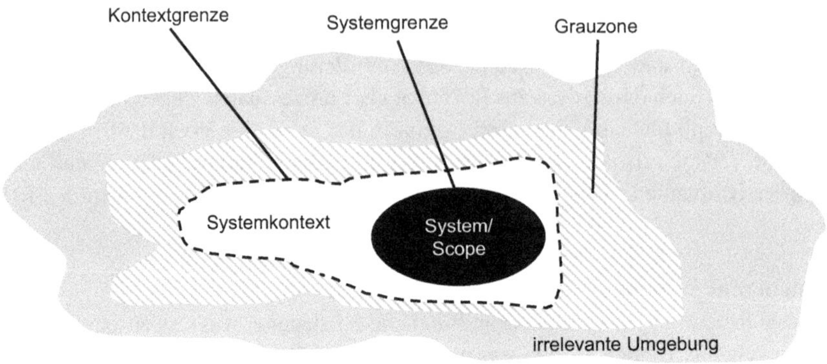

Abbildung 2.9 System- und Kontextabgrenzung mit Grauzonen[171]

Da im technologieinduzierten Fall der Entwicklung zu Beginn hohe Unsicherheit über die zu adressierenden Kunden herrscht, muss von der Existenz einer Grauzone sowohl bei der System- als auch der Kontextgrenze ausgegangen werden. Die Definition und Annäherung an diesen Scope der Entwicklung ist zur Durchführung der folgenden Schritte daher unerlässlich.

Anforderungen ermitteln

Die Ermittlung der Anforderungen erfolgt auf Basis der vorher (zumindest annähernd) durchgeführten System- und Kontextabgrenzung. Innerhalb dieser Grenzen müssen mögliche Quellen für Anforderungen identifiziert und untersucht werden. Unterschieden werden dabei Stakeholder, Dokumente und bestehende Systeme, aber auch zunehmend virtuelle Abbildungen und Prototypen.[172] Die Ermittlung der Anforderungen kann durch entsprechende Analyse der Anforderungsquellen durchgeführt werden.[173] Für die Umsetzung kundenorientierter Strategien sind hier insb. die Kunden selbst als Quellen der Anforderungen relevant.[174] Pohl und Rupp

[170] Vgl. Pohl und Rupp (2015), S. 26 f.

[171] Eigene Darstellung in Anlehnung an Pohl und Rupp (2015), S. 27.

[172] Vgl. Pohl und Rupp (2015), S. 29 und bspw. Carrizo et al. (2014), S. 650.

[173] Mit Quality Function Deployment wird in den Abschnitt 3.2 eine spezifische Form der Ermittlung von Kundenanforderungen dargestellt.

[174] Vgl. Herzwurm (2000), S. 48.

schlagen u. a. Befragungstechniken, Kreativitätstechniken, dokumentenzentrierte Techniken und Beobachtungstechniken vor.[175]

Anforderungen dokumentieren

Die Ergebnisse des Ermittlungsprozesses müssen dokumentiert werden. Dies kann sowohl informell als auch gemäß spezifischen Vorschriften geschehen.[176] Von der Art der Dokumentation unabhängig ist allerdings die Notwendigkeit der Erfüllung bestimmter Qualitätskriterien wie der Eindeutigkeit und Konsistenz, Strukturiertheit, Modifizier- und Erweiterbarkeit, Vollständigkeit und Verfolgbarkeit.[177]

Anforderungen prüfen und abstimmen

Sowohl die eingangs des Kapitels zitierten RE Definitionen von Ebert (Vereinbarung) sowie Pohl und Rupp (Übereinstimmung) heben die Bedeutung der Abstimmung der Anforderungen zwischen den involvierten Parteien hervor.[178] Auch hinsichtlich der kundenorientierten Entwicklung wird auf die besondere Bedeutung der Zusammenarbeit und der dazu notwendigen Abstimmung von Entscheidungen hingewiesen.[179] Diese Aktivität kann dazu beitragen Konflikte (bspw. durch das Auflösen von Missverständnissen oder das rechtzeitige Erkennen und Auflösen möglicherweise widersprüchlicher Anforderungen) zu vermeiden oder aufzulösen und so Kosten und Risiken in der weiteren Entwicklung zu vermeiden.[180]

Anforderungen verwalten

Generell umfasst die Verwaltung von Anforderungen deren Attributierung, Priorisierung, die Verfolgbarkeit und Versionierung sowie die Definition von Sichten auf die Anforderungen.[181] Wird das RE als iterativer Prozess verstanden, steigt durch die erwartbar häufigen Änderungen die Komplexität, aber auch die Notwendigkeit der Verwaltung der Anforderungen. Die im SiB häufig auftretenden mehrseitigen Märkte und deren Spezifika lassen zudem die unterschiedlichen Sichten auf Anforderungen als besonders relevant erscheinen. So können stakeholderspezifische

---

[175] Vgl. Pohl und Rupp (2015), S. 35 ff. Der spezifische Einsatz der Techniken im Value Proposition Deployment wird in Kapitel 5 thematisiert.

[176] Vgl. Pohl (1994), S. 249.

[177] Vgl. IEEE 830 (1998), S. 4 ff.

[178] Vgl. Ebert (2014b), S. 32 und Pohl und Rupp (2015), S. 12.

[179] Vgl. Herzwurm (2000), S. 69.

[180] Vgl. Pohl und Rupp (2015), S. 102.

[181] Vgl. Pohl und Rupp (2015), S. 125.

Sichten auf Anforderungen Auswirkungen auf die Generierung von Netzeffekten durch entstehende Koopkurrenzsituationen haben.[182]

Eine besondere Bedeutung unter den genannten Aktivitäten nimmt die Anforderungspriorisierung ein. Trotz der Einordnung von Pohl und Rupp zur Verwaltung von Anforderungen ist denkbar, dass diese bereits bei der Anforderungsabstimmung und -ermittlung eine Rolle spielt. Insb. die Priorisierung der Kundenanforderungen sollte im Fall der Kundenorientierung nach Möglichkeit durch den Kunden selbst vorgenommen werden, um Missverständnisse zu vermeiden und genauere Kenntnis über die Sicht des Kunden zu erreichen.[183]

Technologieinduzierte Entwicklung neuer Wertversprechen im SiB
Implikationen der Kundenorientierung
Das Paradigma der Kundenorientierung verlangt den Einbezug des Kunden um detaillierte Kenntnis über seine Präferenzen hinsichtlich der Produktgestaltung zu erlangen und durch deren Umsetzung Kundenzufriedenheit zu erzeugen.

2.3.3 Evolutionäre Marktinnovationen

Grundsätzlich verfolgen Unternehmen mit der Produktentwicklung unternehmerische Ziele und insb. die Generierung von Wettbewerbsvorteilen.[184] Der Frage nach der Generierung von Wettbewerbsvorteilen im Allgemeinen widmet sich das strategische Management. Hier wurden zur Frage nach der Erzielung strategischer Wettbewerbsvorteile mehrere Ansätze entwickelt, auf die im Folgenden kurz eingegangen werden soll. Bea und Haas unterscheiden zwischen dem

- marktorientierten Ansatz
- ressourcenorientierten Ansatz sowie dem
- evolutionstheoretischen Ansatz.[185]

Der marktorientierte Ansatz, besser bekannt unter dem Begriff **Market-based View** (MBV) betrachtet das Unternehmen aus der Perspektive des Absatzmarktes

---

[182] Bspw. im Fall der Erfüllung von Anforderungen des Endkunden durch den Softwareplattformanbieter, der dadurch zum Konkurrenten seiner eigenen Komplementoren wird. Vgl. hierzu Abschnitt 2.1.2.

[183] Vgl. Herzwurm (2000), S. 48.

[184] Vgl. bspw. Herzwurm und Pietsch (2009), S. 312.

[185] Vgl. Bea und Haas (2019), S. 28.

(Outside-in): Die exogen vorgegebenen Anforderungen des Marktes dienen als Grundlage für die Generierung von Erfolgsfaktoren. Die sog. *Five Forces* nach Michael Porter können wohl als die bekannteste Instanziierung des MBV bezeichnet werden. Dieses Modell des strategischen Managements soll eine Bewertung der Attraktivität einer Branche ermöglichen. Es betrachtet dazu die Bedrohungen durch neue Anbieter, Verhandlungsstärke von Lieferanten und Abnehmern, der Bedrohung durch Substitute und die Intensität der Wettbewerbsrivalität innerhalb einer bestimmten Branche.[186] Der MBV und insb. die davon abgeleiteten Theorien Porters beeinflussten auch die kundenorientierte Softwareproduktentwicklung nach Herzwurm.[187] Die Kundenorientierung dient dem Unternehmen gewissermaßen dabei, den Blick von „außen" (eben durch den Kunden auf das Unternehmen bzw. dessen Produkte) besser zu verstehen.

Der ressourcenorientierte Ansatz, (**Resource-based View**, RBV) bildet gewissermaßen die Gegenperspektive (inside-out). Er geht auf das Buch *The Theory of the Growth of the Firm* von Edith Penrose aus dem Jahr 1959 zurück, welche die Schaffung von Innovationen als zentrale Aufgabe des Unternehmens sieht. Der Erfolg ist dabei abhängig von der Qualität der Unternehmensressourcen.[188] Diese können dabei nach Grant in tangible (Werkzeuge, Fabrikanlagen etc.), intangible (Know-how, Image etc.) und sog. Humanressourcen unterschieden werden.[189] Kritikpunkte an der RBV betreffen insbesondere die als statisch wahrgenommene Betrachtung der internen Ressourcen.[190] Diese Kritikpunkte aufgreifend bildet der RBV auch die Basis für den bekannten *Dynamic Capabilities* Ansatz nach Teece. Dieser beschreibt die hohe Bedeutung der Fähigkeit eines Unternehmens, sich schnell auf einen sich verändernden Markt anzupassen.[191]

An dieser Stelle sei nochmals auf die bereits erarbeiteten Implikationen des SiB und insb. des Ökosystems und des Humansystems verwiesen: Hier wurde bereits festgestellt, dass Unternehmen im SiB von hoher Instabilität des sie umgebenden Ökosystems und damit einhergehender Unsicherheit betroffen sind. Vor diesem Hintergrund scheint die Anwendung eher statischer Ansätze, wie des RBV, auf die gegebene Problemstellung als wenig zielführend.

---

[186] Vgl. Porter (2013), S. 38 und Bea und Haas (2019), S. 29.

[187] Vgl. Herzwurm (2000), S. 85 ff. und Porter (2013), S. 25 ff.

[188] Vgl. Penrose (2009), S. 1, Schumpeter (1934) und Bea und Haas (2019), S. 30.

[189] Vgl. Grant (2002), S. 139 ff.

[190] Vgl. bspw. Priem und Butler (2001), S. 33 f.

[191] Vgl. Teece (2010), S. 224 ff.

In Hinblick auf das Forschungsziel dieser Arbeit stellt sich daher die Frage, wie die von Penrose geforderten Innovationen in Produkte, die bei Kunden Nutzen generieren, übertragen werden können. Generell definiert Brockhoff (1992) eine Innovation folgendermaßen: „Liegt eine Erfindung vor und verspricht sie wirtschaftlichen Erfolg, so werden Investitionen für die Fertigungsvorbereitung und die Markterschließung erforderlich, Produktion und Marketing müssen in Gang gesetzt werden. Kann damit die Einführung auf dem Markt erreicht werden oder ein neues Verfahren eingesetzt werden, so spricht man von einer Produktinnovation oder einer Prozessinnovation."[192]

Die Innovationen können dabei sowohl vom Markt (etwa durch eine Erfindung, die in ein Produktsubstitut mündet), als auch durch eine Erfindung durch das Unternehmen selbst angestoßen werden. Innovationen können gemäß obiger Logik also sowohl outside-in als auch inside-out generiert werden. Lynn und Akgün (2001) teilen Innovationen ähnlich der vielzitierten Ansoff-Matrix in vier Typen ein. Die Einteilung erfolgt dabei nach dem Grad der Technologieunsicherheit und dem Grad der Marktunsicherheit:[193]

- Sind sowohl die Technologie als auch der Markt gut bekannt, ergeben sich maximal sog. **inkrementelle Innovationen**. Es handelt sich primär um Verbesserungen bestehender Produkte um die (bereits nahezu vollständig bekannten) Kundenanforderungen besser zu erfüllen.
- Gibt es ein hohes Maß an Unsicherheit auf beiden Seiten, wird von **radikalen Innovationen** gesprochen.
- Ist der Markt gut bekannt, aber Unsicherheit gegenüber der zur Befriedigung des Marktes notwendigen Technologie vorhanden, wird von **evolutionären Technologieinnovation** gesprochen. Der Markt bzw. die in ihm agierenden Kunden und deren Anforderungen sind gut bekannt und es werden neue Technologien benötigt, um diese Anforderungen zu erfüllen.
- Ist dagegen die Technologie gut bekannt, bspw. induziert durch eine unternehmenseigene Erfindung, aber es besteht Unsicherheit gegenüber möglichen Kunden, die aus dieser Technologie Nutzen ziehen könnten, wird von **evolutionärer Marktinnovation** gesprochen. Die in dieser Arbeit adressierte technologieinduzierte Entwicklung lässt sich hierunter einordnen.[194]

---

[192] Vgl. Brockhoff (1992), S. 62.

[193] Vgl. Lynn und Akgün (2001), S. 375.

[194] Die Begriffe *Technologieinduzierung*, *technologieinduzierte Entwicklung* und *evolutionäre Marktinnovation* werden im Folgenden als synonym behandelt.

Tabelle 2.7 Typen von Innovationen nach Markt- und Technologieunsicherheit[195]

Marktunsicherheit	Hoch	**Evolutionäre Marktinnovation**	**Radikale Innovation**
	Niedrig	**Inkrementelle Innovation**	**Evolutionäre Technologieinnovation**
		Niedrig	Hoch
		Technologieunsicherheit	

Der Fall der evolutionären Technologieinnovationen scheint für die Generierung von Wettbewerbsvorteilen der MBV von besonderer Bedeutung zu sein. Die darauf basierenden Ansätze der kundenorientierten Softwareproduktentwicklung sind gut umsetzbar: Da der Markt bekannt ist (bzw. eine geringe Unsicherheit ggü. dem Markt besteht), können die Anforderungen der Kunden mithilfe des Instrumentariums der kundenorientierten Softwareproduktentwicklung und insb. des RE erarbeitet werden.[196]

Im Fall der evolutionären Marktinnovationen erscheint die kundenorientierte Softwareproduktentwicklung dagegen deutlich schwieriger. Da (große) Unsicherheit bzgl. des Marktes herrscht, wird der MBV zu keinen großen Informationszugewinnen führen (unterstellt, dass eine Vollerhebung aller Märkte aus naheliegenden Gründen nicht möglich ist). Dies erschwert auch die Anwendung des Instrumentariums der kundenorientierten Softwareproduktentwicklung: Die Analyse der spezifischen Kundenanforderungen kann nur erfolgen, wenn bekannt ist, welche Kunden adressiert werden sollen.

Um das Ziel der technologieinduzierten Entwicklung neuer Wertversprechen im SiB zu erreichen, muss die vorliegende Arbeit also den vermeintlichen Widerspruch zwischen Unklarheit über den Kunden (Marktunsicherheit bzw. Technologieinduzierung) und Kundenorientierung (Erfüllung des Kundennutzens durch das Produkt, Wertversprechen) auflösen.

Eine erste Annäherung an die Auflösung dieses Konflikts bietet der Blick auf die anderen Ansätze des strategischen Managements. Der bereits thematisierte RBV bietet sich hierbei in besonderem Maße an, da die Unsicherheit

[195] Eigene Darstellung in Anlehnung an Lynn und Akgün (2001), S. 375 und Ansoff (1965), S. 98 f.

[196] Vgl. Herzwurm (2000), zum RE vgl. Abschnitt 2.3.2

über die eigenen Ressourcen (inkl. der eigenen Innovationen) entweder gering sein sollte oder zumindest Möglichkeiten existieren, die Unsicherheit abzubauen. Sowohl der marktorientierte als auch der ressourcenorientierte Ansatz folgen der grundlegenden Annahme, dass der Erfolg der Unternehmung auf planbaren Gestaltungsprozessen beruht. Die vorhandene Unsicherheit gegenüber dem Markt verletzt diese Annahme jedoch offensichtlich. Entsprechend lohnt sich der Blick auf die sog. evolutionstheoretischen Ansätze:

Der **evolutionstheoretische Ansatz** widerspricht der Grundannahme der Planbarkeit, da diese durch sich schnell ändernde Umweltbedingungen massiv eingeschränkt bzw. unmöglich gemacht werden.[197] Vertreter des evolutionstheoretischen Ansatzes postulieren, dass die Planbarkeit im sich schnell wandelnden Unternehmensumfeld massiv abnimmt und Planungsprozesse durch Versuch- und Irrtums-Prozesse ersetzt werden müssen. Die Fähigkeit eines Unternehmens dies zu organisieren und daraus zu lernen, gilt entsprechend als wesentlicher Erfolgsfaktor[198] und muss Ziel der Unternehmensführung sein. Ähnlich zur Evolutionstheorie in der Biologie nach Darwin sollen Fähigkeiten wie die Überlebensfähigkeit und Entwicklungsfähigkeit die Grundlagen für die Organisation eines Unternehmens bilden.[199]

Angewendet auf das Forschungsziel dieser Arbeit ergeben sich aus diesen Erkenntnissen zwei Implikationen für die Gestaltung einer Methode zur technologieinduzierten Entwicklung neuer Wertversprechen im SiB:

Technologieinduzierte Entwicklung neuer Wertversprechen im SiB
Implikationen der technologieinduzierten Entwicklung
Die der technologieinduzierten Entwicklung inhärente Unsicherheit über den adressierten Kunden steht im Widerspruch zu der aus der Definition des Wertversprechens abgeleiteten Notwendigkeit der Kundenorientierung.
Der sich daraus ergebenden verringerten Planbarkeit muss durch Schaffung eines Umfelds begegnet werden, das es ermöglicht, Lerneffekte zu erzielen und kontinuierlich einfließen zu lassen.

[197] Vgl. Bea und Haas (2019), S. 28.

[198] Vgl. Bea und Haas (2019), S. 34 und Haas (1997).

[199] Vgl. Malik (1996), S. 80 ff., Probst (1987), S. 76 ff., Bea und Haas (2019), S. 34.

Stand der Forschung 3

„Clearly, designing good business models is in part an 'art'. The chances of good design are greater if entrepreneurs and managers have a deep understanding of user needs, consider multiple alternatives, analyze the value chain thoroughly so as to understand just how to deliver what the customer wants in a cost-effective and timely fashion, adopt a neutrality or relative efficiency perspective to outsourcing decisions, and are good listeners and fast learners."[1]

Mit diesem Zitat verdeutlicht Teece die Komplexität der Geschäftsmodellentwicklung und der damit verbundenen Aufgaben und stellt sie beinahe schon in die Nähe eines künstlerischen Aktes.

In Abschnitt 2.2.1 wurde festgestellt, dass der Begriff des Geschäftsmodells in der wissenschaftlichen Auseinandersetzung einen zunehmend strategischen Charakter aufweist und daher insb. auch Aufgabe des strategischen Managements innerhalb einer Unternehmung ist. Wie weiterhin gezeigt werden konnte, obliegt dem Wertversprechen im Zentrum des Geschäftsmodells die besondere Aufgabe, die Verbindung der Strategie zum Produkt (und damit auch der Produktentwicklung) einerseits und die Verbindung zum Kunden andererseits herzustellen.

Neben diesen grundlegenden Erkenntnissen über die Entwicklung von GM im Allgemeinen und Wertversprechen im Speziellen, konnten in den Abschnittn 2.1 bis 2.3 Implikationen der technologieinduzierten Entwicklung neuer Wertversprechen im SiB erarbeitet werden. Diese Implikationen bilden damit den Kontext der Gestaltung einer Methode, die Unternehmungen im SiB bei dieser Aufgabe unterstützen kann. Hierfür ist es notwendig, die Implikationen des Gestaltungskontextes weiter zu untersuchen. Diese Untersuchung mündet in die

[1] Teece (2010), S. 190.

F. Schönhofen, *Technologieinduzierte Entwicklung neuer Wertversprechen im Software-intensive Business*, https://doi.org/10.1007/978-3-658-43471-7_3

Identifikation der durch die zu gestaltende Methode zu lösenden Herausforderungen. Diese repräsentieren den Stand der Forschung bei der technologieinduzierten Entwicklung neuer Wertversprechen im SiB.

3.1 Ableitung von Herausforderungen bei der technologieinduzierten Entwicklung neuer Wertversprechen im Software-intensive Business

Wie in Abschnitt 2.1.1 festgestellt wurde, erweitert sich der Lösungsraum innerhalb des SiB von reinen Softwarelösungen hin zu einer nahezu beliebigen Faktorkombination aus Software und Fertigungstechnik. Dies führt zu gesteigerter Komplexität bei der Entwicklung neuer Wertversprechen, da zu erwarten ist, dass Kundenanforderungen durch eine Vielzahl möglicher Kombinationen potenziell erfüllbar sind und die initiale Systemabgrenzung entsprechend aufwändig ist. Eine lösungsgetriebene Entwicklung erscheint aufgrund der hohen Zahl möglicher Lösungen daher nicht zielführend. Zur Entwicklung neuer Wertversprechen muss daher insbesondere auf den Fit, repräsentiert durch den Kundennutzen, fokussiert werden. Der Nutzen stellt, wie bereits dargelegt, die Verbindung zwischen dem Kunden und einer möglichen Lösung dar und kann als Orientierung bei der Analyse des Lösungsraums unterstützen.[2]

Zur Erweiterung des Lösungsraums tragen auch Implikationen des Ökosystems bei: Endkunden einer Softwareplattform können durch Nutzung komplementärer Angebote das Ausgangsprodukt flexibel erweitern. Je höher die Zahl dieser Angebote, desto größer ist der durch das Ökosystem repräsentierte Lösungsraum. Bei der Gestaltung einer Softwareplattform als Ausgangspunkt eines Ökosystems müssen komplementäre Angebote in die Überlegungen miteinbezogen werden. Aus Sicht des Plattformanbieters müssen dabei sowohl die Kundennutzen der Endkunden als auch der Komplementoren miteinbezogen werden.[3]

Aus diesen Überlegungen ergibt sich für die Gestaltung einer Methode zur technologieinduzierten Entwicklung neuer Wertversprechen im SiB:

[2] Vgl. die in Abschnitt 2.2.2 erarbeitete Definition eines Wertversprechens im SiB.

[3] Vgl. Mautsch (2015), S. 69 ff.

Herausforderung 1: Umgang mit stark erweitertem Lösungsraum

Durch die Verbindung von Lösungen der Software- und Fertigungsindustrie sowie den Wirkzusammenhängen innerhalb der Wertschöpfungsnetzwerke in Softwareökosystemen erweitert sich der Lösungsraum im SiB. Die zu gestaltende Methode muss die Fokussierung auf den Kundennutzen bei der Entwicklung eines Wertversprechens im erweiterten Lösungsraum unterstützen.

In Abschnitt 2.1.2 wurde festgestellt, dass sich Softwareökosysteme in einem Stadium permanenter Instabilität befinden, auf welche die auf ihnen versammelten Akteure reagieren müssen. Die zahlreichen Wirkungszusammenhänge innerhalb der Softwareökosysteme erschweren darüber hinaus die Planung und sind wesentliche Gründe für die gestiegene Unsicherheit der Akteure bei der Entwicklung von Wertversprechen. Dies betrifft sowohl den Anbieter der Softwareplattform selbst als auch die Anbieter von Komplementen einer Softwareplattform.[4]

Eine ähnliche Wirkung haben die Implikationen des Humansystems im SiB. Die bereits im *theoretischen Bezugsrahmen für die Herleitung von Gestaltungsempfehlungen im Kontext von Unternehmenssoftwareökosystemen* thematisierten Wirkzusammenhänge bedingen, dass die Akteure im SiB nicht als unabhängige Einheiten ihre Ziele verfolgen können, sondern sich als Teilnehmer eines Gesamtsystems verstehen müssen, deren Entscheidungen mittel- und unmittelbaren Einfluss auf die Entscheidungen der anderen Akteure haben. Daraus ergibt sich die Notwendigkeit der Akteure, Prognosen über das Verhalten der anderen Ökosystemteilnehmer erstellen zu müssen.[5]

Bei der Betrachtung des Humansystems wurde festgestellt, dass solche Prognosen schwierig und dementsprechend auch unzutreffend sein können. Dies verstärkt zum einen die Unsicherheit der Akteure, bedingt andererseits auch die Notwendigkeit, einmal getroffene Prognosen ggf. auch revidieren zu müssen.[6]

Auch die Implikationen der technologieinduzierten Entwicklung haben hinsichtlich der Unsicherheit im Marktumfeld verstärkende Wirkung: Wie in Abschnitt 2.3.3 dargestellt, bedingen diese Defizite eine erhöhte Unsicherheit hinsichtlich der Eigenschaften und Ausprägung der avisierten Zielgruppen. Die kundenorientierte Entwicklung und Produktplanung wird dadurch erschwert und erfordert eine detaillierte Analyse.[7]

---

[4] Vgl. Mautsch (2015), S. 69 ff.

[5] Vgl. Mautsch (2015), S. 59.

[6] Vgl. Kubicek (1975), S. 21.

[7] Vgl. Herzwurm (2000), S. 93, ergänzend Frese und Noetel (1992), S. 83 f. und Lynn und Akgün (2001), S. 375.

Zur Auflösung der aufgezeigten Problemstellungen schlägt der evolutionstheoretische Ansatz die Ermöglichung organisationaler Lerneffekte durch die Implementierung von Versuch- und Irrtumsprozessen vor.[8]

Hinsichtlich der technologieinduzierten Entwicklung von Wertversprechen im SiB bedeutet dies für die Gestaltung einer Methode zur Entwicklung neuer Wertversprechen im SiB:

Herausforderung 2: Umgang mit Unsicherheit im Entwicklungsumfeld

Die Methode muss dem Zustand hoher Unsicherheit und davon ausgehender Veränderungen im Umfeld durch Ermöglichen von Versuch- und Irrtumsprozessen Rechnung tragen und es der Entwicklungsorganisation erlauben, Lerneffekte zu erzielen und in die Entwicklung einfließen zu lassen.

Im Verständnis dieser Arbeit stellt der Fit zwischen Kunde und Produkt das zentrale Merkmal eines Wertversprechens im SiB dar. Dieser Fit konstituiert sich im Nutzen, den das Produkt beim Kunden erzeugt.[9] Dieser Nutzen des Produkts für den Kunden stellt die Basis für die Kaufbereitschaft eines Kunden dar.[10] Die sich daraus ergebende Fokussierung auf den Kundennutzen entspricht den Grundsätzen des kundenorientierten Paradigmas der Produktentwicklung.[11] Dieses Paradigma verlangt die genaue Kenntnis des Kunden und seiner spezifischen Bedürfniskonfiguration für die Überführung der Nutzen in konkrete Produktanforderungen. Im Fall der technologieinduzierten Entwicklung führt dies zu einem offensichtlichen Konflikt: Die in diesem Umfeld vorhandene Unsicherheit über mögliche Märkte und Kunden scheint die Anwendung der Kundenorientierung mindestens zu erschweren, wenn nicht gar unmöglich erscheinen zu lassen.[12]

Die Methode muss dementsprechend eine Möglichkeit bieten, den Konflikt bei der Umsetzung kundenorientierter Entwicklung im technologieinduzierten Umfeld aufzulösen.[13] Dementsprechend ergibt sich folgende dritte Herausforderung:

[8] Vgl. Bea und Haas (2019), S. 28.

[9] Vgl. die in Abschnitt 2.2.2 erarbeitete Definition eines Wertversprechens im SiB.

[10] Vgl. Herzwurm (2000), S. 57 f.

[11] Vgl. hierzu die Ausführungen in Abschnitt 2.3.1.

[12] Vgl. Lynn und Akgün (2001), S. 375.

[13] Vgl. die Implikationen der technologieinduzierten Entwicklung in Abschnitt 2.3.3.

Herausforderung 3: Kundenorientierung bei technologieinduzierter Entwicklung

Die zu gestaltende Methode muss dabei unterstützen, den Konflikt zwischen der Kundenorientierung und der technologieinduzierten Produktentwicklung aufzulösen.

3.2 Identifikation der Methodenbasis

Wie eingangs des Kapitels bereits dargestellt, ist die Entwicklung neuer Wertversprechen grundsätzlich eine Aufgabe hoher Komplexität. Durch die Mittellage des Geschäftsmodells zwischen Strategie und Unternehmensprozessen und der vermittelnden Rolle des Wertversprechens im Zentrum des GM entstehen vielfache Abhängigkeiten. Weiterhin sind bei der Entwicklung, neben der Produktentwicklung und dem strategischen Management, weitere Stimmen miteinzubeziehen.[14]

Zur Gestaltung einer Methode zur Entwicklung neuer Wertversprechen, welche zudem den in Abschnitt 3.1 erarbeiteten, spezifischen Herausforderungen im Fall der technologieinduzierten Entwicklung entspricht, wird daher eine methodische Basis benötigt, die sowohl in der Lage ist, verschiedene Stimmen und Sichten innerhalb und außerhalb der Entwicklungseinheit zu integrieren ohne dabei den Fokus auf den wesentlichen Aspekt – die Erfüllung von Kundennutzen durch das Produkt – zu verlieren. Die methodische Basis muss daher Anschlussfähigkeit sowohl an das strategische Management als auch an die Produktentwicklung aufweisen und bei der Vermittlung dieser Sichten unterstützen.

Während die meisten Methoden zur Entwicklung neuer Geschäftsmodelle und Wertversprechen gemäß der Darstellung von Schallmo[15] ihren Fokus auf die strategische Ebene legen, steht mit Quality Function Deployment (QFD) eine Methode zur Verfügung, die bei der Produktplanung und -entwicklung insb. den Einbezug der Produktentwicklung erfordert, aber auch methodisch unterstützt. Dies wird bereits bei der Betrachtung der ursprünglichen japanischen Bezeichnung von QFD als „hin-shitsu ki-no ten-kai" offensichtlich (Abbildung 3.1).

Der Kundennutzen dient in QFD als die zentrale Bewertungsgrundlage der Produktentwicklung und repräsentiert einen zentralen Bestandteil der Analyse und Gestaltung innerhalb von QFD.

---

[14] Vgl. Abschnitt 2.1 bis 2.3 sowie die dort angegebene Literatur. Zusammenfassend auch Pelzl (2016), S. 2 ff.

[15] Vgl. Abbildung 9.

Abbildung 3.1 QFD in japanischen Schriftzeichen mit englischer Übersetzung[16]

Wörtlich kann es in etwa übersetzt werden mit: „Eine Gruppe mutiger, in Harmonie zusammenarbeitender Leute, die nach dem feinsten Detail streben, um die Organisation aufzubrechen und Produkte hervorzubringen, welche die verschiedenen Marktteilnehmer als hochwertig einschätzen."[17]

Ein klareres Verständnis von QFD bringt die Beschäftigung mit dem Begriff „Deployment": Es steht innerhalb von QFD für die detaillierte Analyse und systematische Berücksichtigung aller für ein qualitativ hochwertiges Produkt wichtigen Aspekte an jeder notwendigen Stelle im Entwicklungsprozess.[18] Kern der Methode ist also die Übertragung aller die Qualität betreffenden Kundenbedürfnisse und deren Übersetzung in konkrete Produktanforderungen, die in der weiteren Entwicklung berücksichtigt werden.[19]

Neben dem für die Entwicklung von Wertversprechen im Kontext der Geschäftsmodelle vielversprechenden Aspekt von QFD, zwischen vielen Sichten und Stakeholder vermitteln zu können, schlägt Herzwurm QFD auch zur Umsetzung kundenorientierter Entwicklungsstrategien vor.[20]

In Abschnitt 2.3.1 wurde die besondere Bedeutung der Kundenorientierung hinsichtlich der Entwicklung von Wertversprechen im SiB bereits herausgestellt. Nach diesem Paradigma ist Kundenorientierung erreicht, wenn das Ergebnis der Produktentwicklung die Qualitätsanforderungen des Kunden erfüllt. Wie bereits erläutert, liegt der Schlüssel zum Wertversprechen im – durch den Kundennutzen repräsentierten – Fit zwischen Kunde und Produkt. Also eben jener Metrik, die auch im Zentrum der Anwendung von QFD steht. Unter Berücksichtigung dieser

[16] Eigene Darstellung, in Anlehnung an Schockert (2017) und Guinta und Praizler (1993), S. 5, siehe auch Herzwurm und Pietsch (2009), S. 161 und Saatweber (2011), S. 31.

[17] Vgl. Mazur (1996), zur Interpretation und deutschen Übersetzung Schockert (2017), S. 35.

[18] Vgl. Zultner (1992), S. 33.

[19] Vgl. Akao (1990b), S. 3.

[20] Vgl. Herzwurm (2000), S. 204.

Perspektive handelt es sich bei QFD um eine Methode zur Umsetzung von Kundennutzen in Produktanforderungen[21] und kann damit auch als Methode des RE gesehen werden.[22]

Mithilfe von QFD entwickelte Produkte sollen nicht alle technisch möglichen Eigenschaften aufweisen, sondern jene, die vom Kunden ausdrücklich gewünscht werden. Die zur Entscheidung über die in die Entwicklung einzubeziehenden Produktanforderungen relevante Metrik ist dabei der Beitrag dieser Produktanforderungen zur Erfüllung von Kundennutzen.[23] Laut Herzwurm ist QFD anderen Methoden hinsichtlich der Instanziierung der Kundenorientierung überlegen.[24]

Neben einer Vielzahl von Anwendungen im industriellen Kontext, der Software- und Dienstleistungsbranche findet QFD durch diese Parallelität auch Anwendung bei der Forschung an Geschäftsmodellen und Wertversprechen:[25] So entwickelte Pelzl (2016) eine Methode zur Entwicklung von Cloud-Geschäftsmodellen auf Basis von QFD, Schönhofen et al. schlugen die Nutzung von QFD-Werkzeugen für die Bewertung plattformbasierter Geschäftsmodelle vor.[26]

Den Einsatz von QFD für die Entwicklung von Wertversprechen haben erstmals Pelicioni et al. (2017) vorgeschlagen.[27] Mit dem Ziel, die kreativen Entscheidungsprozesse bei der Entwicklung von Wertversprechen zu unterstützen, verknüpfen die Autoren die Value Proposition Canvas nach Osterwalder mit Werkzeugen von QFD. In ihrem Fazit stellen Pelicioni et al. fest, dass diese Kombination durchaus Vorteile, wie das bessere Verständnis der Kunden, bringen kann. Jedoch betrachten die Autoren die Entwicklung von Wertversprechen als hauptsächlich kreativen Prozess, den QFD durch seine rationale Bewertung anhand des Kundennutzens auch einschränken kann. Dieser gemischten Bewertung zum Trotz zeigen die bisherigen QFD-Applikationen im Feld der Geschäftsmodellforschung die grundsätzliche Eignung für die Anwendung von QFD zur Untersuchung von Wertversprechen: QFD instanziiert die Prämissen der Kundenorientierung und damit den Einbezug der Kunden in die Entwicklung.

---

[21] Vgl. Mizuno und Akao (1994). Die Bezeichnungen der Anforderungsarten wurden zur Übersichtlichkeit auf das in dieser Arbeit verwendete Begriffsschema angepasst.

[22] Vgl. bspw. Herzwurm (2000), S. 201.

[23] Vgl. ISO 16355–1 (2015), S. vii, 1 und 3.

[24] Vgl. Herzwurm (2000), S. 204.

[25] Vgl. Schockert (2017), S. 37.

[26] Vgl. Pelzl (2016) und Schönhofen et al. (2017). Beide Methoden werden in Abschnitt 5.5 näher betrachtet.

[27] Vgl. Pelicioni et al. (2017).

Weiterhin bleibt zu konstatieren, dass QFD mit dem Einbezug vieler Sichten[28] und der Fokussierung auf den wesentlichen Faktor des Wertversprechens – dem Kundennutzen, den ein Produkt bei einer Kundengruppe generiert – genau die benötigten Grundeigenschaften für die Gestaltung einer Methode neuer Wertversprechen auf sich vereint. Abbildung 3.2 stellt die Position von QFD als Vermittler zwischen den Sichten bei der Entwicklung neuer Wertversprechen grafisch dar.

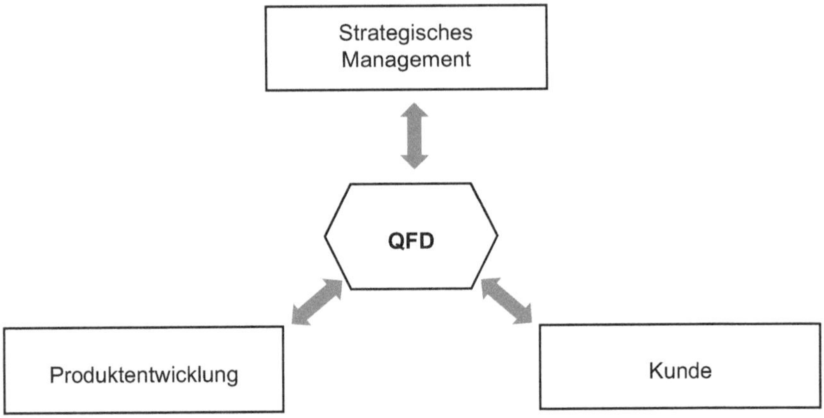

Abbildung 3.2 QFD als Vermittler zwischen den Sichten bei der Entwicklung neuer Wertversprechen[29]

Im Folgenden wird QFD näher untersucht, um neben der grundlegenden Eignung für die Entwicklung neuer Wertversprechen auch beurteilen zu können, ob QFD auch im speziellen Fall der technologieinduzierten Entwicklung neuer Wertversprechen im SiB geeignet ist.

3.2.1 Prinzipien von Quality Function Deployment

Für die Weiterentwicklung von QFD für den Fall der technologieinduzierten Entwicklung von Wertversprechen im SiB erscheint die weitere Annäherung an QFD

[28] Vgl. hierzu insb. die Implikationen bzgl. des Software- und des Ökosystems im SiB und den hiervon abgeleiteten Herausforderungen 1 und 3 (Abschnitt 3.1).

[29] Eigene Abbildung.

notwendig. Wie einleitend bereits erwähnt, gab und gibt es allen Initiativen zum Trotz, keine einheitliche und allgemein akzeptierte Sicht auf die Definition von QFD. Den in dieser Hinsicht wohl vielversprechendsten Ansatz bildet die Norm ISO 16355. Auch wenn diese keinen normativen Zertifizierungsstandard darstellt, ist sie dennoch geeignet um als Rahmenwerk für ein einheitlicheres Bild von QFD zu dienen. Zu diesem Zweck definiert die ISO 16355 sechs Prinzipien, die eine QFD-Anwendung erfüllen soll. Tabelle 3.1 stellt die Prinzipien von QFD nach ISO 16355-1 dar.[30]

Tabelle 3.1 Prinzipien von QFD nach ISO 16355-1:2015[31]

Prinzipien von QFD nach ISO 16355-1:2015		
1	Prioritize information to focus	Priorisiere Informationen, um zu fokussieren
2	Understand how to cause good quality	Verstehe, wie gute Qualität erreicht werden kann
3	Listen to the voice of the customer	Höre dem Kunden zu
4	Observe the customers' situation	Beobachte den Kunden und seine Situation
5	Capture information from other sources	Erfasse Informationen von allen möglichen Quellen
6	Improve internal communications through the transformation of information between perspectives	Verbessere die interne Kommunikation durch die Betrachtung von Informationen aus verschiedenen Perspektiven

Auffällig sind die unterschiedlichen Abstraktionsniveaus der Prinzipien. Dies fällt insbesondere bei der Betrachtung des Prinzips „Understand how to cause good quality" ins Auge. Dieses Prinzip ist deutlich allgemeiner formuliert als die anderen. Auch inhaltlich unterscheidet es sich: „Understand how to cause good quality", zu deutsch „Verstehe, wie gute Qualität erreicht werden kann" fasst einen entscheidenden Aspekt von QFD in einem Satz zusammen:[32]

[30] Vgl. zur Übersetzung ins Deutsche auch Schockert (2017), S. 50.

[31] Eigene Darstellung. Prinzipien übernommen aus ISO 16355–1 (2015), S. vii.

[32] Vgl. auch das einleitende Zitat von Teece.

Ziel der Entwicklung ist ein Produkt, mit dem der Kunde zufrieden ist, also die Qualitätsansprüche des Kunden erfüllt. Die Qualität kann hierbei aus (mindestens) zwei verschiedenen Sichten interpretiert werden:

Die objektiv messbare technische Qualität und die relative Qualität, die eine subjektive Wertung des Kunden einschließt.[33] QFD betrachtet beide Sichten der Qualität, doch die Besonderheit liegt in der Quantifizierbarkeit der eher subjektiven, relativen Qualität: Der Kunde ist erst zufrieden, wenn das Produkt auch seine subjektiven Anforderungen erfüllt. Es ist möglich, bzw. sogar wahrscheinlich, dass sich den Entwicklern diese subjektiven Anforderungen nicht direkt erschließen. Daher kann eine Methode sie dabei unterstützen, zu verstehen, wie diese relative Qualität mit dem Produkt zu erreichen ist.

Damit ist das Prinzip *Understand how to cause good quality* mehr als nur eines unter vielen Prinzipien. Vielmehr lässt es sich fast schon als die zentrale Anforderung hinter QFD interpretieren, während die anderen fünf Prinzipien als potenzielle Lösungen für diese zentrale Anforderung interpretiert werden können. Dieser Zusammenhang ist auch – oder insbesondere – dann augenfällig, wenn die übrigen fünf Prinzipien weiter geordnet werden. Schockert (2017) identifizierte ebenfalls Unterschiede hinsichtlich der Detaillierung und erkennt Abhängigkeiten zwischen den Prinzipien. Um dies zu ordnen, schlägt er Leitlinien von (Software) QFD vor, die teilweise auf den (sechs) Prinzipien von QFD nach ISO 16355 basieren (Tabelle 3.2):

Diese Leitlinien weisen im Vergleich zu den Prinzipien der ISO 16355 noch deutlicher den Charakter von Gestaltungsmerkmalen auf. Bei der Gegenüberstellung dieser Leitlinien zum oben als „zentrale Anforderung" identifizierten Prinzip 2 der Norm, fällt auf, dass alle Leitlinien dieses Prinzip stark unterstützen. Im Fall von Leitlinie 1 ist der Zusammenhang offensichtlich. Die Betonung der Zusammenarbeit, insb. zwischen Entwicklern und Kunden birgt hohes Potenzial, um die Sicht des Kunden auf das Produkt zu verstehen. Die Leitlinie 2 erweitert dieses Verständnis auch um die Gegenrichtung: So ist auch eine höhere Zufriedenheit der Kunden zu erwarten, wenn sie um potenzielle Einschränkungen, die von den Entwicklern nicht oder nur mit hohem Aufwand zu beseitigen sind, wissen oder diese zumindest einschätzen können. Leitlinie 3 ruft dazu auf, mehr Informationsquellen in die Betrachtung zu nehmen als „nur" die Aussagen der Kunden. So lässt sich bspw. durch Beobachtung auch die Situation des

[33] Vgl. Zäpfel (1989), S. 13–14.

Tabelle 3.2 Leitlinien von (Software) QFD[34]

Leitlinien von (Software) QFD		
1	Zusammenarbeit	QFD ist eine interdisziplinäre Teamleistung, innerhalb des Unternehmens und persönlich mit den Kunden, zum Wohle des Kunden.
2	Kommunikation	Informationen insb. über Nutzen und Anforderungen werden von allen Stakeholdern ausgetauscht und betrachtet.
3	Analyse	Informationen zu Nutzen und Anforderungen werden aus allen möglichen Quellen gesammelt und unter verschiedenen Perspektiven analysiert.
4	Fokussierung	QFD priorisiert konsequent die wichtigsten Nutzen und Anforderungen zur Erhöhung von Kunden- bzw. Stakeholderzufriedenheit.
5	Transformation	QFD transformiert die wichtigsten Kundennutzen in Produktanforderungen, die weiter in die gesamte Entwicklung getragen und berücksichtigt („deployed") werden.

Kunden ggf. noch besser untersuchen.[35] Die Fokussierung in Leitlinie 4 unterstreicht die Wichtigkeit, die (begrenzte) Entwicklungszeit auf die tatsächlich für den Kunden relevanten Anforderungen (ob subjektiv oder objektiv) zu konzentrieren. Leitlinie 5 schließlich beschreibt, wie die gewonnenen Erkenntnisse auch für die weitere Entwicklung bis zum fertigen Produkt genutzt werden sollen. Tabelle 3.3 stellt den Zusammenhang der (Software) QFD-Leitlinien mit der als zentral identifizierten Anforderung von QFD dar.

Offensichtlich ist die Aussage, die einzige Anforderung, die QFD erfüllt sei es, zu verstehen wie gute Qualität erreicht werden kann, überspitzt. Doch schließt diese Formulierung auch andere in früheren Veröffentlichungen formulierte Zielstellungen von QFD, wie die Unterstützung einer effektiveren Produktentwicklung, mit ein:[36] So ist es unmittelbar nachvollziehbar, dass die Effektivität steigt, wenn das Entwicklungsteam verstanden hat, welche Variablen der Entwicklung sie gestalten müssen, um beim Kunden Zufriedenheit zu erzeugen. Dies

[34] Eigene Darstellung in Anlehnung an Schockert (2017), S. 51. Aus Gründen der Übersichtlichkeit wurden die Aussagen in das hier verwendete Begriffschema übertragen.

[35] Vgl. den sog. Gemba Walkabout nach ISO 16355–5 (2017), S. 50 und das QFD-Prinzip „Observe the customers situation" in ISO 16355–1, S. vii.

[36] Vgl. Herzwurm et al. (1997), S. 34–37.

Tabelle 3.3 Zentrale Anforderung von QFD und Unterstützung durch Leitlinien[37]

Zentrale Anforderung von QFD und (Software) QFD-Leitlinien					
	Zusammenarbeit	Kommunikation	Analyse	Fokussierung	Transformation
	1	2	3	4	5
Verstehe, wie gute Qualität erreicht werden kann	◉	◉	◉	◉	◉

erhöht auch die Effizienz, da weniger Kosten für vermeintlich perfekte Lösungen ausgegeben werden müssen, die vom Kunden gar nicht honoriert werden.[38]

Diese zentrale hinter QFD stehende Anforderung schlägt somit die Brücke zur im Rahmen dieser Arbeit verwendeten Definition des Wertversprechens: Auch beim Wertversprechen geht es darum, welcher Nutzen durch Produkte guter relativer und technischer Qualität beim Kunden erzeugt wird. So bietet QFD das Potenzial, das Wertversprechen mit hoher analytischer Tiefe zu untersuchen und zu bewerten. Damit stellt QFD ganz grundsätzlich ein geeignetes Werkzeug zur Betrachtung von Wertversprechen im SiB dar. QFD nutzt Zusammenarbeit, Kommunikation, Analyse, Fokussierung und Transformation, um zu verstehen, wie vom Kunden als gut empfundene Qualität erreicht werden kann. Dieses Verständnis bietet grundsätzlich eine vielversprechende Basis für die Formulierung von Wertversprechen.

Ist damit die grundsätzliche Eignung von QFD für die Formulierung von Wertversprechen begründet, ist es nun erforderlich die Eignung von QFD für den zu untersuchenden Fall der technologieinduzierten Entwicklung von Wertversprechen im SiB zu bewerten.

In den Abschnittn 2.1 bis 2.3 konnten die Implikationen des Entwicklungsumfelds herausgearbeitet werden. Diese Implikationen bilden die Basis für die Formulierung generalisierter Herausforderungen bei der technologieinduzierten Entwicklung neuer Wertversprechen im SiB in Abschnitt 3.1. Aufgrund ihrer höheren Spezifität im Vergleich zu den Herausforderungen werden diese Implikationen nun als Bewertungsgrundlage für die Eignung der QFD-Leitlinien zur Lösung dieser Problemstellung (Abbildung 3.3).

[37] Eigene Darstellung. Legende: ◉ = Sehr starke Unterstützung.

[38] Vgl. bspw. Saatweber (2011), S. 36.

	QFD-Leitlinien				
	Zusammenarbeit	Kommunikation	Analyse	Fokussierung	Transformation
Implikationen der technologieinduzierten Entwicklung im SiB					
Softwaresystem: Komplexität	○	○	○	◉	◉
Ökosystem: Verbreiterung des Lösungsraums			○	◉	◉
Ökosystem: Permanente Anpassung			○		
Humansystem: Prognosestellung	○	○	△		○
Wertversprechen: Formulierung			◉	◉	◉
Kundenorientierung: Einbezug des Kunden	◉	◉	◉	○	○
Technologieinduzierung: Unsicherheit über Kunden			○	○	○
Technologieinduzierung: Lerneffekte implementieren			◉		○

Abbildung 3.3 Bewertung der Eignung von QFD anhand der Leitlinien und der Implikationen der technologieinduzierten Entwicklung im SiB[39]

Ein wichtiger Aspekt von QFD ist die Zusammenarbeit innerhalb des Unternehmens, insb. jedoch auch die Zusammenarbeit mit den Kunden. Hinsichtlich der Implikationen des Softwaresystems im SiB unterstützt die Fokussierung auf die (allerdings rein interne) Zusammenarbeit zwar die Kommunikation und kann daher bei der Bewältigung von Differenzen innerhalb der Entwicklungsteams (bspw. im SiB den Softwareentwicklern und Vertretern der Fertigungsbereiche) unterstützen. Die von QFD aber explizit angestrebte Kommunikation mit den externen Kunden ist im vorliegenden Fall – vor allem im ersten Schritt – erschwert: Das Unternehmen hat noch keine hinreichenden Daten über die Eigenschaften der angestrebten Kundengruppe und kann daher die Zusammenarbeit mit dem Kunden nicht von Beginn der Entwicklung an gewährleisten. Die von der Formulierung des Wertversprechens geforderte Orientierung am Kunden

[39] Eigene Darstellung. Die Symbolik folgt folgenden Abstufungen: ◉ = sehr starke Unterstützung, ○ = mittlere Wirkung, △ = schwache Wirkung, 0 bzw. „leer" = keine Wirkung. Aus Gründen der Übersichtlichkeit wird auf die 0 in der Darstellung verzichtet.

wird offensichtlich durch QFD stark unterstützt, steht jedoch wie dargestellt selbst im Widerspruch zur technologieinduzierten Entwicklung.

Da die Leitlinien Zusammenarbeit und Kommunikation offensichtlich in engem Zusammenhang stehen, ähnelt sich auch die Bewertung. Hinsichtlich der Innenansicht kann QFD hier Hilfestellung bieten, denn auch die Kundenorientierung wird durch Kommunikation unterstützt. Aus naheliegenden Gründen erfolgt aber keine Unterstützung der durch die technologieinduzierte Entwicklung hervorgerufenen Implikationen.

Die QFD-Leitlinie Analyse fordert den Einbezug (möglichst) aller Quellen. Stehen die Kunden als Anforderungsquelle nicht zur Verfügung, sind die Entwickler bei der Erhebung der Anforderungen auf andere Quellen angewiesen. Diese können sowohl hinsichtlich des Softwaresystems als auch des Ökosystems unterstützend wirken und ggf. bei der Prognostizierung des Kundenverhaltens eine – wenn auch vermutlich eher schwache – Wirkung entfalten. Hinsichtlich der Implikationen der technologieinduzierten Entwicklung kann dies eine Annäherung an mögliche Kundengruppen ermöglichen. Durch analytische Tätigkeiten können weiterhin auch Lerneffekte ermöglicht werden. Die vertiefte Analyse erscheint angesichts der starken Wirkung des Wertversprechens auf das Geschäftsmodell als grundsätzlich notwendig für die Formulierung eines Wertversprechens.[40]

QFD fordert mit der Leitlinie der Fokussierung die konsequente Priorisierung der Produktanforderungen (=des Lösungsraums) durch den Kundennutzen. Damit kann QFD einen wichtigen Beitrag zur Ausrichtung der Entwicklung im komplexen Umfeld des SiB leisten. Mit der Fokussierung auf den Beitrag des Produkts zum Kundennutzen entspricht es auch den Vorgaben aus der Definition des Wertversprechens. Die Untersuchung des Kundennutzens kann darüber hinaus Hilfestellung bei der Verringerung der Unsicherheit hinsichtlich des avisierten Kunden bieten, selbst wenn dieser als Informationsquelle nicht zur Verfügung steht.[41]

QFD unterstützt bei der Transformation der Kundennutzen in konkrete Produktanforderungen. Dies unterstützt ebenfalls die Ausrichtung der Entwicklung im komplexen Umfeld des SiB, da die Produktplanung jederzeit nachvollziehbar bleibt und nicht zufällig geschieht. Insbesondere die Betrachtung aus verschiedenen Perspektiven ist im SiB von zentraler Wichtigkeit: Wie beschrieben existieren

[40] Vgl. Abschnitt 2.2.2.

[41] Bspw. durch Analyse von Dokumenten, Wettbewerbsprodukten etc. Vgl. hier auch die Quellen von Anforderungen in Abschnitt 2.3.2.

verschiedene Perspektiven sowohl hinsichtlich der internen Entwicklung (Softwareentwicklung vs. Fertigung) als auch der externen Teilhabe am Ökosystem (Plattformanbieter vs. Komplementor). Die Transformation des Kundennutzens zum Produkt steht auch im Fokus des Wertversprechens und wird durch die Einnahme der Kundenperspektive unterstützt. Die Übernahme der verschiedenen Perspektiven kann auch Hilfestellung bei der Generierung von Lerneffekten und dem Informationszugewinn über potenzielle Kunden sein.

Zusammenfassend zeigt diese Analyse, dass QFD hinsichtlich der Bewältigung der Komplexität und der Orientierung im verbreiterten Lösungsraum des SiB Hilfestellung bieten kann. Auch bestätigt sich die hohe Kohärenz zwischen Wertversprechen und der Kundenorientierung mit den Leitlinien von QFD. Die vertiefte Analyse unterstützt auch den Einbezug von Lerneffekten in die Entwicklung.

Allerdings zeigen sich Schwächen von QFD hinsichtlich der durch Unsicherheiten notwendigen, permanenten Anpassungen im Humansystem, der Prognose des Entwicklungsumfelds und des Umgangs mit der Unsicherheit über die avisierten Kunden im Fall der technologieinduzierten Entwicklung.

Da QFD aber in jeder der Implikationen, wenn auch hinsichtlich der permanenten Anpassung nur eine schwache Wirkung erzielt, scheint die weitere Untersuchung von QFD zur Lösung der Problemstellung dennoch vielversprechend.

3.2.2 QFD-Tätigkeiten

So wenig wie es eine einheitliche definitorische Sicht auf QFD gibt, existiert auch keine einheitliche Meinung darüber, wie QFD praktisch umgesetzt werden soll. Unter vielen Autoren herrscht aber zumindest Einigkeit darüber, dass QFD nicht als sequenzieller Prozess angesehen werden soll, bei dem ein Schritt nach dem anderen abgearbeitet wird.[42] Die berühmte Aussage von Akao „Copy the spirit – not the form“ spiegelt dies wider: Von Bedeutung ist demnach weniger die exakte Einhaltung einer allgemeingültigen Prozessfolge, als die Orientierung an den QFD-Prinzipien (bspw. in Form der Einhaltung der QFD-Leitlinien).[43]

[42] Vgl. hierzu bspw. die Interpretation des Flow Charts in Schockert (2017), S. 37 f.
[43] Vgl. Schockert (2017), S. 206.

Zur genaueren Orientierung und Erläuterung der innerhalb von QFD sinnvollen Tätigkeiten bietet sich dennoch eine gewisse Reihenfolge an. Die „QFD-Norm“ ISO 16355–1 schlägt hierzu den sog. QFD-Flow Chart vor (Abbildung 3.4).

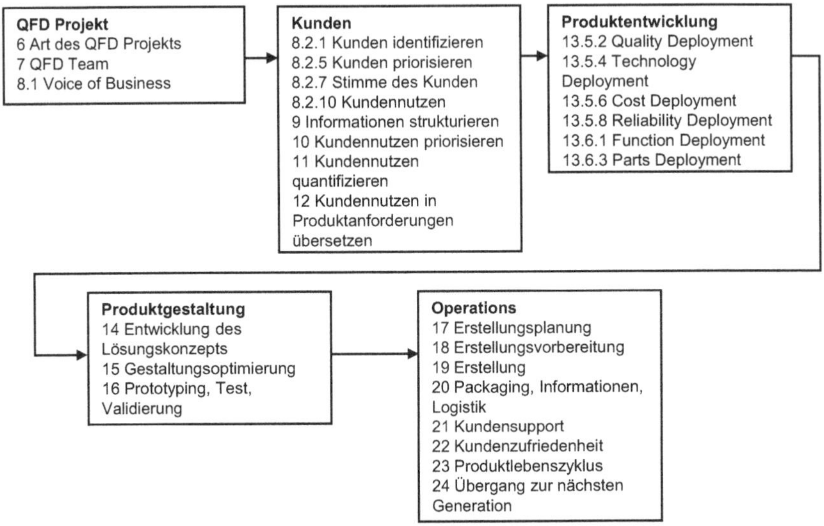

Abbildung 3.4 Flow Chart der Produktentwicklung mit QFD[44]

Wie anhand der Überschriften der einzelnen Knoten zu erkennen ist, betrachtet der Flow-Chart in ISO 16355–1 den Produktentwicklungsprozess vom Projektbeginn (QFD Project) bis hin zum tatsächlichen Einsatz des Produkts beim Kunden (Operations).[45] Dem Scope dieser Arbeit mehr entsprechend ist die Fokussierung des Phasenmodells einer QFD-Anwendung des QFD-Institut Deutschlands e. V. (QFD-ID) wie in Tabelle 3.4 dargestellt.

Wenn diese Phasen auch von den möglichen (und gewünschten) Rücksprüngen und Iterationen im Rahmen einer QFD-Anwendung abstrahieren, bilden sie für die weitere Betrachtung von QFD eine übersichtliche Basis.

Die Umsetzung der Phasen (und damit auch der im vorherigen Kapitel dargestellten) QFD-Leitlinien) erfolgt mittels konkreter Tätigkeiten, Werkzeuge und

[44] Ins Deutsche übersetzt in Anlehnung an ISO 16355–1 (2015), S. 5.

[45] Vgl. ISO 16355–1 (2015), S. 5 f.

Tabelle 3.4 Phasen einer QFD-Anwendung nach dem QFD-Institut Deutschland[46]

Phase	Inhalte
1	Kundennutzen erheben, aufbereiten und verstehen
2	Kundennutzen bewerten und analysieren
3	Erhebung der technischen Lösungsmerkmale (Produktanforderungen)
4	Analyse der Beziehungen zwischen Produktanforderungen und Kundennutzen
5	Deployment zur Umsetzung der Kundennutzen im gesamten Produktentstehungsprozess

Methoden. Schockert fasst diese mit dem Begriff *QFD-Basistechniken* zusammen. Diese Basistechniken sind in den Zeilen der folgenden Tabelle 3.5 dargestellt. In den Spalten der Tabelle sind die in Tabelle 3.4 dargestellten Phasen einer QFD-Anwendung aufgetragen. Die Zellen in der Mitte enthalten das Maß, welches angibt, inwiefern die QFD-Basistechniken die Phasen einer QFD-Anwendung unterstützen.

Das Fehlen eindeutiger 1:1-Beziehungen in der Zuordnung in Tabelle 3.5 zeigt, dass die Basistechniken nicht eindeutig bestimmten Phasen zugeordnet werden können. Vielmehr können viele der Techniken in mehreren Phasen einer QFD-Anwendung nützlich sein. Dennoch gibt es in fast jeder Phase Schwerpunkte hinsichtlich geeigneter Techniken.

Die Erhebung, Aufbereitung und das Verstehen von Kundennutzen in **Phase 1** erfolgt in vielen QFD-Anwendungen über moderierte Gruppenarbeit. Dabei schlagen (die meisten) QFD-Anwendungen die Erhebung der sog. *Stimme des Kunden* (Voice of Customer, VoC) zu Beginn der Entwicklung vor. Durch die Erhebung der VoC im persönlichen Kontakt, ermöglicht diese ein unmittelbares Ergründen und Verstehen der Kundenwünsche. Dies ist notwendig, um daraus die Kundennutzen zu formulieren. Moderationstechniken helfen dabei, die Ideen und Wünsche nicht zu „zerreden“.[47]

Mit der Bewertung und Analyse beginnt **Phase 2**. Hinsichtlich der Analyse werden in QFD zahlreiche Werkzeuge genutzt. Dabei werden hauptsächlich Affinitäts-, Baum- und Hierarchiediagramme sowie Relationendiagramme und

[46] Eigene Darstellung in Anlehnung an Herzwurm et al. (2011), S. 24 und Schockert (2017), S. 39. Im Original wird von Stakeholderbedürfnissen statt Kundennutzen gesprochen. Dies wurde zum besseren Verständnis in das hier genutzte Begriffsschema übertragen.

[47] Vgl. Herzwurm et al. (1997), S. 39. Für eine weitergehende Erläuterung des Vorgehens zur Erhebung der VoC vgl. Abschnitt 5.2.2.

Tabelle 3.5 QFD-Basistechniken und Zuordnung zu den Phasen einer QFD-Anwendung[48]

		Phasen einer QFD-Anwendung				
		Phase 1 (Erhebung der Kundennutzen)	**Phase 2** (Bewertung der Kundennutzen)	**Phase 3** (Erhebung der Produktanforderungen)	**Phase 4** (Analyse der Beziehungen)	**Phase 5** (Deployment)
QFD-Basistechniken						
A	Gruppenarbeit	◉	◉	◉	◉	○
B	Moderation	◉	○	◉	◉	△
C	Gruppierungsdiagramme	△	◉	○	△	△
D	Relationendiagramme	△	◉	○	△	△
E	Ordinale Priorisierungstechnik	△	◉	○	◉	△
F	Kardinale Priorisierungstechnik	△	◉	○	◉	△
G	Priorisierungsmatrix	△	○	△	◉	◉
H	Matrixkette	△	○	△	○	◉

[48] Eigene Darstellung in Anlehnung an Schockert (2017), S. 114. Zu den einzelnen Techniken siehe Cohen (1995), S. 45 ff. und Herzwurm et al. (1997), S. 40 ff. Zu den Phasen vgl. Herzwurm et al. (2011), S. 24 und Tabelle 11. Die Symbolik folgt folgenden Abstufungen: ◉ = sehr starke Unterstützung, ○ = mittlere Wirkung, △ = schwache Wirkung, 0 bzw. „leer“ = keine Wirkung. Aus Gründen der Übersichtlichkeit wird auf die 0 in der Darstellung verzichtet.

insb. die Priorisierungsmatrix verwendet.[49] Die Affinitätsdiagramme werden zur Strukturierung und Systematisierung der erhobenen Daten verwendet und sind vorbereitende Schritte der Analyse. Im Affinitätsdiagramm werden Informationen zu inhaltlich verwandten Gruppen zusammengefasst. Diese Gruppen können dann hinsichtlich möglicher Hierarchien untersucht werden. Das Ergebnis dieser Untersuchung kann in Baum- bzw. Hierarchiediagrammen dargestellt werden. Dies bildet die Grundlage für die dann folgende Priorisierung bspw. durch den später noch thematisierten Analytic Hierarchy Process (AHP).[50]

Die Priorisierung nimmt innerhalb von QFD eine besondere Stellung ein. So wird QFD von einer Reihe Autoren auch primär als Methode zur Anforderungspriorisierung interpretiert.[51] Neben des angesprochenen AHP, der zu den kardinalen Priorisierungstechniken gehört, werden auch ordinale Priorisierungstechniken, wie das Bilden von Ranggruppen oder Mischformen genutzt.[52]

Phase 3 stellt eine Besonderheit innerhalb der QFD-Anwendungen dar: Insb. in Software QFD-Anwendungen erfolgt die Erhebung der Produktanforderungen häufig analog zu dem Vorgehen bei der Erhebung der Kundennutzen durch Erarbeiten einer sog. Stimme des Entwicklers (Voice of Engineer, VoE).[53] Der grundsätzliche Ablauf bei der Erhebung von VoC und VoE ist ähnlich, weshalb es auch Gemeinsamkeiten hinsichtlich der dabei verwendeten Techniken gibt. Da die Erhebung der VoE zumeist nach der Formulierung und Priorisierung der Kundennutzen erfolgt, ist allenfalls davon auszugehen, dass die analytischen Tätigkeiten stärker miteinbezogen werden, als es bei der VoC der Fall ist (bzw. sein kann).

In **Phase 4** erfolgt die Analyse der Beziehungen zwischen Produktanforderungen und Kundennutzen. Diese Analyse erfolgt zumeist mittels einer speziellen Priorisierungsmatrix, dem bekannten House of Quality (HoQ).[54] Wenngleich es auch QFD-Anwendungen gibt, die ohne House of Quality auskommen,[55] ist es

---

[49] Vgl. Cohen (1995), S. 45 ff., Herzwurm et al. (1997), S. 40 ff. und Schockert (2017), S. 119.

[50] Vgl. Cohen (1995), S. 45 ff., Herzwurm et al. (1997), S. 40 ff. und Schockert (2017), S. 119 und bzgl. AHP Abschnitt 6.2.4.

[51] Vgl. Achimugu et al. (2014), S. 572 ff.

[52] Vgl. Herzwurm et al. (2016), S. 180.

[53] Die Besonderheit zeigt sich bspw. darin, dass die VoE im Unterschied zur VoC nicht im Flow Chart der Produktentwicklung mit QFD nach ISO 16355–1 erwähnt wird. Zur VoE allgemein vgl. Herzwurm et al. (1997), S. 105 ff.

[54] Vgl. die Abbildung im Comprehensive QFD in Akao (1990), S. 16.

[55] Vgl. bspw. das später noch behandelte Blitz-QFD in Abschnitt 5.4.2.

für viele dennoch untrennbar mit QFD verbunden bzw. vermutlich *das* Symbol für QFD überhaupt.[56]

Das House of Quality ist eine Priorisierungsmatrix, die Kundennutzen und Produktanforderungen in m:n Beziehungen abbildet. Durch die quantitative Bewertung der Beziehungen zwischen den beiden Anforderungsarten können die Produktanforderungen über die Bewertung der Kundennutzen priorisiert werden.[57] Je nach QFD-Anwendung kann es sich bei den Produktanforderungen um Produktfunktionen (Software QFD) oder Qualitätsmerkmale (Comprehensive QFD nach Akao) handeln.[58]

Ergänzt wird die Analyse im HoQ um die Bewertung möglicher Interferenzen zwischen den Produktanforderungen im „Dach" des Hauses und dem Wettbewerbsvergleich im rechten „Erker".[59]

Die Analyse des HoQ und insbesondere die Quantifizierung der Beziehungen zwischen Kundennutzen und Produktanforderungen erfolgt häufig in Gruppenarbeit. Auch wenn die (initiale!) Priorisierung der Kundennutzen, die Kundennutzen selbst und die Produktanforderungen bereits im Vorfeld erhoben, analysiert und im Idealfall von der Gruppe akzeptiert wurden und das „Zerreden" von Anforderungen an dieser Stelle kein drängendes Problem mehr sein sollte, ist die Moderation auch in diesem Schritt nach wie vor von Bedeutung.

Die Analyse selbst verläuft zumeist über das HoQ selbst, weshalb die anderen Diagramme in dieser Phase weniger bedeutsam sind. Allerdings ist es möglich (und zu erwarten!), dass sich aus der HoQ-Analyse weitere Kundennutzen oder der Bedarf für zusätzliche Produktanforderungen ergeben. Diese können in das HoQ einfließen, bedingen aber etwaige Änderungen an der Priorisierung. Daher sind auch in dieser Phase die Priorisierungstechniken bedeutsam.[60]

Abbildung 3.5 zeigt ein typisches HoQ.

---

[56] Dies ist bspw. erkennbar an der Umschlaggestaltung zahlloser QFD-Publikationen. Vgl. hierzu bspw. die hier häufig genannten Quellen Herzwurm et al. (1997), Cohen (1995), Akao (1990). Zur Bedeutung des HoQ für QFD vgl. auch Thiess et al. (2011), S. 1 f.

[57] Vgl. zur Erläuterung bspw. Herzwurm et al. (1997), S. 42 ff., Cohen (1995), S. 11 ff. und 60 ff. und Schockert (2017), S. 124 ff.

[58] Zum Software QFD vgl. Herzwurm et al. (1997), zum Comprehensive QFD Akao (1990), sowie die entsprechenden Ausführungen in Kapitel 5.

[59] Vgl. Herzwurm et al. (1997), S. 44 und die dort genannten Quellen.

[60] Vgl. zur HoQ-Analyse das verwandte Vorgehen in der VPD-Matrix in Abschnitt 6.2.5 und Herzwurm et al. (1997), S. 118 ff.

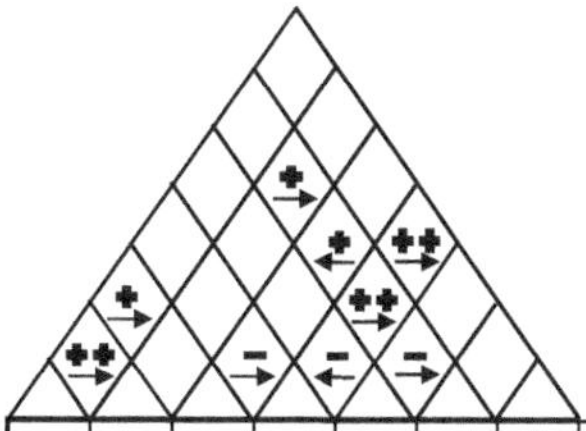

Stakeholderbedürfnisse (Zeilen) vs. Qualitätsmerkmale (Spalten)	Bedienungsschritte	Erlernbarkeit	Antwortzeit	Verfügbarkeit	Datenschutz	Datenintegrität	Datenrecovery	Gewicht	Klassische Planungsmatrix	Kundenzufriedenheit	Kunkurrenz	Ziel-Gesamtzufriedenheit	Verbesserungsverhältnis	Rangfolge
Schriftverkehr führen														
Briefe schreiben	3	3	9	1				18%		2,7	1	4	1,5	2
Faxe schreiben	3	3	9	1				9%		2,4	2	4	1,7	5
E-Mails schreiben	3	3	9	1				4%		1,7	2	3	1,7	9
Adressen verwalten														
Leichte Adressfreigabe	9	9	9	3	3	9	9	21%		2	4	4	2	1
Schnelle Personeninfo	9	9	9	9				13%		1,2	5	4	3,2	3
Listen erstellen														
Telefonliste erstellen	3	3	1	1				5%		1,7	2	3	1,7	8
Geburtstagsliste erstellen	3	3	1	1				4%		2,4	2	3	1,3	9
Komfort														
große Datenmengen bearbeiten	1	3	9	9		9	9	8%		2,9	3	4	1,4	6
sichere Daten		3		9	3	9	9	11%		2,8	1	4	1,4	4
schnell erlernbar	9	9	1	3				8%		2,8	4	4	1,5	6

	Bedienungsschritte	Erlernbarkeit	Antwortzeit	Verfügbarkeit	Datenschutz	Datenintegrität	Datenrecovery
Absolute Wichtigkeit	495	546	668	414	96	373	360
Relative Wichtigkeit	17%	18%	23%	14%	3%	13%	12%
Quantitative Beurteilung							
Produkt jetzt	4	24	2	362	3	5	5
Konkurrenz	3	22	3	360	11	2	3
Zielwert	< 3	< 20	< 2	> 360	3	< 4	< 3
Messgröße	Schritte pro Aktion	Lernzeit in Stunden	Sekunden pro Transaktion	Tage im Jahr	Anzahl Benutzergruppen	Anzahl inkonsistente Eintragungen	Anzahl verlorengegangene Sätze
Schwierigkeitsgrad	4	1	2	5	3	2	3
Rang	3	2	1	4	7	5	6

Abbildung 3.5 House of Quality[61]

[61] Eigene Darstellung, in Anlehnung an Herzwurm et al. (1997), S. 132 und Herzwurm et al. (2000a), S. 86.

Phase 5 bildet den Übergang zum weiteren Produktentstehungsprozess und dem gesamten Produktlebenszyklus.[62] Die sog. Matrixkette stellt eine Möglichkeit dar, mit den verschiedenen Sichten auf Anforderungen umzugehen.[63] In der Matrixkette werden, ausgehend von der HoQ-Matrix, Produktanforderungen aus verschiedenen Ebenen der Entwicklung bewertet. Die Bewertung erfolgt jeweils analog zum HoQ (Abbildung 3.6).

Die Produktanforderungen der nachgelagerten Ebene werden anhand der Produktanforderungen der vorgelagerten Ebene unter Einbezug ihres Unterstützungsgrades („Korrelationen") quantifiziert. Daraus ergibt sich die Bewertung der Produktanforderungen der nachgelagerten Ebene. Diese können dann entsprechend für die nächste Ebene als Bewertungsgrundlage dienen usw. Auf diese Weise kann bis in die Entwurfsplanung hinein jede Entscheidung der Produktentwicklung auf den Kundennutzen zurückgeführt und nachvollzogen werden.

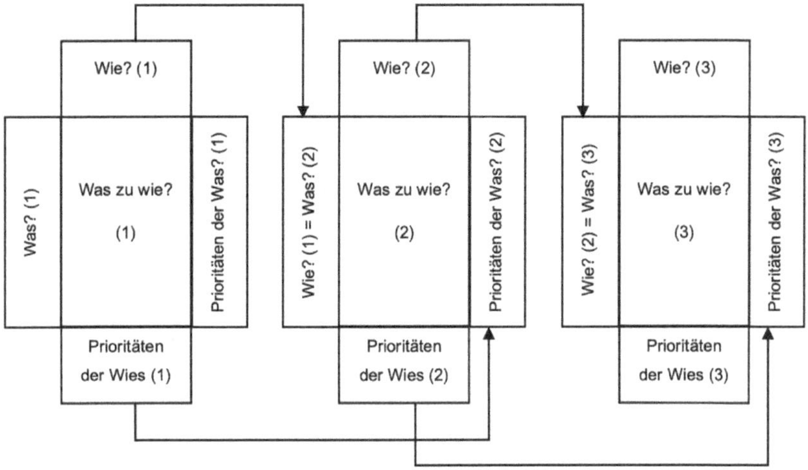

Abbildung 3.6 Schematische Darstellung einer Matrixkette[64]

[62] Dieser wird im Phasenmodell des QFD-Institut Deutschland nicht explizit betrachtet, hier sei auf Comprehensive QFD bzw. den Flow Chart der Produktentwicklung nach ISO 16355-1 verwiesen.

[63] Vgl. Abschnitt 2.3.2: Die Unterscheidung nach dem Was und Wie kann sich je nach Entwicklungsstadium und beteiligter Stakeholder unterscheiden.

[64] Eigene Darstellung nach Herzwurm et al. (1997), S. 45 und Cohen (1995), S. 14.

Offensichtlich ist die Analyse der Matrizen wesentlich für diese Phase. Die Tätigkeiten *Erstellen der Priorisierungsmatrix* und *Bilden der Matrixkette* sind daher die Haupttätigkeiten der Phase 5. Da sich die Priorisierung immer auf die initiale HoQ-Matrix bzw. auf die priorisierten Kundennutzen bezieht, ist die Tätigkeit des Priorisierens in der Phase des Deployments von geringerer Bedeutung. Die Bewertung der Korrelationen innerhalb der Matrix bedingt aber nach wie vor die Gruppenarbeit, wenngleich zu erwarten ist, dass die Rolle des Kunden, insb. bei Entwicklungen im Backend, abnimmt.

3.2.3 Rezeption von QFD als methodische Grundlage

In Abschnitt 3.2.3 konnte bereits festgestellt werden, dass die Leitlinien von QFD hohes Unterstützungspotenzial hinsichtlich der Implikationen der technologieinduzierten Entwicklung neuer Wertversprechen im SiB aufweisen. Bzgl. **Herausforderung 1**, dem Umgang mit dem stark erweitertem Lösungsraum im SiB, kann QFD – sofern die konkrete Ausgestaltung der Methode den QFD-Prinzipien entspricht – durch die Fokussierung auf den Nutzen und die für dessen Generierung notwendigen Aspekte unterstützen.

In Bezug auf **Herausforderung 2**, dem Umgang mit Unsicherheit im Entwicklungsumfeld, kann QFD durch die Unterstützung der Analyse und Zusammenarbeit durch Kommunikation innerhalb der Entwicklungseinheit sowie aller von der Entwicklung betroffenen Stakeholder ebenfalls positiv wirken.

Hinsichtlich **Herausforderung 3**, der Umsetzung der Kundenorientierung bei technologieinduzierter Entwicklung, besteht offensichtlich noch Handlungsbedarf. Da QFD – wie bereits dargestellt – Charakteristika einer Qualitätsmethode aufweist, ist es zunächst eher der Erbringung evolutionärer Technologieinnovationen zuzuordnen, bei denen die Kunden gut bekannt sind, aber hinsichtlich der verwendeten Technologie Spielraum existiert (Abbildung 3.7).[65]

Um zu überblicken, inwiefern dieses Defizit von QFD hinsichtlich der technologieinduzierten Entwicklung neuer Wertversprechen im SiB gelöst werden kann, wird nachfolgend die bereits aus Abschnitt 3.2.2 bekannte Zuordnung der QFD-Basistechniken zu den Phasen einer QFD-Anwendung nochmals analysiert. Dies unterstützt bei der Abschätzung, welche Phasen einer QFD-Anwendung im Fall der technologieinduzierten Entwicklung neuer Wertversprechen umgesetzt werden können und welche Anpassungsnotwendigkeit von QFD sich aus dieser Problemstellung ergibt (Tabelle 3.6).

---

[65] Vgl. Abschnitt 2.3.3 sowie Lynn und Akgün (2001), S. 375.

Marktunsicherheit	**Hoch**	**Evolutionäre Marktinnovation**	**Radikale Innovation**
	Niedrig	**Inkrementelle Innovation**	**Evolutionäre Technologieinnovation**
		Niedrig	Hoch
		Technologieunsicherheit	

Abbildung 3.7 Typen von Innovationen nach Markt- und Technologieunsicherheit und primärer Einsatz von QFD als Qualitätsmethode[66]

Laut Schockert haben insbesondere die QFD-Basistechniken *Gruppenarbeit* und *Moderation* starke Auswirkungen auf die QFD-Leitlinien *Zusammenarbeit und Kommunikation.* Aus der Untersuchung der Wirkung von QFD-Basistechniken zu den Phasen der QFD-Anwendung (Tabelle 3.5) wurde deutlich, dass die Gruppenarbeit in jeder Phase von hoher Bedeutung ist. Wie im vorherigen Kapitel gezeigt, liefern die Leitlinien *Zusammenarbeit und Kommunikation* im Hinblick auf das Forschungsziel dieser Arbeit die geringste Unterstützung. Entsprechend ist auch das Potenzial der Basistechniken *Gruppenarbeit* und *Moderation* für den Fall technologieinduzierter Entwicklung als gering einzuschätzen. In Hinblick auf die Unkenntnis des Kunden in frühen Entwicklungsphasen, ist dies auch unmittelbar einsichtig. Offensichtlich verbleibt das Dilemma der Kundenorientierung bei der technologieinduzierten Entwicklung auch mit dem Einsatz von QFD grundsätzlich bestehen.

Den – allerdings wichtigen – Einbezug des Kunden außenvorgelassen, kann mit Hilfe von QFD ein hohes Potenzial hinsichtlich der Entwicklung von Wertversprechen konstatiert werden: Die das Wertversprechen definierende Verbindung von Kunde und Produkt durch den Beitrag des Produkts zum Kundennutzen ist zentraler Aspekt von QFD. QFD ermöglicht die Quantifizierung (und damit die Messbarkeit) des Kundennutzens und stellt Maßnahmen zur Verfügung, diese in tatsächliche Produktanforderungen detailliert zu übertragen. Auch hinsichtlich der Phasen zeigen sich Parallelen: QFD betrachtet insb. (aber nicht nur) frühe Phasen des Produktentwicklungsprozesses.

[66] Eigene Darstellung, in Anlehnung an Lynn und Akgün (2001), S. 375 und Ansoff (1965), S. 98 f.

Tabelle 3.6 Wirkungen der QFD-Basistechniken auf QFD-Leitlinien[67]

	Gruppenarbeit	Moderation	Gruppierungsdiagramme	Relationendiagramm	Ordinale Priorisierungstechnik	Kardinale Priorisierungstechnik	Priorisierungstechnik	Matrixkette
Zusammenarbeit	◉	◉	○	○	○		○	○
Kommunikation	◉	○	○	○	○		○	
Analyse	○		◉	○	○	○	○	◉
Fokussierung				○	◉	◉	◉	○
Transformation				○	○	○	◉	◉

[67] Eigene Darstellung, in Anlehnung an Schockert (2017), S. 114. Die Symbolik folgt folgenden Abstufungen ◉ = starke Wirkung, ○ = mittlere Wirkung.

Gelingt es, das Problem des in der technologieinduzierten Entwicklung erschwerten Einbezugs des Kunden aufzulösen, können die herausgearbeiteten Vorteile von QFD für die Entwicklung neuer Wertversprechen genutzt werden. Hinsichtlich des Ziels der vorliegenden Arbeit bedeutet dies: Die zu konzipierende Methode muss die Phasen einer QFD-Anwendung nach vorne hin erweitern und eine Möglichkeit enthalten, den Implikationen der technologieinduzierten Entwicklung Rechnung zu tragen. Gemäß dem Aufbau von QFD in einzelne Deployments wird die zu erarbeitende Methode als *Value Proposition Deployment* bezeichnet und folgendermaßen definiert:

Arbeitsdefinition Value Proposition Deployment

Das Value Proposition Deployment (VPD) ist die detaillierte Analyse und systematische Berücksichtigung aller notwendigen Aspekte für eine als Leitbild fungierende Beschreibung, wie das zu entwickelnde Produkt Nutzen beim Kunden schafft.

Diese Arbeitsdefinition enthält die Merkmale der Definition des Wertversprechens und der Definition des Deployments in QFD. Es verbindet damit QFD als Instanziierung der Kundenorientierung mit dem Wertversprechen. Um als methodische Erweiterung von QFD eingesetzt werden zu können, muss das VPD auch den QFD-Prinzipien entsprechen.

Während hinsichtlich der Fokussierung auf den Kundennutzen und dem Einbezug unterschiedlicher Sichten sowie bei der Entwicklung neuer Wertversprechen QFD bereits gut unterstützen kann, muss nun die Lücke in QFD hinsichtlich der Generierung evolutionärer Marktinnovationen geschlossen werden. Hierzu werden im folgenden Kapitel Ansätze des Innovationsmanagements und verwandter Disziplinen in Hinblick auf konkrete Gestaltungsanforderungen untersucht, deren Erfüllung für die Ausarbeitung des VPD und damit dem Schließen der Forschungslücke notwendig sind.

4 Analyse bestehender Ansätze im Kontext des Innovationsmanagements

In Kapitel 2 konnten Implikationen des Gestaltungsumfelds und von diesen ausgehend in Kapitel 3 drei wesentliche Herausforderungen bei der Entwicklung neuer Wertversprechen im SiB herausgearbeitet werden. Mit den QFD-Prinzipien konnte ein Rahmenwerk identifiziert werden, das grundsätzlich für die Entwicklung neuer Wertversprechen geeignet ist und mit dem darüber hinaus zumindest einer Teilmenge dieser Herausforderungen begegnet werden kann. Es zeigte sich allerdings auch, dass QFD als methodische Basis Defizite aufweist und insb. hinsichtlich des Umgangs mit evolutionären Marktinnovationen erweitert werden muss, um die Ziele dieser Arbeit erfüllen zu können.

Die identifizierten Herausforderungen sind hinsichtlich ihres Abstraktionsgrads allerdings nicht ausreichend handlungsleitend für die Gestaltung einer Methode zur Entwicklung des VPD. Hierfür sind gemäß des Method Engineerings konkretere Gestaltungsanforderungen notwendig.[1]

Es stellt sich die Frage, auf welche Weise die Gestaltungsanforderungen identifiziert werden können. Um sowohl bereits wissenschaftlich untersuchte als auch in der Praxis identifizierte Problemstellungen zur Formulierung der Gestaltungsanforderungen einbeziehen zu können, bietet sich die Analyse von Methoden und Ansätzen an, die bereits im Umfeld der Herausforderungen genutzt werden.

Da evolutionäre Marktinnovationen dem Bereich des Innovationsmanagements zuzordnen sind, werden im folgenden Kapitel diesem Bereich zugeordnete Ansätze näher untersucht.[2] Ziel ist dabei, die Gestaltungsanforderungen zu identifizieren, die zur Entwicklung dieser Ansätze führten. Die so von den Ansätzen

[1] Vgl. bspw. Heym (1993).

[2] Vgl. Lynn und Akgün (2001), S. 375.

F. Schönhofen, *Technologieinduzierte Entwicklung neuer Wertversprechen im Software-intensive Business*, https://doi.org/10.1007/978-3-658-43471-7_4

als Lösungen abstrahierten Gestaltungsanforderungen können dann wiederum als Gestaltungsanforderungen für das VPD herangezogen werden.

Dies entspricht der in der Definition von Anforderungen dieser Arbeit in Abschnitt 2.3.2 beschriebenen Möglichkeit, zur Anforderungserhebung bestehende Systeme nutzen zu können. Gemäß dieser Logik werden im folgenden Kapitel aktuell verwendete Vorgehensmodelle im Rahmen des Innovationsmanagements als Quelle für Gestaltungsanforderungen für das VPD untersucht. In die Auswahl sollen Vorgehensmodelle einbezogen werden, welche die identifizierten Herausforderungen bei der technologieinduzierten Entwicklung im SiB adressieren. Die hierfür nötige Suchfeldbestimmung erfolgt dabei zweistufig: Zunächst werden per deduktiver Analyse Vorgehensmodelle identifiziert, in einem zweiten Schritt wird die Kohärenz der Methoden zu den Herausforderungen anhand einer Literaturanalyse überprüft.

Ziel dieses Vorgehens ist die Formulierung von konkreten Gestaltungsanforderungen an das VPD (vgl. Abbildung 4.1).

Abbildung 4.1 Ableitung von Gestaltungsempfehlungen[3]

4.1 Auswahl der untersuchten Ansätze und Vorgehensmodelle

Im Innovationsmanagement werden zwei grundlegende Arten der Entwicklung von Innovationen unterschieden: *Technology Pull* und *Market Pull*. Im Technology Pull beginnt die Initiative für den Entwicklungsprozess aus der Forschung bzw. einer Technologie heraus, während der Market Pull von den Kunden bzw.

[3] Eigene Darstellung in Anlehnung an Mautsch (2015), S. 79.

der Marktseite ausgeht.[4] Die im Zentrum dieser Arbeit stehende technologieinduzierte Entwicklung auf Basis evolutionärer Marktinnovationen ist offensichtlich dem Technology Pull zuzuordnen: Da hier neue Technologien Ausgangspunkte der Entwicklung bilden, erscheint der Market Pull kaum möglich. Erst die Produkte machen die Technologie für die Kunden zugänglich, daher ist das eigene Bedürfnis für den Kunden bei der Betrachtung einer Technologie allein nur schwer einzuschätzen. Als die Entwicklung induzierende Stakeholdergruppen kommen daher insb. die unternehmenseigene Forschungs-, Entwicklungs-, IT- oder Produktionsabteilung und externe wissenschaftliche Institute oder Lieferanten (sowie im Falle der Softwareökosysteme im SiB auch die Komplementoren) in Frage.[5]

Mit dem Ziel, Forschungsergebnisse zu marktreifen Produkten zu entwickeln, beschreiben eine Reihe von Autoren verschiedene Grundmodelle des Innovationsmanagements.[6] Insbesondere in den 1980er und 1990er Jahren wurden darauf aufbauend eine Reihe sog. Phasenmodelle entwickelt. Beispielhaft sei hier der *Innovationsprozess nach Thom* (1980) genannt. Diese grundlegende Beschreibung unterteilt den Innovationsprozess in drei Teilsegmente: Die Ideengenerierung, die Ideenakzeptanz und die Ideenrealisierung.[7]

Sind diese Phasenmodelle zumeist dem Innovationsmanagement zuzuordnen, beschäftigten sich unter dem Begriff *New Product Development* (NPD) auch Autoren aus dem Umfeld der Produktentwicklung mit der Definition von Phasenmodellen zur Überführung von Innovationen in konkrete Produkte. Bekannter Vertreter ist hierbei bspw. das *lineare Phasenmodell eines Innovationsprozesses*. In diesem grundlegenden Modell werden neben der Ideengenerierungsphase auch die Übertragung der Ideen in Lösungskonzepte, die Weiterentwicklung zu Prototypen, das Testen dieser am Markt und die Markteinführung betrachtet.[8] Abbildung 4.2 stellt das lineare Phasenmodell eines Innovationsprozesses schematisch dar.

Dieses lineare Phasenmodell, wenn auch häufig kritisiert[9], kann im Rahmen der Suchfeldbestimmung bei der Identifikation von Ansätzen zur Umsetzung von Aufgaben des Innovationsmanagements als Grundlage dienen. Die

---

[4] Vgl. Disselkamp (2012), S. 44.

[5] Vgl. Disselkamp (2012), S. 44.

[6] Vgl. bspw. Hauschildt (1997) und Brim et al. (1962).

[7] Vgl. Thom (1980), S. 53.

[8] Vgl. Reichwald und Piller (2009), S. 123.

[9] Vgl. hierzu Abschnitt 4.2.1.

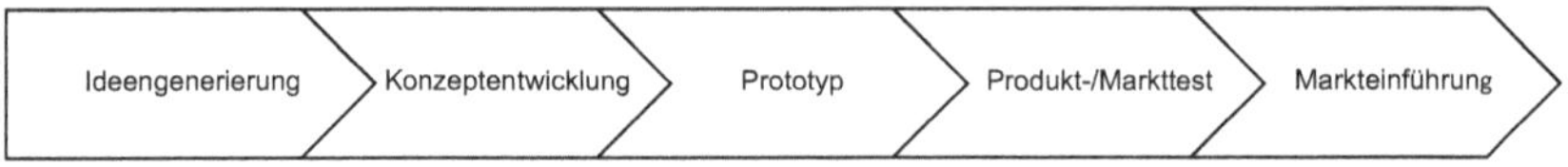

Abbildung 4.2 Lineares Phasenmodell eines Innovationsprozesses[10]

so identifizierten Methoden können dann gemäß Abbildung 4.1 als Quelle für Gestaltungsanforderungen an das VPD untersucht werden.

Zur ersten Phase, der Ideengenerierung, lohnt sich der Blick auf Ansätze, die kreative Problemlösungsansätze integrieren. Ein weit verbreiteter Ansatz, der dies erfüllt ist das Design Thinking (DT). DT versteht sich als Innovationsmethode, die u. a. Kreativitätsmethoden nutzt, um Lösungen für spezifische Kundenprobleme zu generieren.[11] Vor diesem Hintergrund wird DT als mögliche Quelle für Gestaltungsanforderungen ausgewählt und im Folgenden näher untersucht.

Neben DT haben sich in der Praxis eine Reihe an Ansätzen zur Formulierung einer sog. Product Vision als Einstieg in die Produktentwicklung bewährt. Diese werden ebenfalls nachfolgend identifiziert und in die Analyse miteinbezogen.[12]

Im Anschluss an die Ideengenerierung sieht das Phasenmodell die Konzeptentwicklung vor, in der die Ideen in umsetzbare Konzepte übertragen werden sollen. Da sich zeigte, dass insb. diese Phase von hoher Unsicherheit hinsichtlich der Umsetzung geprägt ist, entwickelten mehrere Autoren iterative Entwicklungsmethoden. Zu den frühen Vertretern gehört der Stage Gate Prozess nach Cooper und das Modell des Fuzzy Front Ends.[13] Auch die modernen agilen Entwicklungsansätze wie Scrum greifen diesen iterativen Grundgedanken auf und integrieren ihn in Produktentwicklungsprozesse.[14] Aufgrund dieses Potenzials für die Phase der Konzeptentwicklung werden diese Ansätze in die weitere Untersuchung miteinbezogen.

Im Phasenmodell mündet die Konzeptentwicklung in die Gestaltung von Prototypen. Dies sieht auch das bereits erwähnte DT vor, welches die Entwicklung von Prototypen als Ergebnis der Ideengenerierungsphase vorschlägt.[15] Da im DT

---

[10] Eigene Darstellung in Anlehnung an Reichwald und Piller (2009), S. 123, auch Cooper und Kleinschmidt (1991), S. 138.

[11] Vgl. Abschnitt 4.2.5 und bspw. Plattner et al. (2009), S. 103.

[12] Vgl. Abschnitt 4.2.4.

[13] Vgl. hierzu Abschnitt 4.2.1 und 4.2.2 sowie Cooper (1990), S. 46 und Khurana und Rosenthal (1997), S. 104.

[14] Vgl. hierzu Abschnitt 4.2.3 sowie Schwaber und Sutherland (2020).

[15] Vgl. Abschnitt 4.2.5 und bspw. Plattner et al. (2009), S. 103.

die Gestaltung von Prototypen allerdings direkt auf die Ideengenerierung folgt und eine konkrete Konzeptentwicklung nicht vorgesehen ist, ist davon auszugehen, dass die im DT erreichten Prototypen einen höheren Abstraktionsgrad vorweisen, als es im Phasenmodell vorgesehen ist.

Die sog. Feedbackschleifen, bekannt auch unter dem Begriff Minimal Viable Product (MVP), kommen dieser detaillierteren Prototypsicht näher. Genau genommen handelt es sich hierbei bereits um marktreife Produkte oder Produktteile, die durch reale Kunden genutzt werden und diese damit in die Lage versetzen, hochwertiges Feedback zu formulieren.[16]

Die Möglichkeit, ebensolches Feedback realer Kunden zu generieren ist auch Ziel der folgenden Phase Produkt-/Markttest, für die sich aus ebengenannten Gründen auch die genauere Analyse der Feedbackschleifen lohnt. Zudem lohnt sich der Einbezug der sog. User Experience, die durch den Einbezug sog. hedonistischer Qualität einen ganzheitlicheren Blick auf das Erleben des Produkts durch den Kunden ermöglicht.[17]

Der Markteinführung als Ziel der Produktentwicklung widmen sich zahlreiche Modelle der Geschäftsmodellentwicklung, die – wie bereits beschrieben – zumeist auf einer eher strategischen Ebene ablaufen und von der Gestaltung des Wertversprechens und der dafür notwendigen Produktentwicklung abstrahieren. Dennoch wird mit der Geschäftsmodellentwicklung nach Schallmo ein typischer Vertreter dieser Modelle in die Analyse einbezogen, um Gestaltungsanforderungen hinsichtlich der Anschlussfähigkeit an die Markteinführung identifizieren zu können.[18]

Abbildung 4.3 stellt die Zuordnung der Ansätze zu den Phasen des Innovationsmanagements nochmals grafisch dar.

Mit der Identifikation dieser acht Ansätze kann das Phasenmodell des Innovationsmanagements – zumindest auf dieser Ebene – abgedeckt werden. In Hinblick auf die Gestaltungsziele dieser Arbeit ist es nun notwendig zu prüfen, ob die Herausforderungen bei der technologieinduzierten Entwicklung neuer Wertversprechen im SiB durch diese Ansätze ebenfalls tangiert werden und sie dadurch tatsächlich als mögliche Quelle für Gestaltungsanforderungen an das Value Proposition Deployment geeignet sind.

Herausforderung 1 adressiert den stark erweiterten Lösungsraum im SiB und die sich daraus ergebende Notwendigkeit der Fokussierung auf den Nutzen beim Kunden. Wie eingangs dargestellt beschäftigt sich das NPD mit der Entwicklung

[16] Vgl. Abschnitt 4.2.6 und Ries (2011), S. 75.

[17] Vgl. Abschnitt 4.2.7 sowie Hassenzahl und Tractinsky (2006), S. 91.

[18] Vgl. Abschnitt 4.2.8.

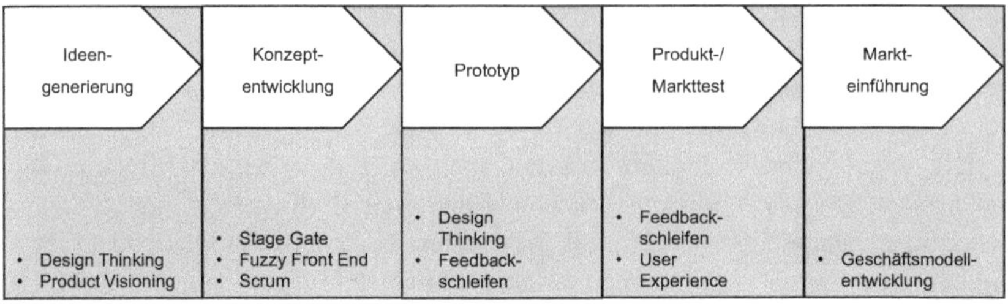

Abbildung 4.3 Phasenmodell des Innovationsmanagements und mögliche Ansätze zu deren Umsetzung[19]

neuer Produkte.[20] Innerhalb des NPD werden Vorgehensmodelle des Innovationsmanagements genutzt, die das Ableiten neuer Produkte aus Technologien thematisieren.[21] Eine spezifische Phase innerhalb vieler Vorgehensmodelle im Innovationsmanagement ist dabei die Beschäftigung mit dem bereits angesprochenen *Fuzzy Front End* der Produktentwicklung. Dies beschreibt die von vielen Unsicherheiten und Versuch- und Irrtumsprozessen geprägte Einstiegsphase in einen Produktentwicklungsprozess.[22] Wenngleich das Fuzzy Front End bereits in den 1980er Jahren regelmäßig Bestandteil der wissenschaftlichen und praktischen Auseinandersetzung mit Produktentwicklungsprozessen war, so ist diese Einstiegsphase auch in modernen agilen Ansätzen nach wie vor ein Thema. So wurde im Scrum Guide 2020 erstmals das Konzept *Product Goal* eingeführt, welches helfen soll, das Entwicklungsteam auf ein „größeres, wertvolles Ziel zu fokussieren“.[23] Andere agile Entwicklungsmethoden verwenden seit längerem ähnliche Konzepte unter der Bezeichnung *Product Vision*.[24] Auch das bereits eingangs erwähnte Design Thinking gilt als Innovationsmethode, die insb. die Verbindung zwischen dem Lösungs- und dem Problemraum adressiert.[25]

Hinsichtlich **Herausforderung 2**, dem Umgang mit der Unsicherheit im Entwicklungsumfeld und der Ermöglichung von Versuch- und Irrtumsprozessen bietet sich der Blick auf die bereits angesprochenen agilen Vorgehensmodelle

---

[19] Eigene Darstellung.

[20] Vgl. Cooper (1983), S. 7.

[21] Vgl. bspw. Thom (1980), S. 53.

[22] Vgl. Cooper (1988), S. 241 ff. und Khurana und Rosenthal (1997), S. 103 ff.

[23] Vgl. Schwaber und Sutherland (2021) und Schwaber und Sutherland (2020), S. 11.

[24] Vgl. Lynn und Akgün (2001), S. 374.

[25] Vgl. Abschnitt 4.2.5 und bspw. Plattner et al. (2009), S. 103.

an. Sie entstanden als Reaktion auf die Erkenntnis, dass klassische, sequenziell auszuführende Vorgehensweisen im Rahmen der Softwareentwicklung zu Problemen führten. Agile Vorgehensmodelle verbinden den Einbezug von Lerneffekten und die Möglichkeit kurzfristige Änderungen zu implementieren mit – wenn auch nur kurzfristig – stabilen Entwicklungsumgebungen innerhalb der bspw. als Sprint bezeichneten Entwicklungsphasen.[26] Auch die aus dem Qualitätsmanagement stammenden und von Vertretern des *Lean Startup* Gedankens adaptierten *Feedbackschleifen* unterstützen den Einbezug von Lerneffekten und helfen im Umgang mit Unsicherheiten im Entwicklungsumfeld.[27]

Herausforderung 3 thematisiert das Dilemma der Kundenorientierung bei technologieinduzierter Entwicklung. Gemäß einiger Definitionen zählt DT zu den kundenorientierten Entwicklungsmethoden, verbindet diesen Ansatz aber mit Kreativitätsmethoden, die bei der Übertragung von abstrakten Technologien in konkrete Produkte nützlich sein können.[28] Die Untersuchung der Wirkung von Funktionen auf die Nutzer steht auch im Fokus des *User Experience* Gedankens.[29] Diese auch im Wertversprechen inhärente Verbindung zwischen Nutzer bzw. Kunde und Produkt motiviert auch die Beschäftigung mit Methoden zur Geschäftsmodellentwicklung.[30]

Die nachfolgende Tabelle 4.1 stellt eine mögliche Auswahl an Vorgehensmodellen dar, die durch ihren thematischen Schwerpunkt potenzielle Quellen für Gestaltungsanforderungen des Value Proposition Deployments sein können.

Um die deduktiv abgeleiteten Zusammenhänge in Tabelle 4.1 zu überprüfen und sicherzustellen, dass die Herausforderungen durch die zu untersuchenden Vorgehensmodelle ausreichend abgedeckt werden, erfolgt in einem zweiten Schritt eine Sekundärdatenanalyse. Hierzu werden Suchbegriffe hinsichtlich der Herausforderungen definiert und diese mit den vorausgewählten Vorgehensmodellen logisch verknüpft. Die Zahl der Suchtreffer kann als Indikator für die Beurteilung dienen, wie häufig die Vorgehensmodelle mit den Herausforderungen in Zusammenhang gebracht werden. Tabelle 4.2 zeigt die Trefferzahlen der jeweiligen Suchterme. Diese ergeben sich gemäß folgendem Muster: Bzgl. Herausforderung 1 wurde der Suchbegriff mit dem englischen Wort „solution space“

---

[26] Vgl. bspw. Highsmith (1997), S. 23 ff.

[27] Vgl. bspw. den Deming Cycle und die Build-Measure-Learn-Feedbackschleife in Abschnitt 4.2.6.

[28] Die Verortung von Design Thinking variiert je nach Definition. Ein Überblick über Definitionen des DT ist in Abschnitt 4.2.5 dargestellt. Zur hier erwähnten Sicht vgl. Schallmo (2017), S. 14.

[29] Vgl. Hassenzahl (2001).

[30] Vgl. Schallmo (2013), S. 141.

Tabelle 4.1 Vorgehensmodelle als mögliche Quellen für Gestaltungsanforderungen zur Lösung der Herausforderungen[31]

	Phasenmodelle	Fuzzy Front End	Scrum	Product Vision	Design Thinking	Feedbackschleifen	User Experience	Geschäftsmodellentwicklung
Herausforderung 1: Umgang mit stark erweitertem Lösungsraum	◉	◉		◉	◉			
Herausforderung 2: Umgang mit Unsicherheit im Entwicklungsumfeld			◉			◉		
Herausforderung 3: Kundenorientierung bei technologieinduzierter Entwicklung					◉		◉	◉

[31] Eigene Darstellung. Legende: ◉ = Sehr starke Unterstützung.

Tabelle 4.2 Anzahl Suchergebnisse bzgl. der Vorgehensmodelle und den Herausforderungen in den Datenbanken Academic Source Premier, Business Source Premier und EBSCO eCon Lit[32]

AND	„innovation“	„fuzzy front end“	„scrum“	„product vision“	„design thinking“	„lean startup“	„user experience“	„business modeling“
H1: „solution space“	83	23479	58	41201	4	2736	2	187234
H2: „uncertain development environment“	27187	34397	607	31297	40450	11178	29023	99478
H3: „customer oriented strategy“	9	15199	175	48037	47305	4372	36370	91091

[32] Eigene Darstellung. Kumulierte Ergebnisse aus den Literaturdatenbanken Academic Search Premier, Business Source Premier und EBSCO eCon Lit. Besonders hohe Trefferzahlen sind hellgrau unterlegt.

Tabelle 4.3 Anzahl Suchergebnisse bzgl. der Vorgehensmodelle und den Herausforderungen bei Google Scholar[33]

AND	„innovation“	„fuzzy front end“	„scrum“	„product vision“	„design thinking“	„lean startup“	„user experience“	„business modeling“
H1: „solution space“	32000	558	857	157	3440	265	4550	302
H2: „uncertain development environment“	12		3			2	1	
H3: „customer oriented strategy“	1440	9	12	2	32	8	84	6

[33] Eigene Darstellung. Ergebnisse von Google Scholar. Besonders hohe Trefferzahlen sind hellgrau unterlegt.

verschlagwortet. Dieser wurde mit dem Suchbegriff „innovation“ für die Vorgehensmodelle des Innovationsmanagements unter Nutzung des Operators „AND“ verknüpft. Der Suchterm lautet entsprechend: „„solution space“ AND „innovation““. Die Unschärfe der Suchbegriffe und das damit verbundene Risiko zu viele Vorgehensmodelle miteinzubeziehen, wird dabei zugunsten der Vollständigkeit in Kauf genommen.

Tabelle 4.3 zeigt die Ergebnisse des analogen Vorgehens für Google Scholar.

Trotz der breit definierten Suchterme zeigt sich, dass offenbar nur wenige Vorgehensmodelle (Academic Search Premier etc.) bzw. keine (Google Scholar) mit allen Herausforderungen in Zusammenhang gebracht werden. Auch bildet die Zahl der Suchergebnisse nicht alle deduktiv hergeleiteten Zusammenhänge ab. Vielmehr gibt es starke Überschneidungen, die aufgrund der allgemein gehaltenen Suchbegriffe allerdings zu erwarten waren.

Werden die Ergebnisse der genutzten Datenbanken kombiniert, zeigen aber alle Vorgehensmodelle Untersuchungspotenzial hinsichtlich der von den Herausforderungen aufgespannten Themenkomplexen.

Dies wird zum Anlass genommen, die ausgewählten Vorgehensmodelle in Hinblick auf mögliche inhärente Gestaltungsanforderungen für das Value Proposition Deployment detailliert zu untersuchen.

4.2 Ansätze und Vorgehensmodelle

Im vorherigen Kapitel konnten Ansätze und Vorgehensmodelle im Kontext des Innovationsmanagements identifiziert werden, die in der akademischen Literatur häufig in Zusammenhang mit den Herausforderungen der technologieinduzierten Entwicklung neuer Wertversprechen gebracht werden. Es zeigte sich allerdings auch, dass keine dieser Ansätze und Vorgehensmodelle diese Herausforderungen allein zu lösen im Stande sind – was das Vorhandensein der durch diese Arbeit zu füllenden Forschungslücke weiter unterstreicht. Dennoch ist die Untersuchung dieser Ansätze für die Formulierung von Gestaltungsanforderungen an das Value Proposition Deployment von besonderem Wert: Da diese Ansätze bereits unter dem Eindruck der Implikationen des SiB eingesetzt werden, enthalten sie wertvolles, aber implizites Wissen über den erfolgreichen Umgang mit den Herausforderungen des Gestaltungsumfelds. Dieses implizite Wissen wird in den folgenden Kapiteln herausgearbeitet und im weiteren Verlauf der Arbeit in konkrete Gestaltungsanforderungen an das VPD überführt.

4.2.1 Stage Gate Modell

In der Folge der wissenschaftlichen Beschäftigung mit den Phasenmodellen des Innovationsmanagements kritisieren mehrere Autoren die als nicht realistisch angesehene lineare Darstellung des Innovationsprozesses, bei dem es in der Realität zu Projekt-Abbrüchen oder anderen Rückschlägen kommen kann.[34] Ein vielzitiertes Phasenmodell, das als Reaktion auf die Kritik an den ursprünglichen linearen Modellen entstand, ist das sog. *Stage Gate System* nach Cooper.[35] Cooper zeichnet für den gesamten Produktlebenszyklus das Bild einer Fabrikanlage: Wie in einer solchen ist der Prozess der Produktentstehung, Entwicklung und Vermarktung in verschiedene Arbeitsschritte eingeteilt (*Stages*). Erst wenn ein Arbeitsschritt in ausreichender Qualität durchgeführt wurde, erfolgt die Freigabe zum nachfolgenden Arbeitsschritt (*Gates*).[36] Dieses Schema kann als Reaktion auf die Kritik an den Phasenmodellen gesehen werden: Erst wenn die Entwicklungsschritte ihre jeweiligen Ziele erreicht haben, erfolgt die Freigabe für den nächsten. Dementsprechend muss der Entwicklungsschritt so lange durchgeführt und ggf. wiederholt werden, bis die entsprechende Reife für die Freigabe zum nächsten Prozessschritt erteilt werden kann. Abbildung 4.4 zeigt den schematischen Aufbau des Stage Gate Modells nach Cooper.

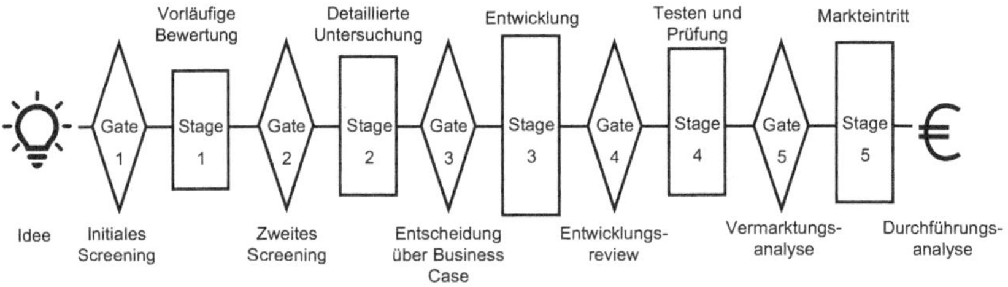

Abbildung 4.4 Stage Gate Modell nach Cooper[37]

Wenngleich das Stage Gate Modell durch die Iterationen innerhalb der Stages als praxisnäher wahrgenommen wird, bleibt die Grundsatzkritik an Phasenmodellen weiter bestehen: Eine iterative Arbeit über die Gates hinweg ist offensichtlich

[34] Vgl. Braun-Thürmann (2005), S. 37.

[35] Vgl. Cooper (1990), S. 46.

[36] Vgl. Cooper (1990), S. 45 f.

[37] Übersetzt in Anlehnung an Cooper (1990), S. 46.

nicht vorgesehen. Analog zu den später noch thematisierten agilen Methoden wurden daraufhin auch iterative Modelle entwickelt, die der Grundsatzkritik an Phasenmodellen zu begegnen versuchten.[38]

4.2.2 Fuzzy Front End

Ungeachtet ihrer Architektur beginnen Innovationsprozesse meist mit einer Phase der Ideengenerierung (Ideation). Diese Phase wird häufig als das *Fuzzy Front End* des Innovationsprozesses bezeichnet.[39] Als Reaktion auf die Erkenntnis, dass Produktentwicklungsprojekte häufig scheitern oder zumindest nur unter großem Zeitverzug realisiert werden können, beschäftigten sich Autoren in den 1980er Jahren zunehmend mit den frühen Phasen der Produktentwicklung, die als entscheidend für den späteren Erfolg des Projekts angesehen werden.[40]

Die Basis für die Produktentwicklung stellen die sog. Grundlagenelemente dar. Diese umfassen eine klar definierte Produkt- und Produktportfoliostrategie sowie eine darauf abgestimmte Organisation innerhalb des Entwicklungsunternehmens. Die Organisation umfasst notwendige Strukturen, Rollen, Anreizsysteme und Normen. Auf diesem organisatorischen Fundament beginnen die projektspezifischen Phasen des Produktentwicklungsprozesses, die wiederum mit der als *Pre Phase Zero* bezeichneten Einstiegsphase beginnen. In dieser Phase wird in einem zumeist wenig strukturierten Prozess Potenzial für ein neues Produkt identifiziert. Dieses stellt die Grundlage für den nächsten Prozessschritt, die sog. *Phase Zero* dar. In diesem Schritt werden Ideen, bspw. in Form von Zeichnungen oder auch dreidimensionalen Modellen, entwickelt, die das zuvor erkannte Produktpotenzial erfüllen können. In *Phase One* schließlich, bewertet das Unternehmen die Machbarkeit (sowohl bzgl. des Markts als auch der Technologie), bestätigt bei positiver Bewertung die Produktdefinition und beginnt mit der Projektplanung. Am Ende dieses Prozesses sollen die folgenden Artefakte erarbeitet sein:

- das Produktkonzept (mit Kundenbedürfnissen abgestimmt, spezifisch formuliert und stabil)
- der Projektplan (Priorisierungen, Ressourcenplanung, Projektpläne)[41]

[38] Vgl. Vahs und Brem (2015), S. 235.

[39] Vgl. Cooper (1988), S. 241 ff. und Khurana und Rosenthal (1997), S. 103 ff.

[40] Vgl. Cooper (1988), S. 241 und Khurana und Rosenthal (1997), S. 104.

[41] Vgl. Khurana und Rosenthal (1997), S. 104–106.

Abbildung 4.5 stellt das Idealmodell des Front-End-Prozesses in der Produktentwicklung grafisch dar.

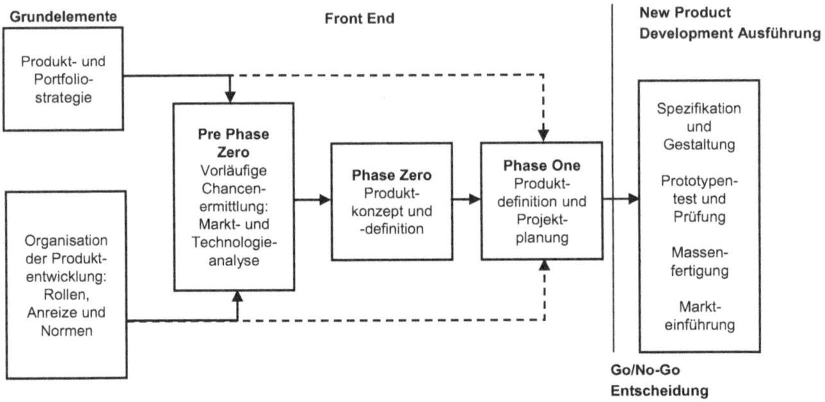

Abbildung 4.5 Modell des Front-End-Prozesses in der Produktentwicklung[42]

Die Autoren des Modells legen Wert auf die Feststellung, dass nicht nur die Knoten, sondern auch die Kanten des Modells von Bedeutung sind.[43] Dies ist unter dem Eindruck heutiger agiler oder zumindest iterativer Vorgehensmodelle bemerkenswert: Sämtliche Aktivitäten des Front-End-Prozesses sind nach vorne gerichtet, Rückkopplungen oder Iterationen nicht vorgesehen. Als iteratives Element ist ähnlich zum vorher betrachteten Stage Gate Prozess lediglich die Go/No-Go Entscheidung am Ende von Phase One vorgesehen. Eine abschlägig getroffene Entscheidung führt offensichtlich zu einer Wiederholung der vorherigen Schritte, allerdings enthält dieser idealisierte Prozess keine Empfehlung hinsichtlich der konkreten Umsetzung dieses Falls.

42 Vgl. Khurana und Rosenthal (1997), S. 104.

43 Vgl. Khurana und Rosenthal (1997), S. 105.

4.2.3 Agile Vorgehensmodelle

Insbesondere im Umfeld der Softwareentwicklung stellten sich sequenzielle Entwicklungsmodelle als problematisch heraus. Highsmith (1997) schlug daher mit der Formulierung des *Adaptive Software Development* (ASD) einen anderen Weg zur Softwareentwicklung vor. Statt des ursprünglichen, den linearen Prozessmodellen des Innovationsmanagements ähnlichen Wasserfallmodells, basiert das ASD-Modell auf einem Kreislauf. Dieser umfasst die Phasen *Spekulieren*, *Kollaborieren* und *Lernen*.[44] Das Spekulieren greift die Hypothese auf, dass in einem komplexen Umfeld die Planung mindestens schwerfällt, wenn nicht sogar unmöglich ist. Andererseits wird die Abwesenheit von Planung als erratisches Experimentieren beschrieben und als ebenso wenig zielführend angesehen. An diese Stelle tritt das *Spekulieren*. Mit diesem Begriff beschreibt Highsmith den Vorgang, eine leitbildgebende Mission zu entwickeln und von vorneherein Mechanismen zur Anpassung (*adapt*) vorzusehen.[45] Die Unsicherheit zu Beginn erschwert auch das Projektmanagement, da die Strukturen, Rollen und Anreizsysteme mit bestimmten Zielen verbunden werden müssen, die aber nicht adäquat formuliert werden können. Mit der *Kollaboration* ruft Highsmith daher dazu auf, ein gewisses Maß an Chaos zuzulassen. „So the trick is to lead a project team away from the familiar and the stable toward chaos, but not all the way.“[46] In der Lernen-Phase schließlich schlägt Highsmith kürzere Entwicklungszyklen vor, um den Nutzern früh in der Entwicklung Produktinkremente zeigen zu können. Dies dient dem Zweck früh Feedback einholen zu können und so von „kleinen Fehlern lernen zu können und nicht von großen Fehlern lernen zu müssen“ („so teams can learn from small rather than large mistakes“).[47]

Neben dem ASD-Modell wurde eine Reihe weiterer Vorgehensmodelle entwickelt. Prominentes Beispiel ist *Extreme Programming* (XP).[48] In der Folge entstand aus der Zusammenarbeit mehrerer in diesem Bereich tätigen Praktikern das sog. *Agile Manifest*.[49] Innerhalb dieses Grundlagenwerks einigten sich die Autoren auf vier bedeutende sog. Werte der Softwareentwicklung (Tabelle 4.4):

---

[44] Vgl. Highsmith (1997), S. 23 ff.

[45] Eine konkrete Möglichkeit dieses Leitbild vorzugeben, stellt die in Abschnitt 4.2.4 dargestellte Product Vision dar.

[46] Highsmith (1997), S. 27.

[47] Vgl. Highsmith (1997), S. 23 ff.

[48] Vgl. Beck (1999).

[49] Vgl. Beck et al. (2001).

Tabelle 4.4 Werte des agilen Manifests[50]

Höher geschätzte Werte		Geringer geschätzte Werte
Individuen und Interaktionen	ist/sind wichtiger als	Prozesse und Werkzeuge.
Funktionierende Software		umfassende Dokumentation.
Zusammenarbeit mit dem Kunden		Vertragsverhandlungen.
Reagieren auf Veränderung		das Befolgen eines Plans.

Einigkeit besteht offenbar darüber, dass die Vorstellung der sequenziellen Abfolge von Entwicklungsschritten in der Praxis kaum umzusetzen ist. Diese Sichtweise scheint bis heute nicht nennenswert revidiert worden zu sein. Vielmehr entstanden aus den agilen Werten heraus weitere konkrete Vorgehensmodelle. Das wohl bekannteste dieser Vorgehensmodelle ist hierbei *Scrum*.[51] Die ISO/IEC/IEEE 26515 beschreibt Scrum als ein „iteratives Projektmanagementrahmenwerk für die agile Entwicklung, in dem sich ein Team auf Entwicklungselemente aus einem Anforderungsbacklog verständigt und diese kurzfristig innerhalb einiger Wochen produziert."[52] Im sogenannten Scrum Guide werden die in Tabelle 4.5 dargestellten Bestandteile von Scrum festgelegt:

Tabelle 4.5 Bestandteile von Scrum[53]

Rollen	Tätigkeiten	Artefakte
Entwickler	Sprint	Product Backlog
Product Owner	Sprint Planning	Product Goal
Scrum Master	Daily Scrum	Sprint Backlog
	Sprint Review	Sprint Goal
	Sprint Retrospective	Increment
		Definition of Done

Die **Entwickler** sind im Scrum Team für die Entwicklung der Inkremente verantwortlich. Die dazu benötigten Kenntnisse variieren je nach Domäne. Neben der reinen Entwicklung gehören auch die Planung des Sprints und des Sprint Backlogs, das tägliche Anpassen des Plans an das Sprint Goal und die Messung ihrer Ergebnisse an der Definition of Done zu ihren Aufgaben. Der **Product**

[50] Vgl. Beck et al. (2001) und Schockert (2017), S. 58.

[51] Vgl. Schwaber und Sutherland (2020), URL siehe Literaturverzeichnis.

[52] Vgl. ISO/IEC/IEEE 26515 (2012), S. 3.

[53] Vgl. Schwaber und Sutherland (2020), S. 5 ff., URL siehe Literaturverzeichnis.

Owner ist verantwortlich für die Maximierung des Produktwerts, wobei hier nicht näher definiert ist, was mit Produktwert genau gemeint ist. Weiterhin ist er für ein effektives Product Backlog Management verantwortlich. Hierzu gehören insb. das Entwickeln und die klare Kommunikation des Product Goals, die Definition und Kommunikation von Product Backlog Items und das Sorge tragen dafür, dass das Product Backlog transparent und verständlich bleibt. Diese Pflege des Product Backlogs wird auch als Refinement, Grooming oder Pre-Planning bezeichnet.[54] Das **Product Backlog** selbst wird beschrieben als eine wachsende, geordnete Liste dessen, was für die Verbesserung des Produkts erforderlich ist. Es ist die einzige Quelle für die vom Team umzusetzenden Aufgaben. Häufig liegen die Einträge des Product Backlogs in Form sogenannter User Stories vor. Diese folgen meistens der folgenden Schablone (Abbildung 4.6):

Als (Rolle) möchte ich (Funktion) um (Nutzen/Vorteil) zu erreichen.

Abbildung 4.6 Schablone einer User Story[55]

Verglichen mit der Definition der Anforderungen in Abschnitt 2.3.2 und der HoQ-Matrix aus QFD stellt die Userstory eine 1:1-Beziehung zwischen Kunde, Produktanforderung und Kundennutzen dar, wobei Scrum auf eine klare Definition der Entitäten innerhalb der Schablone verzichtet:[56] Die Situativität des Anforderungsbegriffs gilt dementsprechend offensichtlich auch für die in Scrum verwendeten User Stories. Um hiermit umgehen zu können, sieht der Scrum Guide eine Fokussierung der Product Backlog-Einträge vor, bis diese einen innerhalb eines Sprints umsetzbaren Umfang erreicht haben. Zur Erhaltung der Übersicht im Entwicklungsprojekt forderte bereits das ASD-Modell ein Leitbild der Entwicklung. Dieses wird im Rahmen von Scrum durch das **Product Goal** definiert. Es beschreibt einen zukünftigen Stand des Produkts und dient als langfristiges Ziel für das Team. Das Product Goal ist Teil des Product Backlogs. Dessen weitere Einträge (hauptsächlich die User Stories) definieren dagegen, *wie* das Product Goal erreicht wird.[57] Das Product Goal wurde erst mit der Version

---

[54] Vgl. bspw. Gloger (2016), S. 154. In den verschiedenen Versionen des Scrum Guides ist teilweise von Refinement, teilweise von Grooming die Rede. Vgl. Schwaber und Sutherland (2021), URL siehe Literaturverzeichnis.

[55] Vgl. Schockert (2017), S. 77 und Cohn (2004), S. 81.

[56] Zum Verständnis der User Story als 1:1 Beziehung aus Kundennutzen und Produktanforderung vgl. Schockert (2017), S. 161.

[57] Vgl. Schwaber und Sutherland (2020), S. 11, URL siehe Literaturverzeichnis.

2020 Teil des Scrum Guides.[58] Andere agile Ansätze nutzen mit der *(Product) Vision* ähnliche Konzepte.[59] Damit schlagen die agilen Ansätze auch eine Brücke zu Methoden des RE, die eine initiale Produktdefinition erfordern.[60]

Einen Meilenstein auf dem Weg zum Erreichen des Product Goals bildet das **Inkrement**. Inkremente müssen bereits benutzbar sein, um mit anderen Inkrementen zusammenwirken zu können. Ein Eintrag des Product Backlogs wird zum Inkrement, sobald es die Minimalanforderungen der sog. **Definition of Done** erfüllt. Diese ist eine formale Beschreibung des erwarteten Zustands eines Inkrements. Erfüllt eine Umsetzung eines Product Backlog Eintrags diese Minimalanforderungen nicht, wird es wieder Teil des Product Backlogs. Die Definition of Done soll über das gesamte Entwicklungsunternehmen einheitlich sein.[61]

Während der Product Owner laut des Scrum Guides insb. für das Produkt verantwortlich zeichnet, ist der **Scrum Master** für die Einhaltung der methodischen Vorgaben des Scrumprozesses verantwortlich. In dieser Rolle unterstützt er sowohl die Organisation als auch dediziert den Product Owner.[62]

Als „Herzstück" von Scrum wird der **Sprint** bezeichnet. Während der Sprints wird die eigentliche Entwicklungsarbeit geleistet, aber auch die Planung der weiteren Sprints, die Anfertigung der Sprint Reviews und Sprint Retrospektiven erfolgen während dieser Einheit. Der Sprint beginnt mit dem **Sprint Planning**. Während dieser Phase werden die auszuführenden Aufgaben in gemeinschaftlicher Arbeit des gesamten Teams festgelegt. Das **Sprint Goal** definiert das Ziel eines Sprints und enthält die Aussage, warum es für den Kunden von Wert ist. Es wird normalerweise durch den Product Owner vorgeschlagen und ergänzt um das Sprint Backlog. Dieses stellt einen Auszug des Product Backlogs dar, und umfasst dessen Einträge, die während des Sprints umgesetzt werden sollen. Ein Sprint soll nicht länger als einen Monat dauern. Nach Abschluss eines Sprints beginnt unmittelbar der nächste. Die strenge Definition des Sprints hinsichtlich der maximalen Dauer wurde festgelegt, um Vorhersehbarkeit zu erreichen und die Überprüfung und Anpassung des Fortschritts bzgl. des Produktziels sicherstellen zu können. Anderenfalls wird die Gefahr gesehen, dass die Komplexität steigt und das Sprint Goal obsolet werden könnte.[63]

---

[58] Vgl. Schwaber und Sutherland (2021), URL siehe Literaturverzeichnis.

[59] Vgl. Gloger (2016), S. 77 f.,

[60] Vgl. Cohen (1997), S. 128, ISO 16355–1:2015, S. 8 und Herzwurm et al. (2000a), S. 56.

[61] Vgl. Schwaber und Sutherland (2020), S. 12, URL siehe Literaturverzeichnis.

[62] Vgl. Schwaber und Sutherland (2020), S. 5 ff., URL siehe Literaturverzeichnis.

[63] Vgl. Schwaber und Sutherland (2020), S. 7 f., URL siehe Literaturverzeichnis.

Um die Voraussetzungen für eine schnelle Problemidentifikation und Entscheidungsfindung, sowie eine verbesserte Kommunikation zu schaffen, ist der namensgebende **Daily Scrum** vorgesehen. Dieser dem Rugby entlehnte Begriff bezeichnet ein 15-minütiges tägliches Meeting der Entwickler. Um Komplexität bei der Planung zu reduzieren, wird es stets zur gleichen Zeit und am gleichen Ort durchgeführt. Die Rollen Product Owner und Scrum Master müssen dabei nicht zwingend teilnehmen. Der Daily Scrum bildet das Minimum an Kommunikation unter den Entwicklern, weitere Meetings können bedarfsgerecht vorgesehen werden.[64]

Während des **Sprint Reviews** werden den Stakeholdern die Ergebnisse des Sprints präsentiert. Es erfolgt eine Einschätzung, inwiefern der Sprint zum Erreichen des Product Goal beigetragen hat. Änderungen im Umfeld der Stakeholder und ihre Auswirkungen auf das Produkt werden diskutiert. Das Sprint Review soll explizit nicht den Charakter einer reinen Präsentation aufweisen, sondern als Arbeitstreffen verstanden werden. Das Sprint Review soll nicht länger als vier Stunden dauern.

Den Abschluss des Sprints bildet die **Sprint Retrospective**. Während dieses (maximal drei Stunden dauernden) Meetings bespricht das Team positive und negative Erlebnisse während des Sprints und versucht hilfreiche Änderungen zur Verbesserung der Effektivität zu erarbeiten. Diese können dann in folgenden Sprints umgesetzt werden.[65] Abbildung 4.7 zeigt den Ablauf des Scrum Prozesses schematisch.

Neben dem Umgang mit den sich schnell veränderten Umweltbedingungen, der Ermöglichung von Generierung und Einbeziehen von Lerneffekten ist die Erkenntnis essenziell, dass agile Methoden wie Scrum die parallele Anforderungserhebung und Entwurfsplanung ermöglichen.[66] Für die Entwickler im Scrum Projekt ergibt sich durch die Einteilung des Projekts in Sprints eine, wenn auch zeitlich begrenzte, „künstliche" Stabilität der Entwicklungsumgebung. Verbunden mit der Maßgabe, dass vor allem funktionierende Software die hauptsächliche Metrik der Erfolgsmessung ist, können die Entwickler sich „ungestört" der Entwicklung widmen.

---

[64] Vgl. Schwaber und Sutherland (2020), S. 8, URL siehe Literaturverzeichnis und Takeuchi und Nonaka (1986), S. 137 f.

[65] Vgl. Schwaber und Sutherland (2020), S. 9, URL siehe Literaturverzeichnis.

[66] Vgl. hierzu auch den später noch näher thematisierten Twin Peaks Ansatz zur parallelen Entwicklung von Anforderungen und Architekturentwurf. Zu Twin Peaks vgl. Nuseibeh (2014), S. 116, zum Bezug zu agilen Entwicklungsansätzen Schockert (2017), S. 27.

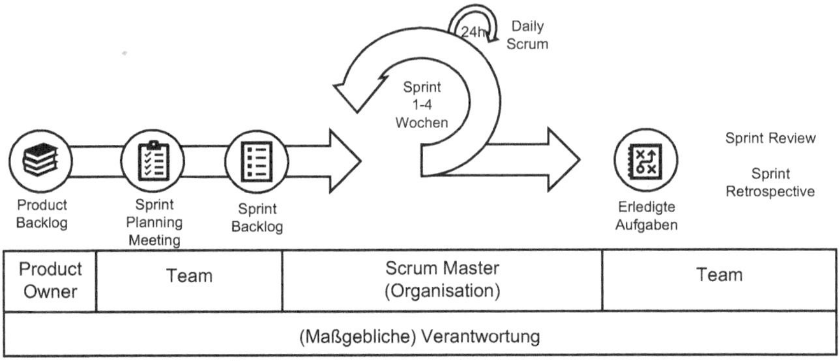

Abbildung 4.7 Der Scrum Prozess[67]

Für die Gestaltung des VPD müssen agile Entwicklungsmodelle aufgrund ihrer großen Verbreitung und Spezifika als typischer Anwendungskontext gesehen werden.[68]

4.2.4 Product Visioning

Hinsichtlich der technologieinduzierten Entwicklung zeigt die Gegenüberstellung agiler Entwicklungsmodelle mit dem vorher dargestellten Phänomen des Fuzzy Front Ends, dass agile Entwicklungsmodelle häufig bereits mit einem definierten Scope beginnen bzw. einen solchen voraussetzen. Das bereits erläuterte Product Goal in Scrum oder die Product Vision in anderen agilen Entwicklungsmodellen entspricht weitgehend der Forderung des RE nach einem klar definierten Scope zu Beginn der Entwicklung. Entsprechend ist die eigentliche Definition des Scopes, bzw. der Umgang mit dem Fuzzy Front End kein expliziter Teil agiler Entwicklungsansätze. Vielmehr unterstützen sie durch den proaktiven Umgang mit Änderungen während der Entwicklung den Umgang mit den Auswirkungen unzureichender oder fehlerhafter System- und Kontextabgrenzung zu Beginn der

[67] Vgl. Eigene Darstellung, in Anlehnung an Schwaber und Beedle (2002), S. 8 und Schwaber und Sutherland (2020), URL siehe Literaturverzeichnis.

[68] Zur Verbreitung vgl. bspw. VersionOne (2020), URL siehe Literaturverzeichnis.

Entwicklung.[69] Entsprechend bleibt die Herausforderung der technologieinduzierten Entwicklung auch bei agilen Entwicklungsmodellen bestehen und es erscheint hinsichtlich der Entwicklung einer Methode zur technologieinduzierten Entwicklung neuer Wertversprechen notwendig zu untersuchen inwiefern Wissenschaft und Praxis dieser Herausforderung im agilen Kontext begegnen.

Die *Product Vision* wird in frühen Quellen als eine Verbindung zwischen der Unternehmensstrategie und den Bedürfnissen der Kunden definiert.[70] Sie stellt spezifische Ziele der Entwicklung dar und dient dem Entwicklungsteam als Orientierung.[71]

Der Prozess der Erstellung einer Product Vision wird auch als *Product Visioning* bezeichnet.[72] Analog zur Entwicklung der Modelle der agilen Softwareentwicklung entwickelten sich in der Unternehmenspraxis zahlreiche Herangehensweisen zur Umsetzung des Product Visionings.

Im Gegensatz zu wissenschaftlichen Untersuchungen, liegen Informationen über Praktiken in Unternehmen jedoch häufig nicht in strukturierter Form vor. Während wissenschaftliche Literatur, sog. *White Literature* gemäß wissenschaftlicher Verfahren und im Allgemeinen in Peer-Review-Verfahren geprüft wird, umfasst die sog. *Grey Literature* auch Preprints, technische Reporte, Webseiten, Blogs und Audio/Video Daten.[73] Die Nutzung solcher Grey Literature kann, wenn mit der (aufgrund der meist fehlenden Qualitätssicherung durch etablierte Reviewprozesse) notwendigen kritischen Distanz betrachtet, einen Beitrag zur Beantwortung wissenschaftlicher Fragestellungen leisten.[74] Garousi et al. schlagen eine Checkliste vor, um über den Einbezug von Grey Literature in die Untersuchung zu entscheiden (Tabelle 4.6).[75]

---

[69] Auch die Folgen von Fehlentscheidungen hinsichtlich des Architekturentwurfs können durch agile Ansätze ggf. abgemildert werden. Diese Folgen werden auch als sog. „Technical Debts" bezeichnet. Vgl. hierzu: Kruchten et al. (2019).

[70] Vgl. Brown und Eisenhardt (1995), S. 347. Teilweise wird in späteren Quellen auch der Begriff *Project Vision* oder *Vision* verwendet. Diese Begriffe werden im Folgenden synonym verwendet. Vgl. hierzu auch Lynn und Akgün (2001), S. 374 sowie die sog. Product Innovation Charter in Crawford und Di Benedetto (2011), S. 70.

[71] Vgl. Lynn und Akgün (2001), S. 374.

[72] Vgl. Lynn und Akgün (2001), S. 374.

[73] Vgl. Adams et al. (2017), S. 435.

[74] Vgl. Adams et al. (2017), S. 448.

[75] Vgl. Garousi et al. (2019), S. 114.

Tabelle 4.6 Checkliste zum Einbezug von Grey Literature in wissenschaftliche Untersuchungen[76]

	Frage	Antwort
1	Ist das Thema „komplex" und nicht allein durch die Betrachtung der formalen Literatur lösbar?	**Ja**
2	Gibt es einen Mangel am Umfang oder der Qualität der Erkenntnisse aus der formalen Literatur?	**Nein**
3	Ist die Kontextinformation wichtig für das untersuchte Thema?	**Ja**
4	Ist es das Ziel, wissenschaftliche Ergebnisse mit praktischen Erfahrungen zu validieren oder zu untermauern?	**Ja**
5	Ist es das Ziel, Annahmen zu hinterfragen oder Ergebnisse aus der Praxis durch wissenschaftliche Forschung zu falsifizieren oder vice versa?	**Ja**
6	Wäre eine Synthese von Erkenntnissen und aus der praktischen und akademischen Gemeinschaft für eine oder sogar beide Gemeinschaften nützlich?	**Ja**
7	Gibt es eine große Anzahl von Quellen aus der Praxis, die auf ein hohes Interesse der Praxis am Thema hinweisen?	**Ja**

Wie bereits hinsichtlich der agilen Entwicklungsmodelle angesprochen, ist der Einfluss der praktischen Entwicklung auf die verwendeten Methoden als hoch einzustufen. Da praktische Erfahrungen häufig nicht direkten Eingang in formale Literatur finden, erscheint die ausschließliche Betrachtung dieser als unzureichend. Die Frage 1 der Checkliste ist vor diesem Hintergrund zu bejahen. Google Scholar findet zum Suchbegriff „Product Vision" im Untersuchungszeitraum von 2005 – 2020 5370 Ergebnisse, ScienceDirect immerhin 241.[77] Diese Zahlen wirken im Vergleich zu anderen Forschungsgegenständen zwar niedrig, lassen allerdings auch nicht auf einen konkreten Mangel an wissenschaftlicher Literatur zu diesem Thema schließen (Frage 2). Dies gilt insbesondere vor dem Hintergrund der bereits thematisierten hohen Varianz bzgl. der Bezeichnung des Forschungsfeldes.[78] Zur Herleitung auch praktisch relevanter Forschungsergebnisse erscheint der Einbezug des praktischen Kontextes in die Untersuchung

[76] Vgl. Garousi et al. (2019), S. 114 f.

[77] Anzahl der Suchergebnisse für Ergebnisse aus den Jahren 2005–2020. Vgl. ScienceDirect (2021) und Google Scholar (2021), URL siehe Literaturverzeichnis.

[78] Dies betrifft insb. die Überschneidungen der Begriffe *Product Vision*, *Project Vision* und *Product Goal*.

sinnvoll (Frage 3). Unter Einbezug wissenschaftlicher Daten bietet die Triangulation mit Grey Literature aus einer Dokumentenanalyse Vorteile bei der Validität der erhobenen Informationen.[79] Die Fragen 4 – 6 sind dementsprechend ebenfalls mit ja zu beantworten. Die gefundenen Ergebnisse deuten auf eine hohe Relevanz des Themas für die Praxis hin, womit auch Frage 7 zu bejahen ist.

Es bleibt zu konstatieren, dass Daten aus der Grey Literature zur Untersuchung des Verständnisses der Product Vision und deren Entwicklung in der Praxis hinsichtlich der Erreichung der Forschungsziele als sinnvoll erachtet werden können.

Um die Informationen aus der Grey Literature für die Erreichung des Forschungsziels herauszuarbeiten und nutzbar zu machen, bietet sich die Dokumentenanalyse an.[80]

Bowen hebt als Vorteile der Dokumentenanalyse mehrere Punkte hervor: Im Gegensatz zu anderen Forschungsmethoden ist die Dokumentenanlayse recht effizient, da mehr Daten aus unterschiedlichen Quellen in kurzer Zeit mit in die Untersuchung einbezogen werden können.[81] Insbesondere wird auch die Zugänglichkeit der Daten hervorgehoben. Daten aus Social Media, Unternehmensblogs und ähnlichem sind häufig frei verfügbar und in großer Menge zugänglich.[82] Die untersuchten Dokumente sind zudem in dem Sinne unbeeinflussbar vom Untersuchungsprozess, als dass lediglich ihre Interpretation der etwaigen Subjektivität des Forschers unterliegt, der Inhalt an sich davon aber nicht betroffen ist (im Gegensatz etwa zu Interviews, bei welchen der Fragende Einfluss auf die Antworten nehmen kann). Entsprechend sind diese Dokumente auch im Zeitverlauf konstant und zuordenbar.[83] Diesen Vorzügen stehen allerdings auch Punkte gegenüber, die das Ausmaß der Interpretierbarkeit der durch die Dokumentenanalyse erhobenen Daten einschränken: So werden mit der Produktion und Veröffentlichung der Dokumente – insbesondere in Social Media und Unternehmensblogs – bestimmte Ziele verfolgt, die zumeist nicht jenen der wissenschaftlichen Untersuchung entsprechen. Diese Diskrepanz ist bei der Analyse der Daten zu beachten. Ebenso ist zu erwarten, dass die Nachvollziehbarkeit der den Dokumenten zugrundeliegenden Informationen und deren Gewinnung nicht den in der Wissenschaft üblichen

---

[79] Vgl. Denzin (1970), S. 291 und Eisner (1991), S. 110.

[80] Vgl. Bowen (2009), S. 27.

[81] Vgl. Bowen (2009), S. 31.

[82] Vgl. Debortoli et al. (2016), S. 111.

[83] Vgl. Bowen (2009), S. 31.

Kriterien entspricht und deren Detailgrad möglicherweise nicht ausreichend ist für eine wissenschaftliche Interpretation.[84]

Mit dem Ziel Informationen über die Interpretation der Product Vision durch Praktiker, der verwendeten Methoden zur Entwicklung von Product Visionen und den dabei entstehenden praktischen Herausforderungen zu sammeln, scheint die Anwendung der Dokumentenanalyse nach Bowen unter Abwägung der genannten Argumente aber vorteilhaft zu sein. Es ist zu erwarten, dass sich die Anwendung von Methoden in der Praxis stark unterscheidet, entsprechend muss eine gewisse Unschärfe bei der Interpretation und Beschreibung des Begriffs Product Vision und der zu ihrer Entwicklung genutzten Ansätze hingenommen werden. Für die Manifestation spezifischer Eigenschaften einer Product Vision in der Praxis und um einen Überblick über verwendete Methoden zu erhalten, scheint die eingeschränkte Generalisierbarkeit der aus einer Dokumentenanalyse erhobenen Informationen aber noch hinnehmbar.

Nach Bowen besteht die Dokumentenanalyse aus den drei Phasen *Sichten* (also einer oberflächlichen Prüfung der in die Untersuchung einbezogenen Dokumente), das *Lesen* (der entsprechend gründlicheren Prüfung) und die *Interpretation* der erhobenen Daten. Diese drei Phasen sind als iterativ anzusehen und kombinieren Elemente einer Inhalts- sowie einer thematischen Analyse. Die Inhaltsanalyse ist dabei der Prozess, Informationen zu den zentralen Fragen der Untersuchung zuzuordnen. Bowen empfiehlt von der Analyse quantitativer Daten – beispielsweise der Häufigkeit des Auftretens bestimmter Informationen – abzusehen. Vielmehr soll die Dokumentenanalyse der Gewinnung erster Daten dienen und die Beurteilung der Relevanz der Subjektivität des Forschenden überlassen werden.[85]

Die thematische Analyse umfasst das Erkennen von Mustern und die Zuordnung der Daten nach Affinität zu bestimmten Kategorien.[86] Die thematische Analyse erfordert eine detaillierte Analyse der erhobenen Daten. Bzgl. der Interpretation fordert Bowen ein hohes Maß an kritischer Distanz. Insbesondere hebt er die Notwendigkeit hervor, die Bedeutung hinter den in die Betrachtung einbezogenen Daten zu interpretieren und nicht die Worte selbst. Weiterhin soll versucht werden, eine möglichst umfassende Auswahl an Dokumenten zum untersuchten Thema zusammenzustellen und sowohl die von den Dokumenten angesprochene Zielgruppe als auch den, mit der Erstellung des Dokuments verbundenen Zweck mit in die Untersuchung einzubeziehen. Schließlich ist es

[84] Vgl. Bowen (2009), S. 31 f.

[85] Vgl. Bowen (2009), S. 32.

[86] Vgl. bspw. Fereday und Muir-Cochrane (2006), S. 81.

ebenso von Bedeutung, die Authentizität, Glaubwürdigkeit und Repräsentativität der ausgewählten Dokumente einschätzen zu können.[87]

Die folgende Tabelle 4.7 stellt die mit der Dokumentenanalyse untersuchten Fragen und die Anzahl der zur Sichtung miteinbezogenen Dokumente dar. Diese Dokumente konnten mithilfe einer Suchmaschine für Social Media Daten identifiziert werden.[88]

Tabelle 4.7 Zu beantwortende Fragen der Untersuchung des Product Visionings in der Praxis

	Untersuchungsfrage	**Untersuchte Dokumente**
1	Welche Merkmale zeichnet eine Product Vision aus Sicht der Praxis aus?	91
2	Welchen Herausforderungen muss bei der Formulierung einer Product Vision in der Praxis begegnet werden?	42
3	Wie werden in der Praxis der agilen Produktentwicklung Product Visionen entwickelt?	656

In die Untersuchung miteinbezogen wurden Webseiten, Blogs, Beiträge von Social Media Plattformen sowie Videos.[89] Auch in gefundenen Beiträgen enthaltene Verlinkungen zum Thema wurden in die Untersuchung einbezogen.[90] Gemäß des oben dargestellten Ablaufs der Dokumentenanalyse wurden alle Dokumente einer oberflächlichen Sichtung unterzogen.

Hinsichtlich Untersuchungsfrage 1 konnten nach Durchsicht und Redundanzprüfung 21 Dokumente identifiziert werden.[91] Nahezu Konsens besteht in den einbezogenen Dokumenten über das Verständnis der Product Vision als einen,

---

[87] Vgl. Bowen (2009), S. 32 f.

[88] Genutzt wurde die Social Media Suchmaschine Social Searcher (2021), URL siehe Literaturverzeichnis. Eine Auflistung der genutzten Suchbegriffe ist in den elektronischen Ergänzungsmaterialien zu finden.

[89] Eine detaillierte Übersicht der Quellen ist in den elektronischen Ergänzungsmaterialien zu finden.

[90] Zur Eingrenzung der Menge der Suchergebnisse wurde die Anzahl der untersuchten Verlinkungen je Beitrag auf 3 begrenzt.

[91] Eine Übersicht über die einbezogenen Quellen ist in den elektronischen Ergänzungsmaterialien zu finden.

letztlich nicht erreichbaren, aber als Fixpunkt der Entwicklung dienenden Fernzustand des zu entwickelnden Produkts. Hiermit folgen die Autoren der untersuchten Beiträge mehrheitlich der bereits dargestellten Definition von Lynn und Akgün.[92] Die Product Vision soll demnach Fragen nach den Eigenschaften des Kunden, den Kundenbedürfnissen[93], der Befriedigung dieser Kundenbedürfnisse und bei der Entscheidung zwischen Entwicklungsalternativen unterstützen.

Bezüglich der Herausforderungen bei der Formulierung einer Product Vision in der Praxis (Untersuchungsfrage 2) konnten nach Durchsicht und Redundanzprüfung 29 Dokumente identifiziert werden. Bei der näheren Analyse der 29 identifizierten Dokumente, konnten durch eine Analyse der Affinitäten zunächst drei Cluster identifiziert werden. Diesen Hauptclustern A-C konnten dann weitere Herausforderungen zugeordnet werden. Die folgende Tabelle 4.8 zeigt die identifizierten Herausforderungen hinsichtlich der Product Vision, die in der Studie erarbeitet werden konnten. Die angegebenen Häufigkeiten haben lediglich informativen Charakter, da es sich um eine rein qualitative Untersuchung handelt, wird auf eine Interpretation der Auftretenshäufigkeiten an dieser Stelle verzichtet.

In den zu **Cluster A1** zugeordneten Dokumenten wird unter anderem dargestellt, dass ein fehlendes Verständnis des Projektziels unter den Beteiligten zum Scheitern des Projekts führen, sich negativ auf die Motivation des Teams auswirken und die Kreativität negativ beeinflussen kann. In den zu **Cluster A2** zugeordneten Dokumenten finden sich Aussagen, wie eine gemeinsam entwickelte Product Vision die Akzeptanz des Teams erhöhen kann. **Cluster A3** versammelt Aussagen zur Erhöhung des Kundenverständnisses durch Formulierung einer Product Vision. Dies soll auch zu einer Erhöhung der Erfolgschancen des Projekts führen. Weiterhin wird die Bedeutung der Product Vision als Hilfsmittel für den Product Owner gesehen. Sie kann diesem sowohl als Leitbild als auch als Argumentationshilfe bei der Bewertung von Produktfeatures dienen (**Cluster A4**).[94]

Bei der Formulierung einer Product Vision wird es als Herausforderung gesehen, den Abstraktionsgrad der Formulierung so zu treffen, dass die Product Vision tatsächlich als hilfreiches Werkzeug vom Team wahrgenommen wird. Insbesondere wird auf die klare Formulierung, die Inklusion der Kundenbedürfnisse

[92] Vgl. Lynn und Akgün (2001).

[93] Es ist nicht abschließend zu klären, ob mit dem Terminus „Kundenbedürfnis" eine ähnliche Vorstellung wie dem in dieser Arbeit verwendeten „Kundennutzen" gemeint ist, von einem Zusammenhang wird im Folgenden jedoch ausgegangen.

[94] Eine Übersicht über die einbezogenen Quellen ist in den elektronischen Ergänzungsmaterialien zu finden.

Tabelle 4.8 Herausforderungscluster bzgl. der Product Vision in der Praxis[95]

	Clusterbezeichnung	Vorkommen
A	**Herausforderungen, welche die Formulierung einer Product Vision notwendig erscheinen ließen**	21
A1	Konzentration auf ein gemeinsames Projektziel innerhalb des Teams	6
A2	Akzeptanz der Projektziele innerhalb des Teams erreichen	2
A3	Erhöhung des Kundenverständnisses	11
A4	Unterstützung des Product Owners	1
B	**Herausforderungen bei der Formulierung der Product Vision**	28
B1	Erzielen eines angemessenen Abstraktionsgrades bei der Formulierung	21
B2	Herausforderungen bzgl. der Fähigkeiten und Kompetenzen des für die Formulierung zuständigen Teams	4
B3	Fehlende Transparenz über das Zustandekommen der Product Vision	3
C	**Herausforderungen bei der Anwendung der Product Vision**	9
C1	Stetige Integration der Product Vision im Projektverlauf	6
C2	Flexibilität der Product Vision	3

und auf eine ausreichende Genauigkeit bei gleichzeitig hohem Abstraktionsgrad Wert gelegt. Erst durch diese Eigenschaften kann die Product Vision als Entscheidungsgrundlage für das Product Backlog dienen (**Cluster B1**).

Offensichtlich herrscht unter den untersuchten Dokumenten über den richtigen Abstraktionsgrad keine abschließende Einigkeit. Die Anforderungen reichen von einem Leitbild, also einer definitionsgemäß abstrakten Formulierung, bis hin zu einer Beschreibung der Kundenbedürfnisse mit einer großen Informationstiefe. Größere Einigkeit herrscht dagegen bei den Fähigkeiten und Eigenschaften der für die Formulierung der Product Vision zuständigen Rollen. So wird es als problematisch beschrieben, wenn der Product Owner nicht mit den notwendigen Entscheidungskompetenzen über Inhalt und Erfüllung der Product Vision ausgestattet ist und der Einfluss oberer Hierarchieebenen zu hoch ist. (**Cluster B2**). Die Formulierung der Product Vision muss für das Projektteam transparent sein.

[95] Eine Übersicht über die einbezogenen Quellen ist in den elektronischen Ergänzungsmaterialien zu finden.

Wird dies nicht erfüllt, kann eine einseitige Entwicklung der Product Vision zu falschen Entscheidungen führen und ein Projektrisiko darstellen (**Cluster B3**).[96]

Ist die Product Vision formuliert, stellt der Einbezug der Product Vision in den Entwicklungsprozess eine stetige Herausforderung dar. Die Product Vision muss „gelebt" werden, also den Projektbeteiligten stets präsent sein (**Cluster C1**). Im Zeitverlauf können sich Änderungen im Projekt und am Projektumfeld ergeben. Insbesondere bei wichtigen Ereignissen, die Einfluss auf das Projekt haben, kann es notwendig sein, die Product Vision bis zu einem gewissen Grad flexibel zu halten (**Cluster C2**).

Die in der Dokumentenanalyse identifizierten Herausforderungen bestätigen die in Abschnitt 3.1 identifizierten Herausforderungen bei der technologieinduzierten Entwicklung neuer Wertversprechen:

Die in Herausforderung 1 geforderte Fokussierung wird durch die identifizierten Herausforderungen in Cluster A2 weiter bekräftigt. Der Umgang mit der Unsicherheit im Entwicklungsumfeld (Herausforderung 2) spiegelt sich in Cluster B1, C1 und C2 wider, die Notwendigkeit der Kundenorientierung in Cluster A3.

Zur Lösung dieser Product Vision-spezifischen Herausforderungen haben sich in der Praxis verschiedene Modelle herausgebildet (Untersuchungsfrage 3). Diese sind zumeist workshopbasiert oder verbinden Prozessschritte zur Annäherung an eine Product Vision.[97] Stellvertretend für die identifizierten praktischen Ansätze seien nachfolgend zwei Modelle näher beschrieben:

Die sog. **Vision Types** sind ein strategisches Innovationswerkzeug und stellen die idealisierte Zukunft eines Produkts dar. Diese Darstellung soll, wie die Product Vision, als Leitbild der Entwicklung dienen. Zur Unterstützung bei der Formulierung solcher Vision Types erläutern die Autoren Eigenschaften (vermeintlich) erfolgreicher und erfolgloser Vision Types.

Zu den erfolgsversprechenden Eigenschaften zählen demnach: Das Verständnis der echten Kundenziele, das Generieren von Feedback durch Kunden und Entwickler, die Nutzung neuer Technologien, die sich allerdings in Reichweite befinden, die Implementierung langfristiger Produktstrategien und die Motivation der Beteiligten.

---

[96] Eine Übersicht über die einbezogenen Quellen ist in den elektronischen Ergänzungsmaterialien zu finden.

[97] Eine Übersicht über die einbezogenen Quellen ist in den elektronischen Ergänzungsmaterialien dargestellt.

Zu den negativen Eigenschaften zählen dagegen Geheimhaltung der Vision, die Konzentration auf gegenwärtige technische Grenzen, festgelegte Produktstrategien und die Suche nach Abkürzungen.[98] Damit stellen die Vision Types keinen methodischen Ansatz dar, sondern schlagen grundlegende Anforderungen an eine erfolgversprechende Product Vision vor.

Einen mehr prozessualen Charakter weist der **6-Stufenplan von Google**[99] auf. Dieser besteht aus den sechs namensgebenden Phasen:[100]

1. **Team aktivieren**: Besonderen Wert legen die Autoren auf die richtige Zusammensetzung des Teams. Dieses soll Mitglieder aus dem Produktmanagement, der User Experience, der Entwicklung, dem Marketing und der Strategie einbeziehen. Dies erhöhe die Qualität und damit die Realisierungschancen der Vision.[101]
2. **Problemvertiefung**: Es soll nicht nur die Nutzung bestehender Produkte untersucht werden, sondern es sollen auch neue Branchen kennengelernt und miteinbezogen werden. Hierzu wird eine sog. 360°-Vertiefungsstrategie vorgeschlagen. Wie der Name bereits andeutet, sollen Daten aus allen möglichen Quellen mit in die Analyse einbezogen werden, bspw. durch die Integration von Experten oder die Betrachtung aller Lebenslagen eines Benutzers.[102]
3. **Umreißen der Chancen:** Es soll vermieden werden, direkt von einzelnen Beobachtungen auf konkrete Lösungen zu schließen. Vielmehr soll zunächst ein umfassenderes Bild der möglichen Chancen für neue Produkte entstehen.[103]
4. **Erkunden der Möglichkeiten**: In dieser Phase sollen Lösungsansätze generiert und weiterentwickelt werden. Hierzu werden die vielversprechendsten Ideen in Prototypen überführt und mit realen Nutzern getestet.[104]
5. **Definition der Vision**: Sind alle Möglichkeiten untersucht und die Ideen ausreichend validiert, werden sie in eine „zielgerichtete, kohärente und greifbare" Vision überführt. Hierfür werden die „besten" Ergebnisse der ersten vier Phasen in ein mehrschichtiges Modell übertragen. Die grundlegende Ebene besteht

---

[98] Vgl. UX Planet (2022), URL siehe Literaturverzeichnis.

[99] Spezifisch geht es um die Weiterentwicklung der Videoplattform YouTube. Vgl. Dame (2022), URL siehe Literaturverzeichnis.

[100] Vgl. Dame (2022), URL siehe Literaturverzeichnis.

[101] Vgl. Dame (2022), URL siehe Literaturverzeichnis.

[102] Vgl. Dame (2022), URL siehe Literaturverzeichnis.

[103] Vgl. Dame (2022), URL siehe Literaturverzeichnis.

[104] Vgl. Dame (2022), URL siehe Literaturverzeichnis.

aus den Erkenntnissen über den Nutzer und dessen Bedürfnisse. Die zweite Ebene ist das Wertversprechen. Dieses formuliert den grundlegenden Nutzen des Produkts und wird als Prüfstein für die Klarheit der Produktvision verstanden.[105] Die dritte Ebene stellt über die sog. Visionssäulen die Verbindung der Product Vision mit der Strategie des Unternehmens her. In der vierten Ebene (Konzepte) wird die konkrete Umsetzung des Wertversprechens mit den Produkten skizziert.[106]

6. **Inspirieren zum Handeln**: Die Umsetzung der Product Vision in konkrete Handlungsschritte erfolgt über die Definition von Roadmaps über die nächsten Jahre.[107]

Bemerkenswert ist hierbei der Zusammenhang der Product Vision und dem Wertversprechen. Das Wertversprechen stellt in diesem Konzept einen Teilaspekt der Produkt Vision dar (allerdings in einem eher strategisch geprägten Sinne). Der Kunde[108] befindet sich im Fokus der Entwicklung der Product Vision. Zudem wird die Bedeutung eines multidisziplinären Teams und des frühen Lernens durch Testen von Ideen hervorgehoben.

4.2.5 Design Thinking

Design Thinking (DT) ist eine Innovationspraktik, die sich seit den 2000er Jahren sehr erfolgreich durchsetzte und in der Folge auch Thema wissenschaftlicher Betrachtungen wurde.[109] Es herrscht keine Einigkeit darüber, ob es sich bei DT um eine Methode, eine Arbeitskultur oder Arbeitsphilosophie handelt,[110] dementsprechend existieren auch eine Reihe verschiedener Definitionen (vgl. Tabelle 4.9).[111]

---

[105] Als Wertversprechen für YouTube nennt der Autor bspw. „YouTube ist das Zuhause für lebenslanges Lernen“. Vgl. Dame (2022), URL siehe Literaturverzeichnis.

[106] Vgl. Dame (2022), URL siehe Literaturverzeichnis.

[107] Vgl. Dame (2022), URL siehe Literaturverzeichnis.

[108] Die Quelle spricht von „User“, dt. Nutzer. Im Begriffsverständnis dieser Arbeit wird diese Gruppe ebenfalls als Kunde bezeichnet.

[109] Vgl. von Thienen et al. (2018), S. 13.

[110] Vgl. von Thienen et al. (2018), S. 13 und die dort angegebene Literatur.

[111] Vgl. Schallmo (2017), S. 13.

Tabelle 4.9 Definitionen von Design Thinking[112]

Autor	Definition
Plattner et al. (2009), S. 103	„Design Thinking ist eine systematische Innovationsmethode, die in allen Lebensbereichen angewendet werden kann. Design Thinking ist kein Algorithmus, also eine genau definierte Handlungsvorschrift zur Lösung eines Problems […] sondern eine Heuristik, die ganz bestimmte Verfahrensschritte vorgibt, die sich in der Praxis in einer bestimmen Abfolge als zweckmäßig erwiesen haben und die unter ganz bestimmten Bedingungen, nämlich in einem multidisziplinären Team, ihr vollständiges Erfolgsspektrum entfalten können."
Ideo (2012), S. 11	„Design thinking [sic!] is about believing we can make a difference, and having an intentional process in order to get new, relevant solutions that create positive impact. Design Thinking gives you faith in your creative abilities and a process or transforming difficult challenges into opportunities for design."
Curedale (2013), S. 13	„Design Thinking is a people centered way of solving difficult problems. It follows a collaborative, team based cross disciplinary process. It uses a toolkit of methods and can be applied by anyone from the most seasoned corporate designers and executives to school children."
Mootee (2013), S. 32	„Design Thinking is the search for a magical balance between business and art, structure and chaos, intuition and logic, concept and execution, playfulness and formality, and control and empowerment."
ISO 16355:2 (2017), S. 38	„Design Thinking incorporates subjective studies of customers and uses iterative design cycles to focus on best solutions. Rather than investigating customer wishes and problems, design thinking seeks an empathetic approach at the start of design. Some models use a six-step approach of interactions to understand, research a 360-degree perspective, synthesize, ideate, and validate. It integrates well with QFD."

(Fortsetzung)

[112] Eigene Darstellung, in Anlehnung an Schallmo (2017), S. 13 f.

Tabelle 4.9 (Fortsetzung)

Autor	Definition
Erbeldiger und Ramge (2015), S. 13	„Design Thinking [...] ist erfinderisches Denken mit radikaler Kunden- beziehungsweise Nutzerorientierung. Es basiert auf dem Prinzip der Interdisziplinarität und verbindet in einem strukturierteren, moderierten Iterationsprozess die Haltung der Ergebnisoffenheit mit der Notwendigkeit der Ergebnisorientierung."
Schallmo (2017), S. 14	„Der Ansatz des Design Thinking verfolgt die Zielsetzung, für bestehende Probleme neue Lösungen zu entwickeln. Diese Lösungen orientieren sich konsequent an den Bedürfnissen der Nutzer und haben einen positiven Einfluss. Der Design Thinking Prozess ist strukturiert und erfolgt iterativ. Innerhalb des Design Thinking Prozesses setzt ein multidisziplinäres Team Techniken ein."

In den genannten Definitionen wird DT sowohl als Prozess, also einer definierten Abfolge von Schritten[113], als auch als wünschenswerte Haltung der Beteiligten gesehen.[114] Abseits dieser heterogenen Definitionen weisen die meisten DT-Ansätze drei gemeinsame Charakteristika auf:[115]

- (Separate) Betrachtung des Problemraums
- (Separate) Betrachtung des Lösungsraums
- Iterative Verbindung von Problem- und Lösungsraum

Der Begriff des Problemraums stammt bereits aus den 1960er Jahren.[116] Bei DT verfolgt die Betrachtung des Problemraums das Ziel, beim Team ein klares Verständnis über die zu lösenden Probleme des adressierten Kunden zu generieren, um damit die Sicht des Kunden einnehmen zu können.[117] Übertragen auf das RE umfasst der Problemraum also insb. die Kundenanforderungen, bzw. den Nutzen.[118]

---

[113] Vgl. Schallmo (2017), S. 14.

[114] Vgl. Ideo (2012), S. 11.

[115] Vgl. Lindberg et al. (2011), S. 5 f.

[116] Vgl. die Veröffentlichung von Newell et al. (1967).

[117] Vgl. Lindberg et al. (2011), S. 5.

[118] Vgl. Abschnitt 2.3.2.

Dem Problemraum gegenübergestellt ist der Lösungsraum. Dieser enthält eine große Zahl von Ideen, die mithilfe von Skizzen und Prototypen konkretisiert werden. Der Lösungsraum fungiert damit als Träger funktionaler Anforderungen.[119] Um sicherzustellen, dass sich die im Lösungsraum enthaltenen Ideen nicht zu weit vom Problemraum, also der Sicht des Kunden entfernen, erfolgt zyklisch und iterativ eine Verbindung der beiden Räume. Hierzu wird gefordert, den Lösungsraum nicht nur aus Sicht des Kunden zu betrachten, sondern diesen auch explizit einzubinden.[120]

Die Umsetzung dieser drei Charakteristika erfolgt in der Praxis iterativ in analytischen und synthetisierenden Phasen.[121] Die analytischen Phasen enthalten die Bewertung der Ideen durch den Kunden oder aus Sicht des Kunden, während die synthetisierenden Phasen die iterative Verbesserung anhand des Feedbacks aus der Analyse umzusetzen versuchen.[122] Hierbei weist DT eine starke Parallele zu QFD auf: Auch QFD trennt (Analyse) und verbindet (Synthese) Kundennutzen von Produktfunktionen und Qualitätsanforderungen.[123] Diese Parallele findet sich auch in der Definition der ISO 16355:2 wieder, welche die sinnvolle Verbindung von QFD und DT postuliert.[124]

Den Ausgangspunkt der DT-Ansätze bildet die Analyse eines bisher ungelösten Problems bzw. die Verbesserung einer bereits bestehenden Lösung.[125] Brown (2008) fasst den Ausgangspunkt dabei etwas weiter: Im sog. *Inspiration Space* werden Umstände für die Lösungssuche beschrieben. Neben Problemen können auch nicht näher definierte Möglichkeiten den Einsatz von DT motivieren.[126] Abbildung 4.8 zeigt schematisch den Ablauf der Untersuchung von Problem- und Lösungsraum im DT-Vorgehen.

Basierend auf dieser Betrachtung und den o.g. Definitionen lässt sich Design Thinking für die vorliegende Arbeit gemäß Tabelle 4.10 definieren.

Zur Umsetzung von DT in der Praxis wurden eine Reihe verschiedener Prozessmodelle entwickelt. Diese Prozessmodelle variieren dabei deutlich im Umfang und Abgrenzung. Ein frühes Modell ist der Zyklus nach Brown, der aus

---

[119] Vgl. Abschnitt 2.3.2.

[120] Vgl. Lindberg et al. (2011), S. 6.

[121] Vgl. Plattner et al. (2009), S. 60 und Plattner et al. (2011), S. 5. Im englischen Original wird von „diverging and converging thinking" gesprochen.

[122] Vgl. Lindberg et al. (2011), S. 6.

[123] Vgl. Abschnitt 3.2.

[124] Vgl. ISO 16355–2, S. 38.

[125] Vgl. Brown (2008), S. 86, Schallmo (2017), S. 14 und Lindberg et al. (2011), S. 5.

[126] Vgl. Brown (2008), S. 88.

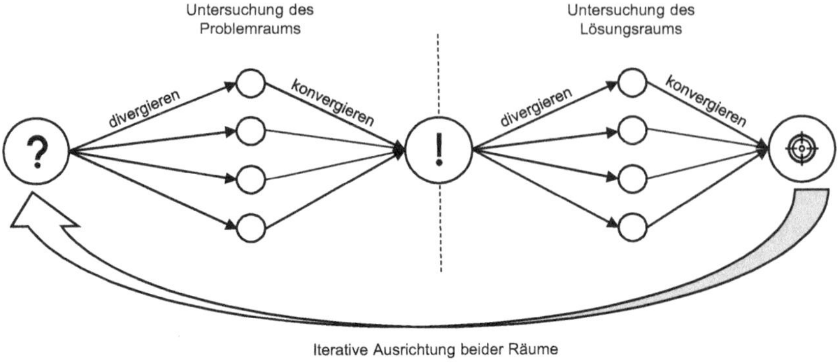

Abbildung 4.8 Problem- und Lösungsraum im Design Thinking[127]

Tabelle 4.10 Definition von Design Thinking für die vorliegende Arbeit[128]

Definition Design Thinking
Design Thinking ist ein kundenorientierter Innovationsansatz mit dem Ziel der Ideengenerierung zur Lösung bestehender Probleme. Zu diesem Zweck wird der Problemraum analysiert und in einem iterativen Prozess mit Ideen aus dem möglichen Lösungsraum verbunden. Die generierten Ideen können mit Hilfe von Kreativitäts- und Prototypentechniken weiter konkretisiert werden.

den drei sog. Räumen *Inspiration*, *Ideation* und *Implementation* besteht.[129] Die *Inspiration* betrachtet den Ausgangspunkt der Entwicklung, zumeist die Analyse des Problems. In der *Ideation* werden Kreativitätstechniken wie Brainstorming und Prototypen genutzt, um Ideen für Lösungen zu generieren. In der *Implementation* werden diese Ideen dann in konkrete Business Cases übertragen.[130] Plattner et al. (2009) spezifizieren den DT-Prozess in sieben aufeinanderfolgende Phasen, die mit Rückkopplungen verbunden sind. In den ersten drei Phasen wird eine möglichst breite Sicht auf den Problemraum angestrebt, um möglichst viel Input zu erreichen und eine zu frühe Orientierung an Lösungen zu vermeiden.[131]

[127] Eigene Darstellung, in Anlehnung an Plattner et al. (2011), S. 5.
[128] Zu den Begriffen Kunde und Kundenorientierung vgl. Abschnitt 2.3.1.
[129] Vgl. Brown (2008), S. 88 f.
[130] Vgl. Brown (2008), S. 89.
[131] Vgl. Schallmo (2017), S. 18.

In der dritten Phase findet eine Konzentration auf wenige Sichtweisen, insb. derjenigen der Kunden und Nutzer des Produkts statt. Diese Sichtweisen bilden die Basis für die Ideengenerierung (Phase 4) mit Kreativitätstechniken wie Brainstorming. Die generierten Ideen werden in der Folge in Prototypen übertragen und konkretisiert (Phase 5). Der vielversprechendste Prototyp wird hinsichtlich der ausgewählten Sichtweisen bewertet und ggf. verbessert (Phase 6). Die Integration des Prototyps in ein Geschäftsmodell bildet den Abschluss des Design Thinking Prozesses (Phase 7).[132] Abbildung 4.9 zeigt den schematischen Ablauf des DT-Prozesses nach Plattner et al.

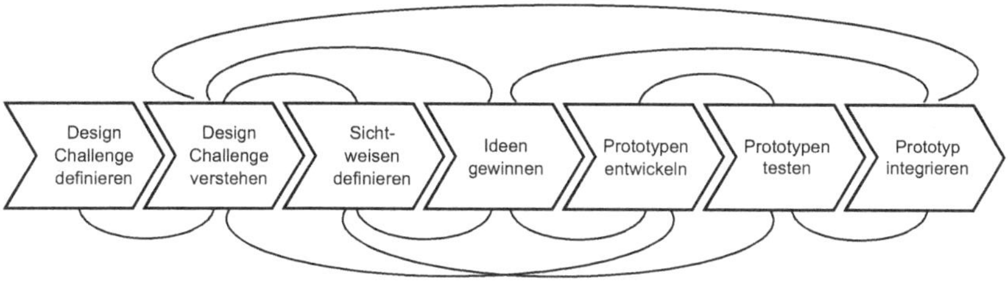

Abbildung 4.9 Design Thinking Prozess[133]

Die hier bereits angesprochene und von der ISO 16355–2 bestätigte inhaltliche Nähe von DT und QFD wird im Folgenden mit dem Ziel des Erkenntnisgewinns zur Gestaltung des Value Proposition Deployments näher untersucht. Mackert und Pietsch vergleichen DT und QFD anhand von neun Kriterien. Dies ist in Tabelle 4.11 dargestellt.

Gemäß den in dieser Arbeit verwendeten Definitionen, handelt es sich sowohl bei DT als auch bei QFD um kundenorientierte Ansätze. Unterschiede ergeben sich jedoch aus der Umsetzung. Die QFD-Prinzipien erfordern den expliziten Einbezug des Kunden in frühe Produktentwicklungsphasen, während im DT diese Forderung weniger strikt erscheint. Zwar soll der Kunde ebenfalls einbezogen werden, konkret wird dieser Einbezog allerdings erst beim Testen der Prototypen gefordert. Bis dahin wird die Kundenorientierung in DT durch das Mindset mit dem „Mensch im Mittelpunkt" implementiert.[134] Diese Form der Kundenorientierung ist auch dann umsetzbar, wenn der reale Kunde nicht zugänglich ist.

---

[132] Vgl. Schallmo (2017), S. 18 und Plattner et al. (2009), S. 114 f.

[133] Plattner et al. (2009), S. 114.

[134] Vgl. Mackert und Pietsch (2017), S. 29.

Tabelle 4.11 Vergleich von Design Thinking und QFD[135]

Design Thinking		**QFD**
Kundenorientierung	≈	Kundenorientierung
Zeitliche Entkopplung von Analyse und Lösungssuche	≈	Systematische Trennung von Nutzen und funktionalen Anforderungen
Integration von Analyse und Lösungssuche durch Iteration	≈	Korrelation von Nutzen und funktionalen Anforderungen, Iterationen
Divergenz  Konvergenz	≈	Divergenz  Konvergenz
Revolutionäre Lösungen	≠	Evolutionäre Lösungen
Kreativität/Spontanität	≠	Systematisierung
Innovation	≠	Qualität
Inspiration	≠	Transformation
Emergenter Prozess	≠	(Simultaneous) Engineering

Die Trennung von Problem- und Lösungsraum ist eine weitere Gemeinsamkeit beider Ansätze, wobei sich auch hier die Umsetzung unterscheidet. In Design Thinking erfolgt die Trennung vor allem durch die zeitliche Entkopplung, während sie in QFD systematisch implementiert wird.

Beide Ansätze synthetisieren auch Problem- und Lösungsraum. Dies geschieht bei Design Thinking iterativ, in QFD vor allem durch die Nutzung der Matrizen. Diese verbinden die beiden Räume über die Korrelationen in der Mitte der Matrix. Mackert und Pietsch sehen hier den iterativen Charakter von Design Thinking stärker ausgeprägt, wobei auch die Synthese mit den QFD-Matrizen iterativen Charakter aufweist.[136]

Ungeachtet der konkreten Ausgestaltung wird aber auf die grundsätzlich ähnliche Entwicklungsrichtung hingewiesen: Der trennenden Analyse folgt die Konvergenz zu Lösungen.

Deutliche Unterschiede zeigen sich aber bei der Beschaffenheit der erreichbaren Lösungen: QFD fokussiert auf eher evolutionäre Innovationen und einen Market Pull – entsprechend sind eher evolutionäre Lösungen zu erwarten, was auch zur Charakterisierung von QFD als Qualitätsmethode passt. Die im Design Thinking losere Verbindung zum Kunden ermöglicht einen höheren Freiheitsgrad und daher auch die Entwicklung revolutionärer Lösungen (bspw. durch

[135] Leicht angepasst entnommen aus Mackert und Pietsch (2017), S. 29.

[136] Dies ist in dynamischen QFD-Ansätzen wie dem Continuous QFD besonders offensichtlich. Vgl. hierzu Abschnitt 5.3.1.

Technology Pull). Entsprechend ist der Qualitätscharakter bei DT niedriger ausgeprägt.

Daher kann DT eher den Innovationsmethoden zugeordnet werden.[137] Dementsprechend werden auch Werte wie Kreativität und Spontanität höher geschätzt als im systematischeren QFD. Dies wirkt sich auch auf das Einsatzspektrum der Ansätze aus: Während DT insb. der Inspiration dient, können die in QFD erarbeiteten Ergebnisse über die Transformation der verschiedenen Matrizen die Kundenorientierung bis tief in die Implementierungsphase tragen (Deployments). Die Kreativitätsphasen in DT zu Beginn der Entwicklung sind dagegen auch potenziell förderlich beim Umgang mit dem Fuzzy Front End.[138]

Hinsichtlich der Herausforderungen bei der technologieinduzierten Entwicklung weist die Verbindung von DT und QFD vielversprechende Aspekte auf. Insb. der Einbezug der kreativen Aspekte beim Umgang mit dem Fuzzy Front End durch DT in das systematische Vorgehen von QFD erscheinen für die Übertragung in das VPD potenziell vorteilhaft. Dabei ist allerdings auf mögliche negative Interferenzen bei der Verbindung der Ansätze zu achten, die ihre jeweiligen Vorzüge konterkarieren würden.

4.2.6 Feedbackschleifen

Findet Entwicklung in einem durch hohe Unsicherheit geprägten Kontext statt, sind die Akteure auf das Erzeugen von Lerneffekten aus Feedback angewiesen, um diese in die Entwicklung mit einbeziehen zu können.[139] Zu diesem Zweck entstanden eine Vielzahl iterativer Prozesse, welche die Entwicklung durch Erzielen und Einbezug von Lerneffekten unterstützen können. Bekannte Vertreter sind der *Kontinuierliche Verbesserungsprozess* (KVP), der *Deming Cycle* oder das aus Japan stammende Konzept *Kaizen*.[140] In seinem populären Buch „The Lean Startup" überträgt Ries diese Konzepte in die sog. *Build-Measure-Learn Feedbackschleife* (vgl. Abbildung 4.10).[141]

---

[137] Vgl. hierzu die Definition von DT in dieser Arbeit.

[138] Vgl. zu QFD Abschnitt 3.2 und Kapitel 5.

[139] Vgl. Herausforderung 2 und Forderungen des agilen Manifests in Abschnitt 4.2.3.

[140] Vgl. hierzu auch den Shewhart-Cycle in: Latzko und Saunders (1995), S. 65 f. und bzgl. Kaizen bspw. Imai (1986).

[141] Vgl. Ries (2011), S. 75.

Abbildung 4.10 Build Measure Learn Feedbackschleife[142]

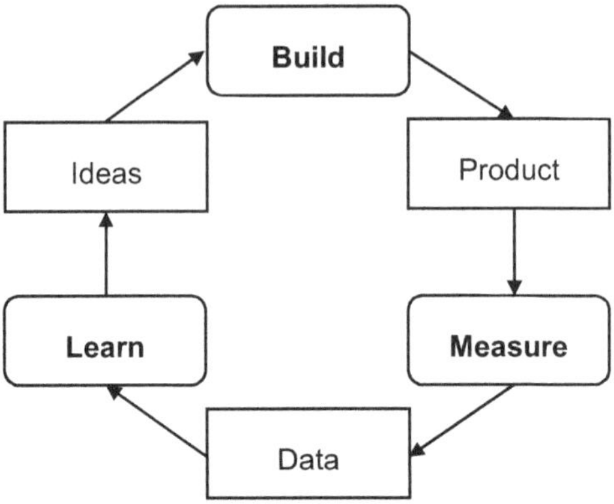

Motivation hinter dieser Feedbackschleife ist die Hypothese, dass Unternehmen mehr Lerneffekte aus der Entwicklung eines Produkts erzielen können als mit der Nutzung klassischer Werkzeuge zur Marktanalyse.[143]

Als konkrete Vorteile werden genannt:

- Präzisere Daten über die Nachfrage, da diese aus tatsächlichem Kundenverhalten gewonnen werden können, statt aus hypothetischen Fragen.[144]
- Lernen über echte Kunden und deren Bedürfnisse durch direkte Interaktion.
- Gewinn überraschender Erkenntnisse durch unerwartetes Kundenverhalten.[145]

Kernidee der Feedbackschleife ist das Testen von Hypothesen durch das Entwickeln realer Produkte, die vom Kunden tatsächlich erlebt werden können. Aus diesem Test lassen sich Erkenntnisse über die Kunden bzw. deren Bedürfnisse und Erwartungen generieren.[146] Beim Durchlaufen der Schleife soll keiner Phase besondere Priorität eingeräumt werden, vielmehr wird die Minimierung der Zeit, in der die Schleife durchlaufen wird, als Ziel definiert.[147]

---

[142] Vgl. Ries (2011), S. 75.

[143] Vgl. Ries (2011), S. 58.

[144] Dies entspricht im Grundgedanken auch dem in QFD häufig angewendeten „customer gemba", dem „Ort wo echte Information gefunden werden kann". Gemba wird auch von Ries unter der Bezeichnung „genchi gembutsu" angesprochen. Vgl. Ries (2011), S. 86 und ISO 16355-1 (2015), S. 2.

[145] Vgl. Ries (2011), S. 58.

[146] Vgl. Ries (2011), S. 76.

[147] Vgl. Ries (2011), S. 76.

Einstiegspunkt in die Feedbackschleife ist die Generierung von Hypothesen, die getestet werden sollen. Diese werden in zwei mögliche Klassen unterteilt:

- Die **Werthypothese** (Value Hypothesis) soll testen, ob ein Produkt durch seine Nutzung tatsächlich Wert bei Kunden erzeugt.
- Die **Wachstumshypothese** (Growth Hypothesis) soll testen, wie Kunden ein neues Produkt entdecken.[148]

Hinsichtlich des Geschäftsmodells (eines Startups) sind beide Klassen von Relevanz. Die Werthypothese zielt auf das Wertversprechen, während in der Wachstumshypothese Parallelen zu Vertriebskanälen und Architektur der Wertschöpfung zu erkennen sind.[149] In Bezug auf das Gestaltungsziel dieser Arbeit sind vor allem die *Werthypothesen* relevant und werden im Folgenden synonym zum Begriff *Hypothesen* bezeichnet.

Die Hypothesen manifestieren sich in Ideen, welche die Akteure als Grundlage für die Phase *Build* nutzen können. Kernbestandteil und gleichzeitig Ziel der Build-Phase ist das sog. *Minimal Viable Product* (MVP), was in etwa mit „kleinstes lebensfähiges Produkt" übersetzt werden kann. Das MVP ist eine Version des angestrebten Produkts, mit der ein Durchlauf der Feedbackschleife ermöglicht wird, die zugleich aber mit dem kleinstmöglichen Aufwand hinsichtlich der Entwicklungszeit erreicht werden kann.[150] Dies führt dazu, dass bei der Gestaltung des MVP eventuell auf Funktionen verzichtet wird, die für spätere Versionen als essenziell angesehen werden. Dies ist gewünscht: Das MVP soll möglichst genau jene Funktionen enthalten, die zum Test der vorher definierten Hypothese benötigt werden.[151]

Ist das MVP gestaltet, folgt der Eintritt in die Phase *Measure*. In der Measure-Phase soll getestet werden, ob das MVP tatsächlich die erwarteten Ergebnisse bei echten Kunden erzielt. Aus den Rückmeldungen der Kunden und ggf. deren Beobachtung bei der Nutzung des MVPs lassen sich Daten generieren, die Grundlage für die Learn-Phase sind. Die hier gewonnenen Lerneffekte können dann in die Entwicklung einfließen. Dabei muss die Entscheidung („Pivot") getroffen werden, ob die Hypothese weiterverfolgt oder verworfen werden muss.[152]

---

[148] Vgl. Ries (2011), S. 61.

[149] Vgl. Definitionen des Geschäftsmodells in Abschnitt 2.2.1.

[150] Vgl. Ries (2011), S. 77.

[151] Vgl. Ries (2011), S. 77.

[152] Vgl. Ries (2011), S. 77.

Hinsichtlich der Gestaltung des VPD sind die Feedbackschleifen interessant, da sie eine sehr valide Möglichkeit darstellen, Lerneffekte und den durch die QFD-Prinzipien geforderten Einbezug des Kunden in die Entwicklung ermöglichen.

4.2.7 User Experience

Die Fokussierung auf die technologieinduzierte Entwicklung bedingt eine verstärkte Fokussierung insb. auf die funktionalen Anforderungen. So wird im beschriebenen Software HoQ die Verbindung von Kundennutzen und Produktfunktionen beschrieben, wie auch im DT die Verbindung des Problem- mit dem Lösungsraum schwerpunktmäßig auf Produktfunktionen abzielt.

Für das Erleben der Produkte beim Kunden sind jedoch auch die nichtfunktionalen Anforderungen, im Kontext dieser Arbeit als *Qualitätsmerkmale* bezeichnet, relevant. Mit dem Erleben der Produkte durch den Kunden beschäftigt sich seit Beginn der 2000er Jahre die Disziplin *User Experience* (UX).[153] Hassenzahl definiert UX als ein „momentanes, primär evaluatives Gefühl (gut/schlecht), während der Interaktion mit einem Produkt oder einer Dienstleistung. Damit verlagert UX die Aufmerksamkeit vom Produkt und den Materialien (d. h. Inhalt, Funktion, Präsentation, Interaktion) auf die Menschen und deren Gefühle – also auf die subjektive Seite der Produktnutzung."[154] Diese subjektive Seite der Produktnutzung kann hierbei auch als die *hedonistische Qualität* des Produkts verstanden werden, also das Ausmaß des Vergnügens bei der Nutzung eines Produkts.[155]

Übertragen auf die Anforderungsarten in dieser Arbeit beschreibt die hedonistische Qualität eine Eigenschaft, also ein Qualitätsmerkmal des Produkts. Während Qualitätsmerkmale allerdings i. d. R. messbar sind (bspw. die Latenzzeit einer Webanwendung oder der emittierte Schalldruck einer Maschine), ist dies bei der hedonistischen Qualität nur eingeschränkt gegeben.[156]

Der Schwierigkeit der Messung zum Trotz, erscheint die Betrachtung der User Experience in Hinblick auf die bisher untersuchten Ansätze relevant: Sowohl das MVP als auch DT und die agilen Ansätze, versuchen Lerneffekte aus der realen Verwendung der Produkte bei den Kunden zu generieren oder zumindest zu

[153] Vgl. Hassenzahl und Tractinsky (2006), S. 91.
[154] Hassenzahl (2008), S. 12.
[155] Vgl. Hassenzahl (2001), S. 482.
[156] Vgl. Kujala et al. (2011), S. 474.

nutzen. UX erfordert eine multidimensionale Betrachtung des durch das Produkt induzierten Erlebnisses beim Kunden. So bringt die Betonung der hedonistischen Qualität eine weitere Analyseebene. Diese kann entweder genutzt werden, um gezielt Informationen über das Erleben des Produkts beim Kunden zu erhalten oder diese zumindest besser einordnen zu können. So können eventuelle Äußerungen über die Zufriedenheit des Kunden mit dem Produkt entweder auf fehlende Funktionen zurückgeführt werden oder auf eine qualitativ unzureichende Umsetzung.

Dies sollte bei der Gestaltung des VPD berücksichtigt werden, in dem sowohl Qualitätsmerkmale Eingang in die Analyse finden als auch die Belange der hedonistischen Qualität.

4.2.8 Geschäftsmodellentwicklung

Die umfangreiche wissenschaftliche Beschäftigung mit Geschäftsmodellen schlägt sich in einer Vielzahl zumeist prozessualer Ansätze zur Geschäftsmodellentwicklung nieder.[157] Schallmo schlägt ein Vorgehensmodell der Geschäftsmodellinnovation vor, welches auch die Phasen vor der eigentlichen Entwicklung des Geschäftsmodells miteinbezieht (vgl. Abbildung 4.11).

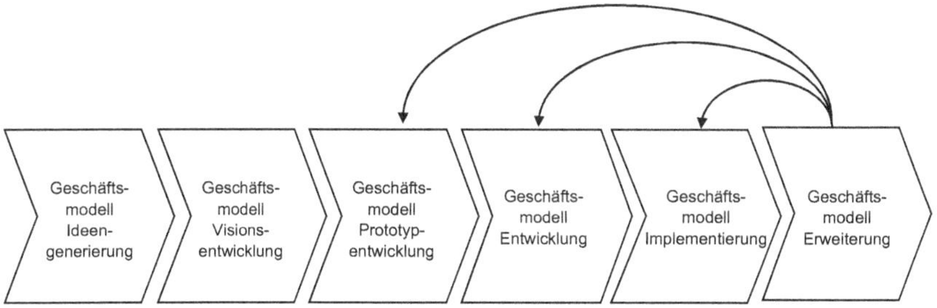

Abbildung 4.11 Vorgehensmodell der Geschäftsmodellentwicklung nach Schallmo[158]

In der Phase der *GM-Ideengenerierung* sollen durch Kreativitätstechniken Ideen für neue Geschäftsmodelle abgeleitet, beschrieben und bewertet werden.

[157] Vgl. zu Methoden der Geschäftsmodellentwicklung bspw. Schallmo (2014b), S. 63 ff., Pelzl (2016), S. 103 ff. oder Wirtz (2021).

[158] Vgl. Schallmo (2013), S. 141.

In der *GM-Visions-Entwicklung* werden die gewonnenen Ideen mit Kundenbedürfnissen und Technologietrends angereichert und eine Vision für die nächsten fünf Jahre definiert. Die Visionen bilden die Basis der *GM-Prototyp-Entwicklung.* Die hier anhand eines spezifischen GM-Rasters erarbeiteten GM-Prototypen werden im Anschluss bewertet, um den erfolgversprechendsten GM-Prototypen auszuwählen.

Dieser wird in der *GM-Entwicklung* weiter ausgearbeitet. Hierfür werden die GM-Dimensionen und deren Beziehungen untereinander weiter detailliert. Diese Ausarbeitung ist die Basis für einen Soll-Ist-Abgleich in der *GM-Implementierung.* Ergebnis dieser Phase ist ein Realisierungsplan. Erfahrungen aus der Realisierung werden in der Phase GM-Erweiterung implementiert. Das Vorgehensmodell sieht Rückkopplungen bis zur GM-Prototypentwicklung vor.[159]

Pelzl kritisiert an diesem Vorgehen fehlende konkrete Hilfestellung bei der Umsetzung der einzelnen Phasen.[160] Hinsichtlich der Konzeption des Value Proposition Deployments können dennoch Erkenntnisse abgeleitet werden: So werden für die frühe Phase der Entwicklung (ähnlich dem Fuzzy Front End der Produktentwicklung), die Phase der Ideengenerierung und Kreativitätsmethoden (ähnlich dem DT) zur Ableitung konkreter GM-Ideen vorgeschlagen.

Das Vorgehensmodell enthält zur GM-Visions-Entwicklung Aktivitäten zum Umgang mit unklaren Kundenbedürfnissen: Zur Prognose der Kundenbedürfnisse wird eine detaillierte Analyse der sog. *GM-Umwelt* vorgeschlagen.[161] Diese wird in eine Makro- und eine Mikroumwelt unterschieden. Die Makroumwelt beschreibt Schallmo mithilfe des sog. PESTEL-Modells. Dieses umfasst sechs allgemeingültige Dimensionen zur Beschreibung der Umwelt: Politische, ökonomische, soziale, technologische, ökologische und rechtliche Einflussfaktoren werden miteinbezogen.[162] Zur Beschreibung der Mikroumwelt wird die Branchenstrukturanalyse nach Porter genutzt. Diese beschreibt das mikroökonomische Umfeld des Unternehmens anhand von Bedrohungen durch potenzielle neue Konkurrenten, Rivalität unter Wettbewerbern, Substitutionsprodukten und die Verhandlungsmacht von Kunden und Lieferanten.[163]

---

[159] Vgl. Schallmo (2013), S. 139 f.

[160] Vgl. Pelzl (2016), S. 114. Das genannte Defizit konstatiert Pelzl auch bei den anderen von ihm untersuchten Methoden der GM-Entwicklung.

[161] Vgl. Schallmo (2013), S. 140 und 35 ff.

[162] Vgl. Worthington und Britton (2009). S. 7 ff.

[163] Vgl. Porter (1980), S. 4.

Hinsichtlich der konkreten Definition von Kunden und Kundenbedürfnissen als zentralem Aspekt des Geschäftsmodells enthält das Entwicklungsmodell allerdings kein konkretes Vorgehen. Hierfür verweist es lediglich auf deren Bedeutung und fordert die weitere Konkretisierung der Kunden und deren Bedürfnissen.[164]

Zur von Schallmo geforderten Beschreibung der einzelnen Geschäftsmodellelemente findet auch die sog. Business Model Canvas nach Osterwalder und Pigneur häufig Anwendung.[165] Wie bereits beschrieben, stellt diese das Geschäftsmodell in neun Dimensionen dar. Ähnlich wie bei Schallmo wird neben der Beschreibung der Dimensionen selbst insb. auf die Verbindungen zwischen den Dimensionen Wert gelegt. Die Value Proposition Canvas stellt dabei eine Spezifizierung von zwei Elementen der Business Model Canvas dar. Neben der Verbindung zwischen Kundengruppe und Wertversprechen werden von Osterwalder (2004) in der sog. Business Model Ontology weitere Verbindungen und Elemente eines Geschäftsmodells näher beschrieben.[166]

Stellvertretend für eine Reihe an Vorgehensmodellen zur Geschäftsmodellentwicklung kann das beschriebene Verfahren als Vorbild für das VPD fungieren, in dem es zeigt, wie Vorgehensweisen (bspw. Kreativitätsmethoden und Prototyping) genutzt werden können, um Geschäftsmodelle zu gestalten und zu formulieren.

4.3 Diskussion der Ansätze und Vorgehensmodelle hinsichtlich der identifizierten Herausforderungen

Nach der Identifikation und Analyse bestehender Ansätze und Vorgehensmodelle im Innovationsmanagement, wird im Folgenden diskutiert, welches Potenzial die untersuchten Ansätze zur Begegnung der in Abschnitt 3.1 identifizierten Herausforderungen bei der Entwicklung neuer Wertversprechen im SiB aufweisen. Diese Untersuchung bildet die Grundlage für die Identifikation von Gestaltungsanforderungen der untersuchten Ansätze zur Erweiterung von QFD als Methodenbasis hin zur Gestaltung des Value Proposition Deployments.

---

164 Vgl. Schallmo (2013), S. 150.

165 Vgl. Osterwalder und Pigneur (2010), S. 21 ff.

166 Vgl. zur Value Proposition Canvas Osterwalder et al. (2014) und zur Business Model Ontology Osterwalder (2004).

Herausforderung 1: Umgang mit stark erweitertem Lösungsraum

Durch die Verbindung von Lösungen der Software- und Fertigungsindustrie sowie den Wirkzusammenhängen innerhalb der Wertschöpfungsnetzwerke in Softwareökosystemen erweitert sich der Lösungsraum im SiB. Die zu gestaltende Methode muss die Fokussierung auf den Kundennutzen bei der Entwicklung eines Wertversprechens im erweiterten Lösungsraum unterstützen.

Wie beschrieben beschäftigt sich das NPD mit der Übertragung von Technologien und Ideen in konkrete Produkte. Den Einstiegspunkt in die Entwicklung bildet dabei zumeist die Phase der Ideengenerierung, die häufig mit dem Fuzzy Front End beschrieben wird. Dieser Oberbegriff für hohe Unsicherheitsgrade zu Beginn der Entwicklungsprojekte wird sowohl im Innovationsmanagement als auch in Veröffentlichungen zur Produktentwicklung thematisiert.[167]

Die wissenschaftliche Auseinandersetzung mit dieser frühen Phase bringt dabei insb. die Erkenntnis, dass die deterministische Planung von Produkten in dieser Phase selten möglich ist und ein späterer Erkenntnisgewinn durch Rückkopplungen und Iterationen in die Entwicklung miteingebracht werden muss.[168] In Hinblick auf die später noch thematisierte Unsicherheit im Entwicklungsumfeld ist davon auszugehen, dass dieses Spannungsfeld nicht vollständig aufzulösen ist. Die beschriebenen Methoden zur Formulierung einer Product Vision können allerdings beim Umgang mit dem Fuzzy Front End Hilfestellung bieten, in dem sie den Entwicklern ein Leitbild zur Orientierung in der Phase der Ideengenerierung zur Verfügung stellen können. Design Thinking stellt eine Methode dar, die durch den Einbezug kreativer Methoden und inhärenter Rückkopplungen den Umgang mit dem Fuzzy Front End ebenfalls nicht lösen, aber erleichtern.[169] Diese Hilfestellung beim direkten Umgang mit dem Fuzzy Front End bietet Input für die Formulierung der Gestaltungsanforderungen für das Value Proposition Deployment.

Herausforderung 2: Umgang mit Unsicherheit im Entwicklungsumfeld

Die Methode muss dem Zustand hoher Unsicherheit und davon ausgehender Veränderungen im Umfeld durch Ermöglichen von Versuch- und Irrtums-Prozessen Rechnung tragen und es der Entwicklungsorganisation erlauben, Lerneffekte zu erzielen und in die Entwicklung einfließen zu lassen.

[167] Vgl. Abschnitt 4.2.1 und 4.2.2 sowie die dort angegebenen Quellen.

[168] Vgl. die Kritik an sequenziellen Entwicklungsvorgehen im Fuzzy Front End in Abschnitt 4.2.2.

[169] Vgl. Abschnitt 4.2.5.

Es ist davon auszugehen, dass auch bei einem besseren Umgang mit dem Fuzzy Front End Unsicherheiten zu Beginn der Entwicklung nicht vollständig aufzulösen sind. Zudem bedingt die Volatilität im SiB die ständige Adaption an sich verändernde Umweltbedingungen. Entsprechend muss auch während des eigentlichen Entwicklungsprozesses nach der Ideation mit Änderungen zu rechnen sein und ein angemessener Umgang mit diesen ermöglicht werden. Die Feedbackschleifen und das MVP können dabei helfen, die Änderungen im Umfeld durch direkte Erfahrung mit den Kunden in die Entwicklung miteinzubeziehen. Feedbackschleifen und MVP bilden damit eine vielversprechende Quelle für Gestaltungsanforderungen an das VPD hinsichtlich der Ermöglichung der geforderten Versuch- und Irrtums-Prozesse.

Der Frage der Implementierung von nachträglich gewonnenen Erkenntnissen wurden agile Vorgehensmodelle wie Scrum gewidmet. Diese bieten den Entwicklern die Möglichkeit (kurzfristig) stabile Entwicklungsbedingungen mit der einfachen Möglichkeit zu verbinden, Änderungen in die Entwicklung einfließen zu lassen. Scrum wird zumeist in der Implementierungsphase angewandt und wirkt sich entsprechend weniger auf das Value Proposition Deployment zu Beginn der Entwicklung aus. Dennoch sollten die im VPD erarbeiteten Ergebnisse in Scrum-Prozessen nutzbar sein und entsprechend darauf abgestimmt werden.

Herausforderung 3: Kundenorientierung bei technologieinduzierter Entwicklung

Die zu gestaltende Methode muss dabei unterstützen, den Konflikt zwischen der Kundenorientierung und der technologieinduzierten Produktentwicklung aufzulösen.

Zur Maximierung des im Wertversprechen zentralen Fits, soll das zu konzipierende VPD dem Paradigma der Kundenorientierung entsprechen. Als Methode mit besonderem Fokus auf die konkrete Umsetzung kundenorientierter Strategien hat sich QFD bereits vielfach bewährt und bildet daher die konzeptionelle Basis des VPD.

Wie in Abschnitt 3.2.3 bereits dargestellt, können bestehende QFD-Modelle im technologieinduzierten Entwicklungsumfeld allerdings nur eingeschränkt funktionieren. Zur Gestaltung des VPD wurden daher auch andere kundenorientierte Methoden in die Betrachtung miteinbezogen. Das bereits angesprochene DT zeigt Parallelen zu QFD auf: Dies betrifft insbesondere die kundenorientierte Perspektive dieser Innovationsmethode, die sich insbesondere in der Verknüpfung des Problem- mit dem Lösungsraum widerspiegelt. Dieser Problemraum erfordert, wie bei QFD, grundsätzlich auch die Kenntnis des Kunden (oder zumindest der Kundenbedürfnisse), ermöglicht aber durch den Einbezug von Kreativitätsmethoden und Rückkopplungen auch eine Entwicklung ohne konkreten Einbezug des

Kunden in die Entwicklung. Dies macht die im DT genutzten Techniken grundsätzlich auch für die Anwendung im technologieinduzierten Entwicklungsfall möglich.

Die erweiterte Betrachtung des Produkterlebnisses des Kunden durch UX ermöglicht eine vertiefte Analyse und damit ein weiter verbessertes Verständnis des Kunden und dessen Anforderungen.

4.4 Ableitung von Gestaltungsanforderungen an das Value Proposition Deployment

Basierend auf den Implikationen des theoretischen Bezugsrahmens konnten in Abschnitt 3.1 Herausforderungen bei der technologieinduzierten Entwicklung neuer Wertversprechen im SiB erarbeitet werden. In Abschnitt 4.2 wurden bestehende Ansätze des Innovationsmanagements hinsichtlich ihres Potenzials zur Lösung der Herausforderungen untersucht. Es kann konstatiert werden, dass die untersuchten Ansätze Lösungspotenzial hinsichtlich einzelner Teilbereiche der Herausforderungen aufweisen. Die Kombination der den Ansätzen zugrundeliegenden Prinzipien mit den QFD-Leitlinien erscheint für die Konzeption eines Value Proposition Deployments vielversprechend. Im Folgenden werden aus den Implikationen des theoretischen Bezugsrahmens und den Prinzipien der untersuchten Ansätze konkrete Anforderungen für die Gestaltung des Value Proposition Deployments extrahiert.

4.4.1 Gestaltungsanforderungen des erweiterten Lösungsraums

Die Implikationen des Softwaresystems hinter **Herausforderung 1** beschreiben die Diffusion von Softwareprodukten und tangiblen Produkten zu sog. software-intensiven Produkten. Entsprechend lautet die erste Gestaltungsanforderung an das VPD:

A1	**Entwicklung software-intensiver Produkte unterstützen**

Im Zusammenhang mit der Produktentwicklung wurde die Erweiterung des Lösungsraums und die Steigerung der Komplexität festgestellt. Diese Feststellung resultiert in zusätzlicher Unsicherheit zu Beginn eines Softwareentwicklungsprojekts, die im Rahmen des NPD mit Fuzzy Front End beschrieben wird. Entsprechend ergibt sich für das VPD:

A2	**Umgang mit dem Fuzzy Front End der Produktentwicklung im SiB unterstützen**

Die Implikationen des Ökosystems betreffen insb. die Feststellung, dass im SiB der Kundennutzen nicht mehr nur durch Produkte eines Anbieters, sondern vielmehr aus einer Kombination einer (Software-)Plattform und ergänzender Komplemente erzeugt wird. Dies führt, neben der zusätzlichen Verbreiterung des Lösungsraums (siehe A2), auch zu Anforderung 3:

A3	**Entwicklung im Kontext von Softwareökosystemen unterstützen**

4.4.2 Gestaltungsanforderungen hinsichtlich der Unsicherheit im Entwicklungsumfeld

Die Implikationen des Ökosystems und insb. deren stetige Veränderung erhöhen die Unsicherheit im Entwicklungsumfeld. Zum Umgang mit dieser Unsicherheit haben sich im SiB agile Entwicklungsansätze weitgehend durchgesetzt.

A4	**Kompatibilität mit agilen Entwicklungsansätzen sicherstellen**

Die sich aus dem Entwicklungsumfeld und der technologieinduzierten Entwicklung ergebende Unsicherheit erfordert vom Entwicklungsteam die Prognosestellung über das vermutete Verhalten der zu adressierenden Kunden. Die Bedeutung des Entwicklungsumfelds wird auch durch die GM-Entwicklungsmodelle unterstrichen. Feedbackschleifen und das MVP können bei der Stellung von Prognosen und deren Überprüfung unterstützen. Dies führt zu Anforderung A5:

A5	**Prognosen über Eigenschaften und Verhalten zu potenziellen Kunden ermöglichen**

4.4.3 Gestaltungsanforderungen hinsichtlich der Kundenorientierung bei technologieinduzierter Entwicklung

Ziel des zu entwickelnden VPD ist die Schaffung von Maßnahmen zur Entwicklung gleichzeitig kundenorientierter und technologieinduzierter Entwicklung.

A6	**Technologieinduzierte Entwicklung unterstützen**

Zur Implementierung kundenorientierter Strategien mit QFD werden in den QFD-Leitlinien insb. Zusammenarbeit und Kommunikation gefordert. Dies betrifft insbesondere die Kommunikation mit dem Kunden, aber auch innerhalb des Entwicklungsteams.

A7	**Kommunikation innerhalb des Entwicklungsteams unterstützen**

Für die Zusammenarbeit innerhalb des Entwicklungsteams erscheint dabei ein gemeinsames Verständnis über die Entwicklungsaufgaben notwendig, was zu Anforderung 8 führt:

A8	**Gemeinsames Verständnis des zu entwickelnden Wertversprechens innerhalb des Entwicklungsteams erreichen**

Das DT und auch das Vorgehen zur GM-Entwicklung nach Schallmo schlagen zur Ableitung konkreter Produkte aus dem Lösungsraum die Anwendung von Kreativitätsmethoden vor. Dies erscheint auf den Fall der technologieinduzierten Entwicklung übertragbar und führt zu Anforderung 9:

A9	**Kreativität des Entwicklungsteams fördern**

Das Wertversprechen impliziert die Fokussierung auf die Verbindung von Produkt und Kunde (Fit). Entsprechend muss dieser Fit das zentrale Ergebnis der Entwicklung neuer Wertversprechen darstellen. Dies führt zu Anforderung 10:

A10	**Erreichen des „Fits" zwischen Kunde und Produkt sicherstellen**

Bei der Entwicklung neuer Wertversprechen als Gestaltungsziel des Value Proposition Deployments müssen die weiteren Merkmale des Geschäftsmodells eines Unternehmens als Systemkontext verstanden und entsprechend einbezogen werden. Gemäß der Entwicklungsmodelle von Geschäftsmodellen und Konzepten wie der Value Proposition Canvas als Teil der Business Model Canvas gibt es wesentliche Schnittstellen zwischen Geschäftsmodell und Wertversprechen, bspw. hinsichtlich der Wertschöpfung. Entsprechend muss eine Abstimmung zwischen der Entwicklung des Wertversprechens und des darin enthaltenen Produkts und den weiteren Aspekten des Geschäftsmodells erfolgen. Dies führt zu Anforderung 11:

A11	**Abstimmung mit dem Geschäftsmodell unterstützen**

Zur Bewertung des Ergebnisses fordern Geschäftsmodellentwicklungsmodelle die kennzahlenbasierte Bewertung des Fits. Auch QFD unterstützt die Quantifizierung des Nutzens, der die Verbindung zwischen Produkt und Kunde darstellt. Entsprechend lautet Anforderung 12:

A12	**Bewerten des „Fits" zwischen Kunde und Produkt ermöglichen**

Zum Bewerten des Fits ist nach den QFD-Leitlinien die Analyse aller zugänglichen Daten, die Fokussierung auf die wichtigsten Kundennutzen und die Transformation von Kundennutzen in konkrete Produkteigenschaften notwendig. Das VPD muss daher einerseits diese Leitlinien erfüllen und andererseits die Transformation der erarbeiteten Informationen in die weitere Produktentwicklung mit QFD unterstützen. Dies wird zusammengefasst in Anforderung 13:

A13	**Kompatibilität mit QFD-Leitlinien und -Anwendungen sicherstellen**

Der (vollen) Kompatibilität der QFD-Leitlinien (wie auch der Kundenorientierung) stehen die Implikationen der technologieinduzierten Entwicklung entgegen. Feedbackschleifen basierend auf einem MVP können diesen Widerspruch durch das Einholen von Feedback zu einem frühen Zeitpunkt der Entwicklung verringern. Die Analyse des Feedbacks sollte neben der Erfüllung funktionaler Anforderungen insb. auch Qualitätsmerkmale miteinbeziehen (vgl. UX). Anforderung 14 lautet daher:

A14	**Frühzeitiges Feedback zu Entwicklungsartefakten ermöglichen**

Das gewonnene Feedback muss, zur Annäherung an ein kundenorientiertes Produkt im Rahmen des zu entwickelnden Wertversprechens, in Lerneffekte übertragen werden können. Entsprechend muss das VPD das gewonnene Feedback in die Entwicklung einbeziehen, was zu Anforderung A15 führt:

A15	**Gewonnenes Feedback in die Entwicklung einbeziehen**

Somit konnten 15 Gestaltungsanforderungen an das Value Proposition Deployment erarbeitet und formuliert werden. Diese Gestaltungsanforderungen fokussieren auf das inhaltliche Ziel der Entwicklung neuer Wertversprechen im SiB. Darüber hinaus stellen eine Reihe Autoren weitere Anforderungen hinsichtlich der Anwendung einer wissenschaftlich begründeten Gestaltungsmethode.[170] Grundlegende Anforderungen an eine *solide Methode* stellt bspw. Jackson (1976):[171]

- Sie baut nicht auf die Intuition des Entwicklers.
- Sie beruht auf durchdachten Prinzipien.
- Sie ist lehrbar.
- Sie ist in der Anwendung unabhängig vom jeweiligen Anwender.
- Sie ist einfach und leicht zu verstehen.

Während die ersten beiden genannten Anforderungen durch den wissenschaftlichen Charakter der Methodengestaltung ausreichend erfüllt sein sollten, verdeutlichen die drei letztgenannten Anforderungen die Bedeutung der Evaluation zur Prüfung, ob diese durch das VPD erreicht werden konnten.

Die besondere Eignung von QFD als Basis für die Gestaltung einer Methode zur technologieinduzierten Entwicklung neuer Wertversprechen im SiB unter Wahrung des kundenorientierten Paradigmas wurde bereits in Abschnitt 3.2.3 festgestellt. Zur weiteren Annäherung an die Erreichung des Gestaltungsziels werden nun bestehende QFD-Ansätze den erarbeiteten Gestaltungsanforderungen gegenübergestellt.

170 Vgl. bspw. Baumöl (2008), S. 63, Greiffenberg (2003), S. 962, Becker et al. (2001), S. 5 ff.

171 Vgl. Jackson (1976) und zur deutschen Übersetzung vgl. Balzert (2009), S. 53.

5 Analyse bestehender Quality Function Deployment-Ansätze

„Copy the spirit, not the form."[1]

Dieses Sprichwort wird Yoji Akao, dem Erfinder von Quality Function Deployment zugeschrieben.[2] In diesem Sinne handelten zahlreiche Praktiker und Wissenschaftler seit der ersten Veröffentlichung von QFD in den 1960er Jahren. Entsprechend entstand seitdem eine Vielzahl an Ausprägungen von QFD. Neben einer Reihe industrieller Anwendungen, entstanden auch für die Softwarebranche spezifische QFD-Ausprägungen. Auch im Umfeld der Geschäftsmodellentwicklung sowie von Softwareplattformen wurden QFD-Anwendungen konzipiert.[3] Diese Ansätze weisen potenzielle Lösungsmerkmale für die Entwicklung technologieinduzierter Wertversprechen im SiB auf. Sie werden im Folgenden beschrieben und hinsichtlich ihrer Eignung für die gegebene Zielsetzung anhand der Gestaltungsanforderungen bewertet.[4]

5.1 Comprehensive QFD

Das sog. Comprehensive QFD nach Akao ist in vier *Deployments* aufgebaut: Quality, Technology, Cost und Reliability Deployment.[5] Damit ist es grundsätzlich möglich, den gesamten Produktentstehungsprozess inkl. des Produkteinsatzes

[1] Vgl. Schockert (2017), S. 206.

[2] Vgl. Schockert (2017), S. 206.

[3] Vgl. Abschnitt 5.2 und 5.5 sowie die dort angegebenen Quellen.

[4] Soweit nicht anders angegeben, wird die Terminologie bei der Erläuterung der Ansätze auf die in dieser Arbeit verwendete Terminologie übertragen.

[5] Vgl. Akao (1990b), S. 16 f.

F. Schönhofen, *Technologieinduzierte Entwicklung neuer Wertversprechen im Software-intensive Business*, https://doi.org/10.1007/978-3-658-43471-7_5

mit QFD zu gestalten. In Hinblick auf die Gestaltungsziele dieser Arbeit sind insb. jene Deployments relevant, welche die Planung und Umsetzung der frühen Phasen der Produktentstehung betreffen.[6] Hinsichtlich der Verbindung von Produkt und Kunde steht dabei insb. das *Quality Deployment* im Vordergrund. Dieses Deployment nimmt innerhalb von QFD eine besondere Rolle ein, was sich bereits im ursprünglichen Namen des Comprehensive QFD zeigt: Akao selbst bezeichnet das umfassende QFD-Modell *„Comprehensive Quality Deployment.*"[7] Dieses Modell wird auch in der japanischen QFD-Norm JIS Q 9025 beschrieben.[8] Das in der internationalen Norm ISO16355–1 beschriebene Comprehensive QFD weist dem gegenüber einige Unterschiede auf. So wird innerhalb des eigentlichen Quality Deployments im Akao-Modell die klassische HoQ-Matrix beschrieben: Priorisierte Kundennutzen (im Original: required quality) werden korreliert mit Qualitätsmerkmalen (quality characteristics). Ergebnis der Analyse ist die Design Planning Table im „Keller" des HoQ. Ergänzt wird die Analyse durch die Quality Planning Table im rechten „Erker". Dies findet sich prinzipiell auch im Comprehensive QFD nach ISO 16355–1 wieder, jedoch mit anderer Bezeichnung. Statt „quality characteristics" wird hier von „functional requirements" gesprochen.[9] Begründet ist dieser Unterschied vermutlich in einem anderen Verständnis des Qualitätsbegriffs. Wie bereits beschrieben kann Qualität sowohl als messbare, technische Qualität verstanden (und mit Qualitätsmerkmalen beschrieben) werden, als auch als relative Qualität, welche den Grad der Erfüllung der Kundenanforderungen beschreibt.[10] Während Akao sich vor dem Hintergrund des QFD-Ursprungs in der Maschinenbaubranche auf die technische Qualität konzentriert, fasst ISO 16355–1 den Qualitätsbegriff weiter.

Ein weiterer Unterschied zeigt sich in der Bezeichnung der Deployments. Als zweites Deployment ist bei Akao die Integration bereits existierender Mechanismen (bspw. Standardbauteile oder bereits entwickelte Baugruppen) vorgesehen. Dies wird als *Engineering Deployment* bezeichnet.[11] ISO 16355–1 erweitert das Engineering Deployment zu einem *Technology Deployment*. Dies ermöglicht es, neue Technologien in die Entwicklung einfließen zu lassen.

[6] Vgl. die Einordnung in die Aufgaben des Produktmanagements in Abschnitt 2.1.1.

[7] Vgl. Akao (1990b).

[8] Vgl. JSA (2003).

[9] Vgl. ISO 16355–1 (2015), S. 62.

[10] Vgl. Abschnitt 2.3.2.

[11] Vgl. Akao (1990b).

5.1.1 Quality Deployment

Ziel des Quality Deployments ist die Übersetzung priorisierter Kundennutzen in priorisierte Qualitätsmerkmale.[12] Das bereits beschriebene (klassische) HoQ bildet dabei das zentrale Werkzeug. Allerdings endet das Quality Deployment nicht mit dem Anfertigen des HoQ, sondern bildet den Einstieg in ein System weiterer Priorisierungsmatrizen, die über die bereits beschriebenen Matrixketten verbunden sind. Die japanische QFD-Norm fokussiert das Quality Deployment auf die Matrix der Funktionsplanung und der Komponentenplanung (Abbildung 5.1).[13]

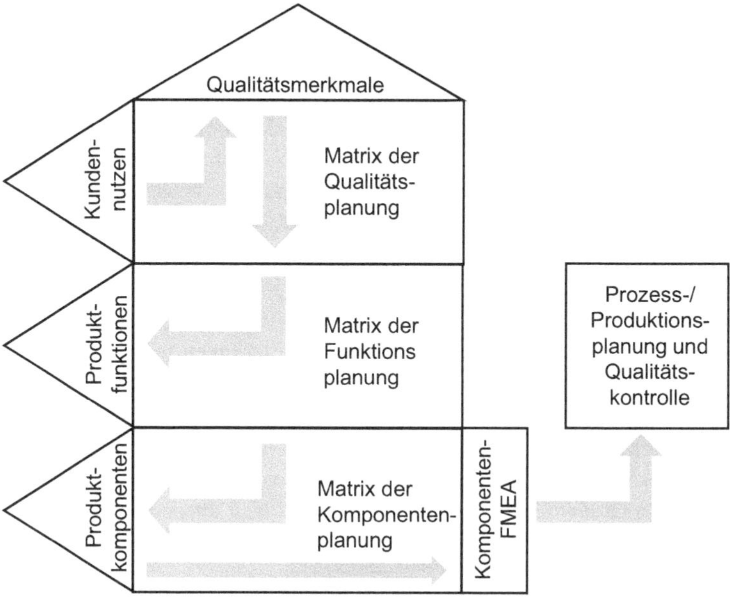

Abbildung 5.1 Quality Deployment nach JIS Q 9025[14]

---

[12] Vgl. ISO 16355–5 (2017), S. 39. Später wurden insb. im Rahmen der Software QFD-Ansätze auch Quality Deployments zur Übersetzung von Kundennutzen in Produktfunktionen entwickelt. Vgl. hierzu Abschnitt 5.2.

[13] Vgl. JSA (2003), S. 12.

[14] Eigene Darstellung in Anlehnung an JSA (2003), S. 12 und Schockert (2017), S. 134. Die Dreiecke stellen Hierarchiediagramme dar, die Pfeile zeigen die Bewertungsrichtungen. Die Bezeichnungen wurden auf das Begriffsschema dieser Arbeit übertragen.

5.1.2 Technology Deployment

Mit Blick auf die technologieinduzierte Entwicklung ist auch die Untersuchung des Technology Deployments vielversprechend: Ziel des Technology Deployments ist die Integration besonderer, unternehmenseigener Technologien in die Analyse und Entwicklung mit QFD.[15] Laut ISO 16355–5 fokussiert das Technology Deployment auf die Entdeckung und Qualitätssicherung neuer Technologien auf verschiedenen Ebenen der Produktentwicklung.[16]

Das Technology Deployment wird in der ISO 16355–5 auch als *technologiegetriebenes* QFD bezeichnet, während die normal üblichen Ansätze als *kundengetrieben* bezeichnet werden. Alternativ wird für das Technology Deployment auch die Bezeichnung „Reverse QFD" genutzt, während die auf dem Quality Deployment basierenden, üblichen QFD-Anwendungen als „Forward QFD" bezeichnet werden.[17] Hintergrund dieser Formulierung ist offensichtlich die ursprüngliche Orientierung von QFD am Kunden: Ausgehend von den Kundenanforderungen werden technische Lösungen identifiziert, bewertet und in die weitere Entwicklung „deployt" („vorwärts"). Diese Richtung zugrunde gelegt, ist der Ausgangspunkt bei einer bestehenden Technologie tatsächlich „rückwärts", da von bestehenden Technologien auf Kundenanforderungen geschlossen werden kann.[18]

In der ursprünglichen Erwähnung des Technology Deployments ist das (klassische) House of Quality Ausgangspunkt der Entwicklung. In diesem HoQ werden Qualitätsanforderungen anhand von Kundenanforderungen bewertet. Das klassische HoQ ist damit zentraler Bestandteil des Quality Deployments.[19] Akao et al. konstatieren, dass selbst bei vollständiger Ausarbeitung des HoQ die Verknüpfung der bewerteten Qualitätsanforderungen mit der im Unternehmen vorhandenen Technologie schwierig ist. Dies liegt insbesondere darin begründet, dass diese Technologie noch nicht in konkrete Produktfunktionen übersetzt wurde. Für eben diese Übersetzung der Technologie in Produktfunktionen sehen Akao et al. das

[15] Vgl. Akao et al. (1990), S. 149.

[16] Vgl. ISO 16355–5:2017 (2017), S. 44.

[17] Die Bezeichnung „Reverse QFD" im Technology Deployment ist dabei vom namensgleichen und verwandten, aber weiter ausspezifizierten Ansatz nach Hines und Mazur zu unterscheiden. Vgl. Abschnitt 5.4.3.

[18] Vgl. ISO 16355–5 (2017), S. 44.

[19] Akao et al. (1990) sprechen von einer „Quality Characteristics Chart i.e.S." bzw. „Required Quality" für Kundenanforderungen und „Quality Characteristics" für die Qualitätsanforderungen. Die in der Originalquelle verwendeten Bezeichnungen werden zur Wahrung der Übersicht in das in dieser Arbeit verwendete Begriffsschema übertragen.

Function Deployment vor. Innerhalb des Function Deployments werden konkrete Produktfunktionen formuliert. Zur Verbindung mit der vorhandenen Technologie ist es nun notwendig, diese Produktfunktionen zu sog. *Mechanismen* zusammenzufassen. Als Beispiel für Produktfunktionen einer Fernbedienung nennen die Autoren Produktfunktionen wie „Radiowellen senden“ und „Signale generieren“. Entsprechende Mechanismen sind „Sender“ und „Empfänger“, also Komponenten, die als eigenständige Einheit innerhalb des Produkts „Fernbedienung“ fungieren. Technologien sehen die Autoren entsprechend als (feste) Kombination von Produktanforderungen innerhalb einer Komponente. Zur Bewertung von Technologien und deren Implementierung in den Entwicklungsprozess ist es also notwendig, diese im *Mechanism Deployment* zu analysieren. Das Technology Deployment umfasst daher das Quality Deployment, das Function Deployment sowie das Mechanism Deployment.[20]

Hier zeigt sich auf den ersten Blick ein Widerspruch. Akao et al. definieren das Quality Deployment als Teil des Technology Deployments, während die ISO 16355–5 das Vorgehen im Technology Deployment als dem Quality Deployment entgegengesetzt definiert („Needs to Seeds“ vs. „Seeds to Needs“ bzw. QFD „vorwärts“ vs. „rückwärts“).[21]

Die in den Formulierungen unterstellten Richtungen der Entwicklung erweisen sich bei näherer Betrachtung von QFD allerdings generell als wenig zutreffend. Zwar erfolgt die Bearbeitung der verschiedenen QFD-Aktivitäten zumeist in sequenzieller Reihenfolge, spätestens bei der Analyse und Synthese von Kundennutzen, Produktanforderungen und Qualitätsmerkmalen in den HoQ- bzw. Software-HoQ-Matrizen ist eine rein sequenzielle Bearbeitung allerdings nicht mehr möglich. Diese Analyse, die Akao im Quality Deployment für das klassische House of Quality beschreibt, ist inhärenter Bestandteil sowohl im Quality Deployment als auch im Technology Deployment. Es ist somit davon auszugehen, dass jede QFD-Anwendung sowohl vorwärts- als auch rückwärtsgerichtete Elemente aufweist.[22]

---

[20] Vgl. Akao et al. (1990), S. 153 ff.

[21] Vgl. ISO 16355-5:2017, S. 44.

[22] Dies wird insbesondere in den explizit iterativ aufgebauten QFD-Ansätzen Continuous QFD und Agilem Software QFD deutlich. Für eine nähere Betrachtung dieser Ansätze siehe Abschnitt 5.3.

5.1.3 Bewertung des Comprehensive QFD hinsichtlich der Gestaltung des VPD

Als „Urmodell" von QFD übersetzt Comprehensive QFD[23] die QFD-Prinzipien in konkrete Handlungsschritte. Das Comprehensive QFD zeigt dabei insb. auf, wie die nur schwer messbaren Kundennutzen in mathematische Zusammenhänge übersetzt werden können, die wiederum zu objektiv messbaren Ergebnissen hinsichtlich der Produktqualität führen. Damit deckt Comprehensive QFD nahezu den gesamten in Abschnitt 4.1 dargestellten Innovationsprozess ab. Die Übersetzung der Kundennutzen in messbare Produkteigenschaften zeigt dabei auch einen möglichen Weg mit dem Fuzzy Front End umzugehen, wobei der von Akao angenommene Grad der Unbestimmtheit zu Beginn der Entwicklung sicher als niedriger zu bewerten ist als bei der technologieinduzierten Entwicklung im SiB. Daher muss das zu konzipierende VPD unter diesen Bedingungen das Quality Deployment nach vorne erweitern. Gelingt es, dieses ergänzende Deployment unter Einhaltung der QFD-Leitlinien zu gestalten, können die Ergebnisse des VPD mit bestehenden QFD-Ansätzen durch die Entwicklung getragen werden und die Abstimmung des Geschäftsmodells bis in die konkrete Produktentwicklung realisiert werden.

Maßnahmen des Technology Deployments, insb. der Einbezug vorhandener Technologien in die Entwicklung, können so bei der technologieinduzierten Entwicklung unterstützen.

5.2 Software QFD

Auch wenn QFD bspw. von der ISO 16355 als branchenübergreifende Methode verstanden wird, führten die besonderen Eigenschaften der Software bereits in den 1980er Jahren zur Entwicklung spezifischer QFD-Ausprägungen.[24]

5.2.1 Software QFD Eigenschaften

In „klassischen" QFD-Ansätzen, wie dem vorher beschriebenen Comprehensive QFD, werden insbesondere die objektiv messbaren Qualitätsmerkmale betrachtet.

---

[23] Bzw. das Comprehensive Quality Deployment.

[24] Vgl. Herzwurm et al. (1997), Schockert (2017), S. 34 nach Zultner (2007), S. 351. Zu Software QFD Veröffentlichungen vgl. auch Schockert (2017), S. 41 ff.

Im Vergleich zu den physischen Produkten, für deren Planung und Entwicklung QFD einst entwickelt wurde, zeichnet sich Software weniger durch tangible Eigenschaften aus, die als Qualitätsmerkmale mess- oder zumindest erlebbar sind. Software dagegen wird maßgeblich danach beurteilt, welche Funktionen sie aufweist.[25]

Diese Erkenntnis war Anlass für die Gestaltung eines angepassten Quality Deployments. Statt, wie beim Comprehensive Quality Deployment nach Kano, die Korrelationen zwischen Qualitätsmerkmalen und Kundennutzen zu untersuchen, wird eine neue HoQ-Matrix gebildet: Das *Software HoQ*. An die Stelle der Qualitätsmerkmale treten hier die Produktfunktionen.[26] Dementsprechend werden im Software HoQ die Produktfunktionen anhand des Erfüllungsgrads der Kundennutzen bewertet. Design Planning Table und Quality Planning Table bleiben von der Logik her gleich, allerdings bezieht sich die in der Design Planning Table enthaltene Bewertung auf die Produktfunktionen, ebenso wie der Wettbewerbsvergleich in der Quality Planning Table.

Bezüglich der Positionierung im Produktentstehungsprozess zeigt sich bei Software QFD ein veränderter Schwerpunkt: Der Fokus auf die Produktfunktionen ermöglicht den Einsatz von Software QFD in sehr frühen Phasen des Entwicklungsprozesses, in denen die Träger der Qualitätsmerkmale, die Produktfunktionen, noch nicht erhoben sind, bzw. noch große Freiheitsgrade herrschen.[27]

5.2.2 Priorisierendes und fokussierendes Software QFD

In Abschnitt 5.2.1 wurde bereits auf Besonderheiten des Software QFD eingegangen. In diesem Kapitel wird anhand des *priorisierenden und fokussierenden Software QFD Modells* (PriFo-QFD) auf die konkrete Gestaltung eines Software QFD-Ablaufs eingegangen.

PriFo-QFD beginnt mit einer Planungsphase, zu der drei Aktivitäten beschrieben werden. In der **Projektorganisation** werden die Projektziele definiert, die Zeit- und Kostenplanung erstellt und das QFD-Team zusammengestellt. In der **Projektabgrenzung** sollen die wichtigsten Geschäftsprozesse und die essenziellen Software-Features identifiziert werden. Das **Customer Deployment** ähnelt

[25] Vgl. Zultner (1994), S. 149.

[26] Vgl. Herzwurm et al. (1997), S. 44.

[27] Vgl. Herzwurm et al. (2016), S. 175 und Schockert (2017), S. 48 f.

dem später noch dargestellten Verfahren nach Zultner.[28] Es werden Kundencharakteristika identifiziert, Schlüsselkunden bestimmt und priorisiert, Informationen über diese eingeholt und entsprechende Kundenrepräsentanten ausgewählt.[29]

Das Customer Deployment im PriFo-QFD unterscheidet sich allerdings im Detail von Zultners Vorbild. Durch eine Bestimmung sog. *Schlüsselkunden* trägt es wesentlich zur namensgebenden Priorisierung und Fokussierung des QFD-Prozesses bei, in dem das Projektteam dazu aufgefordert wird, sich auf die Logik des Pareto-Prinzips zu beziehen: Ein kleiner Teil der Kunden ist entscheidend für den Großteil des Produkterfolgs. Dementsprechend fordert das Customer Deployment im PriFo-QFD eine Priorisierung der Kundengruppen zur Identifikation der drei bis fünf wichtigsten. Die Entscheidung über die Priorisierung obliegt dabei den Projektmanagern, die sich möglichst einig sein sollten. Vorgeschlagen wird hier die Verwendung der 100 Punkte Methode, nach der eine vorgegebene Anzahl Punkte (eben 100) gemäß der Bedeutung der Kundengruppen verteilt werden sollen.[30] Sollte sich die Priorisierung der Kundengruppen als schwierig herausstellen (bspw. aufgrund einer großen Zahl potenzieller Kundengruppen oder vieler Entscheidungsfaktoren), sieht PriFo-QFD auch die Möglichkeit genauerer, aber aufwändigerer Methoden vor. Die erste Variante ist die vorherige Bewertung der Entscheidungsfaktoren (Customer Characteristics). Die Priorisierung der Kundengruppen erfolgt dann über eine Priorisierungsmatrix gemäß den Korrelationen zwischen Kunden und Entscheidungsfaktoren. Die zweite Variante ist die Anwendung des paarweisen Vergleichs, bei dem Kunden(gruppen) jeweils paarweise miteinander verglichen werden, woraus sich eine ordinale Bewertung ergibt.[31]

Sind die wichtigsten Kundengruppen ausgewählt, sollen Repräsentanten dieser Kundengruppen eingeladen werden, um an den dann folgenden Workshops teilzunehmen.

Kern des PriFo-QFD ist die Triangulation dreier wesentlicher Matrizen: Das Software HoQ, das klassische HoQ und die Design Point Analyse.

Die hierfür notwendigen Inhalte werden in Workshops mit den Kunden erarbeitet. Der Problemraum wird durch Aussagen der Kunden definiert. Durch die *Voice of the Customer Analyse* (VoCA) werden aus diesen Aussagen konkrete

---

[28] Vgl. vorheriges Kapitel und Zultner (1991).

[29] Vgl. Herzwurm et al. (2000a), S. 49 und Schockert (2017), S. 143.

[30] Vgl. Herzwurm et al. (1997), S. 74 f. und Herzwurm et al. (2000a), S. 58 f. Zum Pareto-Diagramm vgl. bspw. Juran (1992), S. 68.

[31] Vgl. Herzwurm et al. (2000a), S. 59.

Kundennutzen identifiziert. Diese werden durch die Kunden selbst priorisiert und finden Eingang in die Analyse mit beiden HoQ.[32]

Der Lösungsraum wird durch ein analoges Verfahren, der *Voice of Engineer Analyse* (VoEA) bearbeitet. Die beteiligten Entwickler erarbeiten dabei Produktfunktionen und Qualitätsmerkmale anhand der im Vorfeld identifizierten Kundennutzen. Auch die Erkenntnisse aus der VoEA finden Eingang in die beiden HoQ.[33]

Im Anschluss werden die entstandenen Matrizen bearbeitet. Dabei ist insb. die Bewertung der Unterstützung der Kundennutzen durch die Produktfunktionen (bzw. Qualitätsmerkmale) in Form der Korrelationen im Zentrum der Matrix hervorzuheben. Dies geschieht im PriFo-QFD-Modell workshopbasiert und in Zusammenarbeit des QFD-Teams.[34] Nach Ermittlung der Korrelationswerte in den Matrizen erfolgt die Matrixanalyse. Ziel der Matrixanalyse ist die Prüfung der Korrelationsmatrix auf fehlerhafte Eintragungen und Sicherstellung einer ausreichenden Abdeckung aller Kundennutzen.[35] Hier werden sog. Matrixdegenerationen identifiziert und Gegenmaßnahmen für deren Beseitigung getroffen.[36]

Die Erkenntnisse beider HoQ gehen in die dritte Matrix ein, die sog. *Design Point Analyse.* Diese stellt die nach Kundennutzen bewerteten Qualitätsmerkmale den ebenfalls nach Kundennutzen bewerteten Produktfunktionen gegenüber. Die Design Point Analyse bildet dann die Grundlage für die folgende Anforderungsspezifikation.[37]

Abbildung 5.2 bildet den Ablauf von PriFo-QFD grafisch ab.

---

[32] Vgl. Herzwurm et al. (1997), S. 83 ff.

[33] Vgl. Herzwurm et al. (1997), S. 105 ff. Natürlich können auch Kunden Produktfunktionen bzw. Qualitätsmerkmale nennen bzw. Entwickler Aussagen über Kundennutzen treffen. Dies wird im PriFo-QFD berücksichtigt. Vgl. hierzu Herzwurm et al. (1997).

[34] Vgl. Herzwurm et al. (1997), S. 113 ff. Zur Bewertung der Korrelationen gibt es verschiedene Vorgehen und Skalen. So schlagen Herzwurm et al. (1997) ein siebenstufiges Verfahren vor, es gibt aber auch gängige Verfahren mit weniger oder mehr Stufen. Vgl. ISO 16355–1 (2015), S. 13.

[35] Vgl. Herzwurm et al. (1997), S. 118.

[36] Vgl. Herzwurm et al. (1997), S. 119 f. Mögliche Degenerationen sind bspw. leere Zeilen, also Kundennutzen für die bisher keine Produktfunktion/kein Qualitätsmerkmal gefunden werden konnte. Eine erweiterte Degenerationentabelle ist Teil des VPD und wird in Abschnitt 6.2.5 näher erläutert.

[37] Vgl. Herzwurm et al. (2000a), S. 49 und Schockert (2017), S. 142 ff.

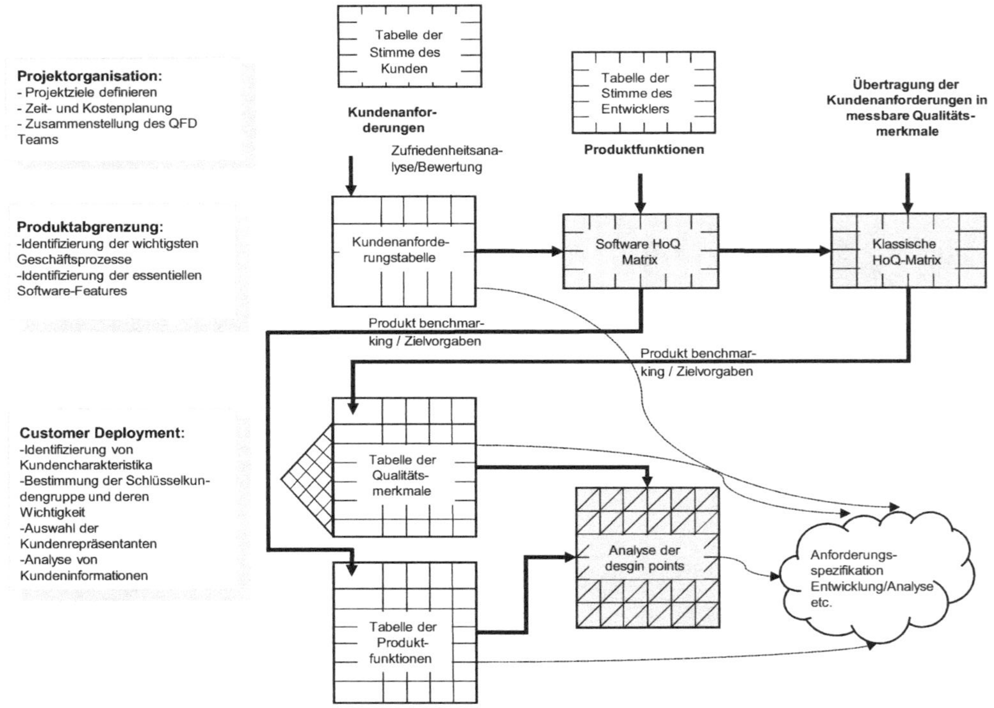

Abbildung 5.2 Priorisierendes und fokussierendes Software QFD[38]

[38] Vgl. Herzwurm et al. (2000a), S. 49 und Schockert (2017), S. 143.

5.2.3 Bewertung des Software QFD hinsichtlich der Gestaltung des VPD

Der in Abschnitt 2.1.1 erläuterte, maßgebliche Softwareanteil bei Produkten und Wertversprechen im SiB, lässt die Betrachtung von softwarespezifischen QFD-Anwendungen naheliegend erscheinen. Software QFD Ansätze wie PriFo-QFD beziehen die Spezifika der Software durch die verstärkte Fokussierung auf frühe Phasen der Produktentwicklung und die explizite und frühe Betrachtung von Produktfunktionen in die Entwicklung mit ein. Die bewusst branchenunabhängig formulierte ISO 16355–1 enthält Hinweise, nach denen die Produktfunktionen auch in der Fertigungsindustrie stärker in den Fokus rücken.[39] Die Veränderungen im Rahmen des SiB, insb. die zu beobachtende Verschmelzung von Software- und Fertigungsindustrie, wird diesen Effekt noch verstärken. Vor diesem Hintergrund lässt sich PriFo-QFD auch im Kontext von Projekten mit SiB einsetzen.[40]

Entsprechend enthält PriFo-QFD zahlreiche potenzielle Tätigkeiten und Analyseschritte, die auch bei der Entwicklung neuer Wertversprechen im SiB relevant sein können. Hierzu zählen die Triangulation der Matrizen HoQ, Software HoQ und Design Point Analyse sowie die detaillierte Analyse dieser Matrizen.

5.3 Dynamische QFD-Ansätze

Auch wenn klassische QFD-Ansätze, insbesondere durch die Arbeit mit den Matrizen – zumindest teilweise – iterative Eigenschaften aufweisen, erkannten QFD-Forschende früh die Notwendigkeit, dieses Charakteristikum stärker zu betonen und QFD an das volatilere Entwicklungsumfeld anzupassen.

5.3.1 Continuous QFD

Die Anforderung nach einem handlungsleitenden Umgang mit den Eigenschaften des sog. E-Business führte in den frühen 2000er Jahren zur Entwicklung einer neuen QFD-Variante.[41] Die Entwicklung des als *Continuous QFD* (CQFD)

---

[39] Vgl. ISO 16355–1 (2015), S. 2 und Schockert (2017), S. 49.

[40] Vgl. Jansen und Werder (2018), S. 176. Schockert (2017) stellte überdies hinaus, dass ein großer Anteil untersuchter QFD-Projekte insbesondere die frühen Phasen des Projektablaufs, also insb. auch die Untersuchung der Produktfunktionen behandeln. Vgl. Schockert (2017), S. 49.

[41] Vgl. Herzwurm et al. (2000b) und Herzwurm et al. (2000a), S. 89 ff.

bezeichneten Ansatzes basiert auf der Feststellung der hohen Grunddynamik der Anforderungen in einem sich dauernd wandelnden Geschäftsumfeld. Diese Grunddynamik bedingt eine ganze Reihe an Herausforderungen:

So fehlt den Kunden bspw. bei der Entwicklung neuer Produkte ggf. die Vorstellungskraft, um ihre Kundennutzen[42] identifizieren zu können. Dies erschwert die in QFD so wichtige Kommunikation zwischen Entwickler und Kunde und führt häufig zu Änderungen der Anforderungen im Entwicklungsverlauf.[43]

Diesen Herausforderungen bei der Formulierung von Produktfunktionen trägt CQFD Rechnung. Das eher sequenzielle Abarbeiten vorher erhobener Kundenanforderungen, wird durch einen iterativen Prozess ersetzt, bei dem der Kunde zu jeder Zeit im Entwicklungsprozess Feedback geben kann. Damit erreicht CQFD eine Verbesserung der Kommunikation, da die Kunden nicht länger rein auf ihre Vorstellungskraft angewiesen sind, sondern anhand real existierender Zwischenstände die Wirkungen der enthaltenen Produktfunktionen erleben können. Der Kunde wird damit befähigt, direktes Feedback an die Entwickler zu geben, während die Entwickler wiederum zeitnah eine Abschätzung über den Aufwand abgeben können.[44]

Die folgende Tabelle 5.1 fasst die hinter der Entwicklung von CQFD stehenden Herausforderungen des Entwicklungsumfelds zusammen:

Tabelle 5.1 Durch Continuous QFD adressierte Herausforderungen des Entwicklungsumfelds[45]

Durch Continuous QFD adressierte Herausforderungen
Unklare Kundenanforderungen und Produkteigenschaften
Dynamische Kundenanforderungen und Produkteigenschaften
Unbestimmte Produkteigenschaften bzgl. der Realisierbarkeit
Zeitdruck

Um diese Herausforderungen bewältigen zu können, weist CQFD folgende Eigenschaften auf (Tabelle 5.2):

[42] In den meisten Quellen zu Continuous QFD wird von „Anforderungen" bzw. „Requirements" und „Lösungen" bzw. „Solutions" gesprochen. Um Missverständnissen vorzubeugen, werden diese Begriffe in die in dieser Arbeit verwendete Begriffssystematik übertragen.

[43] Vgl. Herzwurm et al. (2000a), S. 89 f.

[44] Damit ähnelt das Vorgehen im CQFD den bereits dargestellten Feedbackschleifen in Abschnitt 4.2.6.

[45] Vgl. Herzwurm (2000a), S. 93.

Tabelle 5.2 Eigenschaften von Continuous QFD[46]

Eigenschaften von Continuous QFD
Inkrementelle Planungs- und Implementierungszyklen
– Simultane Erhebung von Kundenanforderungen und Produkteigenschaften
– Große Zahl kurzer Meetings
– Stufenweise verfeinerbare Gewichtung
– Fokussierung auf die wichtigsten Kundenanforderungen und Produkteigenschaften
– Inkrementelle Entstehung aller Matrizen
– Simultane Planung und Entwicklung
Einsatz von Informationstechnik (QFD Tools und Internet)
Nutzung von Templates

Auffällig ist insbesondere die Betonung simultaner Vorgänge bei Planung, Entwicklung und Erhebung von Kundenanforderungen und Produkteigenschaften. Vorgänge, die in den bis dahin genutzten Entwicklungsansätzen[47] eher sequenziell abliefen. Während dies einen deutlichen Unterschied zu bisherigen QFD-Anwendungen darstellt, übernimmt CQFD auch wesentliche Charakteristika des PriFo-QFD. Insb. sei hier die Fokussierung auf die wichtigsten Kundennutzen und Produktfunktionen zu nennen. Als Hilfestellung zur konkreten Umsetzung wurde das CQFD-Framework entworfen. Abbildung 5.3 stellt dieses Framework schematisch dar.

Das Continuous QFD umfasst drei wesentliche Schritte: In der **Konzeptplanung** werden das Software HoQ und das klassische HoQ simultan erarbeitet. Der Abbildung folgend, befinden sich diese Matrizen unter dem gleichen Dach, in dem gemeinsame Synergien dargestellt werden können. Die bewerteten Produktfunktionen aus dem Software HoQ werden an die **Komponentenplanung** weitergegeben. Hier werden die bewerteten Produktfunktionen wiederverwendbaren Komponenten (Webtemplates, App Ressourcen etc.) gegenübergestellt. Dies ermöglicht eine Abschätzung über die Anwendbarkeit bereits existierender technischer Lösungen und verringert durch deren (Wieder-)Verwendung den Entwicklungs- und ggf. den Testaufwand. Die Ergebnisse des klassischen HoQ münden in die **Technologieplanung**, in dem die bewerteten Qualitätsmerkmale

[46] Vgl. Herzwurm (2000a), S. 93.

[47] Damit sind nicht nur Entwicklungsansätze aus dem QFD-Bereich gemeint.

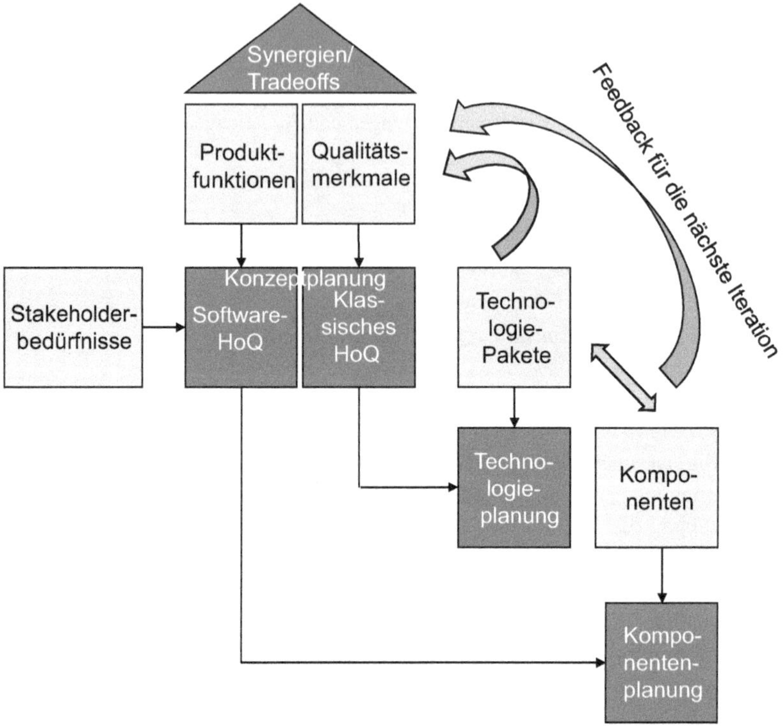

Abbildung 5.3 Continuous QFD Framework[48]

existierenden Technologien (Softwareplattformen, Datenbanken etc.) gegenübergestellt werden können. Dies ermöglicht den Entwicklern eine vereinfachte Aufwandschätzung.[49]

Diese Schritte verlaufen dabei inkrementell. So kann durch die anforderungsbasierte Analyse vorhandener Lösungen und Technologien festgestellt werden, ob weitere technische Lösungen benötigt werden und diese ggf. in die Entwicklung und weitere Analyse einfließen sollten. Dies kann prinzipiell so oft wiederholt werden, bis die wichtigsten Kundenanforderungen ausreichend erfüllt sind.

[48] Quelle: Eigene Darstellung, in Anlehnung an Herzwurm et al. (2000a), S. 99 und Schockert (2017), S. 148.

[49] Vgl. Herzwurm (2000a), S. 98 f. und Schockert (2017), S. 149.

Um dies abzuschätzen, werden die Kunden mittels Foren und anderen Kommunikationssystemen befähigt, zu jedem Zeitpunkt der Entwicklung Feedback einzubringen. Auch potenzielle Phänomene dieses Vorgehens beachten die Erfinder des CQFD: Durch den Einbezug der Kunden durch die Bewertung von Entwicklungsergebnissen, sind Gewöhnungseffekte zu erwarten: So können Produktfunktionen, die in der ersten Feedbackrunde noch als begeisternd wahrgenommen wurden, in den weiteren Feedbackrunden in den Augen der Kunden zu Basismerkmalen herabgestuft werden.[50]

5.3.2 Twin Peaks QFD

Die Erkenntnis, dass der Produktentwicklungsprozess nicht in klar voneinander abzugrenzenden Phasen verläuft, sondern zumindest teilweise parallel abläuft, gibt es nicht erst seit dem Aufkommen agiler Entwicklungsmodelle. Swartout und Balzer stellten bspw. bereits 1982 fest, dass ein sequenzieller Ablauf der Phasen allenfalls Wunschdenken sei, nicht aber der Realität entspricht.[51] Diese Erkenntnis führte (unter anderem) zur Gestaltung des sog. Twin Peaks Modells, das durch regelmäßige Abstimmung eine parallele Durchführung des RE und des Architekturentwurfs ermöglicht.[52]

Diese regelmäßige Abstimmung zwischen RE und Architekturentwurf unterstützen Watanabe et al. im Twin Peaks QFD-Ansatz durch zwei Matrizen: Dem Software HoQ und einer Matrix mit Korrelationen aus Produktfunktionen und Qualitätsmerkmalen.[53] Hierbei zeigen sich auch Parallelen zum vorher betrachteten Continuous QFD und dem nachfolgend dargestellten Agilen Software QFD.

5.3.3 Agiles Software QFD

Der Frage, wie Software QFD mit den sich zunehmend verbreitenden agilen Entwicklungsansätzen kombiniert werden kann, widmet sich das Agile Software

[50] Vgl. Herzwurm et al. (2000a) und zum Kano-Modell generell bspw. die Veröffentlichung von Kano et al. (1984) und Abschnitt 6.2.5.

[51] Vgl. Swartout und Balzer (1982), S. 438–439.

[52] Vgl. Nuseibeh (2001), S. 116 und Ebert (2014b), S. 138.

[53] Vgl. Watanabe et al. (2013), S. 120 f. und zur Interpretation der Qualitätstabelle als vermittelndem Element zwischen RE und Architekturentwurf Schockert (2017), S. 150.

QFD (ASQFD).[54] ASQFD leitet sich von 27 Gestaltungsanforderungen ab, die auf einer Analyse agiler Prinzipien und agiler Vorgehensmodellen basieren. Damit verbindet das Agile Software QFD im Grunde zwei Ziele, um die Anwendung von QFD in agilen Entwicklungsumfeldern zu unterstützen: Die Ausrichtung von QFD am sog. Business Value und die Implementierung eines iterativen Ablaufs der QFD-Durchführung.[55]

Der Business Value wird hier vor allem als Vorteil, die ein Kunde oder Stakeholder aus dem Produkt zieht, interpretiert.[56] Diese Interpretation eines der maßgeblichen agilen Prinzipien (der Ausrichtung der Entwicklung an eben jenem Business Value[57]) rechtfertigt die Nutzung von QFD im agilen Umfeld: Der Business Value weist eine große Nähe zur Ebene der Kundennutzen auf. QFD ermöglicht also eine von den Produktfunktionen unabhängige Analyse des Kundennutzens und damit grundsätzlich auch eine Ausrichtung am Business Value.[58]

Schlüssel zur Übertragung der agilen Vorgehensmodelle auf QFD sind die User Stories. Wie in Abschnitt 4.2.3 dargestellt, basieren User Stories zumeist auf einem Schema, das eine 1:1 Beziehung aus Kundennutzen (Warum?), Produktfunktion (Was?) und Rolle (Wer?) darstellt. Dem Product Owner obliegt die Aufgabe, aus dem Backlog die nächste User Story gemäß ihrem Beitrag zum Business Value auszuwählen. Die 1:1 Beziehung der User Story ist hierbei eine Idealisierung der Wirklichkeit, denn der Fall, dass *eine* Funktion genau *einen* Kundennutzen erfüllt, ist eher unwahrscheinlich.[59]

Das bereits vorgestellte Software HoQ bietet den Vorteil, dass es einer (theoretisch) unbegrenzten Zahl Kundennutzen, eine ebenso wenig begrenzte Zahl möglicher Produktfunktionen gegenüberstellen kann und eine Bewertung der Beziehung ermöglicht (m:n). Übertragen auf User Stories kann das Software HoQ demnach als eine Kombination aller vorhandenen User Stories verstanden werden. Jede stärkere Korrelation innerhalb der Matrix steht hierbei für eine User Story.[60] Auf diese Weise ermöglicht das HoQ eine Priorisierung der User Stories nach Business Value (bzw. nach der Bewertung des Kundennutzens) und ist zusätzlich in der Lage, die Produktfunktionen hinsichtlich ihrer Wirkung auf das

---

[54] Vgl. Schockert (2017), S. 158.

[55] Vgl. Schockert (2017), S. 160 ff. und S. 168 ff.

[56] Vgl. Schockert (2017), S. 160.

[57] Vgl. Beck et al. (2001).

[58] Vgl. Abschnitt 2.3.2 und Schockert (2017), S. 160 f.

[59] Vgl. Schockert (2017), S. 160 f.

[60] Vgl. Schockert (2017), S. 160 ff.

gesamte Produkt (und nicht nur einer User Story) zu bewerten. Damit kann das Software HoQ die Rolle des Product Backlogs übernehmen.[61]

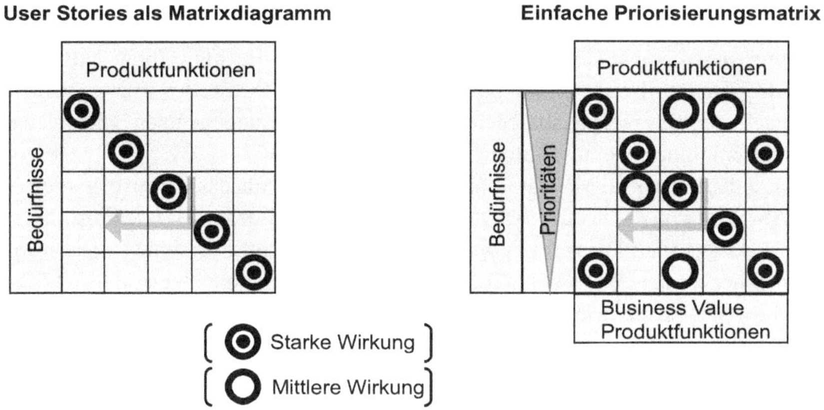

Abbildung 5.4 Priorisierung der Produktfunktionen anhand des Business Value im Agilen Software QFD[62]

Abbildung 5.4 verdeutlicht die Priorisierung der Produktfunktionen anhand des Business Value im Agilen Software QFD. Im Vergleich zur Verknüpfung von Kundennutzen und Produktfunktionen (linke Seite) zu User Stories fällt bei der Verknüpfung innerhalb eines Software House of Quality der Mehrwert für den Product Owner ins Auge: Neben der reinen Bewertung der Produktfunktionen über ihren Kundennutzen werden nun auch Relationen zu anderen Produktfunktionen transparent. Ggf. wäre es bspw. denkbar, dass eine Produktfunktion gar nicht umgesetzt werden muss, da andere Produktfunktionen diesen Kundennutzen bereits zufriedenstellend erfüllen.[63] Eine Spalte der Matrix kann damit auch

---

[61] Schockert (2017) erwähnt auch die Möglichkeit, dass das Software House of Quality als Product Backlog fungieren kann. In der hier angenommenen Form des Product Backlog sind neben User Stories weitere Inhalte vorgesehen, die in einem klassischen Software House of Quality nicht ohne weiteres darstellbar sind. Vgl. hierzu Abschnitt 3.2.2 und Schockert (2017), S. 166 f.

[62] Vgl. Schockert (2017), S. 161.

[63] Vgl. Schockert (2017), S. 161 f.

als sog. Extended User Story verstanden werden, die alle Wirkungen einer Produktfunktion auf den Kundennutzen aufzeigt und damit auch eine Abschätzung ihres Gesamt-Business Value erlaubt.[64]

Diese Informationen kann der Product Owner nutzen, um eine validere Priorisierung der Product Backlog Einträge zu erreichen. Er kann nun bei der Planung des kommenden Sprints aus dem Product Backlog (bzw. aus dem Gesamt-Software House of Quality) die wichtigsten User Stories (bzw. genauer: die nach der Bewertung aus Sicht aller bekannten Kundennutzen wichtigsten Produktfunktionen) herausgreifen.[65]

Diese beschriebene Mechanik bildet die Grundlage für das iterative Vorgehen des ASQFD. Ein Zyklus des ASQFD beginnt mit der Pflege des Backlogs durch den Product Owner. Dies erfolgt während eines sog. Kundengroomings. Die Kunden nehmen an diesem Meeting Teil und haben die Möglichkeit neue User Stories auf die Agenda zu bringen. Ergänzend können Erkenntnisse aus dem Sprint Review des vorangegangenen Sprints als Quelle weiterer User Stories dienen. Diese User Stories werden in Kundennutzen und Produktfunktionen aufgespalten und priorisiert (entweder noch während des Meetings oder im Anschluss gestützt auf IT-Systeme).[66]

In einem darauffolgenden zweiten Meeting (Entwickler Grooming) werden für die zuvor identifizierten User Stories (bzw. insbesondere für die darin enthaltenen Kundennutzen) weitere mögliche Produktfunktionen erarbeitet. Für das darauffolgende Sprint Planning des nachfolgenden Sprints entwirft der Product Owner die sog. Priority Map. Diese Priority Map besteht aus der Priorisierung der im Kundengrooming erarbeiteten Kundennutzen, der Priorisierungsmatrix (also einem Software HoQ mit den in beiden Groomings erarbeiteten Produktfunktionen und der Wirkungen auf die Kundennutzen), einer Bewertung der gegenseitigen Wirkungen der Produktfunktionen und der, aus den vorher genannten Elementen abgeleiteten, Bewertung der Produktfunktionen.[67] Das Software HoQ innerhalb der Priority Map wächst entsprechend in Folge der Groomings.[68]

Analog zu Scrum ist das Ergebnis des Sprint Plannings das Sprint Goal.[69] Das Sprint Goal wird im ASQFD in einem Sprint Map genannten Ausschnitt des in

---

[64] Vgl. Schockert (2017), S. 167.

[65] Vgl. Schockert (2017), S. 164.

[66] Vgl. Schockert (2017), S. 169 f.

[67] Vgl. Schockert (2017), S. 171 f.

[68] Vgl. Schockert (2017), S. 172.

[69] Schockert (2017) spricht von Iterationsziel bzw. Sprintziel, um ein möglichst einheitliches Wording zu erhalten, wurde die Formulierung entsprechend angepasst.

der Priority Map enthaltenen Software House of Quality ausgedrückt. Die Sprint Map enthält die wichtigsten Kundennutzen und jene Produktfunktionen, die eine große Wirkung auf diese Kundennutzen haben. Die eigentliche Entwicklung läuft dann – wiederum analog zu Scrum – während des Sprints ab. Es werden keine näheren Angaben über den Entwicklungsablauf gemacht, lediglich wird – analog zu Continuous QFD und Scrum – zu regelmäßiger Kommunikation in kleinen Meetings aufgerufen.

Analog zum Aufbau der Sprint Map nimmt die Priority Map um die vom aktuellen Sprint adressierten Kundennutzen (und Produktfunktionen) ab, sie schrumpft entsprechend mit jedem (erfolgreich umgesetzten) Sprint. Damit ist die „Gefahr" eines überbordenden HoQ zumindest eingeschränkt.[70] Die folgende Abbildung 5.5 zeigt den Ablauf des ASQFD zusammenfassend.

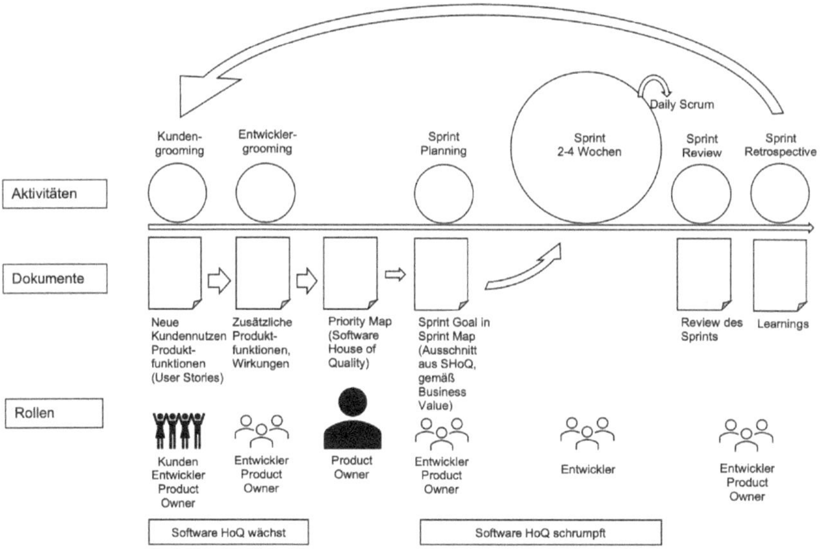

Abbildung 5.5 Ablauf des Agilen Software QFD[71]

[70] Vgl. Schockert (2017), S. 173 und S. 163.

[71] Vgl. Schockert (2017).

5.3.4 Bewertung dynamischer QFD-Ansätze hinsichtlich der Gestaltung des VPD

Das Continuous QFD nimmt viele Besonderheiten der zumeist jüngeren agilen Entwicklungsansätze vorweg. Auffälligstes Merkmal ist dabei die deutlich stärkere Betonung des iterativen Charakters von QFD. Viele vorher eher sequenzielle Prozessschritte werden in CQFD simultan durchgeführt. Wichtiges Hilfsmittel sind dabei die zahlreichen, aber kurzen Meetings, die bereits Parallelen zu Daily Scrums aufweisen. Das iterative Vorgehen schlägt sich auch in der Bearbeitung der zentralen Matrizen nieder: Diese konnten auch in den klassischen QFD-Ansätzen iterativ bearbeitet werden. Continuous QFD begreift diese Form der Matrixerstellung aber als den neuen Normalfall. CQFD schlägt zudem den Einsatz von IT vor, um Problemstellungen, wie dem (zeitlich und räumlich) verteilten Arbeiten zu begegnen. Die Wiederverwendung von Vorlagen, Produktfunktionen und Templates sind adäquate Lösungen für das Ziel Ressourcen und Zeit zu sparen, insbesondere da ihr Einsatz den QFD-Prinzipien entspricht, nach denen die wiederverwendeten Artefakte auch tatsächlich vorhandene Kundennutzen unterstützen sollen.

Die Beschreibungen von CQFD bleiben allerdings auf konzeptioneller Ebene. So wird zwar das simultane Arbeiten an mehreren Matrizen gefordert, allerdings wird – abgesehen von den häufigen, aber kurzen Meetings – kaum Hilfestellung bei der konkreten Durchführung dieser Aufgabe gegeben. Auch der konkrete Umgang mit den iterativ entstehenden Matrizen wird nicht genauer vorgegeben.

Als Weiterentwicklung des PriFo-QFD (insb. bzgl. der Anpassung an die Realitäten der Softwareentwicklung) bietet CQFD viel Potenzial hinsichtlich der Entwicklung software-intensiver Produkte. Die regelmäßigen Meetings innerhalb des Entwicklungsteams, aber auch mit dem Kunden, unterstützen zudem die Kommunikation. Ebenso wie die anderen Software QFD-Ansätze wird so auch auf den Fit zwischen Kunde und Produkt fokussiert. Es ergänzt die Analyse aber zusätzlich um die Möglichkeit, früh Feedback einzuholen und die Erkenntnisse auf die Entwicklung zu übertragen.

In CQFD wird davon ausgegangen, dass die Kundengruppen bekannt, bzw. zumindest durch die Projektmanager bestimmbar sind. Ähnlich wie Scrum und andere agile Ansätze, stellt CQFD insbesondere einen Ansatz dar, der die Folgen von Unsicherheiten im Entwicklungsumfeld bestmöglich zu verwalten versucht. CQFD bietet daher eine Lösung wie mit sich ändernden Kundenanforderungen umgegangen werden kann und enthält darüber hinaus Handlungsempfehlungen, wie mit der daraus resultierenden, nahezu über den gesamten Entwicklungszyklus permanent bestehenden Unsicherheit umgegangen werden kann. Unter Berücksichtigung der Herausforderungen bei der technologieinduzierten Entwicklung neuer Wertversprechen im SiB stellt CQFD damit eine vielversprechende konzeptionelle Grundlage für die Gestaltung des VPD dar. Insb. hinsichtlich des Umgangs mit dem Fuzzy Front End und der technologieinduzierten Entwicklung kann es für die Gestaltung des VPD als konzeptionelle Grundlage genutzt werden.

Das Twin Peaks QFD-Modell trennt, ähnlich den agilen Ansätzen, das RE vom Systementwurf und kann damit die Basis für agile Entwicklungsarbeit bieten, da es durch ständige Synchronisation beider Seiten die simultane Entwicklung ermöglicht. Da sich das VPD als Methode der frühen Phasen im RE versteht, ist die vom Twin Peaks QFD-Modell avisierte Problemstellung hier weniger eminent. Der Grundgedanke der simultanen Entwicklung auf unterschiedlichen Ebenen ist dennoch von hoher Relevanz: Gottschalk et al. übertragen den Grundgedanken des Twin Peaks Modells, also die parallele Entwicklung von Produktanforderungen und Architektur, auf die parallele Entwicklung des Geschäftsmodells und der Produktanforderungen.[72]

Da die Entwicklung des Wertversprechens einerseits ein Produkt umfassen muss, welches Nutzen bei bestimmten Kunden generiert, andererseits auch in ein funktionierendes Geschäftsmodell eingebettet werden muss, zeigen sich hier Parallelen zur Problemstellung des VPD. Auch hier muss die Abstimmung mit dem Geschäftsmodell simultan zur Entwicklung des zentralen Produkts erfolgen.

Das Agile SQFD umfasst insb. Maßnahmen, welche die Umsetzung von QFD in agilen Entwicklungsumgebungen ermöglicht. Es greift die wesentlichen Charakteristika des vorher betrachteten Continuous QFD auf, gibt aber darüber hinaus konkretere Handlungsempfehlungen zur tatsächlichen Durchführung des Vorgehens. So werden die notwendigen Aktivitäten und Rollen beschrieben. Hervorzuheben ist insbesondere die Mechanik der wachsenden und schrumpfenden Software HoQ Matrix im Product Backlog und die Darstellung der HoQ Matrix als Dokumentation mehrdimensional zusammenhängender User Stories. Auch die von CQFD vorgeschlagenen kurzen Meetings werden durch den Einbezug der Daily Scrums konkret in den Ablauf betrachtet.

Damit implementiert das ASQFD nicht nur die agilen Prinzipien in einen QFD-Prozess, sondern stellt auch für agile Vorgehensmodelle wie Scrum und XP ein wertvolles Werkzeug für eine tiefergehende Analyse und Planung des Produktentwicklungsprozesses dar.

Die Beurteilung der Eignung von ASQFD für die technologieinduzierte Entwicklung neuer Wertversprechen entspricht – angesichts der Zielstellung des

---

[72] Vgl. Gottschalk et al. (2019), S. 192–207.

ASQFD nicht überraschend – im Wesentlichen jener des Continuous QFD. Das ASQFD stellt aber hinsichtlich der Kompatibilität zur agilen Entwicklung eine im Vergleich zu CQFD deutlich weiter ausdifferenzierte Lösung dar. Das ASQFD nimmt Unsicherheiten zu Projektbeginn als gegeben hin, gibt aber konkrete Hilfestellung beim Umgang mit diesen während des Projekts.

Wie auch PriFo-QFD und CQFD setzt ASQFD ein konkretes Projektziel voraus (ähnlich der Product Vision bei der agilen Entwicklung oder dem Product Goal bei Scrum), kann also bei der Umsetzung technologieinduzierter Entwicklung und dem Umgang mit dem Fuzzy Front End der Produktentwicklung nur eingeschränkt unterstützen.

Die beschriebenen Aktivitäten und Artefakte, wie die wachsende und schrumpfende Matrix und der Zusammenhang zwischen User Story und Priorisierungsmatrizen bieten aber das Potenzial, auch hinsichtlich der technologieinduzierten Entwicklung neuer Wertversprechen mit VPD nützlich zu sein. Weiterhin prädestiniert die detaillierte Verbindung der QFD-Prinzipien und agiler Ansätze ASQFD für die Weiterentwicklung der im VPD erarbeiteten Ergebnisse.

5.4 QFD-Ansätze mit Fokus auf frühe Entwicklungsphasen

Bezüglich des Umgangs mit frühen Phasen der Produktentwicklung wurden im Laufe der Zeit dezidierte QFD-Ansätze entwickelt.

5.4.1 Customer Deployment

Das *Customer Deployment* nach Zultner beschäftigt sich im Besonderen mit der Frage, welche Kunden mit dem zu entwickelnden Produkt angesprochen werden sollen.[73] Die Entwicklung des Customer Deployments wurde motiviert über die Feststellung, dass sog. komplexe Produkte und Services, die Software-, Hardware- und Dienstleistungsanteile integrieren, häufig die Anforderungen einer Vielzahl unterschiedlicher Kundengruppen erfüllen müssen.[74] Für die Entwicklung dieser Produkte und Services ist es entsprechend von hoher Bedeutung, die avisierten Kunden, deren Eigenschaften und Anforderungsprofile zu kennen.

[73] Vgl. Zultner (1991), S. 452.

[74] Vgl. Zultner (1991), S. 452 und Herzwurm und Schockert (2003), S. 39.

Um dies zu erreichen, schlägt Zultner einen, ggü. dem bisherigen Comprehensive QFD Ansatz nach Akao, neuen Einstieg in den QFD-Prozess vor. Statt mit der HoQ-Matrix beginnt das Customer Deployment mit einer Matrix, die Eigenschaften der Stakeholder, Käufer, Nutzer und externer sowie interner Kunden in Kundensegmente gliedert (Customer Characteristics/Customer Segments Matrix).[75] Die identifizierten Kundensegmente werden im Anschluss anhand zu definierender Kriterien bewertet. Die folgende Abbildung 5.6 zeigt den Aufbau der Customer Characteristics/Customer Segments Matrix schematisch.

Kundeneigenschaften	**Kundengruppen**	Kundengruppe A	Kundengruppe B
Kundeneigenschaft 1			
Kundeneigenschaft 2			
Kundeneigenschaft 3			
Gewichtung der Kundengruppen			

Abbildung 5.6 Customer Characteristics/Customer Segments Matrix[76]

Die mittels der Customer Charakteristics/Customer Segments Matrix ermittelten Informationen werden in die darauffolgende Customer Segments/Customer Requirements Matrix übertragen. In dieser Matrix werden für jede der Kundengruppen die erhobenen Kundenanforderungen eingetragen und eine Bewertung dieser Kundenanforderungen je Kundengruppe durchgeführt. Abbildung 5.7 zeigt den Aufbau der Customer Segments/Customer Requirements Matrix schematisch.

Die Bewertung der Kundenanforderungen durch die verschiedenen Kundengruppen und die Bewertung der Kundengruppen an sich wird nun verrechnet. Als Ergebnis dieser Matrix steht die Gesamtpriorität der Kundenanforderungen. Sowohl die Kundenanforderungen als auch deren Gesamtpriorisierung können als

[75] Vgl. Zultner (1991), S. 453.

[76] Eigene Darstellung, in Anlehnung an Zultner (1991), S. 453.

Priorisierung der Anforderungen	Kundeneigenschaften	**Kundengruppen**	Kundengruppe A	Kundengruppe B	**Gesamtpriorität**
	Kundeneigenschaft 1				
	Kundeneigenschaft 2				
	Kundeneigenschaft 3				
	Gewichtung der Kundengruppen				

Abbildung 5.7 Customer Segments/Customer Requirements Matrix[77]

Ergebnis des Customer Deployments in den weiteren QFD-Prozess übernommen werden.[78]

5.4.2 Blitz QFD

Der *Blitz QFD* Ansatz setzt an vier wesentlichen Kritikpunkten von QFD an:

1. Die umfangreiche Analyse sei zeitaufwändig, [für die Beteiligten] anstrengend und entsprechend nur eingeschränkt effizient.[79]
2. Bei vielen QFD-Anwendungen wird kritisiert, dass nicht auf die Identifikation der wahren Kundennutzen fokussiert wird, sondern sich auf die Kenntnisse und Informationen zwischengeschalteter Zulieferer verlassen wird.[80]
3. Häufig werden in QFD-Anwendungen Berechnungen mit begrenzter Validität durchgeführt und daraus Aussagen abgeleitet. Insbesondere die Verwendung – und Vermischung – unterschiedlicher und als nicht ausreichend hoch angesehenen Skalenniveaus wird kritisiert.[81]
4. Die aufwändige Durchführung umfassender QFD-Ansätze erscheint vor dem Hintergrund der verschärften Wettbewerbsbedingungen als nicht mehr praktikabel.[82]

[77] Eigene Darstellung, in Anlehnung an Zultner (1991), S. 455.

[78] Vgl. Zultner (1991), S. 456.

[79] Vgl. Mazur (2012), S. 3 f. und Zultner (1995).

[80] Vgl. Mazur (2012), S. 3 f. und Zultner (1995).

[81] Vgl. Mazur (2012), S. 3 f. und Zultner (1995).

[82] Vgl. Mazur (2012), S. 3 f. und Zultner (1995).

Tabelle 5.3 stellt die genannten Vor- und Nachteile von traditionellen QFD-Ansätzen und Blitz QFD dar.

Tabelle 5.3 Vor- und Nachteile von traditionellen QFD-Ansätzen ggü. Blitz QFD[83]

Vorteile	Nachteile
Traditionelle QFD-Ansätze	
Umfangreiche Analyse	Anstrengend durchzuführen
Vielfach bewährter Ansatz	Zeitintensive Durchführung, Risiko des Aufgebens
Wiederverwertbarkeit der Ergebnisse	Ergebnisse kaum nützlich bevor Matrizen fertiggestellt sind
Vermeidet das Vergessen von Informationen	Starker Einfluss der zugrundeliegenden Paradigmen
	Eingeschränkte Validität der Berechnungen
Blitz QFD	
Schnellere Fertigstellung	Wiederverwertbarkeit der Ergebnisse nur eingeschränkt möglich
Fokussierung auf die wichtigsten Anforderungen	Weniger wichtige Anforderungen bleiben ggf. unverändert
Produktverbesserungen können schneller eingeleitet werden, keine Wartezeit auf Analyse	
Ansatz kann jederzeit um Elemente traditioneller QFD-Ansätze erweitert werden	
Stärkere Beachtung der Validität der Berechnungen	

Die auffälligste Besonderheit von Blitz QFD im Vergleich zu den vorher betrachteten QFD-Ansätzen ist die veränderte Sicht auf die HoQ-Matrizen. Sind diese in den meisten Anwendungen zentrales Element und werden als unverzichtbar angesehen, kann Blitz QFD auch ohne die Verwendung des HoQ auskommen bzw. schlägt sogar explizit vor, darauf zu verzichten. Blitz QFD konzentriert sich stattdessen auf die Identifikation und Analyse der Kundennutzen. Hierzu baut es, ähnlich dem PriFo QFD auf einem Customer Deployment auf.[84] In

[83] Eigene Darstellung, in Anlehnung an Watson et al. (2011), S. 11.

[84] Vgl. Abschnitt 5.4.1.

diesem werden die hinsichtlich des Projekterfolgs als kritischsten bewerteten Kundengruppen identifiziert. Für jede dieser Kundengruppen erfolgt eine grob dreigliedrige Analyse. In der *Statementanalyse* werden – ähnlich dem Vorgehen im Software QFD[85] – Kundenaussagen aufgenommen und Arbeitsprozesse der Kunden formal erfasst.

Besonders hervorgehoben wird der Aufruf zum *Go to the Gemba*[86] klassischer QFD-Ansätze: Blitz QFD sieht die Situationsanalyse nicht ergänzend, sondern als zur Statementanalyse mindestens gleichwertige Quelle zur Erhebung von Anforderungen. Die Erkenntnisse werden in Werkzeugen wie der *Gemba Visit Table* und der *Customer Context Table* festgehalten. In der darauffolgenden Goal Analysis werden, basierend auf den vorherigen Analyseschritten, Kundennutzen formuliert. Die im Vergleich zu traditionellen QFD-Ansätzen verkürzte Form des Analyseprozesses erreicht Blitz QFD durch die strikte Fokussierung auf die wichtigsten Kunden und Kundennutzen. Für die hierfür notwendige Priorisierung schlägt Blitz QFD die Verwendung des Analytic Hierarchy Process vor. Die hierfür notwendige Strukturierung erfolgt mittels Affinitätsdiagrammen.[87] Diese Fokussierung wirkt sich auch auf die weitere Entwicklung aus und unterscheidet sich dabei deutlich von vielen anderen QFD-Anwendungen: Statt der Analyse des Unterstützungsgrades der Kundennutzen durch Produktanforderungen in einem House of Quality, schlägt Blitz QFD die sog. Maximum Value Table (MVT) vor. Für den (bzw. die) wichtigsten Kundennutzen erfolgt in der MVT jeweils die Zuordnung jener Produktanforderungen, die diesen Kundennutzen bestmöglich erfüllen.[88] Das zugrundeliegende Schema ist also ein Verhältnis von 1:n bzgl. der Kundennutzen und Produktfunktionen.[89] Abbildung 5.8 zeigt den Ablauf des Blitz QFD schematisch.

---

[85] Vgl. Abschnitt 5.2.

[86] Vgl. ISO 16355-1 (2015), S. 2.

[87] Vgl. Mazur (2012), S. 5 f.

[88] Vgl. Zultner (2007), S. 381.

[89] Vgl. Mazur (2012), S. 13 und Schockert (2017), S. 141.

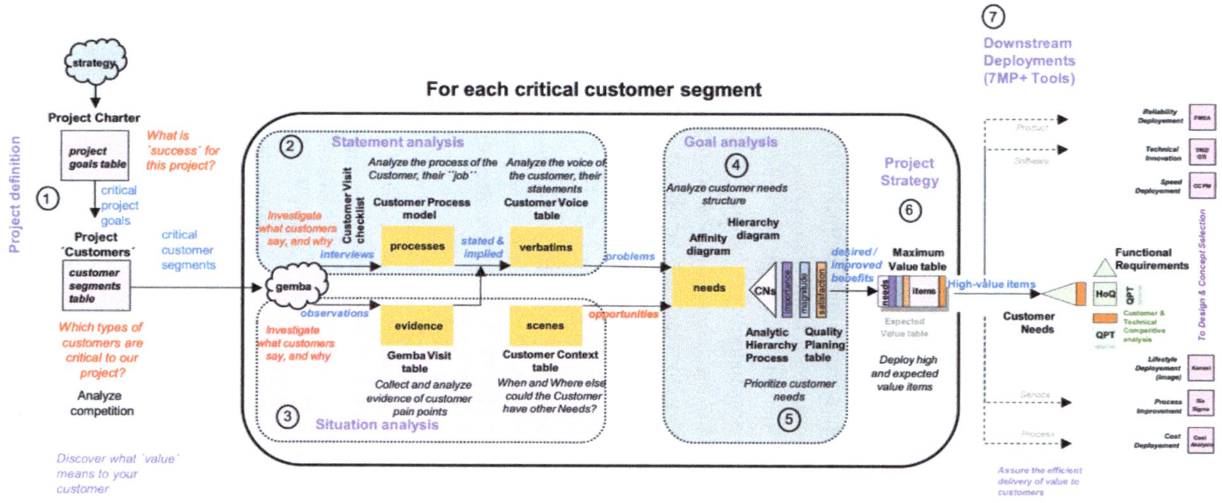

Abbildung 5.8 Ablauf des Blitz QFD[90]

[90] Eigene Darstellung nach Mazur (2012), S. 5, auch ISO 16355–5 (2017), S. 10. Das HoQ, bei vielen anderen QFD-Anwendungen obligatorisch, dient im Blitz QFD lediglich als ergänzendes Werkzeug zur vertieften Analyse. Vgl. hierzu Schockert (2017), S. 138 ff.

5.4.3 Reverse QFD

Reverse QFD ist eine Anwendung von QFD zur Analyse von Ideen hinsichtlich ihres Potenzials für neue Produkte und Services. Es basiert auf dem Technology Deployment, das zur Verbesserung der Qualität neuer Technologien während der Entwicklung dient.[91] Die Bezeichnung Reverse, dt. rückwärts, hat seinen Ursprung in der Analyse bereits bestehender Technologien im Technology Deployment – im Gegensatz zur lösungsneutralen „vorwärts"-Entwicklung bei den anderen Deployments. Im Technology Deployment dagegen ist diese Lösungsneutralität durch die Fokussierung auf unternehmensinterne Technologien zu Beginn eingeschränkt. Die Entwicklung beginnt daher bei der Lösung und verläuft so im Vergleich zu den anderen QFD-Anwendungen umgekehrt.

Im Gegensatz zu den meisten anderen hier betrachteten Ansätzen, handelt es sich bei Reverse QFD nicht um einen bestimmten Ansatz, sondern um eine Reihe von QFD-Anwendungen, die den Ausgangspunkt nicht bei Kundenaussagen, sondern bei bestimmten Lösungsmerkmalen haben.[92] Dabei ist festzuhalten, dass nur wenige Reverse QFD Anwendungen dokumentiert sind. Um dennoch einen möglichst vollständigen Blick auf die veröffentlichten Reverse QFD Ansätze zu erhalten, wird eine Literaturanalyse durchgeführt. Tabelle 5.4 zeigt die gefundenen Veröffentlichungen zum Thema Reverse QFD.

Die hinsichtlich der zugrundeliegenden Methodik am konkretesten dargestellte Anwendung von Reverse QFD findet sich bei Hines und Mazur (2007).[93] Diese findet auch Erwähnung in der ISO 16355–5:2017 und wird im Folgenden betrachtet. In Hinblick auf die Anwendung im VPD ist zu beachten, dass die in der Norm beschriebene Fallstudie nicht von einer bestehenden Technologie im Unternehmen als Ausgangspunkt der Entwicklung ausgeht, sondern von Marketingideen der Beschäftigten. Abbildung 5.9 zeigt den Ablauf des Reverse QFD Prozesses.

Die zumeist in Fließtext auf einer zu diesem Zweck eingerichteten Webseite eingetragenen Ideen der Beschäftigten (1) werden mithilfe einer *Customer Voice Table* in Kundennutzen übersetzt (2) und strukturiert (3). Die Strukturierung wird für den folgenden Analytic Hierarchy Process (4) genutzt, um die Kundennutzen zu priorisieren. Die höchstpriorisierten Kundennutzen werden in der Konzeptentwicklung (5) weiterverfolgt und finden Eingang in die Entwicklung. Im Vergleich zum vorher betrachteten Modern QFD fällt allerdings auf, dass insbesondere die Identifikation der Kundennutzen im Reverse QFD Ansatz deutliche Unterschiede

[91] Vgl. Akao et al. (1990), S. 153 ff.

[92] Vgl. hierzu auch ISO 16355–5 (2017), S. 44.

[93] Vgl. Hines und Mazur (2007), S. 426 f.

Tabelle 5.4 Veröffentlichungen zum Thema Reverse QFD[94]

#	Autoren	Titel	Jahr	Erschienen in
1	Ioannou, G., Pramataris, K.C., Prastacos, G.P.	A Quality Function Deployment Approach to Web Site Development: Applications for Electronic Retailing	2004	Les Cahiers du Management Technologique, 13, 2004, 3, S. 1–18.
2	Hines, K., Mazur, G.	Using QFD to Involve Employees in the Corporate Innovation Process	2007	Transactions from International Symposium on QFD, Williamsburg (VA) 2007
3	Kaneko, N.	Improving the Nissan Crew with Reverse QFD	2000	Transactions from International Symposium on QFD, Novi (MI) 2000
4	Mazur, G.	Transitioning from JIS Q 9025 to ISO 16355	2017	Proceedings of the 23rd International Symposium on QFD, Tokyo 2017
5	Wang, J., Wu, H., Chen, Y.	Made in China 2025 and manufacturing strategy decisions with reverse QFD	2020	International Journal of Production Economics, 224, 2020, 6
6	Duan, P., He, Z., He, Y., Fengdi, L., Anqi, Z., Di., Z.	Root cause analysis approach based on reverse cascading decomposition in QFD and fuzzy weight ARM for quality accidents	2015	Technological Forecasting and Social Chance, 94, 2015, 5
7	Yonghan, J., So Young, S.	Patent-based QFD framework development for identification of emerging technologies and related business models: A case of robot technology in Korea	2015	Proceedings of 2016 IEEE International Conference on Industrial Engineering and Engineering Management

aufweist. Sind die Kundennutzen erst identifiziert, ist der weitere Ablauf ähnlich zu Blitz QFD oder auch anderen QFD-Anwendungen.

94 Eigene Darstellung. Ergebnisse zu den Suchbegriffen „Reverse QFD" und „Reverse Quality Function Deployment" in den folgenden Datenbanken: Google Scholar, IEEE, Ebsco-Host, ScienceDirect und SpringerLink. Die Ergebnisse wurden um Dupletten bereinigt.

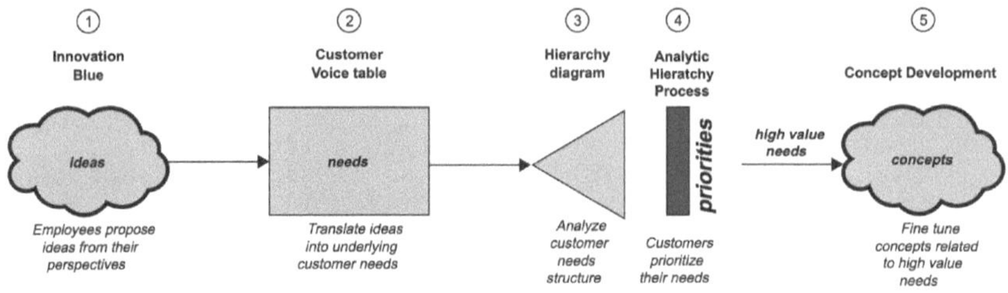

Abbildung 5.9 Ablauf eines Reverse QFD-Ansatzes[95]

5.4.4 Bewertung der QFD-Ansätze mit Fokus auf frühe Entwicklungsphasen hinsichtlich der Gestaltung des VPD

Der Ansatz des Customer Deployments weist deutliche Parallelen zur thematisierten Problemstellung der technologieinduzierten Entwicklung im SiB auf. Die Entwicklung sog. komplexer Produkte und Services erfordert ein klares Verständnis über die Eigenschaften der adressierten Kunden und deren Anforderungen. Die Eigenschaften der thematisierten komplexen Produkte und Services entsprechen dabei in hohem Maße den Produkten im SiB: Der durch diese Produkte abgedeckte Lösungsraum umfasst Hardware-, Software- und Servicekomponenten in variablen Anteilen. Auch besteht zu Beginn der Entwicklung Unsicherheit über die Zahl der angesprochenen Kunden, deren Eigenschaften und Anforderungsprofile. Das Customer Deployment zeigt einen Weg auf, wie bestehende QFD-Prozesse nach vorne hin erweitert werden können, um einerseits Informationen über verschiedene Kundengruppen einfließen zu lassen und andererseits eine Aggregation der möglicherweise (und zu erwartenden) divergierenden Priorisierung der Kundenanforderungen verschiedener Kundengruppen durchführen zu können. Zultner macht weiterhin Vorschläge, wie die Ergebnisse durch Einbezug von Techniken, wie dem AHP, höhere Validität erreichen können.[96]

Das Customer Deployment hebt insbesondere die Notwendigkeit hervor, umfassende Informationen über alle vom zu entwickelnden Produkt betroffenen Kunden einholen zu können und beschreibt detailliert die Mechanik der Verarbeitung dieser Informationen und deren Implementierung in QFD-Prozesse. Damit können die Aktivitäten im Customer Deployment bei der Formulierung

[95] Eigene Darstellung, vgl. Hines und Mazur (2007), S. 426.

[96] Vgl. Zultner (1991), S. 453.

von Prognosen über Eigenschaften und Verhalten potenzieller Kunden unterstützen. Allerdings wird wenig Hilfestellung hinsichtlich der konkreten Umsetzung gegeben. Dies betrifft insb. die Erhebung der für das Customer Deployment notwendigen Daten.

Das Blitz QFD greift Kritikpunkte an vorherigen QFD-Ansätzen auf. Auch wenn erkennbar ist, dass die durch Blitz QFD adressierten Kritikpunkte an (durch die Autoren als „traditionell" bezeichneten) QFD-Ansätzen nur zum Teil die Methode selbst betreffen, sondern teilweise auch „nur" Defizite bei der Anwendung, ist es naheliegend, diese auch für die Gestaltung des VPD miteinzubeziehen. Blitz QFD fokussiert in besonderem Maße auf frühe Phasen des Entwicklungsprojekts und legt besonderen Wert auf die Fokussierung der Erfüllung der wichtigsten Kundennutzen. Auf eine holistische Betrachtung des Entwicklungsprojekts wird daher bewusst verzichtet. Die Autoren sehen es als zielführender an, Abstriche bei der Detailtiefe in Kauf zu nehmen und andererseits sicherzustellen, dass die wenigen wirklich Nutzen bringenden Funktionen bestmöglich im Sinne des Kunden umgesetzt werden. Insbesondere im Vergleich zu nicht vollständig durchgeführten QFD-Anwendungen (beispielsweise durch Veränderungen im Umfeld, Zeitmangel oder Erschöpfung des Teams) bietet Blitz QFD Vorteile. Hinsichtlich der Gestaltung des VPD bietet Blitz QFD keine spezifischen Lösungsmerkmale, unterstreicht aber die Bedeutung der Fokussierung auf die wichtigsten Kundennutzen, die auch von den Autoren des PriFo QFD und Continuous QFD postuliert wurden.

Die technologieinduzierten QFD-Anwendungen, wie Reverse QFD oder das in Abschnitt 5.1.2 thematisierte Technology Deployment, können aufgrund der Ähnlichkeit der Problemstellung grundsätzlich eine geeignete Basis für die Entwicklung des Value Proposition Deployments darstellen. Die Bezeichnung Reverse QFD ist allerdings in Teilen irreführend, da lediglich einzelne Aktivitäten des Prozesses „rückwärts" verlaufen, die eigentliche Entwicklung dagegen, wie bei anderen QFD-Anwendungen auch, „vorwärts" verläuft. Reverse QFD nach Hines und Mazur stellt aber zumindest eine Möglichkeit dar, wie Technologien (in diesem Fall Technologieideen) für die weitere Analyse und Synthese mit QFD aufbereitet werden können. Dies verbleibt aber auf konzeptioneller Ebene und muss für die Nutzung im VPD entsprechend weiter detailliert werden.

5.5 QFD-Ansätze im Kontext von Softwareplattformen und Geschäftsmodellen

Die bisher betrachteten QFD-Ansätze fokussierten insb. auf die Bereiche der technologieinduzierten Entwicklung, dem Umgang mit dem Fuzzy Front End und der Einbettung in agile Entwicklungspraktiken. Auch für die anderen vom VPD zu adressierenden Problembereiche, der Abstimmung mit dem Geschäftsmodell und dem Umgang mit Softwareplattformen, wurden bereits entsprechende QFD-Ansätze konzipiert.

5.5.1 QFD Product Portfolio Planning

Das *QFD Product Portfolio Planning* (QFD-PPP) verbindet QFD mit einem Instrumentarium zur kundenorientierten Softwareproduktentwicklung mit dem Ziel, die kundenorientierte Planung von Softwareproduktplattformen und plattformbasierten Softwareprodukten zu unterstützen. Damit soll das QFD-PPP durch die explizite Betrachtung von Softwareplattformen die individualisierte Massenfertigung auf Softwareprodukte übertragen.[97]

Grundsätzlich besteht QFD-PPP aus vier sogenannten Modulen, die situativ in unterschiedlicher Reihenfolge durchlaufen und detailliert werden können: Projektplanung, Customer Value Analysis, Customer Solution Planning und Customer Satisfaction Survey. Innerhalb der Phase **Projektplanung** wird, neben allgemeinen Projektmanagementaufgaben, insbesondere eine Entscheidung über die Art des Projekts und die davon abhängige Variante des QFD-PPP getroffen. Die folgende Tabelle 5.5 gibt einen Überblick über die vorgesehenen Varianten des QFD-PPP:[98]

In Hinblick auf die potenzielle Eignung der Methode für die technologieinduzierte Entwicklung neuer Wertversprechen im SiB ist aufgrund der ähnlichen Ausgangslage insbesondere Variante A zu betrachten. Variante A adressiert eine Neuentwicklung ohne direkte Vorgänger und weist dementsprechend einen hohen Grad an Marktunsicherheit auf. Die Varianten B-E betrachten dagegen entweder Neuentwicklungen oder Weiterentwicklungen auf der Basis bestehender Produkte. Die Ausgangslage scheint hier also weniger kongruent.[99]

[97] Vgl. Helferich (2010), S. 199. Zum genannten Instrumentarium vgl. Herzwurm (2000), S. 198 ff.

[98] Vgl. Helferich (2010), S. 228 f. und S. 232 ff.

[99] Vgl. Helferich (2010), S. 230.

Tabelle 5.5 Varianten von QFD-PPP nach Helferich (2010)[100]

Bezeichnung	Ausgangssituation
Variante A	Eine als strategisch wichtig erkannte Lücke im Produktportfolio wurde erkannt und soll mithilfe einer neu zu entwickelnden Plattform geschlossen werden (Green Field).
Variante B	Eine neue Plattform kann auf einem bestehenden Standardprodukt basierend entwickelt werden.
Variante C	Eine neue Plattform kann basierend auf einem oder mehreren bestehenden kundenindividuellen Produkten entwickelt werden.
Variante D	Ein neuer Kunde möchte ein auf der existierenden Plattform aufbauendes Produkt erwerben.
Variante E	Die Plattform soll weiterentwickelt werden, um die Attraktivität für bestehende oder potenzielle Kunden zu erhöhen.

Innerhalb der **Customer Value Analysis** sollen Kundenanforderungen erhoben, strukturiert und gewichtet werden. In der klassischen Trennung von Anforderungen und Lösungen in QFD, stellt die Customer Value Analysis innerhalb des QFD-PPP die Analyse der Anforderungsseite dar. Da bei Neuentwicklungen, wie oben bereits beschrieben, Unsicherheit, bzgl. potenzieller Kunden besteht, beginnt die Customer Value Analysis mit dem Schritt der Identifikation von Kundengruppen. Dieser Schritt wird als Customer Deployment bezeichnet. Nach Herzwurm (2000) ist hierbei zu unterscheiden zwischen:

- Kunden als Person oder Kunden als Vertreter von Unternehmen bzw. Unternehmensbereichen und
- Kunden als Auftraggeber, Kunden als Nutzer und Kunden als indirekt Betroffene.[101]

Alle genannten Gruppen sollen im QFD-PPP potenziell berücksichtigt werden, wobei die Gruppengröße in den folgenden Workshops im Rahmen der Anforderungserhebung aus praktischen Gründen auf 12 Personen beschränkt werden sollte. Für die Auswahl der Teilnehmenden werden Kriterien vorgeschlagen, wobei primär die für den Projekterfolg wichtigsten Kundengruppen ausgewählt werden sollen.[102] Hier werden beispielhaft Meinungsführer oder Personen, deren

[100] Eigene Darstellung, in Anlehnung an Helferich (2010), S. 229 f.

[101] Vgl. Herzwurm (2000), S. 238 und die dort angegebene Literatur.

[102] Vgl. Helferich (2010), S. 237.

Stellung im Unternehmen vom Erfolg des Projekts abhängig ist, genannt.[103] Die Bewertung der Wichtigkeit der Kundengruppen erfolgt in QFD-PPP konsensbasiert oder mittels paarweisen Vergleich. Die darauffolgende Voice of the Customer Analysis im Rahmen der Customer Value Analysis erfolgt analog zum bereits dargestellten Vorgehen im Software QFD. Mithilfe von bereits vorgestellten Werkzeugen, wie der 6 W-Tabelle, werden Kundenaussagen (VoC) in Kundenanforderungen übersetzt und in einem weiteren Schritt strukturiert.[104]

Die erhobenen Kundenanforderungen werden in einer zweiten Phase Vertretern aller identifizierten Kundengruppen vorgelegt mit dem Ziel, die Kundenanforderungen zu gewichten. Die zu erwartenden Unterschiede bei der Gewichtung der einzelnen Kunden bilden die Basis für eine Clusteranalyse, an deren Ende die endgültigen Kundengruppen stehen. Auf diese Weise werden Kundengruppen mit homogenen Anforderungspräferenzen gebildet, die von der individualisierten Massenfertigung angesprochen werden können. Ergebnis dieser Aktivitäten sind mehrere Kundenanforderungstabellen. Hier zeigt sich ein Unterschied im Vergleich zu Modellen wie PriFo-QFD: Da bei PriFo-QFD die avisierte Kundengruppe zu Beginn des QFD-Prozesses feststeht, wird nur eine Kundenanforderungstabelle benötigt. Bei QFD-PPP sind die Kundengruppen bzw. ihre genaue Zusammensetzung zu Beginn noch nicht vollständig bekannt, daher weist QFD-PPP diesbezüglich einen explorativeren Charakter auf. Dies wird gelöst, indem für jede der identifizierten Kundengruppen eine eigene Kundenanforderungstabelle erzeugt wird.

Die Ergebnisse der Customer Value Analysis können mithilfe des **Customer Satisfaction Survey** weiter ausgearbeitet werden. Diese Befragung hat zum Ziel Informationen über die Kundenzufriedenheit bzgl. bereits existierender Produkte des eigenen Unternehmens oder von Wettbewerbern in den Entwicklungsprozess mit einfließen zu lassen. Dieser Wettbewerbsvergleich weist hohe Parallelen mit dem bereits betrachteten House of Quality auf. Die Ergebnisse des Customer Satisfaction Survey werden in Variante A des QFD-PPP als besonders wichtig hervorgehoben.

Da bei dieser Variante keine eigenen Erfahrungen über die Kundenzufriedenheit existieren, ist das betrachtete Unternehmen auf Benchmarks der Wettbewerber angewiesen. Dabei sollten insbesondere Daten über die Zufriedenheit hoch bewerteter Kundenanforderungen als Orientierung dienen. Dies wird als „Orientierung an den Besten“ bezeichnet. Kundenanforderungen, die

[103] Vgl. Herzwurm (2000), S. 242.

[104] Vgl. Helferich (2010), S. 238 f. Zur 6 W-Tabelle vgl. bspw. Cohen (1995), S. 78 ff.

von keinem Wettbewerber gut erfüllt werden, werden als Bereiche mit viel Innovationspotenzial bezeichnet.[105]

Auf die Spezifizierung der Kundenanforderungen im Customer Satisfaction Survey folgt die Entwicklung der Customer Portfolio Matrix. In dieser Matrix werden die erhobenen Kundenanforderungen den Bewertungen der geclusterten Kundengruppen gegenübergestellt. Ziel der Aktivität ist es, etwaige Unterschiede und Gemeinsamkeiten zwischen den Kundengruppen hinsichtlich ihrer Anforderungspräferenzen herauszuarbeiten.[106]

Betrachtete die Customer Value Analysis die Anforderungsseite innerhalb von QFD-PPP, so obliegt es dem **Customer Solution Planning** die Lösungsseite zu untersuchen. Das Customer Solution Planning dient dazu, Lösungsmodule zu konzipieren, aus der sich zum einen die Softwareplattform, als auch von ihr abgeleitete, individualisierte Produkte entwickeln lassen.[107] Das Customer Solution Planning beginnt mit der Erhebung der Voice of Engineer, entsprechend dem Vorgehen des QFD-ID Rahmenwerks. Den Entwicklern werden die Kundenanforderungen vorgelegt, die darauf aufbauend entsprechende Produktfunktionen entwerfen. Diese wiederum werden ggf. mittels Oberflächenprototypen visualisiert und Kundenvertretern vor Beginn des folgenden Schritts vorgelegt.[108]

Der nächste Schritt ist die Bildung der Software House of Quality Matrizen. Analog zur Bildung der Kundenanforderungstabellen existiert pro Kundengruppe ein spezifisches Software HoQ. Der Unterschied liegt im Wesentlichen in der unterschiedlichen Priorisierung der Kundennutzen (und damit der Produktfunktionen) innerhalb der verschiedenen Software HoQ. Zur Ableitung von Entwicklungsmatrizen werden zusätzlich zu den Software HoQ-Matrizen aus identifizierten Qualitätsmerkmalen auch entsprechende klassische HoQ-Matrizen erstellt.[109]

Das Ergebnis des QFD-PPP bildet die Product Portfolio Matrix. Diese soll Entscheidungen auf der Ebene des Produktportfolios unterstützen und helfen, zwei wesentliche Fragen zu beantworten: Die erste Frage betrifft die Entscheidung, welche Produkte angeboten werden sollen, die zweite Frage betrifft die Entscheidung, welche Bausteine entwickelt werden sollen.[110]

---

[105] Vgl. Helferich (2010), S. 247.

[106] Vgl. Helferich (2010), S. 201.

[107] Vgl. Helferich (2010), S. 201.

[108] Vgl. Helferich (2010), S. 249.

[109] Vgl. Helferich (2010), S. 251.

[110] Vgl. Helferich (2010), S. 240 und S. 253 f.

Zu diesem Zweck bietet die Product Portfolio Matrix einen Überblick über die verschiedenen, individualisierten Produkte, die auf Basis der entwickelten Softwareplattform geplant sind. Ergänzt werden diese um relevante Produkte der Konkurrenz. Diese Produkte werden den erarbeiteten Produktfunktionen gegenübergestellt und anschließend der Erfüllungsgrad bewertet.[111] Abbildung 5.10 zeigt den Ablauf von QFD-PPP im Überblick.

5.5.2 Geschäftsmodell-QFD

Der Geschäftsmodell-QFD Ansatz (GM-QFD) überträgt die Prinzipien und Aktivitäten von QFD auf die Entwicklung ganzer Geschäftsmodelle. GM-QFD basiert im Aufbau auf Continuous QFD und ist eingebettet in eine Methode zur Entwicklung von zukunftsorientierten Geschäftsmodellen im Cloud-Computing (Geschäftsmodell-Trend Methode, GMT).[112] Diese besteht aus 5 wesentlichen Schritten, die sequenziell ablaufen, aber Rücksprünge erlauben. Abbildung 5.11 stellt diese Schritte dar.

Die Parallelen zu CQFD zeigen sich insbesondere im iterativen Charakter der Entstehung der wesentlichen Matrizen und der Nutzung von Vorlagen in sog. Repositories.[113] Die drei Planungsschritte des CQFD werden im GM-QFD auf zwei reduziert: Das Erarbeiten von Geschäftsmodellszenarien und der Formulierung der Geschäftsmodellnutzeffekte. Als primäre Quelle für Szenarien und Nutzeffekte dient das Geschäftsmodell-Repository. Dieses enthält Standardwerte für Geschäftsmodellelemente und Kundenanforderungen. Es kann als eine, auf die Geschäftsmodellentwicklung instanziierte, Form der im Continuous QFD geforderten Templates gesehen werden. In der Geschäftsmodellszenarien-Tabelle werden den Standardwerten für Geschäftsmodellelemente Trendszenarien gegenübergestellt und bewertet. Die Bewertung erfolgt bei GM-QFD dabei nicht (wie bspw. bei CQFD oder PriFo-QFD) durch ein vorher definiertes QFD-Team, sondern durch die *Stimme der Entscheider*.[114] Diese Rolle beschreibt unternehmensinterne Entscheidungsträger mit entsprechenden Befugnissen über die Zielsetzung des zu entwickelnden Geschäftsmodells. Die Stimme der Entscheider weist Parallelen zum Wording in der ISO 16355–1 auf, in der eine – zumindest

[111] Vgl. Helferich (2010), S. 252 f.

[112] Vgl. Pelzl (2016), S. 177.

[113] Vgl. Pelzl (2016), S. 174.

[114] Vgl. Pelzl (2016), S. 174.

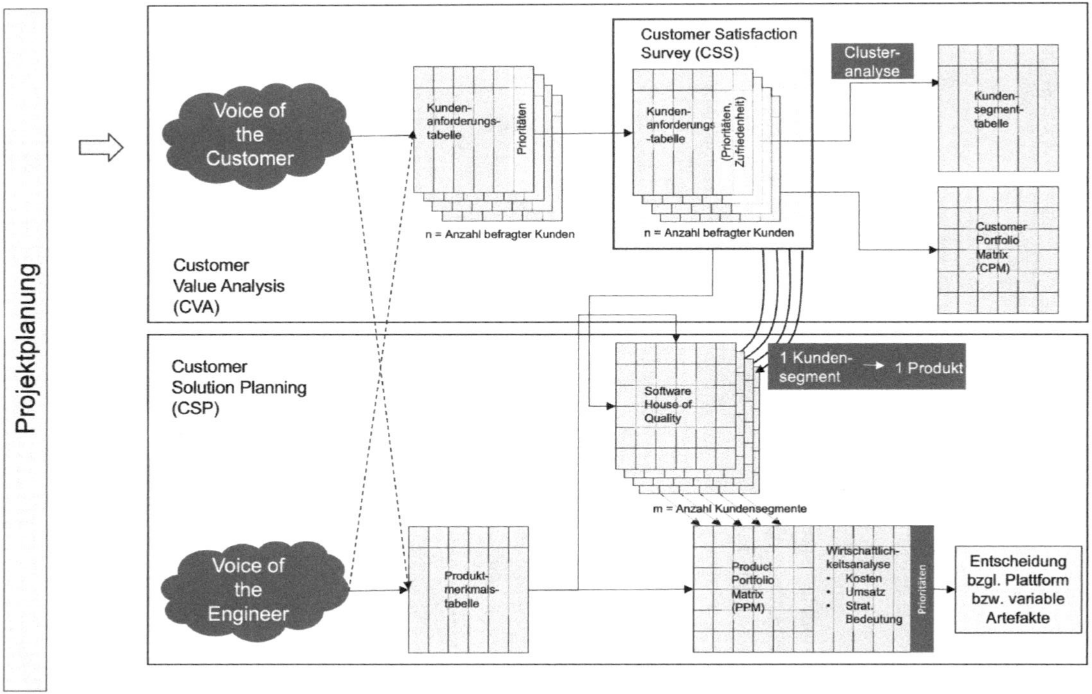

Abbildung 5.10 Überblick über QFD Product Portfolio Planning[115]

[115] Eigene Darstellung, in Anlehnung an Helferich (2010), S. 200.

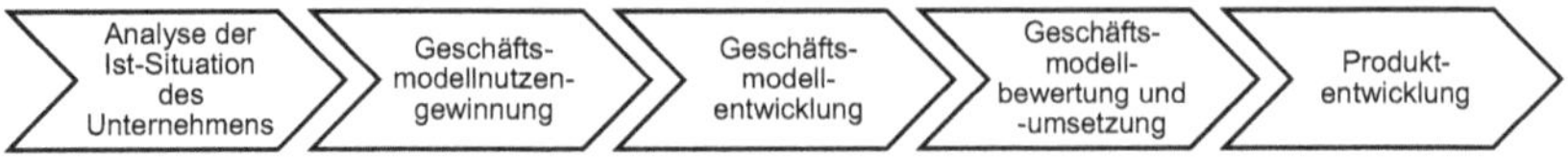

Abbildung 5.11 Prozess zukunftsorientierter Geschäftsmodellentwicklung nach der GMT-Methode[116]

ähnliche Rolle – als *Voice of Business* bezeichnet wird.[117] Im Rahmen des GM-QFD besteht die Rolle der Entscheider aus den Sub-Rollen *Projektleiter*, *Managementexperten*, *Trendexperten* und *Geschäftsmodellexperten*.[118] Diese Entscheider formulieren und bewerten in der Geschäftsmodell-Nutzeffekt-Tabelle auch die, den Geschäftsmodellelementen gegenübergestellten, strategischen Nutzeffekte.

Sowohl die Ergebnisse der Geschäftsmodell-Nutzeffekt-Tabelle als auch der Geschäftsmodellszenarien-Tabelle bilden die Geschäftsmodell-Ergebnis-Tabelle. Aus der Erstgenannten stammen die trendbasierten Geschäftsmodellelemente auf der Anforderungsseite und die Szenarien auf der Lösungsseite. Die Ergebnisse der zweitgenannten Tabelle fließen als strategische Nutzeffekte in die Anforderungsseite mit ein. Die Anforderungsseite kann nun priorisiert und den möglichen Szenarien zugeordnet werden. Der am CQFD angelehnte, iterative Charakter des Vorgehens erlaubt es fortlaufende Überarbeitungen der Geschäftsmodellelemente in die Entwicklung einfließen zu lassen. Abbildung 5.12 zeigt den schematischen Ablauf des GM-QFD im Überblick.

Innerhalb der GMT-Methode wird das GM-QFD insb. in der sog. Geschäftsmodellentwicklung und der Produktentwicklung durchgeführt. In Hinblick auf die Analyse des GM-QFD hinsichtlich des Potenzials für die technologieinduzierte Entwicklung neuer Wertversprechen im SiB, sind insbesondere auch die Phasen vor dem eigentlichen GM-QFD von Interesse. Die Geschäftsmodellentwicklung mit GM-QFD im Rahmen der GMT-Methode beginnt mit der Bestimmung der Ausgangssituation des Unternehmens. Dabei werden fünf Treiber als mögliche Systemkontexte der GM-Entwicklung identifiziert, welche die Geschäftsmodellentwicklung beeinflussen. Diese Treiber sind: *Marktumfeld/ Wettbewerb*, *technischer Fortschritt*, *veränderte Kundenbedürfnisse*, *staatliche Regulierungen* und *Trends*.[119] Bezogen auf die technologieinduzierte Entwicklung zeigen sich insbesondere bei dem Treiber *technischer Fortschritt* Parallelen.

[116] Eigene Darstellung in Anlehnung an Pelzl (2016), S. 185.

[117] Vgl. ISO 16355–1 (2015), S. 7.

[118] Vgl. Pelzl (2016), S. 181.

[119] Vgl. Pelzl (2016), S. 178.

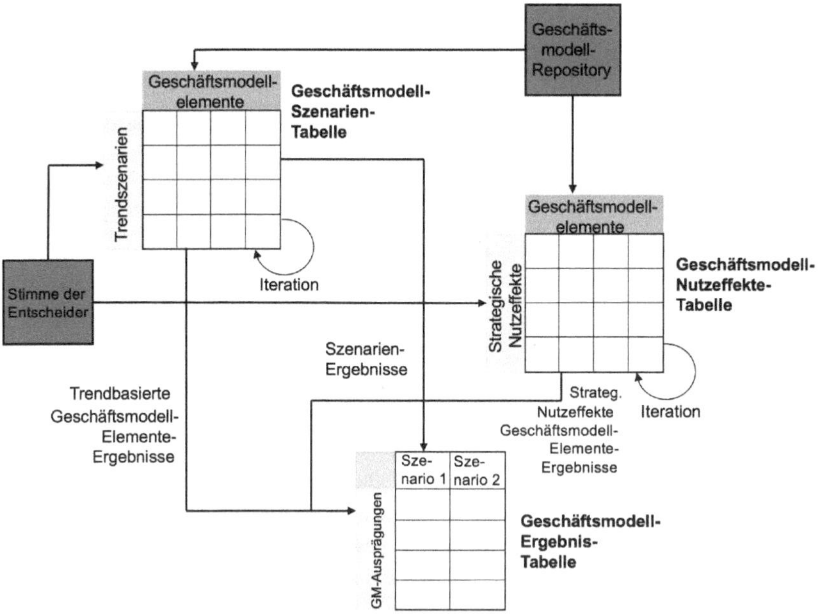

Abbildung 5.12 GM-QFD im Überblick[120]

Dieser Treiber hat seinen Ursprung im Makroumfeld der Technologie und Wissenschaft und bezeichnet die Anwendung neuer Technologien zur Erfüllung neuer oder bestehender Kundenbedürfnisse.[121]

Zur Bestimmung der Ausgangssituation muss die Frage beantwortet werden, ob bereits ein Produkt oder Geschäftsmodell oder zumindest Ideen für eine der beiden Kategorien existieren. Die entsprechende Kombination dieser Abfrage wird als Ausgangspunkt der Geschäftsmodellentwicklung bezeichnet.[122] Tabelle 5.6 zeigt die möglichen Ausgangspunkte der Geschäftsmodellentwicklung im GM-QFD.

Die im Rahmen der vorliegenden Arbeit betrachtete technologieinduzierte Entwicklung neuer Wertversprechen im SiB findet sich in keinem der Fälle direkt wieder. Im weiteren Sinne kann aber eine Analogie zum Fall A in Tabelle 5.6

[120] Eigene Darstellung, in Anlehnung an Pelzl (2016), S. 179.

[121] Vgl. Pelzl (2016), S. 60.

[122] Vgl. Pelzl (2016), S. 190.

Tabelle 5.6 Ausgangspunkte der Geschäftsmodellentwicklung in der GMT-Methode[123]

Fall	Produkt	Geschäftsmodell
A	Idee vorhanden	
B		Idee vorhanden
C	Idee vorhanden	Idee vorhanden
D	Existiert	
E		Existiert
F	Existiert	Existiert

erkannt werden: Die bereits vorhandene Idee stellt im Vergleich zum bereits existierenden Produkt in den Fällen D und F eine unspezifische Ausgangssituation dar. Entsprechend lohnt sich eine nähere Betrachtung der weiteren Vorgehensweise bei dieser Ausgangssituation:

Im zweiten Schritt der GMT-Methode, der Geschäftsmodellnutzengenerierung, werden für diesen Fall folgende Methoden vorgeschlagen: Gemba-Walk, interne Pitch Days, Gastredner und die Kunden-Empathiekarte. Weiterhin wird die Kunden-Nutzen-Karte nach Köster vorgeschlagen.[124] Diese Instrumente bilden die Grundlage für die eigentliche Geschäftsmodellentwicklung, dessen Kern die Durchführung des oben bereits skizzierten GM-QFD darstellt.[125] Die in der Geschäftsmodellentwicklung erarbeiteten, möglichen Geschäftsmodellausprägungen werden im nächsten Schritt der GMT-Methode anhand verschiedener Metriken bewertet und in eine Rangfolge gebracht. Je nach Unternehmenssituation können die Ausprägungen dann zu konkreten Geschäftsmodellen kombiniert werden.[126]

Den Abschluss der GMT-Methode bildet die Produktentwicklung. Die bereits durch das GM-QFD erarbeiteten Inhalte können mit QFD in weiteren Deployments weiter ausgearbeitet werden. Die Produktentwicklung entspricht dabei den bereits beschriebenen QFD-Vorgehensmodellen.[127]

[123] Eigene Darstellung, in Anlehnung an Pelzl (2016), S. 190.

[124] Vgl. Pelzl (2016) S. 191 f. und die dort angegebene Literatur.

[125] Zum vollständigen Vorgehen vgl. Pelzl (2016).

[126] Vgl. Pelzl (2016), S. 192 f.

[127] Vgl. Pelzl (2016), S. 196.

5.5.3 Business Model House of Quality

Die bislang dargestellten Ansätze zu QFD verstehen sich im ursprünglichen Sinne von QFD als Produktplanungs- und Entwicklungsmethoden. Das Business Model House of Quality (BMHoQ) beschränkt sich in seinem Fokus auf die **Analyse** plattformbasierter Geschäftsmodelle.[128] Solche plattformbasierten Geschäftsmodelle weisen, bedingt durch die zugrundeliegenden mehrseitigen Märkte, eine hohe Zahl involvierter Stakeholder auf.[129]

Ziel des BMHoQ-Ansatzes ist eine Bewertung, inwiefern das Geschäftsmodell in der Lage ist, Anforderungen heterogener Stakeholder an die dem Geschäftsmodell zugrundeliegenden Plattform zu erfüllen. Dies basiert auf der Hypothese, dass eine Plattform nur erfolgreich sein kann, wenn die Anforderungen aller relevanten Stakeholder (insb. Endkunden und Komplementoren) gleichzeitig erfüllt werden.[130]

Analog zum bereits betrachteten PriFo-QFD beginnt das BMHoQ-Vorgehen mit einer Planungsphase. Diese wird als *QFD Projekt* bezeichnet und folgt damit der Bezeichnung im QFD-Flussdiagramm der ISO16355–1.[131] Im folgenden Schritt, dem sog. *Actor Deployment* werden, wiederum analog zum Customer Deployment in PriFo-QFD, die Akteure einer Plattform identifiziert. Neben dem Plattformanbieter werden insb. die Endkunden und die Komplementoren als potenzielle Akteure benannt. Es werden sog. aktive Akteure, die einen gestalterischen Einfluss auf die dem Geschäftsmodell zugrundeliegende Plattform haben, von sog. passiven Akteuren, die keinen unmittelbaren Einfluss auf die Gestaltung der Plattform haben, unterschieden. Die Einordnung, ob Akteure aktiv oder passiv sind, ist abhängig von der Rolle des BMHoQ-Anwenders. Im Standardfall wird die Bewertung durch den Plattformanbieter durchgeführt, also dem Inhaber des Geschäftsmodells. Die Komplementoren bilden zusammen mit den gemeinsam adressierten Endkunden die passiven Akteure. Das QFD-Team priorisiert die Akteure gemäß ihrer Zielstellung (bspw. zur Lösung des in Abschnitt 2.1.2 beschriebenen Henne-Ei-Problems).[132]

---

[128] Vgl. Schönhofen und Schockert (2017), S. 1487.

[129] Vgl. Rochet und Tirole, (2002), S. 990.

[130] Vgl. Schönhofen und Schockert (2017), S. 1479 und zu den (teilweise divergenten) Zielen der Akteure in Softwareökosystemen Mautsch (2015), S. 75 ff.

[131] Vgl. ISO 16355–1 (2015), S. 5.

[132] Vgl. Schönhofen et al. (2017), S. 71 ff.

Im folgenden Schritt, dem *Actors Needs Deployment*, formulieren die aktiven Akteure in einem Workshop die Elemente des zu analysierenden Geschäftsmodells. Über Moderationstechniken und die 6 W-Tabelle werden die hinter der Ausgestaltung der Elemente des Geschäftsmodells stehenden Nutzen der aktiven Akteure herausgearbeitet. Zur Identifikation der Nutzen der passiven Akteure, insb. also der Komplementoren und Endkunden, werden Vertreter dieser Gruppen zu einem Workshop eingeladen und gemäß dem Vorgehen im Software- oder PriFo QFD die (Kunden-)Nutzen identifiziert. Die bis dato erarbeiteten Informationen finden Eingang in die zentrale *BMHoQ-Matrix*. Die Analyse dieser Matrix bildet den Kern des BMHoQ. In dieser Matrix erfolgt die Bewertung, inwieweit die spezifischen Ausprägungen des zu bewertenden Geschäftsmodells die Akteursnutzen erfüllen. Die BMHoQ-Matrix leitet sich aus dem Software HoQ ab. Entsprechend werden die Nutzen der auf der Plattform versammelten Akteure zeilenweise in die BMHoQ-Matrix eingetragen.[133] In den Spalten werden Elemente des Geschäftsmodells, basierend auf der Business Model Canvas nach Osterwalder, eingetragen. Sie bilden die Lösungsseite des BMHoQ. Die in der Business Model Canvas beschriebenen Zusammenhänge zwischen den Geschäftsmodellelementen werden im „Dach“ des BMHoQ eingetragen.[134] Tabelle 5.7 zeigt den Ablauf des BMHoQ-Ansatzes.

Die Bewertung innerhalb der BMHoQ-Matrix erfolgt mit der Bewertung zwischen 0, 1, 3 und 9. Gegenüber PriFo-QFD gibt der BMHoQ-Ansatz konkrete Interpretationshilfen für die Analyse des BMHoQ. So werden Zeilen mit Akteursnutzen, die nur niedrige Bewertungseinträge (also nur 0; 1; 3) aufweisen, als *schwache Zeilen* bezeichnet. Für das Auftreten solch schwacher Zeilen werden folgende Interpretationen als Einstieg in die Analyse vorgeschlagen:[135]

- Die Ausprägung des untersuchten Geschäftsmodells erfüllt den Akteursnutzen unzureichend.
- Der Akteursnutzen wurde niedrig priorisiert und entsprechend wurde (bewusst) wenig Aufwand in die Erfüllung investiert.

[133] Die Originalquelle verwendet das Begriffspaar „Anforderungen und Merkmalsausprägungen“ an Stelle der in dieser Arbeit verwendeten Begriffe „Kundennutzen und Produktfunktionen“. In einer zweiten Veröffentlichung wurden die englischen Begriffe „Actors needs“ und „Business Model Characteristics“ verwendet. Vgl. hierzu Schönhofen und Schockert (2017), S. 1481 und Schönhofen et al. (2017), S. 67.

[134] Vgl. Schönhofen et al. (2017), S. 72.

[135] Vgl. Schönhofen et al. (2017), S. 72 f.

Tabelle 5.7 Ablauf des BMHoQ 1.1 Ansatzes[136]

	Phase	Aufgaben
1	QFD Projekt	• Ziele des Projekts festlegen • QFD-Team bestimmen
2	Actor Deployment	• Akteure auf der Plattform identifizieren • Akteure priorisieren
3	Characteristics Deployment	• Elemente des Geschäftsmodells beschreiben • Zusammenhänge zwischen den Elementen des Geschäftsmodells identifizieren
4	Actors Needs Deployment	• Nutzen der aktiven Akteure identifizieren • Nutzen der passiven Akteure identifizieren
5	Analyse	• Nutzen der Akteure priorisieren • Zusammenhänge zwischen Nutzen der Akteure und Elementen des Geschäftsmodells identifizieren • Elemente des Geschäftsmodells bewerten

- Das Geschäftsmodellframework weist hinsichtlich des untersuchten Falls eine Lücke auf.[137]

Für die Lösungsseite werden entsprechende Interpretationen für *schwache Spalten* der Ausprägungen der Geschäftsmodellelemente (Geschäftsmodellcharakteristika) vorgeschlagen. Hierbei wird die Analyse um eine weitere Ebene ergänzt. Diese zusätzliche Analyseebene basiert auf der Bewertung von Produktmerkmalen nach Kano.[138] Die Interpretationen für eine schwache Spalte lauten:[139]

- Die Geschäftsmodellcharakteristik ist ein sog. Begeisterungsmerkmal, nach dem die Akteure nicht explizit fragen.
- Die Geschäftsmodellcharakteristik ist ein sog. Basismerkmal, nach dem die Akteure ebenfalls nicht explizit fragen.
- Die Geschäftsmodellcharakteristik wurde in Hinblick auf einen Akteursnutzen implementiert, der (bislang) nicht aufgenommen wurde.

[136] Eigene Darstellung, in Anlehnung an Schönhofen et al. (2017), S. 74.

[137] Weiterentwicklungen der Business Model Canvas für plattformbasierte Geschäftsmodelle weisen bspw. das Ziel auf, solche Lücken zu schließen. Vgl. bspw. Taipale-Erävala et al. (2020).

[138] Vgl. Kano et al. (1984), S. 43.

[139] Vgl. Schönhofen et al. (2017), S. 73 und Kano et al. (1984), S. 43.

- Die Geschäftsmodellcharakteristik ist hinsichtlich der Erfüllung von Akteursnutzen überflüssig und kann möglicherweise eliminiert werden.

Das Ergebnis der Analyse sind Informationen über mögliche Schwachpunkte der Geschäftsmodellcharakteristika hinsichtlich ihres Potenzials zur Erfüllung der Akteursnutzen. Werden eventuelle Schwächen, die sich in schwachen Spalten oder Zeilen ausdrücken identifiziert, sollen Verbesserungsvorschläge erarbeitet werden. Diese finden Eingang in die Ausgestaltung der Geschäftsmodellelemente und dienen als Grundlage für einen weiteren Workshop zur Evaluation des verbesserten Geschäftsmodells.

5.5.4 Bewertung der QFD-Ansätze im Kontext von Softwareplattformen und Geschäftsmodellen

QFD-PPP weist im Vergleich zu den meisten bisher betrachteten QFD-Ansätzen einen höheren explorativen Charakter auf. Ähnlich dem Reverse QFD Ansatz sind die adressierten Kundengruppen zu Beginn des QFD-Prozesses nicht vollständig bekannt. Dieser Herausforderung begegnet QFD-PPP mit einer Reihe von Methoden, wie entsprechend gestaltete Workshops mit potenziellen Kunden und Kundensurveys, die bei der Identifikation der Kundengruppen unterstützen können. Zudem sieht QFD-PPP die parallele Entwicklung mehrerer Produkte vor. Hierbei unterstützt die parallele Nutzung mehrerer HoQ-Matrizen, entsprechend der Anzahl an Kundengruppen mit unterschiedlichem Priorisierungsprofil. Dadurch erlaubt QFD-PPP die Einschätzung, welche Produktentwicklung das größte Potenzial bietet. So kann es bspw. sinnvoll sein, die wichtigste Kundengruppe der Konkurrenz zu „überlassen“, und stattdessen ein Produkt zu entwickeln, das den Anforderungen der zweit-, dritt- und viertwichtigsten Gruppe entspricht. Die sich in der Unkenntnis der genauen Kundengruppen zu Beginn des Projekts niederschlagende Marktunsicherheit, weist Parallelen zur Problemstellung der technologieinduzierten Entwicklung neuer Wertversprechen im SiB auf. Entsprechend bieten die in QFD-PPP enthaltenen Lösungsansätze zum Umgang mit der Marktunsicherheit (wie die Verwendung von Prototypen, die Entwicklung mehrerer HoQ-Matrizen und die Befragung der Kunden) Potenzial auch für die Gestaltung des VPD zur Entwicklung neuer Wertversprechen unter Marktunsicherheit. Abgeschwächt wird dieses Potenzial allerdings dadurch, dass auch im QFD-PPP keine völlige Marktunsicherheit unterstellt wird, sondern potenzielle Kunden und Konkurrenzprodukte bereits zu Beginn der Entwicklung bekannt sind. Hinsichtlich der Entwicklung im SiB von besonderem Interesse ist die

Fokussierung der Entwicklung auf die Gestaltung (und Auswahl) von Softwareplattformen. Diese werden im QFD-PPP als Lösung für die Erreichung von Mass-Customization bei Softwareprodukten angesehen und stehen daher im Fokus des QFD-PPP. Zum Umgang mit der Vielzahl der an Softwareplattformen beteiligten Akteuren empfiehlt das QFD-PPP die parallele Analyse von HoQ-Matrizen. Genauer: Für jeden Kunden bzw. jede Akteursgruppe wird eine separate HoQ-Matrix gebildet und vergleichend analysiert. So können Unterschiede hinsichtlich der Präferenzenprofile der avisierten Akteure herausgearbeitet werden. Diese spezifische Fokussierung auf Softwareplattformen kann auch für das zu gestaltende VPD eine Möglichkeit zur Entwicklung im Kontext von Softwareökosystemen darstellen.

GM-QFD baut auf dem bereits beschriebenen CQFD auf. Hintergrund dessen ist eine Untersuchung, nach der CQFD die einzige zum Zeitpunkt der Studie existierende QFD-Variante mit einer klaren „Zukunftsorientierung" darstellt und daher als Grundlage ausgewählt wurde.[140] GM-QFD nutzt den Aufbau von CQFD zur Entwicklung trendbasierter und reichert die bereits behandelten Stärken von CQFD hinsichtlich des Umgangs mit Unsicherheiten zu Beginn der Geschäftsmodellentwicklung mit Methoden zur Trendanalyse an, die als Ausgangspunkt der Entwicklung dienen.

GM-QFD gleicht hinsichtlich der Zielsetzung der vorliegenden Arbeit, allerdings mit weiterem Fokus. So beschreibt GM-QFD die Entwicklung eines vollständigen Geschäftsmodells (statt nur des Wertversprechens als zentraler Komponente) und betrachtet insbesondere dessen innere Zusammenhänge. Damit bietet GM-QFD Potenzial hinsichtlich des Erreichens eines gemeinsamen Verständnisses des Entwicklungsteams in Bezug auf das zu entwickelnde Wertversprechen und die Abstimmung mit dem gesamten Geschäftsmodell. In Hinblick auf den Umgang mit der Marktunsicherheit werden Methoden vorgeschlagen, die analog zu CQFD oder ASQFD bereits Kenntnisse über den adressierten Kunden verlangen. In dieser Hinsicht löst auch GM-QFD die Problemstellung der vorliegenden Arbeit nicht, verdeutlicht aber das dem CQFD inhärente Potenzial als konzeptionelle Grundlage des VPD zur technologieinduzierten Entwicklung neuer Wertversprechen im SiB.

Der BMHoQ Ansatz überträgt das Vorgehen des PriFo-QFD auf die Bewertung plattformbasierter Geschäftsmodelle. Das namensgebende BMHoQ ist die zentrale Matrix zur Bewertung. Diese verbindet Nutzen verschiedener auf einer Plattform versammelter Stakeholder (der sog. Akteure) mit Ausprägungen eines Geschäftsmodells.

[140] Vgl. Pelzl (2016), S. 171.

Zum Einstieg in die Bewertung werden dem QFD-Team situativ gestaltete Interpretationshilfen zur Verfügung gestellt, die bei der zentralen Aktivität dieses Ansatzes, der Analyse des Business Model HoQ, unterstützen sollen. Diese Interpretationshilfen stellen ein geeignetes Hilfsmittel dar, die auch bei der technologieinduzierten Entwicklung neuer Wertversprechen im SiB genutzt werden können. Dies kann insb. beim Einbezug der in ihren Anforderungen divergierenden Plattformakteure sinnvoll sein. Analog zum GM-QFD unterstützt der BMHoQ-Ansatz dabei, sowohl ein gemeinsames Verständnis des Entwicklungsteams bzgl. des Wertversprechens als auch die Abstimmung mit den weiteren Bestandteilen des Geschäftsmodells zu erreichen.

5.6 Erfüllung der Gestaltungsanforderungen durch die untersuchten QFD-Ansätze

Nachfolgend soll der Erfüllungsgrad der Gestaltungsanforderungen an eine Methode zur technologieinduzierten Entwicklung neuer Wertversprechen im SiB durch bestehende Ansätze bewertet werden. Das Ergebnis dieser Analyse lässt Rückschlüsse darüber zu, welche der untersuchten Ansätze mögliche Lösungen für die erarbeiteten Anforderungen enthält.

Die Anforderung A1 (Entwicklung software-intensiver Produkte) wird durch Software-QFD Ansätze unterstützt. Hintergrund ist die in Abschnitt 2.1.1 beschriebene Dominanz des Softwaresystems im SiB: Die Spezifika der Software müssen entsprechend auch bei der Gestaltung neuer Wertversprechen miteinbezogen werden. Gleichzeitig zeigte die Analyse des Software QFD die Möglichkeit des Einsatzes von Software QFD Ansätzen bei der Entwicklung software-intensiver Produkte.[141] Der Umgang mit dem besonders ausgeprägten Fuzzy Front End im SiB (A2) wird dagegen von keiner der analysierten QFD-Ansätze besonders unterstützt. Zwar werden im GM-QFD Kreativitätsmethoden und Befragungen vorgeschlagen, aber nicht näher definiert, wie deren Ergebnisse in die Entwicklung einbezogen werden können. Unter Beachtung des Verständnisses von QFD als Qualitätsmethode ist die geringe Abdeckung von Innovationsansätzen allerdings zu erwarten gewesen. Diese Diskrepanz aufzulösen, stellt eine der zentralen Aufgaben des zu gestaltenden VPD dar.

Eines der meistdiskutierten Phänomene des SiB ist die Existenz der sog. Softwareökosysteme (A3). Zwei der untersuchten QFD-Ansätze beziehen diese

[141] Vgl. Abschnitt 5.2.3.

explizit ein. Das QFD-PPP analysiert die Spezifika der verschiedenen Stakeholder in parallelen Priorisisierungsmatrizen, während der BMHoQ-Ansatz ein softwareökosystemspezifisches Rollenmodell aus Plattformanbieter, Komplementoren und Endkunden für die Analyse von plattformbasierten Geschäftsmodellen in Softwareökosystemen nutzt.[142]

Im SiB haben sich agile Entwicklungsansätze weit verbreitet. Die entsprechende Anforderung A4 wird durch das Agile Software QFD unterstützt, da es detailliert Aufschluss darüber gibt, wie QFD im agilen Umfeld durchgeführt werden kann. Das Schema der wachsenden und schrumpfenden Matrizen und das Verständnis des Software-HoQ als Product Backlog kann bei dieser Problemstellung von besonderem Nutzen sein.[143]

Da im Fall technologieinduzierter Entwicklung die späteren Kunden oft noch nicht bekannt sind, müssen an die Stelle der Befragung Prognosen über mögliche Eigenschaften und Verhaltensweisen der Kunden treten (A5). Entsprechende Prognoseansätze sind insb. im QFD-PPP und GM-QFD vorgesehen.

Im weiteren Sinne sind eine Reihe von QFD-Ansätzen für die technologieinduzierte Entwicklung (A6) geeignet. Das Technology Deployment im Comprehensive QFD nach ISO 16355–1 ist hierfür ein möglicher Ansatz. Ebenso ist davon auszugehen, dass in Unternehmen gewisse Erfahrungen vorhanden sind, die auch im Falle von unbekannten Kunden eine Initiierung von Entwicklungsprojekten unter Nutzung von QFD ermöglichen. Konkret auf diesen Fall ausgerichtet und für die technologieinduzierte Entwicklung im engeren Sinne entwickelt, ist allerdings lediglich das – nur relativ wenig untersuchte – Reverse QFD. In dessen Zentrum steht der Rückschluss von Ideen zu Produktfunktionen auf möglicherweise adressierbare Kundennutzen.

In Hinblick auf die QFD-Leitlinien wenig überraschend ist die Erkenntnis, dass alle Ansätze die Kommunikation innerhalb des Entwicklungsteams unterstützen (A7). Die meisten der untersuchten Ansätze fassen dies als explizites Ziel der QFD-Anwendung auf, wenn auch mit einigen Unterschieden hinsichtlich der Bedeutung des QFD-Teams.[144]

Die Fokussierung des QFD-Teams auf das zentrale Entwicklungsartefakt Wertversprechen (A8) unterstützen insb. die Ansätze, die eine Anwendung von QFD im Kontext der Geschäftsmodelle darstellen (GM-QFD, BMHoQ). Dabei ist anzumerken, dass auch diese Ansätze das Wertversprechen lediglich als Teil des

[142] Vgl. Abschnitt 5.5.

[143] Vgl. Abschnitt 5.3.3.

[144] Vgl. bspw. die ausgeprägte Bedeutung, die der „Stimme der Entscheider“ im GM-QFD zugedacht wird.

Geschäftsmodells betrachten und nicht gesondert hervorheben. Die zentrale Logik des Wertversprechens, den Fit zwischen Kunde und Produkt zu erreichen (A10) und zu bewerten (A12) umfassen jedoch alle der betrachteten Ansätze.

Ebenso sind nahezu alle Ansätze durch den Einbezug der Kreativität des Entwicklungsteams geprägt. Besonders deutlich wird dies bei der VoE-Analyse im Software QFD. Systematisch unterstützt und angeregt (A9) wird die Kreativität der Entwickler jedoch in keinem der untersuchten Ansätze.

Entsprechend der Erläuterung zu A8 erfolgt auch die Abstimmung mit dem Geschäftsmodell (A11) lediglich bei den geschäftsmodellrelatierten QFD-Ansätzen. Hierbei sei noch auf die Möglichkeit der simultanen Entwicklung auf unterschiedlichen Ebenen, wie im Twin-Peaks-QFD-Modell zwischen RE und Entwurfsplanung dargestellt, verwiesen. Die Möglichkeit der simultanen GM- und Produktentwicklung bietet auch Potenzial für die Erfüllung von A11.

Alle betrachteten Anwendungen sind kompatibel zu den QFD-Leitlinien (A13). Das Comprehensive QFD zeigt dabei, wie die verschiedenen Deployments über die Verwendung von Matrixketten miteinander verbunden werden können.

Insb. jene Ansätze, die den iterativen Charakter von QFD betonen, bieten die Möglichkeit, frühzeitig im Entwicklungsprozess Feedback einzuholen (A14). Dies erfolgt bspw. in Continuous QFD mit der Bewertung von Teilergebnissen durch den Kunden. Feedback einzubeziehen ist inhärenter Bestandteil aller QFD-Ansätze. Den Einbezug von Feedback mit dem Ziel konkrete Entwicklungszwischenergebnisse zu erhalten, ermöglichen insb. die dynamischen QFD-Ansätze.

Tabelle 5.8 fasst die Unterstützung der Gestaltungsanforderungen durch die untersuchten QFD-Ansätze zusammen.

Es bleibt zu konstatieren, dass keine der untersuchten Ansätze alle Gestaltungsanforderungen erfüllt. Damit bestätigt die detaillierte Analyse der Ansätze des Innovationsmanagements (Kapitel 4) und der QFD-Ansätze (Kapitel 5) die vermutete Forschungslücke.

Tabelle 5.8 Erfüllung der Gestaltungsanforderungen des VPD durch bestehende QFD-Ansätze[145]

	Comprehensive QFD	PriFo-QFD	Continuous QFD	Agiles Software QFD	Customer Deployment	Reverse QFD	QFD-PPP	GM-QFD	BMHoQ
A1: Entwicklung software-intensiver Produkte unterstützen		◉	◉	◉			◉		
A2: Umgang mit dem Fuzzy Front End der Produktentwicklung im SiB unterstützen									
A3: Entwicklung im Kontext von Softwareökosystemen unterstützen							◉		◉
A4: Kompatibilität mit agilen Entwicklungsansätzen sicherstellen				◉					
A5: Prognosen über Eigenschaften und Verhalten zu potenziellen Kunden ermöglichen							◉	◉	

(Fortsetzung)

[145] Eigene Darstellung. Legende: ◉ = Sehr starke Unterstützung.

Tabelle 5.8 (Fortsetzung)

	Comprehensive QFD	PriFo-QFD	Continuous QFD	Agiles Software QFD	Customer Deployment	Reverse QFD	QFD-PPP	GM-QFD	BMHoQ
A6: Technologieinduzierte Entwicklung unterstützen						◉			
A7: Kommunikation innerhalb des Entwicklungsteams unterstützen	◉	◉	◉	◉			◉	◉	◉
A8: Gemeinsames Verständnis des zu entwickelnden Wertversprechens innerhalb des Entwicklungsteams erreichen								◉	◉
A9: Kreativität des Entwicklungsteams fördern									
A10: Erreichen des „Fits“ zwischen Kunde und Produkt sicherstellen	◉	◉	◉	◉	◉		◉	◉	◉

(Fortsetzung)

Tabelle 5.8 (Fortsetzung)

	Comprehensive QFD	PriFo-QFD	Continuous QFD	Agiles Software QFD	Customer Deployment	Reverse QFD	QFD-PPP	GM-QFD	BMHoQ
A11: Abstimmung mit dem Geschäftsmodell unterstützen								⦿	⦿
A12: Bewerten des „Fits“ zwischen Kunde und Produkt ermöglichen	⦿	⦿	⦿	⦿	⦿		⦿	⦿	⦿
A13: Kompatibilität mit QFD-Leitlinien und -Anwendung sicherstellen	⦿	⦿	⦿	⦿	⦿	⦿	⦿	⦿	⦿
A14: Frühzeitiges Feedback zu Entwicklungsartefakten ermöglichen				⦿					
A15: Gewonnenes Feedback in die Entwicklung einbeziehen			⦿	⦿				⦿	

6 Gestaltung des Value Proposition Deployments

In diesem Kapitel wird die Gestaltung des Value Proposition Deployments vorgeschlagen. In Abschnitt 6.1 erfolgt dabei die Beschreibung der grundlegenden Logik und des schematischen Ablaufs des VPD. Abschnitt 6.2 beschreibt die konkrete Durchführung des VPD und schlägt dafür geeignete Werkzeuge zur Anwendung innerhalb des VPD vor. In Abschnitt 6.3 wird eine schematische Darstellung des VPD-Vorgehens entwickelt.

6.1 Konzeption des Value Proposition Deployments

Zur Lösung der Herausforderungen bei der technologieinduzierten Entwicklung neuer Wertversprechen im SiB wurde das VPD im Ziel dieser Arbeit definiert als „detaillierte Analyse und systematische Berücksichtigung aller notwendigen Aspekte für eine als Leitbild fungierende Beschreibung, wie das zu entwickelnde Produkt Nutzen beim Kunden schafft."

Die Analyse der Ansätze des Innovationsmanagements in Kapitel 4 und der QFD-Ansätze in Kapitel 5 ergaben, dass keine der untersuchten Vorgehensmodelle und Methoden allein in der Lage ist, die Herausforderungen der technologieinduzierten Entwicklung neuer Wertversprechen im SiB zu lösen. Auch wenn die grundsätzliche Eignung von QFD zur Annäherung an diese Problemstellung bestätigt werden konnte, zeigt die vertiefte Analyse, dass die Gestaltungsanforderungen durch bisherige QFD-Ansätze noch nicht vollumfänglich erfüllt werden konnten.

F. Schönhofen, *Technologieinduzierte Entwicklung neuer Wertversprechen im Software-intensive Business*, https://doi.org/10.1007/978-3-658-43471-7_6

Als Hauptkritikpunkt, sowohl an den Phasenmodellen des Innovationsmanagements als auch an vielen QFD-Ansätzen, konnte die lineare Grundauslegung der Ansätze identifiziert werden.[1] Die Herausforderungen des Entwicklungsumfelds lassen die Anwendung von Methoden sinnvoll erscheinen, die inkrementelles Entwickeln und einen proaktiven Umgang mit Änderungen im Entwicklungsumfeld ermöglichen.[2]

Wie bereits dargestellt, existiert mit Continuous QFD eine Methode, welche die kundenorientierte Entwicklung im volatilen Umfeld des E-Business ermöglicht, indem frühes Feedback über eine iterative Grundauslegung kontinuierlich in die Entwicklung implementiert wird.[3] CQFD adressiert dabei die Anforderungen bzgl. der Unsicherheit im Entwicklungsumfeld und bildet damit die geeignete konzeptionelle Grundlage für die Gestaltung des VPD.[4]

Zur Lösung der Herausforderungen und der davon abgeleiteten Gestaltungsanforderungen muss das VPD mit Artefakten auf unterschiedlichen Abstraktionsniveaus umgehen können: Die Ausgangssituation wird durch das abstrakte Fuzzy Front End beschrieben; das im Wertversprechen enthaltene Produkt muss dagegen für die nachgelagerte Produktentwicklung durch Produktanforderungen möglichst konkret definiert werden.[5] Das Wertversprechen selbst wiederum ist eine abstrakte Beschreibung dessen, wie das Produkt Nutzen bei Kunden schafft.

Um Lerneffekte und die ständige Abstimmung zwischen diesen unterschiedlichen Artefakten zu ermöglichen, müssen die Iterationen im VPD zwischen der ganzheitlichen Wertversprechensicht und der konkreteren Produktsicht alternieren. Während sich damit die Indikation einer iterativen Grundauslegung des VPD erhärtet, stellt sich die Frage, wie das VPD konkret gestaltet sein muss, um die Gestaltungsanforderungen erfüllen zu können.

---

[1] Vgl. Abschnitt 4.2.2 sowie Cooper (1988), S. 241 ff. und Khurana und Rosenthal (1997), S. 103 ff.

[2] Vgl. hierzu die Abschnitt 2.1 und 2.3.3 sowie Highsmith (1997), S. 23 ff.

[3] Vgl. Herzwurm et al. (2000a), S. 89 f.

[4] Vgl. die Bewertung der QFD-Ansätze in Abschnitt 5.6.

[5] Vgl. Abschnitt 4.2.2 sowie Cooper (1988), S. 241 ff. und Khurana und Rosenthal (1997), S. 103 ff.

Sowohl die meisten QFD-Anwendungen als auch Design Thinking stellen die Analyse des Problemraums an den Beginn der Entwicklung.[6] Es handelt sich meist um evolutionäre Technologieinnovationen, bei denen das Kundenproblem bekannt ist, jedoch Unsicherheit, über die zur Lösung des Problems geeignete Technologie herrscht. Die Herausforderung liegt hierbei insb. darin, die Aussagen des Kunden über sein zu lösendes Problem möglichst gut zu verstehen und in Produktanforderungen zu übersetzen.

Im Fall der evolutionären Marktinnovation steht dieses konkrete Problem nicht zu Beginn zur Verfügung. Das VPD muss dementsprechend den Einstieg in die iterative Entwicklung aus einer abstrakten Technologie ermöglichen und für die konkrete Produktentwicklung aufbereiten. Nachfolgend wird die entsprechende Konzeption des VPD anhand Abbildung 6.1 dargestellt.

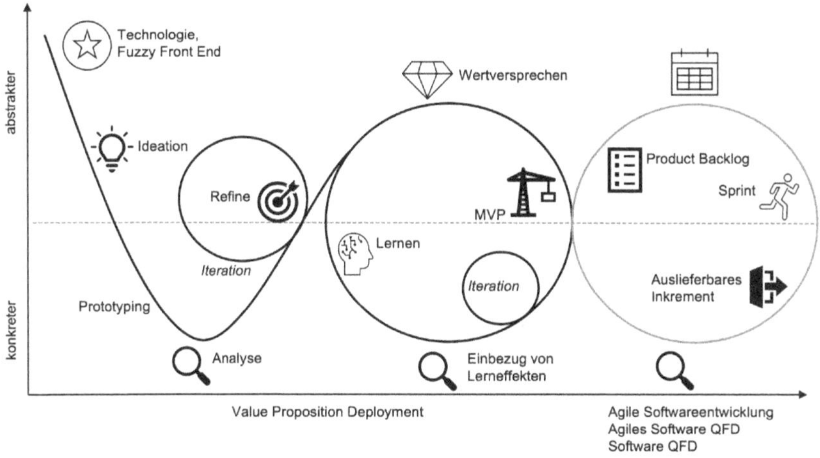

Abbildung 6.1 Value Proposition Deployment als Erweiterung der Produktentwicklung[7]

[6] Vgl. Abschnitt 4.2.5 und Plattner et al. (2009), S. 103.

[7] Eigene Darstellung, abgeleitet von einer Darstellung nach Kreutzer (2022), S. 273.

Die schwarze Linie zeigt schematisch den Verlauf der Entwicklung eines Wertversprechens mit dem VPD. Ausgehend vom, durch eine neue Technologie induzierten, Fuzzy Front End beginnt die Entwicklung mit einer dem DT ähnlichen Ideationphase, in der unter Nutzung von Kreativitätstechniken ein Prototyp im Kontext der neuen Technologie approximiert wird.

Mithilfe von Werkzeugen aus QFD kann dieser Prototyp analysiert werden. Ergebnis dieser Analyse sind konkrete Produktanforderungen, die den Prototyp beschreiben. Ähnlich wie in Reverse QFD Ansätzen oder dem Technology Deployment können daraus lösungsunabhängige Kundennutzen abgeleitet und der Prototyp auf Basis der gewonnenen Erkenntnisse iterativ verbessert werden (Refine).[8] Dieses Vorgehen kombiniert Grundgedanken des CQFD mit Reverse QFD: Aus der Analyse eines bestehenden Artefakts werden „rückwärts" Prognosen über mögliche Kunden und deren Kundenanforderungen erarbeitet. Die dabei zu erwartenden häufigen Änderungen verlangen eine kontinuierliche Weiterentwicklung des Prototyps.[9]

Aus dem Prototyp und den gewonnenen Informationen entsteht daraufhin das erste Wertversprechen. Dessen Inhalte und damit die getroffenen Annahmen bei der Gestaltung des Prototyps werden über die Entwicklung von MVPs, die bei realen Kundenvertretern getestet werden, überprüft.[10] Die daraus gewonnenen Lerneffekte finden Eingang in die Weiterentwicklung des Wertversprechens.

Ähnlich dem Twin-Peaks-Ansatz[11], der die parallele Entwicklung von RE und Architekturentwurf ermöglicht, zielt das VPD auf das Erreichen dreier wesentliche Ergebnisse:

- die Entwicklung des abstrakten Wertversprechens,
- die Definition konkreter Kunden- und Produktanforderungen und
- die Verknüpfung dieser Artefakte durch den Fit bei realen Kunden.

Diese drei Artefakte bilden die Grundlage für die sog. triangulative Produktentwicklung als Abschluss des VPD. Diese Phase stellt die Anschlussfähigkeit an die weitere Produktentwicklung sicher, erfordert aber auch die stetige Abstimmung mit dem Wertversprechen (und damit dem Geschäftsmodell) und ruft dazu

---

[8] Vgl. Akao et al. (1990), S. 149 und Ries (2011), S. 75.

[9] Vgl. Hines und Mazur (2007), S. 426 und Herzwurm (2000a), S. 93.

[10] Vgl. Ries (2011), S. 75.

[11] Vgl. Abschnitt 5.3.2 und Nuseibeh (2001), S. 116.

auf, regelmäßig Feedback der avisierten Kunden einzuholen und zu implementieren.[12] Die Implikationen des volatilen Entwicklungsumfelds lassen dabei den kontinuierlichen Einbezug von Lerneffekten notwendig erscheinen, daher sind agile Entwicklungsvorgehen wie ASQFD oder Scrum prädestiniert für die weitere Entwicklungsplanung.[13]

6.2 Ablauf des Value Proposition Deployments

Im Folgenden wird der konkrete Ablauf des Value Proposition Deployments zur Erfüllung der in Abschnitt 4.4 formulierten Gestaltungsanforderungen dargestellt. Das VPD versteht sich als Ergänzung von QFD zur Bewältigung der Herausforderungen bei der technologieinduzierten Entwicklung neuer Wertversprechen im SiB, gleichzeitig aber auch als eigenständige Methode. Gemäß den Vorgaben des Method Engineerings[14] soll das VPD daher anhand der auszuführenden Aktivitäten, der zur Durchführung notwendigen Rollen und der in jedem Schritt zu erreichenden (Zwischen-)Ergebnisse, sowie anhand eines Metamodells des Ablaufs beschrieben werden.[15]

In diesem Kapitel werden der grundsätzliche Ablauf dargestellt, sowie die für die Durchführung des VPD benötigten Rollen skizziert. In den Abschnitten 6.2.1 bis 6.2.8 werden die Aktivitäten im VPD, die zu erreichenden Ziele, sowie hierfür geeignete Werkzeuge detailliert beschrieben.

Auch wenn nochmals der iterative Charakter des VPD betont sei, lässt es sich zur Beschreibung dennoch in acht wesentliche Phasen gliedern, die – allerdings mit häufigen und jederzeit möglichen Rückkopplungen – sequenziell durchlaufen werden. Diese Phasen haben ihren Ursprung in den Phasenmodellen des Innovationsmanagements; die Rückkopplungen folgen den Erkenntnissen des bereits diskutierten Stage Gate Ansatzes.[16] Die Phasen werden in nachfolgender Abbildung 6.2 dargestellt und in den folgenden Kapiteln beschrieben.

[12] Vgl. Abschnitt 6.2.8.

[13] Vgl. Schockert (2017) und Abschnitt 5.3.3.

[14] Vgl. bspw. Heym (1993).

[15] Vgl. Gutzwiller (1994), S. 11.

[16] Vgl. zu den Phasenmodellen Reichwald und Piller (2009), S. 123; zur Kritik an den Phasenmodellen und dem Stage Gate Prozess Cooper (1990), S. 45 f.

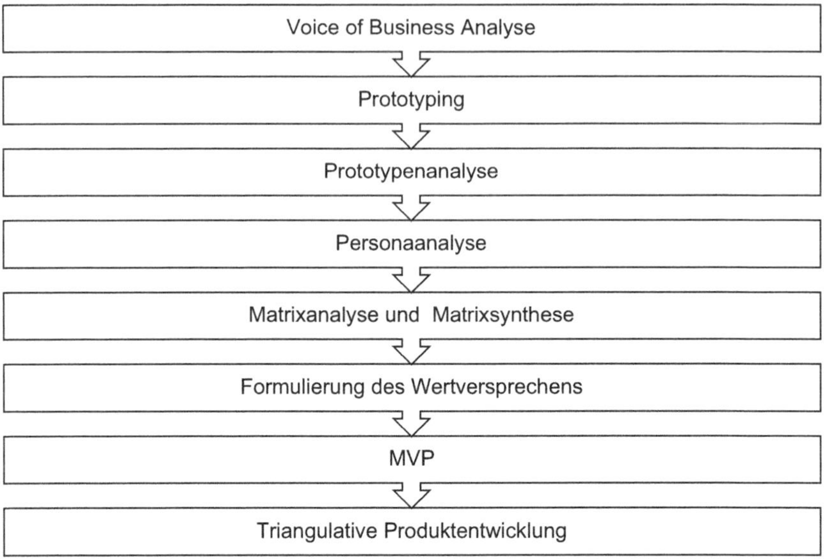

Abbildung 6.2 Ablauf des Value Proposition Deployments[17]

Angesichts der spezifischen Problemstellung der technologieinduzierten Entwicklung im SiB ergibt sich bei der Durchführung des VPD gegenüber anderen QFD-Ansätzen, wie bspw. dem PriFo-QFD, Anpassungsbedarf.[18] Da bei technologieinduzierter Entwicklung im Regelfall kein externer Auftraggeber existiert, tritt an die Stelle des Auftraggebers eine in der ISO 16355-1[19] beschriebene *Voice of Business* (VoB). Diese wird im VPD, ähnlich wie die im GM-QFD beschriebene Stimme des Entscheiders aufgefasst.[20] Besetzt ist die VoB mit Personen mit entsprechenden Entscheidungsbefugnissen aus der Geschäftsführung, Abteilungsleitung oder Projektleitung. Neben der entsprechenden Entscheidungsbefugnis sollten diese Personen auch detaillierte Kenntnis über die Unternehmenssituation sowie das Unternehmensumfeld haben, um begründete Entscheidungen treffen zu können. Innerhalb des VPD definieren und formulieren sie die Projektziele

[17] Eigene Darstellung.

[18] Vgl. zu den Rollen in PriFo-QFD bspw. Herzwurm et al. (2000), S. 57 f.

[19] Vgl. ISO 16355-1:2015.

[20] Vgl. Abschnitt 5.5.2.

und bewerten die erreichten Artefakte, insb. das für die interne Verwendung formulierte Wertversprechen als einem der wesentlichen Ergebnisse des VPD.

Die Besetzung des eigentlichen Entwicklerteams (VPD-Team) orientiert sich grob an der Besetzung des QFD-Teams in PriFo-QFD[21], allerdings erweitert um die, in der agilen Softwareentwicklung üblichen Rollen. So gehört zum VPD-Team neben dem Business Developer auch der bereits beschriebene Product Owner. Da diese Rolle auch häufig die Schnittstelle zur Projektleitung darstellt, kann sie ebenfalls zur VoB gezählt werden.[22]

Zur Durchführung des VPD ist weiterhin ein Methodenexperte notwendig. Da sich das VPD eng an den Leitlinien von QFD orientiert, ist hierbei ein, bezogen auf die VPD-Spezifika, instruierter QFD-Moderator geeignet. Kern des VPD-Teams bilden die Entwickler, deren Fachkenntnisse sich je nach der Positionierung des zu entwickelnden Wertversprechens unterscheiden. Unabdingbar ist dabei, dass aus jedem der tangierten Fachbereiche mindestens ein Entwickler teilnimmt.

Insb. in späteren Phasen des VPD werden auch reale Kunden, die auf Basis der Personas identifiziert werden konnten, in die Entwicklung miteinbezogen. Sie sind in frühen Phasen kein Bestandteil des VPD-Teams, sondern können erst in späteren Phasen integriert werden. Die Aufgaben der Kunden im VPD umfassen insb. das Formulieren von Feedback durch Sichtung der Prototypen oder Tests des MVP, und liefern so die Bewertung der VPD-Artefakte, insb. der Produktfunktionen und Qualitätsmerkmale, sowie die Verifizierung der angenommenen Kundennutzen. Tabelle 6.1 fasst die Rollen im VPD zusammen.

Durch die enge konzeptionelle Anlehnung an das Continuous QFD soll die Kompatibilität des VPD zu den QFD-Leitlinien und der QFD-Anwendung erreicht werden (Gestaltungsanforderung A13). Dies bietet zum einen die Möglichkeit, QFD zur kundenorientierten Entwicklung auf die technologieinduzierte Entwicklung neuer Produkte als Kern der Wertversprechen im SiB (Anforderung A1) nutzbar zu machen und gleichzeitig den Schulungsaufwand für bereits vorhandene QFD-Moderatoren gering zu halten. Damit sollen die Hürden für den praktischen Einsatz des VPD verringert werden.

[21] Vgl. Herzwurm et al. (2000).

[22] Vgl. Schwaber und Sutherland (2020), S. 5 ff., URL siehe Literaturverzeichnis.

Tabelle 6.1 Rollen im Value Proposition Deployment[23]

Rollen im Value Proposition Deployment		
Voice of Business	**VPD-Team**	**Kunde**
Besetzung		
• Geschäftsführung • Abteilungsleitung • Projektleitung • Product Owner	• Business Developer/ Product Owner • QFD-Moderator • Entwickler	• Auf Basis der Personas identifizierte Vertreter möglicher Kundengruppen
Fähigkeiten		
• Entscheidungsbefugnisse • Kenntnis über Unternehmensumfeld und -situation	• Kreativität • QFD-Kenntnisse • Softwareentwicklungsfähigkeiten • Teamfähigkeit	
Aufgaben		
• Definiert und formuliert Projektziel • Bewertet entwickelte Artefakte, insb. das Wertversprechen	• Generiert Ideen • Entwickelt Prototyp • Formuliert Anforderungen • Leitet Kundennutzen ab • Formuliert Personas • Priorisiert Kundennutzen • Spezifiziert funktionale Anforderungen • Formuliert Wertversprechen • Entwickelt MVP • Erstellt Entwicklungsvorgaben	• Gibt Feedback • Testet MVP • Bewertet entwickelte Artefakte, insb. Produktfunktionen und Qualitätsmerkmale

[23] Eigene Darstellung.

6.2.1 Voice of Business Analyse

Den Ausgangspunkt des Value Proposition Deployments bildet, wie bereits beschrieben, eine marktreife Technologie, ohne, dass bislang mögliche Kunden identifiziert werden konnten. Der Trigger für die Entwicklung entstammt der bereits beschriebenen Voice of Business. Wie beschrieben vertritt die VoB jene Unternehmensteile, die nicht die eigentliche Entwicklung betreffen, insbesondere die organisationalen und strategischen Bereiche. Nach ISO 16355-1 gibt die VoB Ziele für das Entwicklungsprojekt vor.[24] Das VPD wird für den Fall entwickelt, dass eine bereits vorhandene Technologie „marktreif" gemacht werden muss. Das heißt, es muss ein Produkt entwickelt werden, das einen ausreichenden Wert bei einem zu diesem Zeitpunkt noch zu definierenden Kunden erzeugt. Osterwalder und Pigneur identifizieren für eine solche Problemstellung bspw. sog. ressourcenbedingte Ausgangspunkte als mögliche Trigger für die Entwicklung neuer Geschäftsmodelle.[25] Die ISO 16355-1 schlägt eine Reihe von Methoden und Werkzeugen für die Formulierung der Voice of Business vor. Zu diesen gehören u. a. strategische Planungsmethoden wie Hoshin Kanri, Porters Five Forces und Blue Ocean. Weiterhin werden die Balanced Scorecard und der Analytic Hierarchy Process (AHP) als mögliche Methoden genannt.[26] Da sich das VPD insbesondere als Hilfestellung für die Produktentwicklung bei der Erfüllung ihrer Aufgaben versteht, enthält das VPD keine über die ISO 16355 hinausgehenden Ansätze zur Formulierung der VoB, sondern betrachtet diese als zu Beginn der Entwicklung als gegeben. Ausgangspunkt des VPD bildet entsprechend das im Projektauftrag definierte und formulierte Projektziel. Mit dem formulierten Projektziel beginnt die erste Phase des VPD, die *Voice of Business Analyse* (VoBA).

Die Voice of Business Analyse beginnt mit einer Checkliste, welche die Eignung des Value Proposition Deployments hinsichtlich des Projektziels überprüft (Tabelle 6.2):

---

[24] Vgl. ISO 16355-1 (2015), S. 7.

[25] Vgl. Osterwalder und Pigneur (2011), S. 132 ff.

[26] Vgl. ISO 16355-1 (2015), S. 7.

Tabelle 6.2 Checkliste für die Anwendung des Value Proposition Deployments[27]

Voice of Business Analyse: Checkliste	**Erfüllt? (+/ o/-)**
A: Technologieinduzierte Entwicklung	
• Marktreife oder der Marktreife nahe Technologie im Unternehmen vorhanden oder im Zugriff*	
• Unsicherheit bzgl. des adressierten Markts	
• Kenntnisse über Mitbewerber vorhanden	
B: Pre-Planning	
• Entwicklungsteam vorhanden (mit adäquaten Ressourcen hinsichtlich Teamgröße, Zeit und Arbeitsmitteln)*	
• QFD-Moderator vorhanden*	
• Product Owner vorhanden	
*Muss-Kriterium + = Ist erfüllt, – = nicht erfüllt o = (aktuell) nicht beantwortbar	

Die Checkliste umfasst sowohl „Muss-Kriterien" als auch „Kann-Kriterien". Die Musskriterien sind dabei zwingend notwendig für die Durchführung des VPD, die Kann-Kriterien verbessern die Rahmenbedingungen, sind aber optional. Als Ausgangslage muss eine marktreife oder der Marktreife zumindest nahekommende Technologie stehen, aus der sich konkrete Produkte entwickeln lassen. Hinsichtlich der Unsicherheit bzgl. des adressierten Markts mag die Einordnung als Kann-Kriterium zunächst überraschen, stellt der Umgang mit dieser Situation doch einen wesentlichen Nutzen des VPD dar, doch ist auch die genauere Kenntnis über den Markt kein Ausschlusskriterium, sondern verkürzt das VPD lediglich. Entsprechend hilfreich können auch Kenntnisse über potenzielle Mitbewerber sein, die bspw. beim Verständnis über die Marktsituation unterstützen können.

Der Pre-Planning-Bereich der Checkliste umfasst die Projektorganisation. Insbesondere von Bedeutung ist die Notwendigkeit eines geeigneten Entwicklungsteams. Dieses muss über die für die Entwicklung notwendigen Kenntnisse (bspw. in der Programmierung, User Interface Gestaltung, Grafikdesign) verfügen und ein dem Projekt entsprechendes Zeitkontingent zur Verfügung haben. Weiterhin müssen die notwendigen Arbeitsmittel wie Räume, IT-Ausstattung,

[27] Eigene Darstellung.

sowie Projektmanagementtools zur Verfügung stehen. Gemäß der Anforderung A13 erfordert das Value Proposition Deployment keinen VPD-spezifisch ausgebildeten QFD-Moderator. Ein QFD-Moderator mit den notwendigen Kenntnissen über die QFD-Prinzipien und Aktivitäten reicht nach entsprechender Kenntnisnahme des VPD-Ablaufs aus, muss aber vorhanden sein. Der Product Owner stellt eine notwendige Verbindung zwischen VoB und VPD-Team dar und unterstützt die Kommunikation, wobei eine verbesserte Kommunikation auch ohne diese dedizierte Rolle erreicht werden kann.[28]

Sind die Bedingungen für den Einsatz des VPD erfüllt und das VPD-Team zusammengestellt, beginnt der zweite Teil der Voice of Business Analyse. Zur Unterstützung eines gemeinsamen Verständnisses des Projektziels zwischen VoB und VPD-Team und zur Vermeidung etwaiger Missverständnisse, ist die Reflexion der VoB der zweite wesentliche Baustein der VoBA. Hierzu kann der Projektauftrag mit Hilfe der 6 W-Tabelle vom VPD-Team kritisch hinterfragt werden.[29]

Tabelle 6.3 Vorlage für 6 W-Tabelle bei der Reflexion innerhalb der Voice of Business Analyse[30]

Voice of Business Analyse: Reflexion					
Was?	**Warum?**	**Wer?**	**Wo?**	**Wie (viel)?**	**Wann?**

Tabelle 6.3 zeigt eine Vorlage für eine 6 W-Tabelle zur Reflexion der Projektziele. Ziel der Reflexion ist hierbei weniger eine detaillierte Beantwortung der Fragestellungen, sondern vielmehr die Schaffung von Transparenz über mögliche Unsicherheiten des Teams bzgl. des Projektziels sowie die Identifikation möglicherweise vorhandener, differenzierter Auffassungen über dessen Interpretation. Etwaige Unsicherheiten bzw. Differenzen sollten frühzeitig ausgeräumt werden, möglicherweise unter Einbezug der VoB-Vertreter bzw. des Product Owners. Sind diese möglichen Probleme ausgeräumt, ist die Voice of Business Analyse abgeschlossen. Ähnlich dem in Abschnitt 4.2.1 dargestellten Stage Gate-Verfahren, kann die VoBA erst nach Erreichung der in Tabelle 6.4 dargestellten Artefakte als abgeschlossen gelten und der Übergang in die nächste Phase erfolgen. Hinsichtlich der Gestaltungsanforderungen an das VPD leistet die VoBA einen Beitrag

[28] Die Einordnung der Rolle des Product Owners als Kann-Kriterium liegt insb. in unterschiedlichen Verständnissen über diese Rolle in der Praxis begründet.

[29] Vgl. zur 6 W-Tabelle (im englischen entsprechend 5w1h) bspw. und Herzwurm et al. (1997), S. 85 und ISO 16355-1 (2015), S. 49.

[30] Eigene Darstellung.

zur Erfüllung von Anforderung A2 (Umgang mit dem Fuzzy Front End) und A7 (Kommunikation innerhalb des Entwicklungsteams).

Tabelle 6.4 Zu erreichende Artefakte der Voice of Business Analyse[31]

Voice of Business Analyse: Notwendige Artefakte für den Übergang zum Prototyping
– Feststellung der Eignung des Projekts für die Anwendung des Value Proposition Deployments
– Gemeinsames Verständnis und Akzeptanz des Projektziels innerhalb des VPD-Teams

6.2.2 Prototyping

Ist die VoBA abgeschlossen, beginnt mit dem *Prototyping* die zweite Phase des VPD. Das Prototyping untergliedert sich wiederum in zwei wesentliche Phasen, beginnend mit der **Ideation.**[32] Diese Phase stellt hohe Anforderungen an die Kreativität des VPD-Teams, entsprechend ist der Einsatz einer Vielzahl von Kreativitätstechniken möglich und gegebenenfalls sinnvoll. Im Folgenden werden Vorschläge für einige Techniken formuliert, welche allerdings nicht als abschließende Aufzählung zu betrachten sind.

Remember the Future

Remember the Future stellt ein spielerisches Vorgehen dar, in dem sich das VPD-Team eine Medien-Schlagzeile überlegen muss, die das zu entwickelnde Wertversprechen in einem weiter in der Zukunft liegenden Zeitpunkt auslösen soll und die vom Team als positiv im Sinne der Zielerreichung wahrgenommen wird. Diese Schlagzeile kann sowohl das Wertversprechen selbst, das enthaltene Produkt oder auch den zeitgenössischen Zustand des Unternehmens betreffen. Hat sich das VPD-Team auf eine Schlagzeile geeinigt, soll diese zu Papier gebracht und sichtbar im Raum aufgehängt werden.[33]

[31] Eigene Darstellung.

[32] Vgl. hierzu auch die Ausführungen zu Design Thinking in Abschnitt 4.2.5.

[33] Vgl. bspw. Kusay-Merkle (2018), S. 123.

Brainstorming
Im Brainstorming versucht das VPD-Team gemeinschaftlich zu überlegen, wie ein Produkt aussehen könnte, das basierend auf der im Projektziel hinterlegten Technologie die avisierte Schlagzeile auslösen kann.[34]

6–3–5 Methode
Bei dieser Methode des Brainstormings versucht das VPD-Team ebenfalls die Frage zu beantworten, wie die bestmögliche Lösung aussehen könnte, die den Projektauftrag erfüllt. Hierzu erhält jedes Mitglied des VPD-Teams ein Blatt (im Falle der 6–3–5 Methode wird von sechs Teilnehmenden ausgegangen), auf dem jedes Mitglied drei Ideen notiert und dieses weiterreicht (bei sechs Teilnehmenden entsprechend fünfmal). Am Ende des Prozesses hatte jedes Mitglied jedes Blatt mit Ideen einmal erhalten und konnte die Ideen aufgreifen, verknüpfen und weiterentwickeln. Hierbei ist keine Bewertung oder Kommentierung (weder positiv noch negativ) erwünscht.[35]

Reverse Brainstorming
Das Reverse Brainstorming gleicht dem normalen Brainstorming, nur ist das VPD-Team aufgefordert, eine konträre Frage zu beantworten: „Wie könnte eine maximal schlechte Lösung für die Erfüllung des Projektziels gestaltet sein?“ Ziel dessen ist der Wechsel der Perspektive und die Generierung weiterer Ideen.[36]

Nach der Ideation beginnt das eigentliche **Prototyping**. Ziel des Prototypings ist die Visualisierung und Konkretisierung der vorher generierten Ideen. Dies ermöglicht einerseits die Ideen in der Gruppe weiterzuentwickeln und andererseits das gemeinsame Verständnis über das zu entwickelnde Produkt zu verbessern. Idealerweise einigt sich das VPD-Team nach der Ideation auf eine gemeinsame Idee oder kombiniert die vorhandenen Ideen. Wichtig ist hierbei eine von allen Teammitgliedern akzeptierte Lösung zu finden, da sich das Übergehen einzelner Mitglieder und ihrer Ideen in einer geringeren Motivation im weiteren Verlauf niederschlagen könnte. Je nach Projektziel und der dafür generierten Ideen soll ein konzeptioneller Prototyp entwickelt werden, der Produktfunktionen darstellt.

Im Fall einer Softwarelösung kann dieser Prototyp bspw. die Benutzeroberfläche einer Applikation darstellen. Dies kann mittels entsprechender Grafik- oder Mockup-Software oder auch mit Papierprototypen erfolgen.[37]

---

[34] Vgl. Osborn (1979).

[35] Vgl. Rohrbach (1969).

[36] Vgl. bspw. T2Informatik (2022), URL siehe Literaturverzeichnis.

[37] Vgl. zum Prototyping generell bspw. Kreutzer (2022), S. 285.

Beim Prototyping ist insb. darauf zu achten, dass die Wahl der Werkzeuge zu den Ideen passt. So können hardwaregeprägte Ideen bspw. mithilfe von Klemmbausteinen besser dargestellt werden als mithilfe von Papierprototypen. Für prozessorientierte Ideen, insb. im Kontext von Softwareökosystemen, können Prozessskizzen zusätzlich unterstützen. Zu beachten ist dabei, dass zu detaillierte Prototypen von den wesentlichen Inhalten ablenken und das VPD Team Gefahr laufen könnte sich in Detailfragen zu verlieren.

Durch das Prototyping im VPD werden somit insb. die Gestaltungsanforderungen A2 (Umgang mit dem Fuzzy Front End), A6 (Technologieinduzierte Entwicklung), A7 (Kommunikation innerhalb des Entwicklungsteams) und A9 (Kreativität unterstützen) adressiert. Tabelle 6.5 zeigt die mit dem Abschluss des Prototypings verbundenen Artefakte.

Tabelle 6.5 Zu erreichende Artefakte der Phase des Prototypings[38]

Prototyping: Notwendige Artefakte für den Übergang zur Prototypenanalyse
– Mindestens ein Prototyp, der den Projektzielen entspricht
– Gemeinsames Verständnis und Akzeptanz des Prototyps innerhalb des VPD-Teams

6.2.3 Prototypenanalyse

Ziel der Prototypenanalyse ist die Übertragung der Merkmale des Prototyps in funktionale und nicht-funktionale Anforderungen, die in natürlicher Sprache ausgedrückt werden können. Die Prototypenanalyse erfolgt in einem Meeting, in dem das VPD-Team folgende Fragestellungen diskutiert (Tabelle 6.6):

Tabelle 6.6 Vorgeschlagene Fragestellungen bei der Prototypenanalyse[39]

Vorgeschlagene Fragestellungen bei der Prototypenanalyse im VPD
Was sind die Funktionen unseres Prototyps?
Was habe ich mir bei der Gestaltung des Prototyps gedacht?
Welche Eigenschaften soll unser Produkt aufweisen?

[38] Eigene Darstellung.

[39] Eigene Darstellung.

Bei der Prototypenanalyse kann die Nutzung der bereits eingeführten 6 W-Tabelle helfen. Für die erste Phase der Analyse sind insbesondere die Fragestellungen *Was? Wie (viel)? Wo? Wann?* relevant. Aber auch die Fragen nach dem *Warum?* und dem *Wer?* können gestellt werden. Diese bieten die direkte Verknüpfung zur anschließenden Personaanalyse. Die in der Prototypenanalyse erarbeiteten Daten sind die Grundlage für die weiteren Schritte des VPD. Entsprechend sollte das VPD-Team dafür Sorge tragen, diese Aufgabe äußerst genau und kleinteilig durchzuführen, da auch Details im weiteren Verlauf potenziell hohe Bedeutung erreichen können. Die gewonnen Erkenntnisse aus der Diskussion und der 6 W-Tabelle können bspw. mit geeigneten Tabellenkalkulationsprogrammen dokumentiert werden. Zur Formulierung der Anforderungen eignen sich insb. Satzschablonen.[40] Ein Beispiel für eine solche Schablone ist nachfolgend dargestellt (Abbildung 6.3):

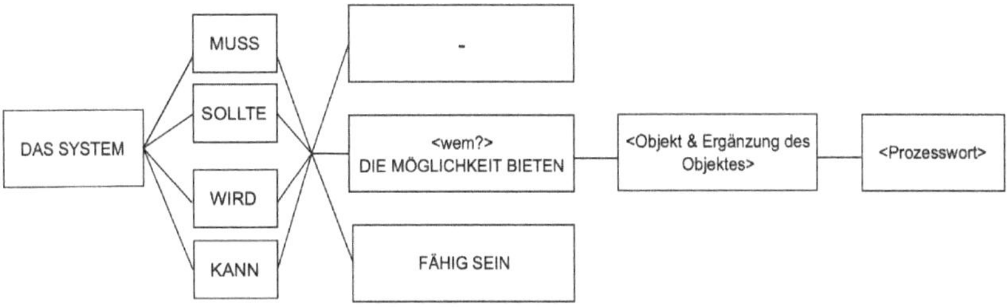

Abbildung 6.3 Satzschablone zur Formulierung einer Anforderung[41]

Neben den Produktfunktionen sollen – sofern an dieser Stelle bereits möglich – Qualitätsmerkmale identifiziert und formuliert werden. Die Prototypenanalyse ist abgeschlossen, wenn der Prototyp durch die Produktanforderungen erschöpfend beschrieben wurde. Die Prototypenanalyse trägt zur Erfüllung der VPD-Gestaltungsanforderungen A2 (Umgang mit dem Fuzzy Front End), A6 (Technologieinduzierte Entwicklung), A7 (Kommunikation) und A9 (Kreativität) bei. (Tabelle 6.7)

---

[40] Vgl. Pohl und Rupp (2021), S. 72.

[41] Eigene Darstellung, in Anlehnung an Pohl und Rupp (2021), S. 72.

Tabelle 6.7 Zu erreichende Artefakte der Prototypenanalyse[42]

Prototypenanalyse: Notwendige Artefakte für den Übergang zur Personaanalyse
– Vollständige Beschreibung des Prototyps durch korrekt formulierte Produktfunktionen und Qualitätsmerkmale

6.2.4 Personaanalyse

Im vorliegenden Fall der technologieinduzierten Entwicklung existiert, wie bereits dargestellt, ein hohes Maß an Unsicherheit bzgl. der avisierten, späteren Kunden des zu entwickelnden Produkts. An dieser Stelle unterscheidet sich das Vorgehen im VPD vom überwiegenden Teil der anderen QFD-Ansätze. Um einerseits das Entwicklungsziel, andererseits den Prinzipien von QFD zu entsprechen, muss das VPD den eigentlichen Widerspruch auflösen, ein Wertversprechen kundenorientiert für einen bis dato unbekannten Kunden gestalten zu wollen. Diese Herausforderung wird in dieser Phase des VPD eminent: Auf die Prototypenanalyse folgt eine Phase, in der mögliche Kundengruppen identifiziert werden, bei denen der zu untersuchende Prototyp bzw. die darin enthaltenen Produktfunktionen Nutzen generieren.

Hilfreich bei der Identifikation und der darauf aufbauenden weiteren Analyse kann das Erstellen sogenannter *Personas* sein. Das Konzept der Personas stammt aus Alan Coopers bekanntem Buch *The Inmates are Running the Asylum.*[43] Cooper beschrieb das Konzept ursprünglich für die Softwareentwicklung und wurde durch die Problemstellung motiviert, dass die „einfachste und beste" Möglichkeit, Kundenanforderungen zu identifizieren, nämlich das Fragen der Kunden nach deren Wünschen, in der Praxis häufig nicht funktioniere.

Als wichtigster Punkt wird genannt, dass der Kunde zwar Experte für sein Problem sei, dies ihn aber noch nicht zum Experten für die Lösung mache.[44] Cooper schlägt vor, einen fiktiven Benutzer zu erschaffen, der im Entwicklerteam als Adressat der Entwicklung wirken soll. Für deren Gestaltung und Nutzung während der Entwicklung wird vor allem das Prinzip *„gestalte für (nur) einen Benutzer"* formuliert.[45] Diese Forderung Coopers bezieht sich darauf, dass eine „One-size-fits-all"-Lösung schwer zu erreichen bzw. unerreichbar sei. Lösungen, die versuchen Anforderungen verschiedener Nutzergruppen zu erfüllen, die sich

[42] Eigene Darstellung.

[43] Vgl. Cooper (1999).

[44] Vgl. Cooper (1999), S. 123.

[45] Vgl. Cooper (1999), S. 124 ff.

teilweise widersprechen, drohen zu scheitern. Ergebnis ist dabei oft, dass das fertige Produkt weder die Anforderungen der einen noch der anderen Gruppe erfüllt oder zumindest deutliche Kompromisse gemacht werden müssen.

Zur Lösung dieses Problems schlägt Cooper pragmatisch vor, immer nur eine Person für die Entwicklung zu adressieren. Diese Person soll hypothetisch sein, aber so spezifisch beschrieben werden, dass sich das Entwicklungsteam eine genaue Vorstellung über ihre Eigenschaften, Vorlieben und Anforderungen machen kann.[46] Um diese Spezifität zu unterstreichen, soll eine generische Beschreibung des Nutzers vermieden werden. Statt „User" bzw. der deutschen Übersetzung „Nutzer" oder „Benutzer" schlägt Cooper die *Persona* vor. Die Persona ist eine detaillierte Beschreibung eines spezifischen Benutzers, mit Eigenschaften wie Vorlieben, einer Beschreibung von Äußerlichkeiten und Verhaltensweisen, Hobbys und Beruf sowie einem Namen.[47]

Besonderer Wert wird daraufgelegt, dass sich die Beschreibung tatsächlich auf den Benutzer und nicht etwa auf den Käufer des Produkts bezieht. Der Detailgrad der Personas ist laut Cooper sogar wichtiger als die Allgemeingültigkeit der Annahmen.[48] Ein Produkt, das für eine Persona, Nutzen schafft, kann also für eine andere Persona einen deutlich geringeren Nutzen erbringen, auch wenn einige Parallelen bestehen mögen. Folgendes Beispiel soll diese Problematik verdeutlichen:

Die Studierende Viviane ist 23 und studiert Wirtschaftsinformatik an der Universität Stuttgart. Sie benutzt ein Notebook für ihre Vorlesungen und entwickelt in ihrer Freizeit mobile Apps mit der Programmiersprache Swift. Viviane fährt meistens mit dem Auto zur Universität und muss nicht weit gehen.

Linda, 22, studiert Industrial Design an der Kunsthochschule Stuttgart, sie benutzt ebenfalls ein Notebook, insbesondere für das schnelle Anfertigen von Skizzen ihrer Projekte. Sie besitzt kein Auto und fährt von ihrer Wohngemeinschaft mit dem Fahrrad zur Hochschule.

Beide Frauen sind Anfang 20 und studieren. Trotzdem sind ihre spezifischen Anforderungen an das Notebook grundverschieden. So wird Linda auf eine gut funktionierende Stifteingabe angewiesen sein und sich über ein leichtes Gerät freuen. Viviane dagegen benötigt ein Notebook mit viel Rechenleistung. Da sie das Gerät nicht viel tragen muss, kann sie dafür auch ein höheres Gewicht in Kauf nehmen.

---

[46] Vgl. Cooper (1999), S. 128 f.

[47] Vgl. Cooper (1999), S. 128.

[48] Vgl. Cooper (1999), S. 135.

Die Präzision bei der Beschreibung hilft dem Team, spezifische Lösungen zu entwickeln. Der Versuch, Lindas Anforderungen in Vivianes zu integrieren und so allgemeingültige Anforderungen für Studierende generell zu lösen, würde die spezifischen Anforderungen verwässern und ggf. zu einem schlechteren Produkt führen.[49]

Direkte Folge dieses Grundsatzes ist auch die Forderung Coopers, zu prüfen, ob nicht zu viele Personas vom Produkt angesprochen werden können. Dies könne als Hinweis für einen zu weit gefassten Scope interpretiert werden.[50]

Nachfolgende Tabelle 6.8 fasst die Grundsätze der Personagestaltung nach Cooper zusammen.

Tabelle 6.8 Grundsätze der Personagestaltung nach Cooper[51]

Grundsätze der Personagestaltung
Personas sollen detailliert sein.
Personas sollen spezifisch sein (nicht unbedingt allgemeingültig).
Personas beziehen sich auf den Benutzer, nicht auf den Käufer.
Passt ein Produkt auf zu viele Personas, ist der Scope zu weit gewählt.

Die Beschreibung entsprechender Personas, die von den entworfenen Prototypen profitieren können, ist das erste Teilergebnis der Personaanalyse. Anhand der in Tabelle 6.9 dargestellten Fragestellungen soll untersucht werden, bei welchen Personas die im Prototyp enthaltenen Anforderungen positive Wirkungen generieren. Entsprechend soll die Frage nach dem *Wer?* beantwortet werden.

Tabelle 6.9 Vorgeschlagene Fragestellungen bei der Identifikation von Personas[52]

Vorgeschlagene Fragestellungen zur Identifikation der Personas im VPD
Bei welchen Personas kann diese Funktion Nutzen erzeugen?
Bei welchen Personas treten diese Wirkungen auf?
Welche Anforderungen lassen sich welchen Personas zuordnen?

[49] Vgl. Cooper (1999), S. 129 ff.

[50] Vgl. Cooper (1999), S. 137.

[51] Eigene Darstellung.

[52] Eigene Darstellung.

Der zweite Teil der Personaanalyse umfasst die Formulierung der Nutzen für diese Personas. Da es sich hierbei um *Prognosen über Kunden* handelt, die von den später in die Entwicklung einzubeziehenden *realen Kunden* abzugrenzen sind, werden die Nutzen im VPD bis zur Transformation der Personas in reale Kunden (über den Einsatz des MVPs) als *Personanutzen* bezeichnet.[53]

Die Formulierung der Personanutzen erfolgt ausgehend von den in der Prototypenanalyse identifizierten Produktfunktionen. Unter Anwendung der in Tabelle 6.10 dargestellten Fragestellungen schließt das QFD-Team auf mögliche Personanutzen, die den eigentlichen Grund der Implementierung in den Prototyp darstellen. Diese Fragen sollen explizit nicht ausschließlich von jenen Entwicklern beantwortet werden, welche die ursprüngliche Idee entwickelten, denn die Interpretationen des übrigen VPD-Teams können zusätzlichen, wertvollen Input liefern und Ideen für eventuelle Nutzen generieren. Auch die vorher ggf. bereits erhobenen Daten in der 6 W-Tabelle der Prototypenanalyse sollen Eingang in die Diskussion finden.

Tabelle 6.10 Vorgeschlagene Fragestellungen bei der Identifikation von Nutzen bei der Personaanalyse[54]

Vorgeschlagene Fragestellungen zur Identifikation von Nutzen im VPD
Welche Wirkungen haben die im Prototyp implementierten Funktionen?
Warum ist die Funktion relevant?
Welchen Nutzen bringt die Funktion?

Analog zur Definition des Kundennutzens in Abschnitt 2.3.2, sollen mithilfe dieser Fragen die Gründe für die Gestaltung des Prototyps betrachtet werden. Diese sollten auf einem abstrakteren Niveau und lösungsunabhängiger formuliert werden als die vorher identifizierten Produktfunktionen und Qualitätsmerkmale.[55] Herzwurm et al. nennen als handhabbare Zielgröße für die Anzahl zu identifizierender Kundennutzen etwa 80, wobei diese in etwa 15 Gruppen und 3–5

[53] Da die im Folgenden beschriebene Matrixanalyse sowohl mit den hypothetischen Personas, als auch mit realen Kunden durchgeführt werden kann (und im Verlauf des VPD auch soll), wird im Abschnitt 6.2.5 bis 6.2.8 vereinheitlichend die Bezeichnung *Kundennutzen* verwendet.

[54] Eigene Darstellung.

[55] Vgl. Abschnitt 2.3.2.

Obergruppen eingeteilt werden können. Dies wird als die maximale Anzahl in Bezug auf die spätere Analyse in einer HoQ-Matrix gesehen.[56]

Die identifizierten Personas stellen konkrete potenzielle Nutzer des zu entwickelnden Produkts dar. Diese Konkretisierung soll das VPD-Team im weiteren Verlauf bei einem Perspektivwechsel hin zur Sicht eben jener Personas unterstützen. Da eine „One-Size-Fits-all"-Lösung im Allgemeinen nicht erreicht werden kann und daher kein erstrebenswertes Ziel des Value Proposition Deployments darstellt, erscheint eine Fokussierung auf wenige, aber spezifische Personagruppen notwendig.[57] Die Fokussierung sollte nach der Wichtigkeit der Personagruppe für die Erfüllung der Unternehmens- bzw. Projektziele erfolgen. Daher ist es notwendig, Vertreter der VoB in die Priorisierung miteinzubeziehen, bzw. diese sogar durch die VoB durchführen zu lassen. Zu beachten ist, dass einzelne Personas häufig eine zu kleine Gruppe repräsentieren; das Produkt bei der Betrachtung einzelner Personas also auch zu spezifisch gedacht werden könnte. Hier ist insb. auch der Einbezug der VoB notwendig, da die grundsätzliche Entscheidung zu treffen ist, ob eine Standard- und Individuallösung Ziel der Entwicklung ist.[58] Bei der Bildung von Personagruppen gilt es, nicht zu sehr fokussiert auf eine spezifische Persona zu entwickeln und andererseits nicht die Grundsätze der Personagestaltung zu verletzen. Die Zusammenfassung der Personas zu Gruppen soll daher anhand ihrer, durch den Prototyp generierten Nutzen erfolgen, und nicht etwa anhand ihrer sozioökonomischen Eigenschaften.

Insb. bei der Entwicklung in Softwareökosystemen ist von einer Vielzahl differenzierter Personas und Personagruppen auszugehen. Für das weitere Vorgehen im VPD ist daher eine Auswahl der zu adressierenden Personagruppen für die weitere Entwicklung zu treffen. Diese Entscheidung soll anhand der Bedeutung der Personas für die Erreichung der Geschäftsziele erfolgen, weshalb eine Bewertung der Prioritäten der Personas für diese Geschäftsziele notwendig ist.

Bei der Durchführung von Priorisierungstätigkeiten unterstützt in einer Vielzahl von QFD-Anwendungen der sog. Analytic Hierarchy Process (AHP).[59] AHP schlägt zur Entscheidungsfindung die folgenden vier Schritte vor:[60]

1. Problemdefinition und Definition der gesuchten Erkenntnis.

[56] Vgl. Herzwurm et al. (1997), S. 92.

[57] Vgl. bspw. Helferich (2010), S. 237.

[58] Vgl. zur Abgrenzung von Standard und Individualsoftware bspw. Herzwurm (2000), S. 38 ff.

[59] Vgl. Fehlmann und Mazur (2016), S. 3.

[60] Vgl. Saaty (2008), S. 85.

2. Aufbauen einer Entscheidungshierarchie: Diese besteht aus dem Entscheidungsziel, kriterienbasiert gebildete Gruppen und einer untersten Ebene, die aus der Menge der Alternativen besteht.
3. Bildung von Matrizen zum paarweisen Vergleich auf jeder Ebene.
4. Astweises Verrechnen der Priorisierungsergebnisse zu einer Gesamt-Priorität.[61]

AHP stellt einen sehr genauen Prozess zur Bildung und Priorisierung von Personagruppen dar. Bei weniger divergierenden Personas als Ausgangspunkt können auch Werkzeuge wie Affinitätsdiagramme und Wishbone-Diagramme bei der Bildung der Personagruppen unterstützen (Abbildung 6.4).[62]

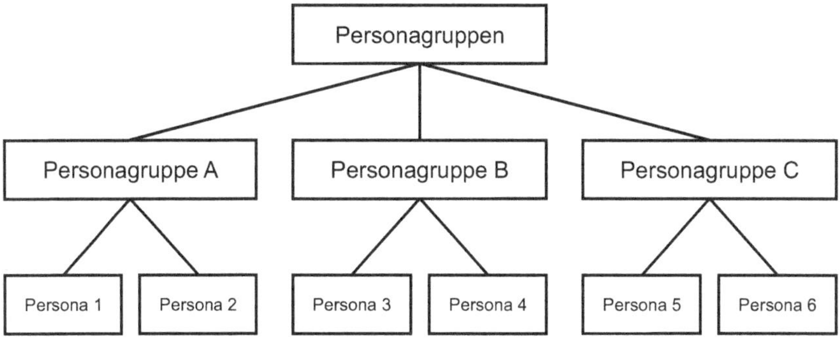

Abbildung 6.4 Entscheidungshierarchie der Personas und Personagruppen[63]

Die Verwendung des AHP-Prozesses verbindet zwei Vorteile: Die für den Aufbau der Entscheidungshierarchie notwendige Clusterbildung stellt die Grundlage für die adressierte Kundengruppe dar. Die Zuordnung der einzelnen Personas zu den Personagruppen und deren Priorisierung hilft im späteren Verlauf des VPD bei der Auswahl möglicher Kunden für das Testen des zu entwickelnden Minimal Viable Products.[64]

[61] Vgl. Saaty (2008), S. 85.

[62] Vgl. ISO 16355–2:2017, S. 3.

[63] Eigene Darstellung.

[64] Vgl. Abschnitt 6.2.7.

Am Ende des AHP-Prozesses steht die Auswahl einer sowohl vom VPD-Team als auch von der VoB akzeptierten Personagruppe. Anhand dieser Personagruppe soll die weitere Analyse stattfinden.

Für den Fall, dass mehr als eine Personagruppe adressiert werden soll, beispielsweise im Fall mehrseitiger Märkte, können auch mehrere Personagruppen weiterverfolgt werden. Die weiteren Schritte müssen dann für jede Personagruppe getrennt durchgeführt werden.[65]

Den Abschluss der Personaanalyse bildet die Bewertung der zu Beginn der Phase identifizierten Nutzen aus Sicht der ausgewählten Personagruppe. Diese Bewertung findet für jede der ausgewählten Gruppen separat statt und wird durch das VPD-Team durchgeführt. Je nach Anzahl der Nutzen kann entweder AHP oder auch das Konstantsummenverfahren genutzt werden. Tabelle 6.11 fasst die notwendigen Artefakte für den Übergang zur Matrixanalyse und -synthese zusammen.[66]

Tabelle 6.11 Zu erreichende Artefakte der Personaanalyse[67]

Personaanalyse: Notwendige Artefakte für Übergang zur Matrixanalyse und -synthese
– Detaillierte Beschreibung der von der Entwicklung betroffenen Personas
– Bei Bedarf Bildung von 3–5 Personagruppen
– Anhand der Projektziele durchgeführte und mit der VoB abgestimmte Priorisierung der Personas bzw. Personagruppen
– Maximal 80 Personanutzen, eingeteilt in 3–5 Personagruppen
– Priorisierung der Personanutzen nach Personagruppen

Die Personaanalyse ist einer der aufwändigsten, aber auch hinsichtlich der Erfüllung der Gestaltungsanforderungen des VPD bedeutsamsten Schritte. Die Personaanalyse trägt zur Erfüllung der Anforderungen A2 (Umgang mit dem Fuzzy Front End), A3 (Entwicklung in Softwareökosystemen), A5 (Prognosebildung über Verhalten der Kunden), A6 (technologieinduzierte Entwicklung), A7 (Kommunikation) und A9 (Kreativität) bei und bildet die Voraussetzung für die folgenden Schritte zur Weiterentwicklung des Prototyps und der Übertragung der durch das VPD-Team getroffenen Annahmen in die Realität.

[65] Vgl. hierzu auch den Ablauf im QFD PPP in Helferich (2010), S. 260 ff.

[66] Vgl. Herzwurm et al. (2000), S. 67 f.

[67] Eigene Darstellung.

6.2.5 Matrixanalyse und Matrixsynthese

Die Ergebnisse der Personaanalyse werden in der folgenden Phase der Matrixanalyse näher untersucht. Die VPD Matrix $M1_{ij}$ bildet das erste Analysewerkzeug innerhalb des Value Proposition Deployments. Der Aufbau der Matrix $M1_{ij}$ entspricht im Wesentlichen einer Priorisierungsmatrix, ähnlich dem Software HoQ. Diesem entsprechend, werden die priorisierten Kundennutzen den bisher identifizierten Produktfunktionen gegenübergestellt. Der Index i steht hierbei als Zähler für die Personagruppe i; der Index j beziffert die aktuelle Iteration. Die erste VPD Matrix für die erste (oder einzige) untersuchte Personagruppe in der ersten Iteration lautet entsprechend $M1_{11}$ (Abbildung 6.5).

Abbildung 6.5 VPD Matrix $M1_{ij}$[68]

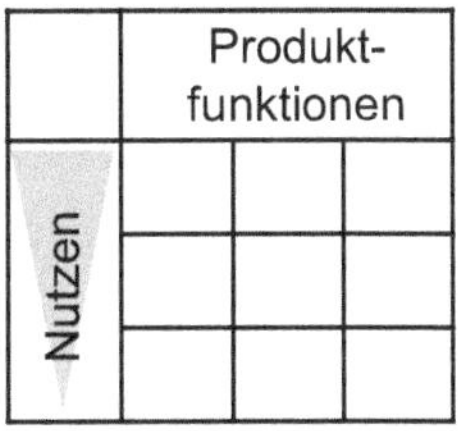

Dem VPD-Team obliegt nun die Aufgabe zu bewerten, inwieweit die Produktfunktionen die Kundennutzen unterstützen („korrelieren"). Hierzu wird spaltenweise jede Matrixzelle mit den Werten 0 = keine/nur mittelbare Unterstützung, 1 = schwache Unterstützung, 3 = starke Unterstützung oder 9 = außerordentlich starke Unterstützung des Nutzens in der jeweiligen Zeile bewertet.[69]

Diese Bewertung bildet die Basis für die Matrixanalyse. Das Vorgehen ähnelt der Analyse von Matrixdegenerationen im Software QFD, allerdings weicht die Interpretation aufgrund der anderen Entwicklungssituation ab: Auch in Software QFD gibt die Matrixanalyse wichtigen Input für die Weiterentwicklung des betrachteten Produkts. Im VPD allerdings liegt ein Produkt (oder einzelne Produktfunktionen) in einer deutlich früheren Phase der Entwicklung vor. Degenerationen der Matrix sind im VPD explizit zu erwarten und im Sinne der Erreichung kreativer Lösungen auch erwünscht, während sie in Software QFD-Projekten zwar kein Problem darstellen und auch nicht als solches behandelt

[68] Eigene Darstellung.

[69] Vgl. hierzu Herzwurm et al. (1997), S. 116.

werden, aber dennoch als eher unerwünschtes Zwischenergebnis betrachtet werden.[70] Daher wird für VPD eine neutrale Bezeichnung der Degenerationen gewählt: Im VPD werden Matrix *Rows of Interest* (MRoI) sowie Matrix *Columns of Interest* (MCoI) unterschieden. MRoI und MCoI können unterschiedliche Ausprägungen aufweisen. Die offensichtlichsten sind gänzlich leere Zeilen bzw. Spalten. Abbildung 6.6 veranschaulicht eine leere Spalte in der VPD-Matrix.

Abbildung 6.6 Leere Spalte in der VPD Matrix[71]

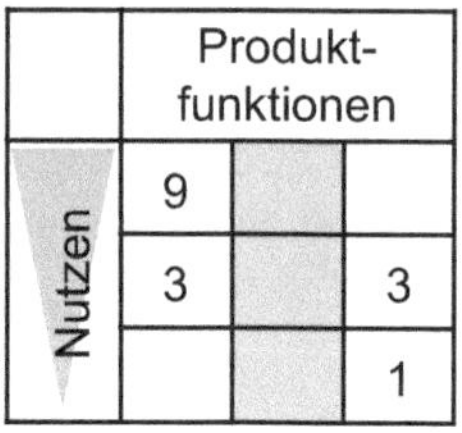

Weitere MCoI und MRoI sind schwache Zeilen, bzw. Spalten. Diese werden im VPD definiert als solche, die keine „außerordentlich starken“ Bewertungen aufweisen. In Abbildung 6.7 ist die zweite Zeile schwach ausgeprägt. Der maximale Wert in dieser Zeile ist ein mit „3“ bewerteter sog. „starker Zusammenhang“.

Abbildung 6.7 Schwache Zeile in der VPD Matrix[72]

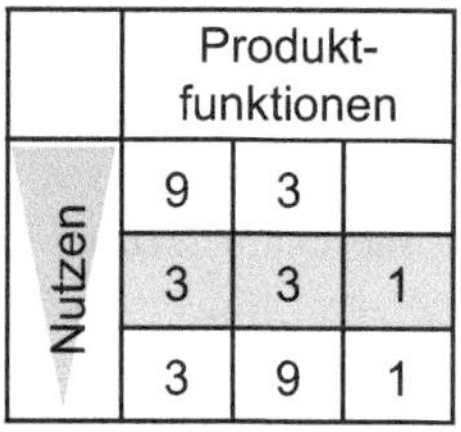

Denkbar ist ebenfalls, dass mindestens zwei gleich bewertete Zeilen bzw. Spalten auftreten. Abbildung 6.8 zeigt beispielhaft eine solche MRoI.

Auch das Gesamtbild der Matrix ist zu betrachten. Die Übertragung von User Stories in die VPD, die eine 1:1 Beziehung von Kundennutzen und Produktfunktionen abbilden, hätte eine sog. Diagonalmatrix zur Folge. Hier finden sich

---

[70] Vgl. Herzwurm et al. (1997), S. 119.

[71] Eigene Darstellung. Zur Interpretation dieser und nachfolgender Matrixdegenerationen vgl. auch Nakui (1991), S. 143 ff.

[72] Eigene Darstellung.

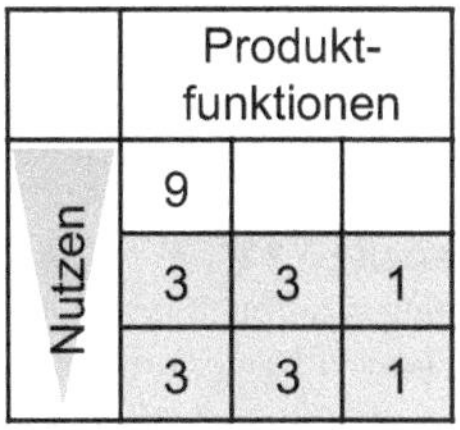

Abbildung 6.8 Gleiche Zeilen in der VPD Matrix[73]

lediglich auf der Diagonalen Korrelationen, während alle anderen Felder keine Bewertungen aufweisen. Abbildung 6.9 zeigt eine solche Diagonalmatrix.

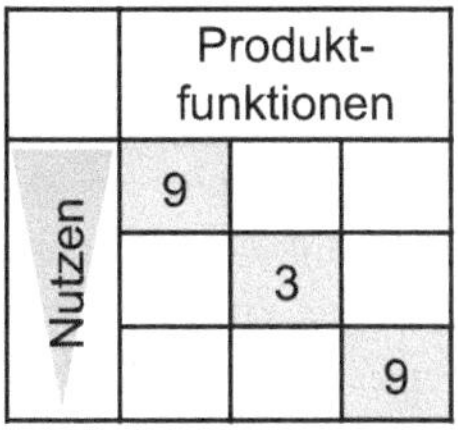

Abbildung 6.9 VPD Matrix in Diagonalmatrixform[74]

Die gezeigten Ausprägungen der MRoI und MCoI müssen im Zuge der Matrixanalyse interpretiert werden. So kann bei der Bewertung der Zeilen das relative Gewicht[75] mit der Priorität des Nutzens ins Verhältnis gesetzt werden. Der sich daraus ergebende Quotient q_i liefert einen Hinweis, ob für den Nutzen ausreichend Produktfunktionen vorgesehen wurden.

Zur Berechnung von q_i wird der Quotient der Summe der Korrelationswerte w_{ij} des untersuchten Kundennutzens in Zeile i mit der Summe aller Korrelationswerte w_{ij} gebildet und ins Verhältnis zum relativen Gewicht, also der Priorität, der Zeile i gebracht.[76]

$$relativeBewertung q_i = \frac{\frac{\sum_{i=1}^{n} w_{ij}}{\sum_{i=1}^{n}\sum_{j=1}^{m} w_{ij}}}{RelativesGewicht(x_i)}$$

Die relative Bewertung q_i kann verschiedene Werte annehmen. Die nachfol-

[73] Eigene Darstellung.

[74] Eigene Darstellung.

[75] Vgl. Abschnitt 3.2.2.

[76] Vgl. Herzwurm et al. (2000a), S. 23.

gende Tabelle 6.12 stellt die verschiedenen Werte und die entsprechenden Interpretationen dar.

Tabelle 6.12 Werte und Interpretationen der relativen Bewertung q_i

Werte von q_i	Interpretation
> 1	Kundennutzen ggf. übererfüllt
≈ 1	Relative Bewertung unauffällig
< 1	Kundennutzen ggf. untererfüllt

Diese Berechnungen liefern zusätzliche Erkenntnisse für die Analyse der Matrix, ersetzen allerdings keinesfalls die inhaltliche Interpretation des VPD-Teams. Die rein mathematische Analyse der Matrix sollte durch eine inhaltliche Analyse ergänzt werden.

Wie bereits in Abschnitt 4.2.7 angedeutet, kann die nur eingeschränkt messbare hedonistische Qualität durch entsprechende Qualitätsmerkmale eines Produkts erreicht werden. Das Ausmaß der hedonistischen Qualität kann sowohl zur Zufriedenheit als auch zur Unzufriedenheit des Kunden führen, ohne direkt mit der Erfüllung von Kundennutzen mathematisch darstellbar zu sein. Einen Ansatz für die inhaltliche Analyse stellt das bekannte *Kano-Modell der Kundenzufriedenheit* dar. Dieses grenzt drei Zufriedenheitsfaktoren voneinander ab:[77]

- **Basisfaktoren**: Diese umfassen die Qualität, von welcher der Kunde ausgeht. Entsprechend wird erwartet, dass Kunden nicht explizit nach der Erfüllung der dahinterstehenden Anforderungen verlangen. Die Wirkung der Basisfaktoren auf die Kundenzufriedenheit ist einseitig: Eine unzureichende Ausprägung der Basisfaktoren führt zur Verringerung der Kundenzufriedenheit, während eine Erfüllung über das vom Kunden vorausgesetzte Niveau keine zusätzliche Zufriedenheit bringt.[78]
- **Leistungsfaktoren**: Diese umfassen die vom Kunden gewünschte Qualität. Im Gegensatz zu den Basisfaktoren, werden diese vom Kunden explizit verlangt. Der Zusammenhang der Ausprägung der Leistungsfaktoren mit der Kundenzufriedenheit ist ungefähr linear: Eine unzureichende Ausprägung führt zu

[77] Vgl. Kano et al. (1984), S. 5. Zur deutschen Übersetzung vgl. Herzwurm et al. (1997), S. 29 f.

[78] Vgl. Herzwurm et al. (1997), S. 33.

Unzufriedenheit, allerdings führt jede Verbesserung der Ausprägung auch zu einer Verbesserung der Kundenzufriedenheit.[79]

- **Begeisterungsfaktoren**: Diese umfassen positive Überraschungen für den Kunden. Begeisterungsfaktoren werden vom Kunden nicht erwartet und entsprechend auch nicht explizit verlangt. Die Abwesenheit von Begeisterungsfaktoren sorgt entsprechend auch nicht für Unzufriedenheit, kann allerdings eine Quelle hoher Zufriedenheit darstellen. Sie sind häufig das Produkt der Kreativität der Entwickler.[80]

Abbildung 6.10 zeigt die Wirkung des Erfüllungsgrads von Zufriedenheitsfaktoren auf die Kundenzufriedenheit in einem kartesischen Koordinatensystem. Es ist zu erkennen, dass die Kurve der Begeisterungsfaktoren die Abszisse des Koordinatensystems nicht schneidet, entsprechend führt selbst eine vollständige Nichterfüllung von Begeisterungsfaktoren zu keiner Unzufriedenheit.

Der umgekehrten Logik folgen die Basisfaktoren, welche die Abszisse ebenfalls nicht schneiden und in den unteren beiden Quadranten des Koordinatensystems verbleiben. Somit können Basisfaktoren maximal die Unzufriedenheit begrenzen, aber durch (Über-)Erfüllung keine Zufriedenheit erzeugen.

Die Kurve der Leistungsfaktoren zeigt den linearen Zusammenhang. Leistungsfaktoren wirken in beide Richtungen: Ein niedriger Erfüllungsgrad führt zu Unzufriedenheit, während mit zunehmender Erfüllung der Leistungsfaktoren Zufriedenheit generiert wird. Zu beachten ist, dass die Zuordnung von Produktfunktionen zu Zufriedenheitsfaktoren im Zeitverlauf nicht konstant sein muss. So können bestimmte Produktfunktionen zum Zeitpunkt $t = 0$ vom Kunden als Begeisterungsfaktoren klassifiziert werden und zum Zeitpunkt $t = 1$ bereits als Leistungsmerkmal oder gar in $t = 2$ zum Basismerkmal werden. Auch Unterschiede zwischen Kundengruppen hinsichtlich der Klassifizierung sind denkbar.[81]

---

[79] Vgl. King (1994), S. 80 f. und Herzwurm et al. (1997), S. 32.

[80] Vgl. Herzwurm et al. (1997), S. 33 und Cohen (1995), S. 38 f.

[81] Vgl. Herzwurm et al. (1997), S. 34.

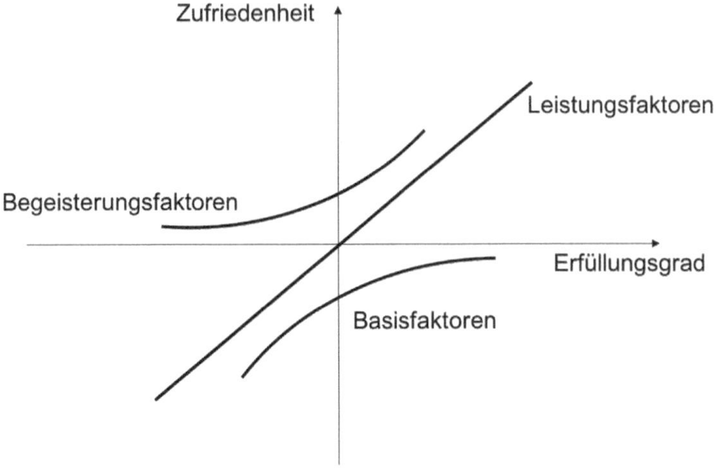

Abbildung 6.10 Kano-Modell der Kundenzufriedenheit[82]

Das Kano-Modell bereichert die Analyse um eine zusätzliche Dimension. Insbesondere leere Spalten können auf eine antizipierte Klassifikation als Basis- oder Begeisterungsfaktor hindeuten. Leere Spalten deuten auf Produktfunktionen hin, deren Nutzen bisher nicht identifiziert wurde. Auch ist es möglich, dass dieser Nutzen relativ niedrig priorisiert wird, aber eine Umsetzung je nach Klassifizierung entweder unumgänglich ist (Basisfaktor) oder wegen ihres Potenzials, positive Überraschungen beim Kunden zu erzeugen Begeisterungsfaktor).

Die folgende Tabelle 6.13 zeigt Interpretationen und mögliche Handlungsempfehlungen je nach Ausprägung einer Matrix Column of Interest. Es sei nochmals betont, dass es sich hierbei lediglich um einen Leitfaden handelt, der bewusst Interpretationsspielraum durch das VPD-Team zulässt und erfordert.

[82] Eigene Darstellung in Anlehnung an Herzwurm et al. (1997), S. 34.

Tabelle 6.13 Mögliche Interpretationen einer Matrix Column of Interest[83]

	Matrix Column of Interest	Werte	Interpretation und Handlungsempfehlung
a)	Leere Spalte	$m_n = 0$	Entsprechender Kundennutzen bisher nicht identifiziert. Hinterfragen, welche Nutzen die betreffende Funktion bei der adressierten Personagruppe oder einzelnen Personas erfüllen könnte und Nutzen dokumentieren. Prüfen, ob Personaidentifikation vollständig (insb. in mehrseitigen Märkten).
b)	Leere Spalte	$m_n = 0$	Entsprechende Produktfunktion ist ein Begeisterungsmerkmal gemäß Kano-Klassifizierung. Hinterfragen, welche Nutzen die betreffende Funktion bei der adressierten Personagruppe oder einzelnen Personas erfüllen könnte und Nutzen dokumentieren.
c)	Leere Spalte	$m_n = 0$	Entsprechende Produktfunktion ist ein Basismerkmal gemäß Kano-Klassifizierung. Hinterfragen, welche Nutzen die betreffende Funktion bei der adressierten Personagruppe oder einzelnen Personas erfüllen könnte und Nutzen dokumentieren.
d)	Leere Spalte	$m_n = 0$	Produktfunktion erfüllt den avisierten Kundennutzen nicht. a) – c) prüfen. Wenn erfolgt, kann Produktfunktion möglicherweise archiviert werden.
e)	Schwache Spalte	$m_n \in \{1,3\}$	Produktfunktion erfüllt den avisierten Kundennutzen nicht ausreichend. Hinterfragen, ob Nutzen ggf. noch nicht identifiziert wurden, analog zu a) – c). Prüfen, ob Produktfunktionen möglich, die Kundennutzen besser erfüllen (Bewertung mit 9 erreichen).

(Fortsetzung)

[83] Eigene Darstellung.

Tabelle 6.13 (Fortsetzung)

	Matrix Column of Interest	Werte	Interpretation und Handlungsempfehlung
f)	Sehr starke Spalte	> 3 „m_n = 9“	Produktfunktion ggf. zu generisch formuliert. Prüfen, ob Formulierung der Produktfunktion definitionsgemäß erfolgt ist. Produktfunktion entsprechend präziser formulieren bzw. auf mehrere konkrete Produktfunktionen aufteilen.
g)	Bewertungen nur auf der Diagonalen; 1:1 Beziehung von Nutzen zu Produktfunktion	= = 1 „m_n = 9“	Kundennutzen und Produktfunktion auf zu ähnlichem Abstraktionsniveau. Prüfen, ob Nutzen und Produktfunktion definitionsgemäß formuliert wurden.
h)	Gleiche Spalten		Produktfunktion ggf. redundant. Analog zu a) – c) prüfen, ob ggf. Nutzen noch nicht identifiziert wurden. Entscheiden, welche Produktfunktion archiviert werden kann. Bspw. jene, die größeren Umsetzungsaufwand erfordert.

Die folgende Tabelle 6.14 zeigt Interpretationen und mögliche Handlungsempfehlungen je nach Ausprägung einer Matrix Row of Interest.

Die Analyse der MCoI und MRoI ist der Beginn der Matrixsynthese. Die aus den vorherigen Phasen bekannten Werkzeuge zur Ideation können genutzt werden, um weitere Produktfunktionen und Kundennutzen zu identifizieren und zu dokumentieren. Zu beachten ist, dass jede Veränderung auch eine Veränderung des Matrixgesamtbildes bewirkt. So muss die Priorisierung der Kundennutzen angepasst werden, wenn Kundennutzen hinzugefügt, verändert oder entfernt werden. Hierbei ist die Unterstützung von entsprechenden IT-Werkzeugen hilfreich.[84]

Das (vorläufige) Ende der Synthese der Matrix $M1_{ij}$ ist die Eliminierung aller MCoI und MRoI durch Ergänzung bisher nicht identifizierter Kundennutzen oder Produktfunktionen und die Repriorisierung der Kundennutzen. Auch sollte explizit darauf geachtet werden, dass Begeisterungsmerkmale nach Kano vorhanden sind.

[84] In Abschnitt 7.1 wird die Entwicklung eines Softwareprototyps zur Unterstützung der Matrixanalyse und -synthese thematisiert.

Tabelle 6.14 Mögliche Interpretationen einer Matrix Row of Interest[85]

	Matrix Row of Interest	Werte	Interpretation und Handlungsempfehlung
i)	Leere Zeile	$m_n = 0$	Keine den Kundennutzen entsprechenden Produktfunktionen identifiziert. Ideation wiederholen, um Ideen für Produktfunktionen zu generieren. Hinterfragen, welche Nutzen die betreffende Funktion bei der adressierten Personagruppe oder einzelnen Personas erfüllen könnte und Nutzen dokumentieren.
j)	Schwache Zeile	$m_n \in \{1,3\}$	Produktfunktionen erfüllen den Kundennutzen nicht ausreichend. Ideation wiederholen, um Ideen für Produktfunktionen zu generieren. Hinterfragen, welche Nutzen die betreffende Funktion bei der adressierten Personagruppe oder einzelnen Personas erfüllen könnte und Nutzen dokumentieren.
k)	Sehr starke Zeile	> 3 „$m_n = 9$“	Kundennutzen zu generisch formuliert. Prüfen, ob Formulierung des Kundennutzens definitionsgemäß erfolgt ist. Kundennutzen entsprechend präziser formulieren bzw. auf mehrere Produktfunktionen aufteilen.

Die Untersuchung der Qualitätsmerkmale erfolgt in der Matrix $M2_{ij}$. Diese Matrix entspricht im Aufbau einer Priorisierungsmatrix, ähnlich des klassischen HoQ. Das heißt die Kundennutzen aus der überarbeiteten Matrix $M1_{ij}$ werden mit den Qualitätsmerkmalen des zu entwickelnden Produkts korreliert. Analog zur ersten VPD-Matrix steht der Index i hierbei als Zähler für die Personagruppe i, der Index j beziffert die aktuelle Iteration. Die zweite Matrix für die erste (oder einzige) untersuchte Personagruppe in der ersten Iteration lautet entsprechend $M2_{11}$ (Abbildung 6.11).

[85] Eigene Darstellung.

Abbildung 6.11
VPD-Matrix $M2_{ij}$[86]

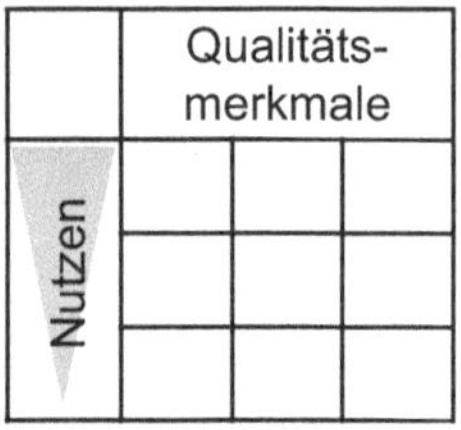

Ziel der Matrix $M2_{ij}$ ist die Identifikation und Formulierung von Qualitätsmerkmalen zu jedem Kundennutzen, um eine messbare Überprüfung der Nutzenerfüllung während der Entwicklung zu ermöglichen.[87] So entspricht auch das Vorgehen im Wesentlichen dem im Software QFD. Das VPD-Team kann die Kundennutzen durchgehen und zu jedem Kundennutzen mögliche Qualitätsmerkmale zuordnen. Die Matrix $M2_{ij}$ enthält, beschrieben mit den Korrelationen w_{ij}, Informationen zu welchem Grad die Qualitätsmerkmale die Erfüllung der Kundennutzen zu messen vermögen.[88]

Analog zum Vorgehen in der Matrix M1 können Matrixdegenerationen identifiziert und analysiert werden. Hier wird auf das im Software QFD übliche Wording zurückgegriffen, da sich die Erstellung und Nutzung der Matrix M2 weniger stark vom Vorgehen in anderen QFD-Ansätzen unterscheidet. Matrixdegenerationen in der Matrix M2 sind entsprechend des Entwicklungsstadiums zu erwarten und kein unerwünschter Effekt – sollten aber beseitigt werden. Dementsprechend scheint die als leicht negativ zu interpretierende Bezeichnung ‚Degeneration' zweckdienlich. Dies entspricht dem inhärenten Aufruf an das VPD-Team „Degenerationen zu beseitigen".[89] Eine Ausnahme hiervon bildet die Degeneration o) in der nachfolgenden Tabelle 6.15. Ein aus der vorherigen Ideationphase stammendes oder während der Diskussion über die Matrizen identifiziertes Qualitätsmerkmal, welches bisher keinen Kundennutzen im Sinne der Messung unterstützt, könnte auf einen bisher nicht identifizierten Kundennutzen hindeuten (bspw. auf einen Basisfaktor). Dies sollte das VPD-Team untersuchen und ggf. versuchen auszuschließen.

[86] Eigene Darstellung.

[87] Vgl. hierzu Kapitel zu QFD und Herzwurm et al. (1997), S. 125.

[88] Vgl. hierzu Kapitel zu QFD und Herzwurm et al. (1997), S. 125 ff.

[89] Zur Analyse der klassischen HoQ-Matrix vgl. Herzwurm et al. (1997), S. 130 f.

Tabelle 6.15 Matrixdegenerationen, mögliche Interpretationen und Handlungsempfehlungen bei Matrix $M2_{ij}$[90]

	Matrixdegeneration	Werte	Interpretation und Handlungsempfehlung
l)	Leere Zeilen	$m_n = 0$	Qualitätsmerkmale zur Messung des Kundennutzens fehlen und müssen identifiziert werden.
m)	Schwache Zeilen	$m_n \in \{1,3\}$	Bereits identifizierte Qualitätsmerkmale zur Messung des Kundennutzens sind unzureichend. Ggf. müssen sie verbessert oder Weitere identifiziert werden.
n)	Sehr starke Spalte	> 3 „$m_n = 9$“	Qualitätsmerkmal ggf. zu generisch formuliert. Qualitätsmerkmal prüfen.
o)	Leere Spalte	$m_n = 0$	Qualitätsmerkmal unterstützt bei keinem Kundennutzen. Überprüfen, ob ggf. ein Basismerkmal nicht identifiziert wurde.

Offensichtlich hat auch die Entwicklung der Matrix $M2_{ij}$ sowohl analytischen als auch synthetisierenden Charakter. Etwaige Einflüsse (bspw. durch den aufgrund von o) zu ergänzenden Kundennutzen) auf die Matrix $M1_{ij}$ müssen berücksichtigt werden. Sind die Degenerationen in Matrix $M2_{ij}$ beseitigt, können die Qualitätsmerkmale mit den Produktfunktionen in Matrix $M3_{ij}$ korreliert werden. Im Grundsatz entspricht dieser Schritt dem Vorgehen zur Analyse sog. Design Points im Software QFD bzw. dem QFD-ID-Rahmenwerk.[91] Die Interpretation ist entsprechend auch hier die gleiche: „Bei der Umsetzung der Produktfunktion X ist insbesondere auf die höhere Erfüllung des Qualitätsmerkmals Y zu achten“.[92] Die Bewertung dieser Korrelationen erfolgt ebenfalls mit der bereits bekannten Bewertung mit 0, 1, 3 und 9. Während der Design Point Analyse im Software QFD vor allem ein konsolidierender Charakter zugeschrieben wird,[93] ist die Bedeutung im Value Proposition Deployment im Vergleich höher zu bewerten. Die Analyse der Matrix $M3_{ij}$ unterstützt das VPD-Team bei der

[90] Eigene Darstellung.

[91] Vgl. Herzwurm et al. (1997), S. 141 f. und Herzwurm et al. (2011), S. 26.

[92] Herzwurm et al. (1997), S. 142.

[93] Vgl. Herzwurm et al. (1997), S. 141.

Abschätzung, ob die Produktidee in ihrer aktuellen Konfiguration und unter Erfüllung der erwarteten Qualitätsmerkmale umsetzbar ist. So können Unsicherheiten hinsichtlich der Zuordnung von Produktfunktionen und Qualitätsmerkmalen auf mangelnde Erfahrungswerte hinsichtlich der genauen Ausgestaltung der Produktfunktion hinweisen. Somit bietet die Bildung der Matrix M3 eine weitere Analyseebene für die Weiterentwicklung des Prototyps. Abbildung 6.12 stellt die Matrix $M3_{ij}$ beispielhaft dar.

Abbildung 6.12
VPD-Matrix $M3_{ij}$[94]

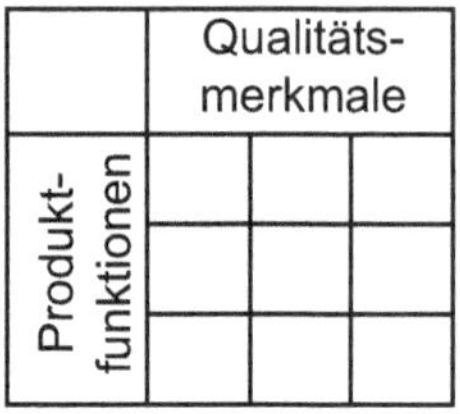

Ist die Bildung der Matrix $M3_{ij}$ abgeschlossen und sind die Degenerationen der Matrizen M1 und M2 bereinigt, so ist eine Iteration der Matrixanalyse und -synthese beendet. Tabelle 6.16 stellt die für den Abschluss einer Iteration notwendigen Artefakte dar.

Tabelle 6.16 Nach einer Iteration der Matrixanalyse und -synthese zu erreichende Artefakte[95]

Matrixanalyse und -synthese: Notwendige Artefakte für den Übergang zur Entwicklung des MVP
– Um Degenerationen bereinigte VPD Matrix M1
– Um Degenerationen bereinigte VPD Matrix M2
– Analyse der Matrix M3
– Begeisterungsmerkmale nach Kano

Die Matrixanalyse und -synthese trägt zur Erfüllung der VPD-Anforderungen A3 (Entwicklung im Kontext von Softwareökosystemen), A4 (Kompatibilität mit agilen Entwicklungsansätzen) durch den iterativen Charakter, A7 (Unterstützung der Kommunikation), A10 (Erreichen des Fits), A11 (Abstimmung mit dem

[94] Eigene Darstellung.
[95] Eigene Darstellung.

Geschäftsmodell) im weiteren Verlauf siehe Abschnitt 6.2.6 und 6.2.7 und A12 (Bewerten des Fits) durch die Priorisierungsmatrizen M1-M3) bei.

6.2.6 Formulierung des Wertversprechens

Die M1-Matrix[96] enthält über die Korrelationen in der Matrix bereits die Verbindung zwischen Kundennutzen und Produktfunktionen. Damit kann die Matrix M1 als sehr detaillierte Beschreibung eines Wertversprechens interpretiert werden, eignet sich jedoch aufgrund ihrer Detaillierung und des entsprechenden Umfangs kaum für die strategische Entscheidungsfindung.[97] Dementsprechend sind zur Formulierung eines gut zu kommunizierenden Wertversprechens weitere Schritte notwendig. Das weitere Vorgehen hängt von der Struktur der M1-Matrix ab: Gibt es einzelne, sehr dominante Kundennutzen, können diese direkt in eine Darstellung des Wertversprechens überführt werden. Die bereits dargestellte Value Proposition Canvas nach Osterwalder stellt hierfür ein einfach zugängliches Werkzeug dar. Der dominierende Kundennutzen kann dabei (ggf. unter Anpassung der Formulierung) in die Kategorien „Gains" bzw. „Pains" eingetragen werden. Die stark mit diesem Kundennutzen korrelierten Produktfunktionen und Qualitätsmerkmale können entsprechend in „Product", „Gain Creator" und „Pain Reliever" kategorisiert werden.[98] Durch die hierfür notwendige Anpassung der Formulierungen bietet dieser Vorgang dem VPD-Team zudem eine weitere Analyseebene.

Ist kein dominanter Persona bzw. Kundennutzen vorhanden, müssen beide Matrixdimensionen ggf. sinnvoll aggregiert werden. Hier kann bspw. das Ishikawa-Diagramm unterstützen.[99] Persona-/Kundennutzen und Produktfunktionen können hiermit über Affinitäten zusammengefasst werden. Als praktikable Zielgröße können maximal 2–3 Affinitätsgruppen auf Nutzenebene und ca. 4–5 Affinitäten auf Produktfunktionsebene angewendet werden.

Die Phase der Entwicklung des Wertversprechens erfüllt insb. die Gestaltungsanforderungen A7 (Kommunikation), A8 (gemeinsames Verständnis über das Wertversprechen) und A11 (Abstimmung mit dem Geschäftsmodell).

---

[96] Wie in Abschnitt 6.2.5 bereits mit dem Index i angedeutet, sind mehrere M1-Matrizen pro oder je Perosnagruppe denkbar. Aus Gründen der Übersichtlichkeit wird im Folgenden von einer einzelnen M1 Matrix ausgegangen.

[97] Vgl. Wirtz (2016), S. 39.

[98] Vgl. zum Value Proposition Canvas Abschnitt 2.2.2.

[99] Vgl. ISO 16355-5 (2017), S. 4.

6.2.7 Entwicklung eines Minimal Viable Products

Im Unterschied zu anderen QFD-Ansätzen wurden im VPD (zumindest bis zur ersten Iteration) v. a. Hypothesen über die Entwicklung formuliert und entsprechend eine „personaorientierte" Entwicklung durchgeführt. Um die geforderte „echte" Kundenorientierung zu erreichen, müssen diese Hypothesen nun in die Realität übertragen werden. Zu diesem Zweck ist im Anschluss an die Matrixanalyse und -synthese die Entwicklung eines Minimal Viable Products vorgesehen.[100]

Das MVP soll dabei helfen, die Hypothesen durch Tests mit echten Kunden in tatsächliche Kundennutzen zu überführen. Der konkrete Vorgang kann sich hierbei situativ unterscheiden: Das MVP kann a) genutzt werden, um das zentrale Wertversprechen bei echten Kunden zu testen oder b) um konkrete Gestaltungsmerkmale (Produktfunktionen oder Qualitätsmerkmale) des Produkts hinsichtlich ihrer Wirkung bei realen Kunden zu bewerten. Übertragen auf gängige Praktiken in QFD erlaubt das MVP so auch die Durchführung des Go to the Gemba, also das wirkliche Erleben des entwickelten Produkts bei realen Kunden in einer realen Umgebung und hilft damit auch bei der Beobachtung der durch UX fokussierten hedonistischen Qualität.[101]

Die Entscheidung darüber, welche Funktionen in ein MVP überführt werden, kann durch die VPD-Matrizen unterstützt werden: Besteht bspw. Unsicherheit über einen wichtigen Kundennutzen, sollten mit diesem hochkorrelierte Produktfunktionen in das MVP übertragen werden. Besteht Unsicherheit über die tatsächliche Korrelation, können vergleichend zwei Produktfunktionen implementiert und von möglichen realen Kunden ausprobiert und verglichen werden. Die daraus gewonnenen Informationen können dann in die VPD-Matrizen zurückübertragen werden. Die VPD-Matrizen mit ihren hypothetischen Inhalten werden dadurch schrittweise zu klassischen Priorisierungsmatrizen wie dem (Software) HoQ transformiert.

Im Fall a) sollten alle Produktfunktionen, die eine hohe Korrelation zu den, aus Sicht der fokussierten Personagruppen, wichtigsten Kundennutzen aufweisen, in ein MVP überführt werden. Dabei ist darauf zu achten, dass auch die in Matrix M3 erfolgte Bewertung des erwarteten Qualitätsniveaus umgesetzt wird: Ist dies nicht der Fall, könnte der Test unter einer technisch nicht ausreichend gut umgesetzten Ausführung leiden und die Ergebnisse verfälschen. Zur Auswahl, welche

---

[100] Vgl. zum MVP Abschnitt 4.2.6 und Ries (2011), S. 75.

[101] Vgl. Hassenzahl (2001), S. 482 und ISO 16355-1 (2015), S. 2.

Kundennutzen zum Test des Wertversprechens einbezogen werden, empfiehlt sich die Anwendung des bereits erläuterten Pareto-Prinzips.[102]

Im Fall b) ist die Entscheidung analog: Je nach gewünschter Information kann beispielsweise die Wirkung einer Produktfunktion auf einen Nutzen (Korrelationen in M1), die Wirkung hinsichtlich der gewünschten technischen Qualität (Korrelationen in M2 oder M3) oder das Zutreffen eines Kundennutzens (über Umsetzung aller mit diesem Nutzen korrelierten Produktfunktionen und Qualitätsmerkmalen) getestet werden.

Die Entwicklung des MVP unterstützt innerhalb des VPD die Erfüllung der Gestaltungsanforderungen A7 (Kommunikation), A10 (Erreichen des Fits), A11 (Abstimmung mit GM), A12 (Bewertung des Fits), A14 (Generierung frühzeitigen Feedbacks) und A15 (Einbezug des Feedbacks).

6.2.8 Triangulative Produktentwicklung

Die Formulierung des Wertversprechens, die Entwicklung eines Minimal Viable Products und die Weiterentwicklung der Matrizen, können kaum noch als sequenzielle Vorgänge dargestellt werden, sondern erfüllen jeweils unterschiedliche, aber miteinander verknüpfte Zielstellungen:

Die Weiterentwicklung der Matrizen trägt das Produkt (ganz im Sinne des Deployments in QFD) durch die weitere Produktentwicklung. Mithilfe des MVP kann sichergestellt werden, dass auch Änderungen am Produkt nicht zum Verlust der Orientierung am Kunden führen. Über den Zusammenhang zwischen der Matrix M1 und dem Wertversprechen wird gleichzeitig die Verbindung des Produkts mit dem Wertversprechen als zentralen Bestandteil des Geschäftsmodells sichergestellt. So können auch Änderungen am Geschäftsmodell über diese enge Verzahnung direkt in die Produktentwicklung einbezogen werden.[103] Abbildung 6.13 stellt die triangulative Produktentwicklung des VPD schematisch dar.

Da während der weiteren Produktentwicklung und dem stetigen Einbezug von Feedback durch die Entwicklung und dem Test von MVPs mit häufigen Änderungen im weiteren Entwicklungsverlauf zu rechnen ist, bietet sich im Anschluss an das VPD die Nutzung eines agilen Entwicklungsansatzes an. Im Besonderen geeignet erscheint das Agile Software QFD, da es die Matrizen M1 bis M3 direkt als Backlog für die weitere Entwicklung übernehmen kann.

---

[102] Vgl. Abschnitt 5.2.2 und Juran (1992), S. 68.

[103] Dies entspricht der in Abschnitt 5.3.2 dargestellten Logik des Twin-Peaks Modells.

Abbildung 6.13
Triangulative Produktentwicklung des VPD[104]

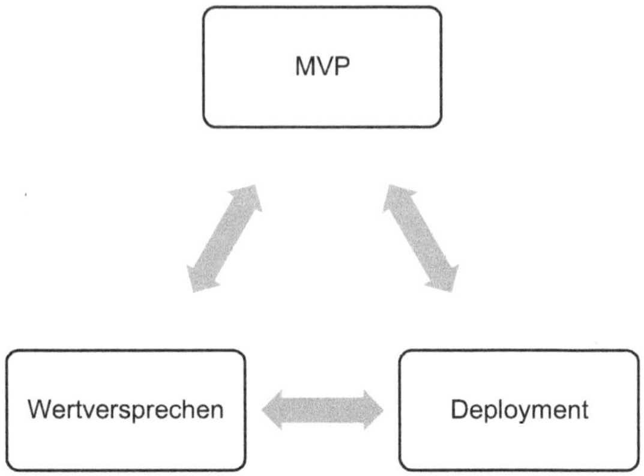

6.3 Darstellung des Value Proposition Deployments

Nachfolgend wird das Value Proposition Deployment nochmals zusammengefasst.

Ausgehend von einer Technologie und dem Projektauftrag der VoB beginnt das VPD-Team mit der Ideationphase, die in die Gestaltung des $Prototyps_j$ und der Analyse der darin enthaltenen Produktanforderungen mündet. Daran schließt sich die Identifikation von Personanutzen und der vom $Prototyp_j$ adressierten Personas an. Diese können je nach Zielsetzung im Sinne des Projektauftrags gruppiert werden. Die hypothesenbasierte Priorisierung der Personanutzen erfolgt in der Tabelle PN_j. Die bewerteten Personanutzen und die bis dahin identifizierten Produktanforderungen finden Eingang in die Matrix $M1_{ij}$, anhand derer in der Iteration i die Weiterentwicklung des Prototyps erfolgt. Den Fokus auf die Qualitätsmerkmale des Prototyps setzt die Matrix $M2_{ij}$. Zur Abstimmung mit der VoB empfiehlt sich an dieser Stelle die Definition des ersten Wertversprechens VP_{ij}. Sind die Personanutzen hinsichtlich Produktfunktionen und Qualitätsmerkmalen ausreichend definiert und die Abstimmung mit der VoB erfolgt, schließt sich die Analyse der Produktanforderungen hinsichtlich ihrer Qualitätsmerkmale in der Matrix $M3_{ij}$ an. Die Übertragung der Hypothesen auf reale Kunden erfolgt dann durch Entwicklung des MVP_{ij}, welches entweder das gesamte Produkt oder zu testende Inkremente umfasst. Das MVP_{ij} kann dann in Zusammenarbeit mit Vertretern der anzusprechenden Kundengruppen getestet werden. Das dabei generierte Feedback fließt in das VPD-Vorgehen zurück. Verläuft der Test mit

[104] Eigene Darstellung.

dem MVP_{ij} erfolgreich, kann der Übergang in die weitere Produktentwicklung erfolgen. Abbildung 6.14 stellt den Ablauf des VPD grafisch dar.

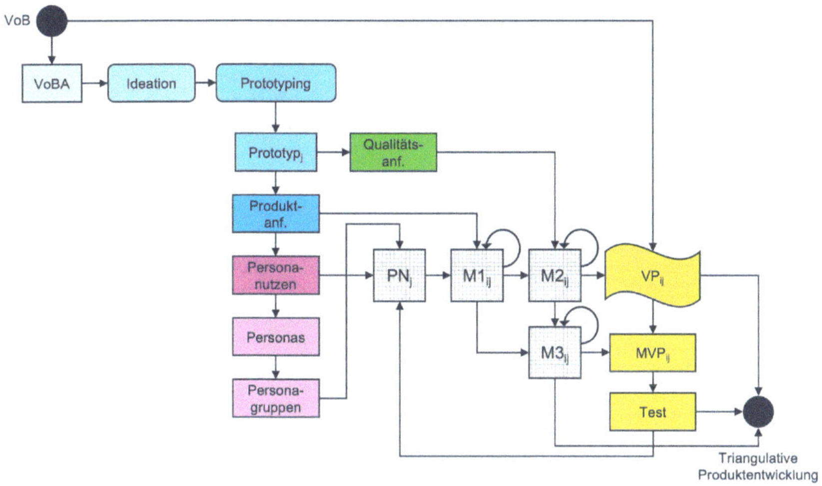

Abbildung 6.14 Ablauf des Value Proposition Deployments[105]

[105] Eigene Darstellung.

Evaluation des Value Proposition Deployments

7

Aus dem *situativen Modell* geht hervor, dass die Gestaltungsmaßnahmen unter bestimmten Gestaltungsbedingungen Wirkung bei den Betroffenen erzielen. Übertragen auf die Gestaltung einer Methode zur Entwicklung neuer Wertversprechen im SiB, dem VPD, muss eine mögliche Diskrepanz zwischen den prognostizierten Handlungsweisen der Methodenanwender und der tatsächlich eintretenden Handlungsweise in Betracht gezogen werden.[1] Die Überprüfung dieser Prognosen in der praktischen Anwendung erscheint dadurch unerlässlich und erfordert eine Evaluation der Methode in der Praxis. Dies deckt sich mit den Forderungen des eingangs beschriebenen Design Science Research Ansatzes. Nach diesem folgt auf die *Konzeption der Methode* die *Kommunikation* und *Evaluation*. Nunamaker et al. postulieren ein Evaluationsverfahren, um sowohl wissenschaftliche Stringenz als auch praktische Relevanz eines Forschungsartefakts prüfen zu können.[2] In dieser Forderung gehen die Autoren konform mit anderen häufig zitierten Veröffentlichungen von Österle et al. (2010b) und Hevner et al. (2004).[3]

Das Verfahren umfasst drei Evaluationstypen: *Proof of Concept*, *Proof of Value* und *Proof of Use*. Als Schlüsselziele der ersten Stufe, des Proof of Concepts, nennen die Autoren den *Nachweis der funktionalen Machbarkeit des Forschungsartefakts*, die *Generierung eines tieferen Verständnisses der von der Lösung adressierten Probleme*, die *Generierung wissenschaftlichen Wissens*, das zu einer zukünftigen Lösung der adressierten Probleme beitragen kann sowie *Unterstützung bei der Generierung von Theorien*, die zu einer Verbesserung der

[1] Vgl. Kubicek (1975), S. 17–23 und Abschnitt 1.2.

[2] Vgl. Nunamaker et al. (2015), S. 15 f.

[3] Vgl. Österle et al. (2010b) und Hevner et al. (2004). Eine genauere Auseinandersetzung mit den erwähnten Ansätzen ist in Abschnitt 1.3 zu finden.

F. Schönhofen, *Technologieinduzierte Entwicklung neuer Wertversprechen im Software-intensive Business*, https://doi.org/10.1007/978-3-658-43471-7_7

Lösung im weiteren Verlauf beitragen können.[4] Peffers et al. ordnen den Proof of Concept im viel zitierten und auch zu Beginn dieser Arbeit erwähnten DSRM Framework der Phase der Demonstration zu.[5] Hier wird das Forschungsartefakt in einer realen Fallstudie angewendet, deren Umfeld dem avisierten Systemkontext des Forschungsartefakts nahekommt. Ergebnisse dieser Phase können die genauere Abgrenzung des Systemkontextes, generalisierbare Anforderungen oder Informationen über mögliche Lösungen sein. Die Belastbarkeit der Evaluation in dieser Stufe ist allerdings auf den Kontext der zugrundeliegenden Fallstudie beschränkt. Aussagen über die Wirksamkeit unter anderen Bedingungen sind daher nur eingeschränkt möglich.[6] Nunamaker et al. formulieren Ziele und erwartete Ergebnisse der Evaluation des Proof of Concepts.[7] Diese können als Kriterien für den Erfolg der Evaluation herangezogen werden. Sie sind in Abschnitt 7.1.3 genauer dargestellt.

Zur Verbesserung der Aussagekraft wird eine zweite Stufe, der Proof of Value, vorgeschlagen. Diese Stufe zielt auf eine genaue Beschreibung der Wirksamkeit des Forschungsartefakts, die Exploration und Beschreibung unerwünschter Nebeneffekte und die systematische Beschreibung der zugrundeliegenden Prozesse ab. Angestrebte Ergebnisse dieser Stufe sind generalisiert formulierte Anforderungen und Lösungen sowie mit Metriken versehene Aussagen über die Wirksamkeit des Forschungsartefakts.[8]

Die dritte Stufe schließlich, der Proof of Use, zielt darauf ab das Forschungsartefakt derart zu kodifizieren, dass es auch für Anwender außerhalb der Fallstudien anwendbar ist. Dieser Schritt liefert darüber hinaus ein tiefes und umfassenderes Verständnis der technischen, ökonomischen und praktischen Gesichtspunkte des Forschungsartefaktes.[9] Diese Umsetzung des Proof of Use erfordert u. a. Längsschnittstudien über einen längeren Zeitraum oder den Einsatz des zu evaluierenden Artefakts in verschiedenen Unternehmen.[10] Der Theorie nach, wäre mit dem Proof of Use der Nachweis über eine hohe Generalisierbarkeit der Erkenntnisse und Aussagen erbracht. Aufgrund von Restriktionen ist dies im Rahmen

[4] Vgl. Nunamaker et al. (2015), S. 16.

[5] Vgl. Peffers et al. (2007), S. 58 f.

[6] Vgl. Nunamaker et al. (2015), S. 18.

[7] Vgl. Nunamaker et al. (2015), S. 17.

[8] Vgl. Nunamaker et al. (2015), S. 17.

[9] Vgl. Nunamaker et al. (2015), S. 17.

[10] Mögliche Kriterien der Unternehmen umfassen bspw. Branche, Größe und Organisationsstruktur).

dieser Arbeit jedoch nicht möglich, weshalb auf den Proof of Use verzichtet wird.

Zwar ist dieses Schema aufeinander aufbauend ausgelegt, ein rein sequenzielles Vorgehen ist dabei allerdings nicht vorgesehen oder gar vorgeschrieben. Wie in Kapitel 1 bereits dargestellt, sind im DSRM-Framework Rücksprünge vorgesehen, sollten Erfahrungen während der Evaluation dies notwendig werden lassen.[11]

Auch in die Gestaltung des Value Proposition Deployments flossen zahlreiche praktische Aussagen und Verbesserungen ein, die zur Weiterentwicklung der Methode während der Evaluation und damit zur Abweichung gegenüber der ersten Ausgestaltung führten. In Kapitel 6 ist der finale Stand dargestellt, während in den folgenden Kapiteln die zum jeweiligen Zeitpunkt aktuellen Versionen betrachtet werden. Die Unterschiede werden an den entsprechenden Stellen kenntlich gemacht.

7.1 Proof of Concept

Das wichtigste Werkzeug bei der Durchführung des Value Proposition Deployments ist die VPD-Matrix M_{1ij}, in der Personanutzen und Produktfunktionen korreliert werden. Die Analyse dieser Matrix und die Identifikation der sich aus dieser Analyse ergebenden situativ zu treffenden Maßnahmen sind eine zentrale Aktivität der Methode. Grundsätzlich unterscheidet sich die Logik der Matrixanalyse kaum von anderen QFD-Anwendungen. Unterschiede liegen vielmehr im Kontext und bei den Zielen der Anwendung. In den meisten hier betrachteten QFD-Ansätzen wird die (Software HoQ-)Matrix nach der Erhebung der Kunden- und Produktanforderungen erstellt, mit dem Ziel die Produktanforderungen gemäß der priorisierten Kundenanforderungen zu bewerten. Hierzu soll die HoQ-Matrix möglichst frei von Degenerationen sein, da diese die Glaubwürdigkeit der Produktanforderungsbewertung einschränken würden. Gesetzt den Fall, dass die Anforderungserhebung (sowohl der Kunden- als auch der Produktanforderungen) sorgfältig durchgeführt wurde, sind bereits viele Korrelationen innerhalb der Matrix zu erwarten. Die Analyse hat dann einen eher konfirmatorischen Charakter, etwaige Degenerationen sind zu beheben und die Bewertung der Produktanforderungen abzulesen. Die generelle Struktur der Matrix bleibt aber relativ stabil. Diese bilden dann die Grundlage für das weitere Deployment.[12]

[11] Vgl. Peffers et al. (2007), S. 56.

[12] Vgl. bspw. Herzwurm et al. (1997), S. 118 ff.

Da bzgl. der Kundenanforderungen bei der Durchführung des Value Proposition Deployments hohe Unsicherheit vorliegt und nicht davon ausgegangen werden kann, dass entsprechend auch sämtliche Produktanforderungen erhoben wurden, verschiebt sich der Nutzen der Matrix im Vergleich zu anderen QFD-Ansätzen. Erklärtes Ziel der Matrixanalyse ist es, die in der ersten Iteration aus den Prototypen gewonnenen Produktanforderungen hinsichtlich ihrer Erfüllung möglicher Personanutzen zu bewerten. Es ist dabei ausdrücklich erlaubt (und erwünscht) Personanutzen zu ergänzen, was wiederum maßgeblichen Einfluss auf die Matrixstruktur hat. Innerhalb des VPD fällt Matrixanalyse und Synthese neuer Produktanforderungen und Personanutzen zeitlich zusammen; die Matrix ist während der Workshops daher ständig in Bewegung. Für die praktische Durchführung des VPD stellt dies eine Herausforderung dar. Eine Durchführung der Analyse der Matrix M_{1ij} an physischen Metaplanwänden ist durch die häufigen Änderungen und Ergänzungen der Matrix kaum sinnvoll. Die Nutzung geeigneter Software, bspw. Tabellenkalkulationssoftware kann hier eine hilfreiche Ergänzung darstellen. Durch die Nutzung von Projektoren oder Smartboards ist es möglich, die Analyse der Matrix im Team durchzuführen und die regelmäßigen Änderungen der Matrixstruktur zu verwalten.

Für den VPD-Moderator stellt allerdings auch dies nur eine teilweise Verbesserung der Situation dar. Er muss sowohl die Diskussion des VPD-Teams leiten, Korrelationen eintragen, Kundenanforderungen ergänzen, entsprechende Änderungen an der Priorisierung eintragen und Matrixdegenerationen im Auge behalten. Tabellenkalkulationsprogramme können hier nur eingeschränkt Unterstützung bieten, weswegen sich die Entwicklung eines spezifischen Software-Werkzeugs für das VPD empfiehlt. Neben praktischen Vorteilen bei der Durchführung des VPD kann die Entwicklung eines Software-Prototyps auch als erste Evaluation der Methode gelten. Lt. Nunamaker et al. kann die Entwicklung eines Prototyps einen Nachweis des Proof of Concept bringen, auch wenn er nicht alle zu evaluierenden Bereiche abdeckt.[13] Auf das VPD bezogen bedeutet dies: Der zu entwickelnde Softwareprototyp soll das VPD-Team und den VPD-Moderator bei der Analyse der Matrix M_{1ij} unterstützen. Die vorher und nachher durchzuführenden Schritte werden vom Prototyp nicht abgedeckt.

[13] Vgl. Nunamaker et al. (2015), S. 17.

7.1.1 Anforderungen an einen Softwareprototyp zur VPD-Matrixanalyse

Im Folgenden werden die Produktanforderungen beschrieben, die im Softwareprototyp umgesetzt werden müssen. Die wesentlichen durch den Softwareprototyp zu erfüllenden Nutzen betreffen die Darstellung und Bearbeitung der Matrix M_{1ij} in elektronischer Form und Unterstützung bei der Analyse der Matrix gemäß den Vorgaben in Abschnitt 6.2.5 (Tabelle 7.1).

Tabelle 7.1 Kundenanforderungen an den Softwareprototyp für die VPD-Matrixanalyse[14]

#	Nutzen
1	VPD-Matrix M_{1ij} grafisch darstellen
2	Bearbeiten der VPD Matrix M_{1ij} in Echtzeit ermöglichen
3	VPD-Team bei der Analyse gemäß den Vorgaben in Abschnitt 6.2.5 unterstützen

Zur Erfüllung dieser Kundennutzen wurden, analog zum Vorgehen einer Voice of Engineer Analyse bei Software QFD, Produktanforderungen ermittelt.[15] Die funktionalen Anforderungen wurden in drei Kategorien eingeteilt. Diese umfassen Anforderungen zum User Interface, der Berechnung und der Kategorisierung nach Kano. Nachfolgende Tabelle 7.2 fasst die Produktanforderungen bzgl. des User Interfaces zusammen.

Die Anforderungen A1–A5, A7–A9 sowie A13 und A15–A16 beziehen sich auf die Darstellung und Befüllung der Matrix M_{1ij} (Nutzen 1). Durch den vorhersehbar häufig auftretenden Fall der Ergänzung von Kundennutzen und der sich daraus ergebenden regelmäßigen Änderung der Priorisierung der Kundennutzen, wurde aus praktischen Überlegungen heraus die Nutzung des Konstantsummenverfahrens für die Priorisierung der Kundennutzen vorgesehen, da sie einfacher und schneller durchzuführen ist als der paarweise Vergleich. Um die Durchführung des Konstantsummenverfahrens zu unterstützen, wurde eine Indikatoranzeige vorgesehen, die grafisch auf ein Unter- bzw. Überschreiten der zu verteilenden Punkte hinweist (A6). Zur Unterstützung der Analyse werden valide, fragliche und schwache Spalten sowie Zeilen farblich markiert, um die Aufmerksamkeit des VPD-Teams auf etwaige vorhandene Matrixdegenerationen zu lenken. (A10–A12). Zudem unterstützt der Softwareprototyp durch

[14] Eigene Darstellung.

[15] Zum Vorgehen siehe Abschnitt 6.2.5 und ergänzend hierzu Herzwurm et al. (1997).

Tabelle 7.2 Produktanforderungen bzgl. des User Interfaces an den Softwareprototyp für die VPD-Matrixanalyse[16]

Produktanforderungen bzgl. des User Interfaces		
#	**Produktanforderung**	**Beschreibung**
A1	Anzeige einer Matrix mit variabler Zeilen- und Spaltenanzahl	
A2	Nachträgliches Hinzufügen und Entfernen von Zeilen und Spalten	
A3	Eingabe von Kundennutzen in die Zeilenbeschreibung	
A4	Eingabe funktionaler Anforderungen in die Spaltenbeschreibung	
A5	Eingabe der Priorisierung der Kundennutzen	
A6	Indikatoranzeige ob 100 Punkte bei der Priorisierungseingabe unter- oder überschritten sind	
A7	Bewertung der Matrixfelder mit vierstufiger Skala durch Dropdown Menü	Symbole: 9 = ◉, 3 = ○, 1 = △, 0 = " "
A8	Anzeige der Legende	Legende für die Bewertung in den Zellen der Matrix: Die Umsetzung der Anforderung in Spalte [AktuelleSpalte] leistet keinen/nur mittelbaren (0) eine schwachen (1) starken (3) außerordentlich starken (9) Beitrag zur Erfüllung des Nutzens in Zeile [AktuelleZeile].
A9	Anzeige der Bewertung der Produktfunktionen	Anzeige unterhalb der Matrix
A10	Markierung valider Spalten und Zeilen in grün	
A11	Markierung fraglicher Spalten und Zeilen in gelb	
A12	Markierung schwacher Spalten und Zeilen mit rot	

(Fortsetzung)

[16] Eigene Darstellung.

Tabelle 7.2 (Fortsetzung)

Produktanforderungen bzgl. des User Interfaces		
#	**Produktanforderung**	**Beschreibung**
A13	Anzeige eines Tooltips zur Bedienung	Zuerst Eintragung der Kundennutzen, dann der Priorisierung. Dann Eintragung der Produktfunktionen. Dann Bewertung.
A14	Anzeige eines Tooltips bei schwachen und fraglichen Zeilen	Enthält Lösungshinweise, 3 – 4 Sätze je Tooltip
A15	Anzeige eines Verhältnisses aus Zeilensumme und Priorisierung des Kundennutzens	
A16	Anzeige des Ranges der Produktfunktionen	Anhand Bewertung Ränge 1–x

die Anzeige von situativ erscheinenden Einblendungen, sogenannter Tooltips, mögliche Erklärungen für auftretende Matrixdegenerationen (A14).

Weitere Produktanforderungen ergeben sich bzgl. der Berechnung der Bewertungen sowie der Erkennung der validen, fraglichen und schwachen Spalten. Diese sind in folgender Tabelle 7.3 dargestellt.

Die Anforderungen bzgl. der Berechnung (B1–B2) erfolgen analog gängiger QFD-Anwendungen, ebenso die Berechnung der Priorisierung (B3). Schwieriger gestaltet sich die Umsetzung der Erkennung auffälliger Zeilen und Spalten (B4–B9). Ohne Softwareunterstützung obliegt die Entscheidung, ob es sich um eine valide, fragliche oder schwache Zeile bzw. Spalte handelt dem VPD-Team (bzw. in analogen Situationen dem QFD-Team). In Abschnitt 6.2.5 wurden zur Unterstützung des Teams Vorschläge formuliert, mit Hilfe derer die Aufmerksamkeit auf eine solche Zeile oder Spalte gerichtet werden sollte. Diese Vorschläge werden in der Methodenbeschreibung als Indikatoren verstanden und sollen explizit nicht als abschließender Mechanismus gesehen werden. Die Indikatoren werden in den Softwareprototyp übernommen, ebenso die Einschränkung, dass auch eine Erkennung einer Spalte oder Zeile als „valide" der Aufmerksamkeit und Prüfung des VPD-Teams bedarf. Ggf. ergibt eine „menschliche" Betrachtung Degenerationen, die durch die Indikatoren nicht erkannt werden. Der menschliche Faktor bleibt auch bei der Unterstützung durch Software notwendig.

Zur Implementierung einer zusätzlichen Analyseebene wird in Abschnitt 6.2.5 die Kategorisierung der Produktanforderungen in das Kano-Modell gefordert.

Tabelle 7.3 Produktanforderungen bzgl. der Berechnung an den Softwareprototyp für die VPD-Matrixanalyse[17]

Produktanforderungen bzgl. der Berechnung		
#	**Produktanforderung**	**Beschreibung**
B1	Berechnung der Bewertung von Produktfunktionen	Bewertung der Produktfunktionen = SUMME(Priorisierung des Kundennutzens*Matrixfeld)
B2	Berechnung des Verhältnisses aus Zeilensumme und Priorisierung	
B3	Berechnung der Priorisierung	Konstantsummenverfahren. Benutzer darf genau 100 Punkte auf die vorhandenen Kundennutzen verteilen
B4	Erkennung valider Spalten	Mindestens eine Bewertung = 9
B5	Erkennung valider Zeilen	Mindestens eine Bewertung = 9
B6	Erkennung fraglicher Spalten	Fragliche Spalte = Spalte ohne Matrixbewertung = 9 aber mindestens eine = 3
B7	Erkennung fraglicher Zeilen	Fragliche Zeile = Zeile ohne Matrixbewertung = 9 aber mindestens eine = 3
B8	Erkennung schwacher Spalten	Schwache Spalte = Keine Bewertung mit 3 oder 9
B9	Erkennung schwacher Zeilen	Schwache Zeile = Keine Bewertung mit 3 oder 9

Dies soll gemäß Nutzen 3 auch in den Softwareprototyp implementiert werden. Die entsprechenden Produktanforderungen sind in nachfolgender Tabelle 7.4 dargestellt.

Im Unterschied zu den Produktanforderungen bzgl. der Berechnung, erfolgt im Kano-Modell die Zuordnung zu Kategorien gemäß je einer positiv und einer negativ gestellten Frage nach der Wirkung des Vorhandenseins einer Produktfunktion auf einen Kunden, bzw. im Falle des VPD einer Personagruppe.[18] Die Beantwortung dieser Fragen kann in Workshops erfolgen, der Softwareprototyp soll allerdings darauf hinweisen, dass es ggf. notwendig ist, die Klassifizierung nach Kano durchzuführen. Dies soll im vorliegenden Fall per Tooltip durchgeführt werden.

[17] Eigene Darstellung.

[18] Vgl. Abschnitt 6.2.4.

Tabelle 7.4 Produktanforderungen bzgl. der Klassifizierung nach Kano an den Softwareprototyp zur VPD-Matrixanalyse[19]

Produktanforderungen bzgl. der Klassifizierung nach Kano		
#	**Produktanforderung**	**Beschreibung**
C1	Tooltip schwacher und fraglicher Spalten und Zeilen stellt Kano-Fragen	Was halten Sie davon, wenn das Merkmal vorhanden wäre? Was halten Sie davon, wenn das Merkmal nicht vorhanden wäre?
C2	Anzeige der Antwortmöglichkeiten	Das würde mich sehr freuen/Das würde mich sehr ärgern/Das wäre mir egal
C3	Klassifikation des Merkmals	Begeisterungsmerkmal/Leistungsmerkmal/Basismerkmal/Indifferent/Irrelevant

Mithilfe nachfolgender Matrixdarstellung soll geprüft werden, ob die Kategorien der Produktanforderungen die Kundennutzen ausreichend unterstützen. Auf eine detaillierte Darstellung der Korrelationen wird an dieser Stelle aus Gründen der Übersichtlichkeit verzichtet (Tabelle 7.5).

Zu sehen ist, dass insbesondere die in der Kategorie „Anforderungen bzgl. des User Interfaces (A)“ enthaltenen Produktanforderungen die grafische Darstellung der VPD Matrix M1ij unterstützen. Damit haben diese auch mittelbaren Einfluss auf die Unterstützung des VPD-Teams bei der Bearbeitung der Matrix in Echtzeit. Insbesondere die grafischen Indikatoren innerhalb dieser Produktanforderungskategorie leisten einen Beitrag zur Unterstützung der Analyse.

Da die Berechnung der Bewertungen und Korrelationssummen der Kategorie B zugeordnet sind, haben diese auf die grafische Darstellung keinen direkten Einfluss, ermöglichen aber durch die jederzeit aktuelle Berechnung das Bearbeiten der Matrix in Echtzeit und unterstützen so auch mittelbar die Analyse. Die Produktanforderungen bzgl. des Kano-Modells unterstützen die Analyse der VPD-Matrix in Echtzeit durch die situative Anzeige möglicher Interpretationshilfen. Auf die grafische Darstellung und das Bearbeiten der Matrix selbst hat diese Produktanforderung kaum Einfluss. Somit bleibt zu konstatieren, dass die an den Softwareprototypen gestellten Kundennutzen durch die erarbeiteten Produktfunktionen erfüllt werden.

[19] Eigene Darstellung.

Tabelle 7.5 Erfüllung der Nutzen durch Kategorien der Produktanforderungen[20]

			A	B	C
	Nutzen	Produktanforderungen:	Anforderungen bzgl. des User Interfaces	Produktanforderungen bzgl. der Berechnung	Produktanforderungen bzgl. der Klassifizierung nach Kano
1	VPD-Matrix M_{1ij} grafisch darstellen		◉	–	–
2	Bearbeiten der VPD-Matrix M_{1ij} in Echtzeit ermöglichen		○	◉	–
3	VPD-Team bei der Analyse gemäß den Vorgaben in Abschnitt 6.2.5 unterstützen		○	○	◉

[20] Eigene Darstellung. Legende: ◉ (9) = sehr starke Unterstützung, ○ (3) = niedrige Unterstützung, – = keine Unterstützung.

7.1.2 Umsetzung des Softwareprototyps

Bei der Evaluation des Softwareprototyps steht insbesondere die Erfüllung und Umsetzbarkeit der in Abschnitt 7.1.1 dargestellten Kundennutzen im Vordergrund. Zur Umsetzung des Softwareprototyps wird die Form einer Webapplikation im Browser gewählt. Auf diese Weise kommt der Softwareprototyp ohne Installation auf Endgeräten und entsprechend notwendige Anpassungen an unterschiedliche Betriebssysteme aus.

Die grafische Oberfläche wurde mithilfe von HTML und Cascading Style Sheets (CSS) gestaltet. Mithilfe des Vue.js Frameworks zur Erstellung von Benutzeroberflächen konnte die Logik, insbesondere die Berechnungen in der Matrix in Echtzeit und die situative Darstellung der Indikatoren zur Kennzeichnung von Matrixdegenerationen, sowie die Anzeige der Tooltips innerhalb einer Schicht umgesetzt werden.[21] Die Umsetzung mehrerer Schichten, wie bspw. die Trennung von Front- und Backend, ist dabei nicht nötig. Diese Umsetzung ermöglicht kürzere Entwicklungszeiten sowie die Unabhängigkeit von Ressourcen, wie bspw. MySQL-Datenbanken oder PHP-Interpretern. Zudem wird die kurzfristige Umsetzung von Änderungen erleichtert. Die sich aus dieser Architektur ergebenden Restriktionen hinsichtlich der Usability und dem User Interface sind hinsichtlich der Evaluation von untergeordneter Bedeutung. Als Beispiele für solche Einschränkungen seien langsamere Reaktionszeiten, die in der ersten Version fehlende Funktion zum Datenspeichern und Einschränkungen hinsichtlich der grafischen Darstellung genannt.[22]

Die Darstellung der VPD-Matrix ist im Softwareprototyp in verschiedenen Betrachtungsmodi möglich. Die Grunddarstellung ist der in Abbildung 7.1 dargestellte Betrachtungsmodus. Dieser Modus reduziert die Benutzeroberfläche um sämtliche Editierfunktionen um die Übersichtlichkeit zu erhöhen. Die Darstellung der Matrix orientiert sich an der Optik von Whiteboards mit beschrifteten Klebezetteln. Die einzelnen Personanutzen werden in rosafarbenen Feldern auf der linken Seite untereinander dargestellt. Die Produktfunktionen sind in hellblauen Feldern dargestellt und nebeneinander angeordnet. Die Personanutzen und Produktfunktionen bilden so die Zeilen bzw. Spalten der Matrix. Ein kurzer Hinweis zum Ausfüllen und Lesen der Matrix findet sich im Feld oben links. Die Priorisierung der Personanutzen wird direkt neben den Einträgen der Personanutzen dargestellt. Die vollständige Verteilung der 100 möglichen Punkte des

[21] Vgl. Vue.js Guide (2021), URL siehe Literaturverzeichnis.

[22] Der Softwareprototyp ist unter http://www.valuepropositiondeployment.com/matrix zugänglich.

Konstantsummenverfahrens wird durch eine grüne Färbung in der untersten Zelle der Priorisierungsspalte dargestellt. Sollten weniger oder mehr als 100 Punkte verteilt worden sein, färbt sich die Fläche rot.

Die Bewertung der Korrelationen in den Matrixfeldern wird in verschiedenen Grünschattierungen dargestellt. Die höchste Sättigung wurde für sehr starke Korrelationen (9) gewählt, die niedrigste für „keine Korrelation" (0). Die Auswahl der Korrelationsstufen entspricht den Gestaltungsvorgaben des VPD in Abschnitt 6.2.5.

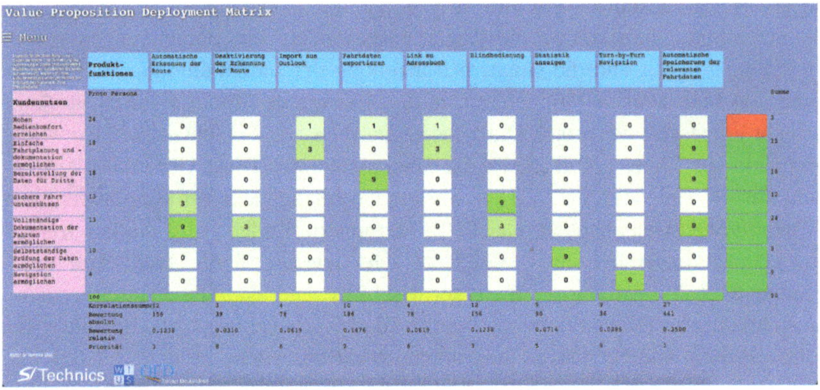

Abbildung 7.1 Screenshot des Softwareprototyps zur Unterstützung der VPD-Matrix M_{1ij} im Betrachtungsmodus[23]

Unterhalb der Korrelationen sind die Indikatoren über valide, schwache und fragliche Spalten dargestellt. Sie verändern die Farbe anhand der Bewertungen basierend auf der Degenerationstabelle des VPDs: Valide Spalten werden mit grün, fragliche mit gelb und schwache Spalten mit rot markiert.

Unterhalb der Degenerationsindikatoren sind die Summen aller Korrelationsbewertungen und die absolute Bewertung der Produktfunktionen zu finden. Diese werden aus den summierten Produkten der Korrelationen mit den Personanutzenbewertungen errechnet. Die Werte werden als relative Bewertungen auf den Wert 1 normiert und in der Zeile darunter abgebildet. Die unterste Zeile stellt die Priorität der Produktfunktionen auf einer Ordinalskala beginnend mit 1 dar.

Auf der rechten Seite sind entsprechende Indikatoren über valide, schwache und fragliche Zeilen dargestellt, die entsprechend der Logik in den Spalten

[23] Eigene Darstellung.

die Farbe situativ ändern. Rechts daneben sind die Summen der Korrelationswerte dargestellt, eine prozentuale Angabe der Korrelationswerte relativ zu allen Zeilen sowie ein Verhältnis der Korrelationssummen zur Priorisierung des Personanutzens in der jeweiligen Zeile.

Über einen Button oben links ist das Menü zum Ändern der Betrachtungsmodi erreichbar. Mittels Schiebeschaltern lassen sich die unterschiedlichen Modi aktivieren bzw. deaktivieren. Weiterhin gibt es Schaltflächen zum Sortieren der Personanutzen und Produktanforderungen je nach Priorisierung bzw. Bewertung. Auf eine automatische Sortierung wurde verzichtet, da dies das Ausfüllen der Matrix erschwerte. Ein Hintergrundbild kann eingeblendet werden, verringert allerdings die Lesbarkeit und Übersichtlichkeit und ist daher in den Abbildungen ausgeblendet (Abbildung 7.2).

Abbildung 7.2 Screenshot des Softwareprototyps zur Unterstützung der VPD-Matrix M_{1ij} mit Menü[24]

Es ist möglich alle Editiermodi gleichzeitig zu aktivieren. Abbildung 7.3 zeigt den Softwareprototyp mit allen Editiermodi.

Im Editiermodus werden die Einträge der Personanutzen und Produktfunktionen gegen editierbare Textfelder ersetzt, ebenso die Einträge zur Priorisierung der Personanutzen. Buttons zum Löschen bzw. Hinzufügen von Personanutzen und Produktfunktionen werden eingeblendet. Innerhalb der Matrix werden

[24] Eigene Darstellung.

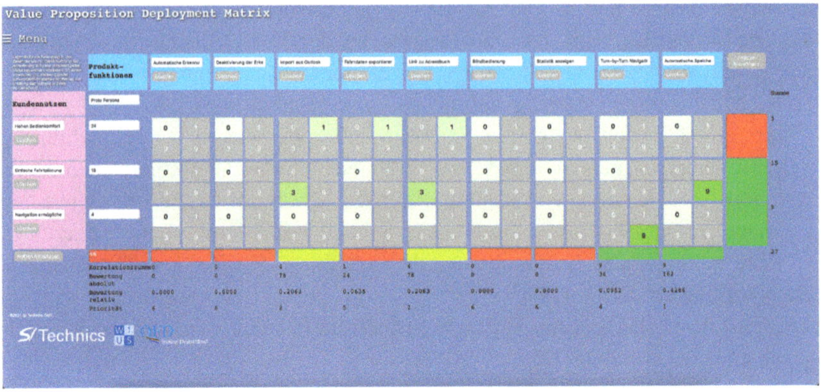

Abbildung 7.3 Screenshot des Softwareprototyps zur Unterstützung der VPD-Matrix M_{1ij} im Editiermodus[25]

die vier Bewertungsmöglichkeiten auf Schaltflächen dargestellt. Nicht gewählte Bewertungen werden grau dargestellt.[26]

7.1.3 Evaluation des Softwareprototyps

Ziel der Evaluation ist die Erreichung des Proof of Concepts des Value Proposition Deployments. Der Softwareprototyp fungiert hierbei als Instanziierung von bedeutenden, im VPD enthaltenen methodischen und analytischen Aktivitäten. Nunamaker et al. formulieren Ziele und erwartete Ergebnisse der Evaluation des Proof of Concept, wie in Tabelle 7.6 dargestellt. Diese dienen im Folgenden als Kriterien zur Messung des Evaluationserfolgs. Um den Proof of Concept des VPD anhand des Softwareprototyps evaluieren zu können, muss in einem ersten Schritt allerdings geprüft werden, ob die Ausgestaltung des Softwareprototyps die funktionalen Anforderungen des VPD tatsächlich erfüllen. Nur wenn diese Voraussetzung erfüllt wird, kann von der Evaluation des Softwareprototyps auch auf das VPD als methodische Basis geschlossen werden.

[25] Eigene Darstellung.

[26] Bei dieser grafischen Darstellung wurde von den in Abschnitt 7.1.1 definierten Produktanforderungen abgewichen, da die eigentlich vorgesehenen Auswahlmenüs von Testpersonen als umständlich empfunden wurden.

Tabelle 7.6 Ziele und erwartete Ergebnisse der Evaluation des Proof of Concepts[27]

Ziele der Evaluation des Proof of Concept
Feststellung der technischen Machbarkeit
Verstehen des Problemraums
Phänomene und deren Auswirkungen im Problemraum entdecken und beschreiben
Erwartete Ergebnisse der Evaluation des Proof of Concept
Detaillierte Problembeschreibungen
Verallgemeinerbare Anforderungen
Modelle für beobachtete Korrelationen
Theorien zur Erklärung und Vorhersage beobachteter Korrelationen
Metriken für aufgetretene Phänomene

In Abschnitt 7.1.1 ist dargestellt, welche Produktanforderungen der Softwareprototyp erfüllen muss, um die für die Evaluation notwendigen Nutzen zu erfüllen. In Abschnitt 7.1.2 ist beschrieben, wie diese Produktanforderungen im Softwareprototyp umgesetzt wurden. Es kann konstatiert werden, dass sämtliche Produktfunktionen technisch umgesetzt werden konnten. Der Softwareprototyp scheint damit geeignet zur Evaluation des Proof of Concept verwendet werden zu können. Damit einher geht auch der Nachweis über die Möglichkeit, die Logik der VPD-Matrixanalyse in einem Softwareprototyp umzusetzen. Dementsprechend konnte die technische Machbarkeit festgestellt und damit das erste Ziel der Evaluation des Proof of Concept erfüllt werden.

Das zweite von Nunamaker et al. postulierte Ziel ist das (bessere) Verständnis über den Problemraum. Bezogen auf die Analyse der VPD-Matrix zeigen sich Hinweise, dass die Unterstützung der Analyse durch Software hilfreich sein kann, aber zumindest zum aktuellen Stand der Technik kein gleichwertiges Substitut zur menschlichen Analyse darstellt. Vielmehr kann es das VPD-Team unterstützen und insbesondere einen Beitrag zur Vollständigkeit der Analyse liefern. Wichtig für die Analyse selbst sind insbesondere die Identifikation (und Bildung) möglicher Kausalzusammenhänge zwischen Produktfunktionen und Personanutzen innerhalb der Matrix. Der Softwareprototyp ist nicht in der Lage Kausalzusammenhänge zu erkennen. Er identifiziert lediglich mögliche Auswirkungen fehlender Zusammenhänge, die sich in bestimmten – vorher definierten – typischen Matrixdegenerationen zeigen und hebt diese hervor.

[27] Eigene Darstellung in Anlehnung an Nunamaker et al. (2015), S. 17.

Es ist nicht auszuschließen, dass einerseits vom Softwareprototyp identifizierte Degenerationen tatsächlich beabsichtigt waren oder andererseits existierende Degenerationen nicht erkannt werden. So kann bspw. eine funktionale Anforderung Eingang in die Matrix gefunden haben, ohne dass eine sehr starke Korrelation mit einem Personanutzen identifiziert werden konnte. Ggf. handelt es sich bei dieser Funktion um ein Basismerkmal nach der Kano-Klassifizierung, dessen Implementation vom VPD-Team als notwendig erachtet wird, selbst ohne sehr starke Auswirkungen auf einen konkreten Nutzen. Der Softwareprototyp würde dies als Matrixdegeneration erkennen und die Funktion warnend gelb oder rot markieren. Trotzdem kann das VPD-Team zu dem Schluss kommen, dass dessen Einbezug in die Entwicklung sinnvoll ist. Andererseits kann auch ein Nutzen, der lediglich eine sehr starke Korrelation aufweist und damit vom Softwareprototyp als „valide" interpretiert wird, in Wirklichkeit eine Degeneration sein, wenn bspw. die Priorität sehr niedrig ist und die damit verbundene Produktanforderung ein Begeisterungsmerkmal nach Kano darstellt. Der Softwareprototyp selbst liefert keine Interpretationshinweise.

Bzgl. der Evaluation des VPD insgesamt bedeutet dies auch: Der Softwareprototyp erreicht, inhaltlich gesehen, maximal jene Unterstützung, die auch die in Abschnitt 6.2.5 dargestellte Checkliste zur Matrixanalyse bietet. Umgekehrt gelten die Einschränkungen der Analyse durch den Softwareprototyp auch für die Checkliste. Es bleibt damit die Erkenntnis, dass die genaue und situative Analyse und Interpretation der Matrix nicht vollständig anhand vorher determinierter Effekte durchgeführt werden kann. Insb. die Interpretation der Matrix durch das VPD-Team ist eine erfolgskritische Aktivität des VPD und nicht vollständig objektivierbar. Hilfsmittel wie die Checkliste und der Softwareprototyp können hierbei allerdings unterstützen. Die in der Evaluation des Proof of Concept gewonnenen Erkenntnisse sind in Tabelle 7.7 zusammengefasst.

Wie sich zeigt, hat die durch das VPD-Team eingebrachte subjektive Interpretation der Matrix großen Einfluss auf die Analyse innerhalb des VPD. Eine Substitution dieser subjektiven Interpretation kann – zumindest im Rahmen der in dieser Arbeit verfügbaren technischen Restriktionen – nicht erreicht werden. Es erscheint daher sinnvoll, das VPD praktisch zu evaluieren und den Einfluss des Humansystems unter realen Workshopbedingungen im Proof of Value zu testen.

Tabelle 7.7 Erkenntnisse der Evaluation des Proof of Concepts[28]

Ziele der Evaluation des Proof of Concept	**Erkenntnisse**
Feststellung der technischen Machbarkeit	Umsetzung in Prototyp möglich.
Verstehen des Problemraums	Deterministisch definierte Degenerationen u. U. nicht für vollständige Analyse ausreichend.
Phänomene und deren Auswirkungen im Problemraum entdecken und beschreiben	Menschliche Interpretation innerhalb der Analyse weiterhin unersetzlich.
Erwartete Ergebnisse der Evaluation des Proof of Concept	
Detaillierte Problembeschreibungen	• Softwareprototyp und Checkliste bieten VPD-Team Unterstützung bei der Analyse der VPD-Matrix, jedoch keine Interpretation. • Systemkontext von großer Bedeutung: Unterschiede in der Ergebnisqualität zu erwarten, je nach Besetzung des VPD-Teams und Problemstellung.
Verallgemeinerbare Anforderungen	VPD-Team soll bei der Interpretation unterstützt – nicht jedoch ersetzt werden.
Modelle für beobachtete Korrelationen	–
Theorien zur Erklärung und Vorhersage beobachteter Korrelationen	–
Metriken für aufgetretene Phänomene	–

7.1.4 Workshops im Rahmen der Lehrveranstaltung Informationssysteme im E-Business

Im vorherigen Kapitel wurde bereits die Notwendigkeit thematisiert, die Auswirkungen des Humansystems auf die Anwendung des VPD zu evaluieren. Zu diesem Zweck wird in diesem Schritt der Evaluation die Durchführung des VPD mit realen Personen untersucht. Ergänzend zu den mit dem Proof of Concept angestrebten Erkenntnissen soll insb. die Eignung des VPD hinsichtlich der Erfüllung der Anforderungen an eine solide Methode nach Jackson und Balzert evaluiert werden. Diese seien nachfolgend nochmals wiederholt:[29]

[28] Eigene Darstellung.

[29] Vgl. Abschnitt 4.2 und Balzert (2009) nach Jackson (1976).

- [Eine solide Methode] baut nicht auf die Intuition des Entwicklers.
- Sie beruht auf durchdachten Prinzipien.
- Sie ist lehrbar.
- Sie ist in der Anwendung unabhängig vom jeweiligen Anwender.
- Sie ist einfach und leicht zu verstehen.

Um die Erfüllung dieser Anforderungen zu prüfen, wurde das VPD von Studierenden auf Bachelorniveau der Wirtschaftsinformatik und der technischen Betriebswirtschaftslehre der Universität Stuttgart mithilfe fiktiver Fallstudien durchgeführt. Dies wurde als Pretest erstmals im Wintersemester 2020/2021 durchgeführt. Hierbei nahmen 38 Studierende teil, die in Gruppen aus 4 Personen jeweils eine von vier Fallstudien bearbeitet hatten. Durch die Teilnahme am Kurs Management betrieblicher Informationssysteme im vorherigen Semester erwarben die Studierenden (bis auf wenige Ausnahmen) bereits Grundlagen zu QFD auf dem Ausbildungsniveau „QFD Grundlagen" des QFD Instituts Deutschland.[30] Die Studierenden erhielten zu Beginn der Veranstaltung eine detaillierte Erläuterung des VPD und der vorgeschlagenen Werkzeuge.

Auf Basis positiver Erfahrungen mit diesem Pretest wurden im Wintersemester 2021/2022 Workshops zur Evaluation des VPD durchgeführt. Das grundsätzliche Setting der Studierenden blieb dabei gleich: Es nahmen 37 Studierende der Wirtschaftsinformatik und der technischen Betriebswirtschaftslehre teil, die ebenfalls im vorherigen Semester Kenntnisse der QFD-Grundlagen erworben hatten. Die Studierenden wurden in 10 Gruppen eingeteilt, welche die folgenden Fallstudien bearbeiteten (Tabelle 7.8, 7.9, 7.10 und 7.11):

Tabelle 7.8 Fallstudie A des Evaluationsworkshops im Rahmen der Lehrveranstaltung Informationssysteme im E-Business[31]

Fallstudie A: Augmented Reality
Das Unternehmen Güttec hat eine Augmented Reality Technologie für Smartphones entwickelt. Diese erlaubt, im Vorfeld definierte reale Objekte beim Blick durch die Smartphone-Kamera mit zusätzlichen Informationen zu ergänzen. Die Entwicklung geht auf einen Ideenwettbewerb der Entwicklungsabteilung zurück und war bisher nicht mit dem Marketing des Unternehmens abgesprochen. Geschäftsführer Guido Gütlich ist von der Technologie begeistert und vermutet enorme Absatzpotenziale.
Folglich erteilt Herr Gütlich Ihnen als Produktmanager*in den Auftrag, ein tragfähiges Geschäftsmodell für die Augmented Reality Technologie zu entwickeln.

[30] Vgl. QFD-ID (2021), URL siehe Literaturverzeichnis.

[31] Eigene Darstellung.

Tabelle 7.9 Fallstudie B des Evaluationsworkshops im Rahmen der Lehrveranstaltung Informationssysteme im E-Business[32]

Fallstudie B: Tourismus in Pandemiezeiten
Die Wirtschaft des Schwarzwaldstädtchens Hintertupfingen ist stark vom Tourismus abhängig. Zu diesem Zweck wurde bereits im letzten Jahr eine mobile App entwickelt, die Informationen für Touristen bietet. Die aktuellen Beschränkungen im Zuge der Corona Pandemie treffen den Tourismus allerdings hart. Sie arbeiten in einem ortsansässigen IT Startup als Produktentwickler.
Bürgermeisterin Rita Ritzel kommt auf Sie zu und beauftragt Ihr Unternehmen mit der Erweiterungsprogrammierung der bestehenden App um damit den Tourismus unter Pandemiebedingungen zu ermöglichen und so die Situation der Restaurants und Geschäfte vor Ort zu verbessern.

Tabelle 7.10 Fallstudie C des Evaluationsworkshops im Rahmen der Lehrveranstaltung Informationssysteme im E-Business[33]

Fallstudie C: Outdoor Fitness
In den letzten Jahren wurden viele sog. Fitness Tracker und Smart Watches auf den Markt gebracht, welche die Nutzer bei ihren sportlichen Aktivitäten unterstützen sollen.
Der Chef des IT-Startups Drau-Sen ist Outdoor-Fan und erkennt darin eine Chance, eine App speziell für die Bedürfnisse von Outdoorsportlern, wie Wanderern, Nordic Walkern, aber auch Bergsteigern zu entwickeln. Diese App soll die Möglichkeiten moderner Fitness Tracker bestmöglich nutzen. Er möchte schnell Ergebnisse sehen, da er in der Vergangenheit gute Erfahrungen mit Entscheidungen gemäß
seines „Bauchgefühls“ gemacht hat.
Sie sind Produktmanager bei Drau-Sen. Der Chef gibt Ihnen den Auftrag einen Prototyp zu entwerfen und in Richtung Marktreife zu entwickeln.

Die Untersuchung der Evaluationsworkshops verläuft zweistufig. Durch Beobachtung und regelmäßige Gespräche mit den Studierendengruppen wurden zum einen sog. *kritische Ereignisse* erhoben. Die Technik der kritischen Ereignisse wurde erstmals von Flanagan (1954) für das US-amerikanische Militär als „Methode zur Erhebung von Fakten hinsichtlich des Verhaltens in bestimmten Situationen“ beschrieben.[34] Sie entstand insb. als Reaktion auf die Feststellung, dass Befragungen die Untersuchungssubjekte zu stark beeinflussen und so die

[32] Eigene Darstellung.

[33] Eigene Darstellung.

[34] Vgl. Gogan et al. (2014), S. 2 nach Flanagan (1954), S. 327.

Tabelle 7.11 Fallstudie D des Evaluationsworkshops im Rahmen der Lehrveranstaltung Informationssysteme im E-Business[35]

Fallstudie D: Sensordaten von Industrierobotern
Das schwäbische Maschinenbauunternehmen Häberle GmbH und Co. KG stellt Industrieroboter für die Produktion von Großserienlandmaschinen her. Im Zuge der Digitalisierungsinitiative Häberle 4.0 werden die Roboter seit 2017 bereits serienmäßig mit umfassender Sensorik ausgestattet. Die Daten können über das sog. OPC UA Protokoll[36] an Industrie 4.0-Softwareplattformen übermittelt werden.
Produktmanagerin Emine Demirci stellt fest, dass diese Technologie bisher zwar vorhanden, aber nicht gewinnbringend vermarktet wird und vermutet großes Potenzial für darauf basierende neue Geschäftsmodelle.
Sie arbeiten in der Innovationsabteilung und bekommen den Auftrag, ein mögliches neues Geschäftsmodell, basierend auf der Technik der Häberle 4.0- Roboter, zu entwickeln.

erhobenen Daten verfälschen können.[37] Die kritischen Ereignisse werden dabei von den Dozenten der Lehrveranstaltung erhoben und dokumentiert.

Um die durch die kritischen Ereignisse erworbenen Erkenntnisse um die Sicht der Teilnehmenden zu ergänzen, wurde im Anschluss im Rahmen der Lehrevaluation eine anonyme Umfrage unter den Teilnehmenden durchgeführt. Die Fragestellungen ergaben sich dabei aus den vorher identifizierten kritischen Ereignissen und werden im Weiteren thematisiert.

Voice of Business Analyse

Die Eignung des Settings für die Anwendung des VPD kann durch die VoB-Checkliste beurteilt werden. Wenngleich nur grob skizziert, erfüllen die Fallstudien die Musskriterien der technologieinduzierten Entwicklung. Das Entwicklungsteam ist besetzt mit vier Studierenden, die über die notwendigen Ressourcen verfügen. Die Studierenden verfügen, wie dargestellt, über Kenntnis der QFD Grundlagen. Bei Fragen konnten sie Rücksprache mit Dozenten der Lehrveranstaltung halten, die über den Grad des QFD-Moderators bzw. QFD-Architekten verfügten.[38] Die Rolle des Product Owners übernahmen die Studierenden selbst. Somit wurden die Kritierien der VoB-Checkliste erfüllt (Tabelle 7.12).

[35] Eigene Darstellung.

[36] Vgl. OPC Foundation (2022), URL siehe Literaturverzeichnis.

[37] Vgl. Gogan et al. (2014), S. 3.

[38] Vgl. QFD-ID (2021), URL siehe Literaturverzeichnis.

Tabelle 7.12 VoBA Checkliste für Fallstudien im Rahmen der Lehrveranstaltung Informationssysteme im E-Business[39]

Voice of Business Analyse: Checkliste	**Erfüllt? (+/ o/−)**
A: Technologieinduzierte Entwicklung	
• Marktreife oder Marktreife nahe Technologie im Unternehmen vorhanden oder im Zugriff*	+
• Unsicherheit bzgl. des adressierten Marktes	+
• Kenntnisse über Mitbewerber vorhanden	−
B: Pre-Planning	
• Entwicklungsteam vorhanden (mit adäquaten Ressourcen hinsichtlich Teamgröße, Zeit und Arbeitsmitteln)*	+
• QFD Moderator vorhanden*	+
• Product Owner vorhanden	+

*Muss-Kriterium
+ = Ist erfüllt,
− = nicht erfüllt
o = (aktuell) nicht beantwortbar

Zur VoBA wurde den Teilnehmenden gemäß des in Kapitel 5 beschriebenen VPD-Vorgehens die 6 W-Tabelle vorgegeben. Da die Fallstudien im Vergleich zu realen Projekten einen deutlich höheren Abstraktionsgrad aufweisen und entsprechend notwendige Informationen nicht enthalten sind, waren Schwierigkeiten bei der Bearbeitung der 6 W-Tabelle zu beobachten. Diese betrafen insb. die Notwendigkeit, ggf. Annahmen über bestimmte, für die weitere Fallstudienbearbeitung notwendigen, Aussagen über die VoB zu treffen. Als ein weiteres kritisches Ereignis wurde die als eher niedrig eingeschätzte Bedeutung der VoBA durch die Teilnehmenden notiert (KE 1). Dies zeigte sich insb. darin, dass der Bearbeitung der VoBA nur wenig Zeit eingeräumt wurde. Um entsprechend negative Auswirkungen dieser Priorisierung zu untersuchen, sollte KE 1 nach Abschluss der Bearbeitung innerhalb der Befragung retrospektiv durch die Studierenden selbst eingeschätzt werden. An der Befragung nahmen 14 Studierende teil (37,8 %). Die Bewertung der aus den kritischen Ereignissen gewonnenen Aussagen erfolgte anhand einer fünfstufigen Likert-Skala.

KE 1 lautet: „Im Nachhinein würde ich mehr Zeit für die Reflektion und Analyse des Projektauftrags investieren".

[39] Eigene Darstellung.

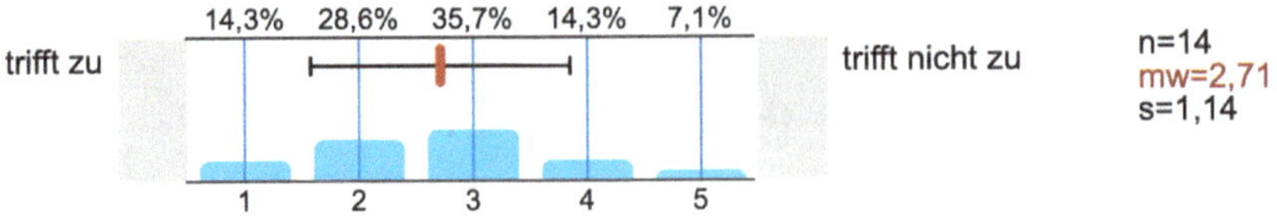

Abbildung 7.4 Ergebnisse der Befragung zu KE 1[40]

Die Ergebnisse der Selbsteinschätzung (Abbildung 7.4) ergibt ein diffuses Bild: Die Mehrheit scheint aus dem Vorgehen bei der VoBA keine positiven oder negativen Auswirkungen festgestellt zu haben, was sich in einer neutralen Bewertung von KE 1 niederschlägt. Die zustimmenden und ablehnenden Antworten liegen im Bereich der Standardabweichung.

Prototyping

Auf Basis der VoBA wurden von den Teilnehmenden Kreativitätsmethoden zur Ideengenerierung genutzt. Es wurden alle in Kapitel 5 dargestellten Methoden vorgeschlagen, primär wurden aber die 6–3–5 Methode und das Brainstorming genutzt. Die Teilnehmenden artikulierten keine Schwierigkeiten hinsichtlich der Generierung von Ideen. Um diesen Eindruck zu evaluieren, wurde auch dieses kritische Ereignis mithilfe einer Selbsteinschätzung nach Ende der VPD-Durchführung untersucht. KE 2 lautet: „Die Kreativitätsmethoden haben mich bei der Gestaltung der Prototypen unterstützt (Abbildung 7.5)."

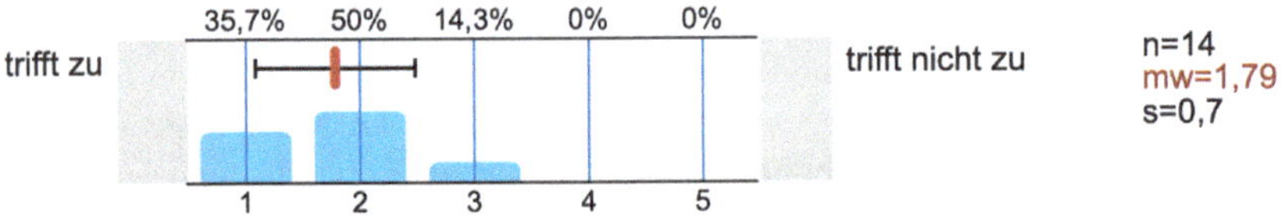

Abbildung 7.5 Ergebnisse der Befragung zu KE 2[41]

Den KE 2 wurde durch die Teilnehmenden überwiegend zugestimmt, was als eine positive Wahrnehmung der Kreativitätsmethoden gedeutet werden kann.

[40] Eigene Darstellung.

[41] Eigene Darstellung.

Zur eigentlichen Gestaltung der Prototypen verwendeten die Teilnehmenden verschiedene Werkzeuge, insb. Adobe XD, Balsamic Wireframes und Microsoft Powerpoint, um grafische Benutzeroberflächen, teilweise auch mit klickbarer Funktionalität, zu gestalten. Bei Fallstudie 4 wurden zur Erläuterung der als komplex wahrgenommenen Problemstellung im Umfeld von Plattformökosystemen im industriellen Kontext auch Werkzeuge zur Abbildung von Prozessstrukturen genutzt. Die Teilnehmenden zeigten in dieser Phase sehr großes Engagement und betonten die positive Wahrnehmung der Aufgabenstellung.

Prototypenanalyse

Die Beschreibung der in den jeweiligen Prototypen enthaltenen Produktfunktionen stellte die Teilnehmenden vor keine größeren Probleme. Als problematisch stellte sich allerdings die – nicht methodisch, sondern didaktisch induzierte – Zielstellung heraus, eine bestimmte Anzahl von Produktfunktionen anzustreben. Da diese zumeist niedriger war als die Zahl tatsächlich enthaltener Produktfunktionen, wurden durch einige der Teilnehmenden weniger spezifische Beschreibungen gewählt, um die Funktionen zusammenzufassen. Dies ist für die Analyse des VPD hinderlich, konnte aber im weiteren Verlauf – insb. der Analyse in der VPD Matrix M_{1ij} korrigiert werden.

Personaanalyse

Im nächsten Schritt identifizierten die Teilnehmenden gemäß dem Vorgehen in Kapitel 6 mögliche, von der Entwicklung zu adressierende, Personas. Wenngleich alle Gruppen hierbei grundsätzlich keine größeren Schwierigkeiten hatten, zeigten sich dennoch Unterschiede hinsichtlich der zugrundeliegenden Fallstudien. Die Gruppen mit den Fallstudien A bis C taten sich bei der Bildung von Empathie hinsichtlich möglicher Personas leichter als die Teilnehmenden mit Fallstudie D. Dies lag offensichtlich an der Ausgestaltung der Fallstudien: Den Fallstudien A-C mit ihrem Konsumenten ansprechenden Geschäftsmodell (B2C) konnten die Teilnehmenden einfacher persönliche Erfahrungen zuordnen und diesen entsprechende Personas zuschreiben. Bei Fallstudie D wurden keine Konsumenten erwähnt (B2B), auch die Ableitung solcher ist – wohl aufgrund der Positionierung weit vorne in der Wertschöpfungskette – nicht möglich oder zumindest nicht einfach. Als hilfreich erwies sich hierbei der Hinweis der Dozenten, im Fall der B2B-Geschäftsmodelle, statt persönlicher Eigenschaften mehr die Spezifika der vom Prototyp betroffenen Rollen im Unternehmen zu beleuchten. Entsprechend sollten Eigenschaften hinsichtlich ihres Erfahrungsschatzes, Ausbildung und Belastung hier stärker in den Vordergrund gerückt werden als andere Personaeigenschaften, wie Familienstand oder Vorlieben hinsichtlich der Freizeitgestaltung.

Im Folgenden übernahmen die Teilnehmenden die Sicht der Personas und sollten untersuchen, welche möglichen Personanutzen durch die im Prototyp enthaltenen Funktionen erreicht werden können. Diese Aufgabenstellung wurde im Pretest im Jahr davor noch mit weniger detailliert beschriebenen „möglichen Kunden“ durchgeführt. Im Vergleich dazu brachte die Nutzung des Personakonzepts deutliche Vorteile, was sich auch bei der Bewertung von K3 zeigte: „Die Personas haben mir bei der Identifikation von Personanutzen geholfen.“

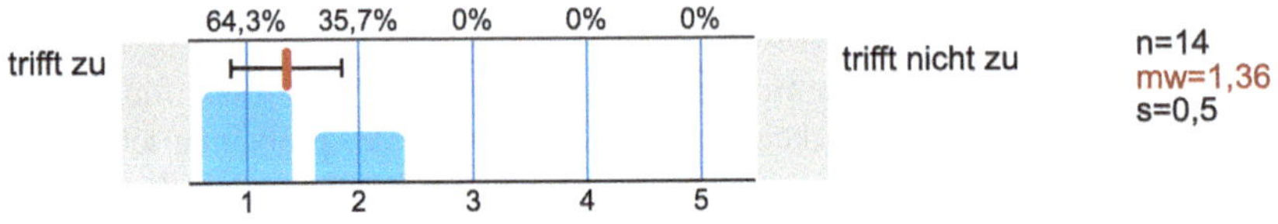

Abbildung 7.6 Ergebnisse der Befragung zu KE 3[42]

Wie in Abbildung 7.6 dargestellt, bewerteten alle der befragten Teilnehmenden die Personas hinsichtlich ihres Beitrags zur Identifikation von Personanutzen als positiv und bestätigen damit auch die Beobachtungen der Dozenten.

Trotz des positiven Einflusses des Personakonzepts zeigten sich bei allen Gruppen Schwierigkeiten bei der Formulierung der Personanutzen, insb. hinsichtlich der Abgrenzung von den Produktfunktionen. Die Wahl des richtigen Abstraktionsgrads, also einer Formulierung die einerseits lösungsneutral, andererseits aber noch spezifisch genug ist, um gestaltungsleitend zu sein, fiel den Teilnehmenden schwer. Dies wurde durch die teilweise zu weit formulierten Produktfunktionen (siehe Abschnitt zur Prototypenanalyse) noch verstärkt. Dieser Eindruck wurde mit der Bewertung von KE 4 untersucht: „Die Abgrenzung von Personanutzen und Produktfunktionen fiel mir schwer.“

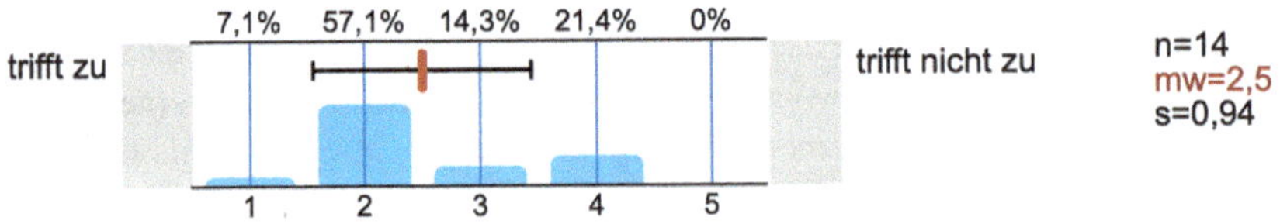

Abbildung 7.7 Ergebnisse der Befragung zu KE 4[43]

[42] Eigene Darstellung.

[43] Eigene Darstellung.

Abbildung 7.7 zeigt die Ergebnisse der Befragung zu KE 4. Die Mehrheit der Befragten bestätigte den Eindruck. Von keinem Teilnehmenden wurde die Aussage vollständig verneint.

Dennoch gelang es allen Teilnehmenden relevante Personanutzen zu identifizieren.

Aus dem Abgleich mit den Zwischenergebnissen aus der VoBA und unter Einbezug der identifizierten Personanutzen konnten alle Gruppen im Anschluss eine Priorisierung der Personas durchführen. Hierfür wurde von den Gruppen jeweils sowohl das Konstantsummenverfahren als auch der paarweise Vergleich genutzt.

Matrixanalyse und Matrixsynthese

Die erarbeiteten Informationen nutzten die Teilnehmenden im Anschluss für den Aufbau der VPD-Matrix $M1_{11}$. Zur Analyse der Matrix standen den Teilnehmenden die in Kapitel 5 dargestellten Degenerationstabellen zur Verfügung. Schwierigkeiten der Teilnehmenden bei der Formulierung der Personanutzen und die teilweise zu weit gefassten Produktfunktionen zeigten sich im Rahmen der Matrixanalyse bei allen Gruppen. Deutlich wurde dies bspw. in sehr starken Zeilen und Spalten (eben durch zu allgemein gehaltene Personanutzen oder zu weit gefasste Produktfunktionen). Die Identifikation gelang den Teilnehmenden dabei zuverlässig, wurde aber auch als schwierig empfunden. Dies zeigt sich bei der Bewertung von KE 5: „Die Tabelle der Matrixdegenerationen hat mich bei der Analyse der VPD Matrix unterstützt.“

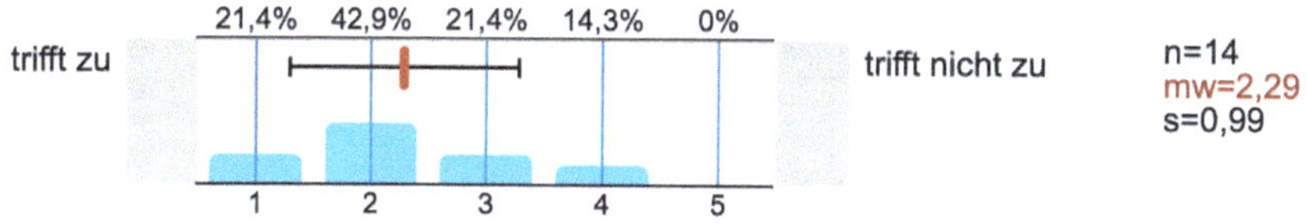

Abbildung 7.8 Ergebnisse der Befragung zu KE 5[44]

Abbildung 7.8 bildet die Ergebnisse der Befragung zu KE 5 ab. Das Ergebnis der Befragung stellt ein diffuses Bild dar. Es zeigt eine Häufung bei einer abgeschwächten Zustimmung, die Standardabweichung reicht aber bis in die neutrale Bewertung hinein. Eine mögliche Interpretation, die sich auch mit den Beobachtungen der Dozenten deckt, ist die Breite der Aufgabenstellung *Matrixanalyse.*

[44] Eigene Darstellung.

Die Breite der Aufgabenstellung ergibt sich neben der Identifikation und Bewertung der Matrixdegenerationen eben auch aus der Anpassung der Anforderungen, der Identifikation neuer Personanutzen und Produktfunktionen, der entsprechenden Neubewertung (Matrixsynthese) und der neuerlichen Analyse des Matrixbildes. Die Degenerationentabelle unterstützt hierbei lediglich bei den analytischen Teilaufgaben, weshalb der Erwartungswert des Unterstützungsgrads dieses Werkzeugs hinsichtlich der Lösung der Gesamtaufgabenstellung als zumindest eingeschränkt zu bewerten ist.

Formulierung des Wertversprechens

Da die weitere Entwicklung und der Einbezug möglicher realer Kunden über die Entwicklung des MVP im Rahmen der Lehrveranstaltung nicht möglich waren, bildet die Formulierung des Wertversprechens den avisierten Endpunkt der Evalution. Gemäß des VPD-Vorgehens in Kapitel 6 sollten die Studierenden auf Basis der VPD Matrix und unter Nutzung der Value Proposition Canvas ein mögliches Wertversprechen formulieren. Hinsichtlich der Evaluation ist hierbei insb. interessant, ob die methodische Trennung der Sicht des Kunden (Personanutzen) auf das Produkt (Produktfunktionen) und deren Verbindung (Fit) sich für die Teilnehmenden als hilfreich bei der Formulierung des Wertversprechens erweisen. Hierüber soll die Bewertung von KE 6. „Die Abgrenzung von Personanutzen und Produktfunktionen hat mir bei der Formulierung des Wertversprechens genutzt.“ (Abbildung 7.9) Aufschluss geben.

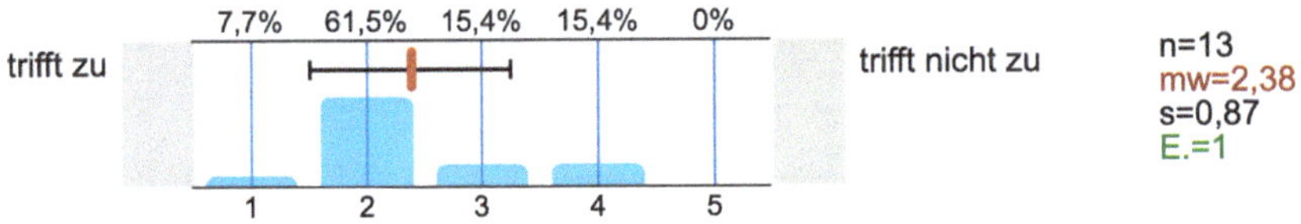

Abbildung 7.9 Ergebnisse der Befragung zu KE 6[45]

Die Mehrheit der Teilnehmenden stimmte dieser Aussage zu, allerdings gab es auch kritische Bewertungen. Dies deckt sich mit Beobachtungen der Dozenten: Teilweise wurden die Ergebnisse und Inhalte der VPD-Matrix nicht als Grundlage für die Formulierung des Wertversprechens in der Value Proposition Canvas

[45] Eigene Darstellung.

genutzt, sondern es wurden die darin enthaltenen Fragestellungen isoliert beantwortet. Dies führte zwar teilweise zu neuen Erkenntnissen, die allerdings nicht (wie in der Methode vorgesehen) in die VPD-Matrizen zurückflossen.

Für die Evaluation des Proof of Concept und der zu Beginn des Kapitels erwähnten Anforderungen an eine solide Methode lässt sich konstatieren, dass mit der Durchführung der Workshops im Rahmen der Lehrveranstaltungen ein Beitrag zum Erreichen der Evaluationsziele erbracht werden konnte. Die Beobachtungen und Selbsteinschätzungen der Teilnehmenden sind überwiegend positiv und deuten darauf hin, dass die Methode nicht auf der Intuition des Entwicklers beruht und entsprechend unabhängig vom jeweiligen Anwender eingesetzt werden kann. Es konnte gezeigt werden, dass die Methode so verständlich formuliert ist, dass sie im Rahmen einer Lehrveranstaltung auf Bachelorniveau lehrbar ist.

Nicht zu unterschätzen ist allerdings die Bedeutung eines erfahrenen Moderators. Insb. die entstandenen Schwierigkeiten bei der Abgrenzung von Kundennutzen und Produktfunktionen und die aufwändige Analyse und Synthese der VPD-Matrizen erforderten die Unterstützung der Dozenten zur Verbesserung der Ergebnisse. Dennoch zeigte das Vorgehen und insb. die VPD-Matrizen eine große Robustheit gegenüber Ungenauigkeiten in früheren Phasen. So wurden Unzulänglichkeiten bei der Formulierung der Anforderungen zuverlässig identifiziert und konnten (auch mithilfe der Degenerationentabelle und damit nicht nur auf der Intuition der Anwender beruhend) beseitigt werden. Hinsichtlich der Anwendung der Methode in einem unsicheren Umfeld ist diese Robustheit gegenüber frühen Irrtümern bei der Bearbeitung des Fuzzy Front Ends als positiv einzustufen. Tabelle 7.13 stellt die Bewertung zur Erfüllung der Gestaltungsanforderungen an das VPD gemäß den Erkenntnissen des Workshops zum Proof of Concept dar.

In den Abschnitten 7.1.2 und 7.1.3 konnte mit der Gestaltung eines Softwareprototyps der Nachweis erbracht werden, dass auf Basis des VPD situative Gestaltungsempfehlungen für die weitere Analyse und Synthese innerhalb der Entwicklung formuliert werden können. In Abschnitt 7.1.4 konnten anhand von Workshops mit Studierenden auch die Auswirkungen des Humansystems (bzw. der Wirkungen der Methode auf die Betroffenen) untersucht werden. Wie in obiger Tabelle 7.13 dargestellt, konnten dabei alle Gestaltungsanforderungen zumindest mit Einschränkungen erfüllt bewertet werden.

Die Evaluation zum Proof of Concept zeigte insgesamt, dass der Systemkontext des VPD sehr großen Einfluss auf die Qualität der Ergebnisse haben kann. Das VPD-Team, dessen Kreativität, Methodenkenntnis, Motivation und Einsatz kann sich fallweise deutlich unterscheiden. Da dieser subjektive Faktor durch Werkzeuge wie Checklisten und dem Softwareprototyp nur verringert, aber nicht gänzlich ausgeschlossen werden kann, sind hinsichtlich der Wiederholbarkeit der Ergebnisse

Tabelle 7.13 Erfüllung der Gestaltungsanforderungen des VPD nach Workshops zum Proof of Concept[46]

	Gestaltungsanforderung	Erfüllung	Kommentar
A1	Entwicklung software-intensiver Produkte unterstützen	+	Die Fallstudien thematisierten sowohl reine Softwareprodukte als auch hybride Produkte mit Anteilen aus Fertigungsindustrie und Software. Die Fokussierung auf den Kundennutzen (Lösungsunabhängigkeit) unterstützte bei der Entwicklung.
A2	Umgang mit dem Fuzzy Front End der Produktentwicklung im SiB unterstützen	+	Die frühen Phasen, insb. die Kreativitätsmethoden zur Gestaltung der Prototypen auf Basis der VoBA ermöglichten eine spielerische Annäherung an die Abgrenzung des Systemkontextes, die im weiteren Verlauf durch die Analyse- und Syntheseschritte verfestigt werden konnte.
A3	Entwicklung im Kontext von Softwareökosystemen unterstützen	(+)	Spezifisch auf Softwareökosysteme zielte lediglich die Fallstudie D ab. Auch wenn den Teilnehmenden die Erstellung der Personas in diesem B2B-Fall schwerer fiel, unterstützten die angewendeten Methoden bei der Abgrenzung der Stakeholder und der Beschreibung der Zusammenhänge im Ökosystem. Im Rahmen weiterer Studien sollte allerdings die Anwendung des VPD spezifisch bei Unternehmen im Kontext von Softwareökosystemen weiter untersucht werden.
A4	Kompatibilität mit agilen Entwicklungsansätzen sicherstellen	+	Die VPD-Matrizen (als Product Backlog) und die Aussagen der VoBA (bzgl. des Business Value) können gemäß den Vorgaben des Agilen SQFD als Priority Map Grundlage für die weitere agile Entwicklung genutzt werden.

(Fortsetzung)

[46] Eigene Darstellung.

Tabelle 7.13 (Fortsetzung)

	Gestaltungsanforderung	Erfüllung	Kommentar
A5	Prognosen über Eigenschaften und Verhalten zu potenziellen Kunden ermöglichen	+	Die detaillierten Personas helfen beim Aufbau von Empathie des Entwicklungsteams ggü. möglichen Kunden und stellen daher in der VoBA begründete Prognosen über zu adressierende Kunden dar.
A6	Technologieinduzierte Entwicklung unterstützen	+	Die Fallstudien entsprechen dem Fall technologieinduzierter Entwicklungsszenarien. Die Kreativitätsmethoden und das Gestalten der Prototypen boten den Einstieg in einen iterativen Entwicklungsprozess, gestützt auf die Analyse und Synthese der VPD Matrizen. Damit konnte eine an den Personas orientierte technologieinduzierte Entwicklung durchgeführt werden.
A7	Kommunikation innerhalb des Entwicklungsteams unterstützen	+	Die Aktivitäten des VPD veranlassten die Teilnehmenden zu intensiven Diskussionen innerhalb der Phasen und erforderten akzeptierte Ergebnisse innerhalb des Teams.
A8	Gemeinsames Verständnis des zu entwickelnden Wertversprechens innerhalb des Entwicklungsteams erreichen	+	Die Analyseschritte, angefangen von der Rekapitulation der VoB in der VoBA, die Analyse der Prototypen und der VPD-Matrizen trugen über die notwendigen Diskussionen zur Schaffung eines gemeinsamen Verständnisses über das zu entwickelnde Wertversprechen bei.
A9	Kreativität des Entwicklungsteams fördern	+	Wie auch die positiven Rückmeldungen bei der Befragung zeigten, unterstützten die Kreativitätsmethoden bei der Gestaltung der Prototypen und unterstützten somit auch die Kreativität des Entwicklungsteams.

(Fortsetzung)

Tabelle 7.13 (Fortsetzung)

	Gestaltungsanforderung	Erfüllung	Kommentar
A10	Erreichen des „Fits" zwischen Kunde und Produkt sicherstellen	+	Insb. die Analyse und Synthese der VPD Matrizen unterstützte beim Erreichen des Fits zwischen Kunde und Produkt.
A11	Abstimmung mit dem Geschäftsmodell unterstützen	+	Die VPD-Matrizen enthalten nach vollständiger Analyse und Synthese die für die Erstellung des Wertversprechens als Teil des Geschäftsmodells notwendigen Informationen. Änderungen am Geschäftsmodell, bspw. durch die VoB oder Abhängigkeiten bspw. durch die Wertschöpfungsarchitektur können durch den iterativen Charakter in die weitere Synthese einfließen und somit die Abstimmung mit dem GM unterstützen.
A12	Bewerten des „Fits" zwischen Kunde und Produkt ermöglichen	+	Die VPD Matrizen ermöglichen die Bewertung des Fits zwischen Kunde und Produkt. Über die Nutzung der Degenerationentabelle bietet das VPD zudem Hilfestellung bei der Verbesserung des Fits dieser beiden Untersuchungsdimensionen.
A13	Kompatibilität mit QFD-Leitlinien und -Anwendungen sicherstellen	+	Die Teilnehmenden konnten von Vorwissen bzgl. QFD bei der Anwendung des VPD profitieren. Der in den QFD Prinzipen geforderte Einbezug des Kunden erfolgt im VPD später, ist aber dennoch integraler Bestandteil. Auch orientiert sich das VPD eng an Hypothesen über realistische Kunden (Personas). Die Kompatibilität ist demnach gegeben.

(Fortsetzung)

Tabelle 7.13 (Fortsetzung)

	Gestaltungsanforderung	Erfüllung	Kommentar
A14	Frühzeitiges Feedback zu Entwicklungsartefakten ermöglichen	(+)	Die weitere Entwicklung konnte im Rahmen der Lehrveranstaltung nicht beobachtet werden. Die Personas waren allerdings eindeutig genug, um auf ihrer Basis reale Personen zu identifizieren, die Feedback zu den Entwicklungsartefakten geben können und Hypothesen bestätigen (oder widerlegen) können.
A15	Gewonnenes Feedback in die Entwicklung einbeziehen	(+)	Der iterative Charakter der zyklischen Analyse und Synthese ermöglicht es, mögliches Feedback einzuarbeiten. Wenngleich dies nicht explizit Teil der Workshops war, konnte dies auf Basis von Feedback der Dozenten bereits praktisch angewendet werden.

Einschränkungen zu erwarten. Dies kann bspw. bedeuten, dass die gleiche Problemstellung bei unterschiedlicher Zusammenstellung und Besetzung des VPD-Teams zu anderen Ergebnissen führen kann, was sich bei der Durchführung der Workshops mit den Studierenden zeigte. Insgesamt zeigen die Ergebnisse der Evaluation, dass der Proof of Concept als erbracht angesehen werden kann.

7.2 Proof of Value

Das vorrangige Ziel der Evaluation des Proof of Value ist die Erbringung des Nachweises, dass die entwickelte Methode für reale Problemstellungen nützlich ist. Im Unterschied zur vorher durchgeführten Evaluation des Proof of Concept, bei der auch nur einzelne Komponenten betrachtet werden können, wird beim Proof of Value versucht, die gesamte Methode zu prüfen.[47]

Im DSRM-Prozessmodell repräsentiert der Proof of Concept die erste Stufe der Evaluation. Diese verläuft im DSRM-Prozessmodell, wie bereits eingangs erläutert, in Iterationen. Je nach Ergebnisbewertung einer ersten Evaluationsiteration wird entschieden, ob Anpassungen an der zu evaluierenden Methode

[47] Vgl. Nunamaker et al. (2015), S. 20 f.

notwendig sind oder eine weitere Iteration ohne Änderungen durchgeführt werden kann. Mögliche auftretenden Defizite der Methode können so durch iterative Verbesserungen in dieser Stufe implementiert werden, ohne gegen die Vorgaben des DSRM-Prozessmodells zu verstoßen.[48]

7.2.1 Workshopdesign

Der grundsätzliche Ablauf der Workshops zur Evaluation des Proof of Value orientiert sich am in Abschnitt 6.2.8 skizzierten Vorgehen des VPD. Es konnten zwei Workshops zu realen Problemstellungen durchgeführt werden. Zur Maximierung der Vergleichbarkeit wurden die im VPD vorgesehenen Freiheitsgrade hinsichtlich der Auswahl an verwendeten Werkzeugen eingeschränkt und weitgehend einheitlich verwendet. Dies betrifft insb. die Kreativitätsmethoden, die Priorisierungstechniken sowie die verwendeten Softwarewerkzeuge, die sich auf die Anwendung von Tabellenkalkulationssoftware beschränkte. Die Moderation erfolgte in beiden Workshops durch einen durch das QFD Institut Deutschland (QFD-ID) zertifizierten QFD-Moderator. Dieses Zertifikat verlangt die Teilnahme an einer entsprechenden QFD-Schulung nach den Richtlinien des QFD-ID sowie den Nachweis selbstständig durchgeführter QFD-Workshops.[49]

Auf Basis von Erfahrungen wurden nach dem ersten Evaluationsworkshop Veränderungen am VPD Design vorgenommen. Die in Abschnitt 6.2 dargestellte Form des VPD ist die finale Version nach Durchführung aller Evaluationsiterationen. Unterschiede zum finalen Stand werden bei der Beschreibung der jeweiligen Evaluationsworkshops dargestellt.

7.2.2 Unternehmen der Automobilbranche

Die Workshops fanden am 15. und 22. Juni 2019 in Räumlichkeiten des Partnerunternehmens statt und dauerten zwischen vier und fünf Stunden. Das Projekt wurde induziert durch die Verfügbarkeit einer marktreifen Technologie zur umfangreichen Simulation von Fahrzeugen.[50] Diese Technologie weist einen hohen Softwarebezug auf, allerdings unter starken Einflüssen eines tangiblen

[48] Vgl. Peffers et al. (2007), S. 54.

[49] Vgl. QFD ID (2022), URL siehe Literaturverzeichnis.

[50] Aufgrund von Geheimhaltungserklärungen kann keine genauere Beschreibung der Technologie erfolgen.

Systems (in diesem Fall einem Automobil). Entsprechend ist der vorliegende Fall kohärent mit der Zielstellung der technologieinduzierten Entwicklung neuer Wertversprechen im SiB. Im Folgenden werden die Schritte des VPD im Evaluationsworkshop dargestellt.

Voice of Business Analyse

Innerhalb des Unternehmens herrschten Unsicherheiten bzgl. möglicher Vermarktungschancen, der avisierten Kunden und der Ausgestaltung eines möglichen Wertversprechens. Innerhalb des Teams sind Kenntnisse über den Entwicklungsstand der Branche vorhanden. Die vom VPD geforderten Rollen waren während der Workshops verfügbar. Insgesamt nahmen 13 Personen an beiden Workshoptagen teil. Die Teilnehmenden repräsentierten u. a. Rollen aus den Bereichen Marketing und Vertrieb, Key Account Management, Entwicklung, Produktmanagement, Abteilungsleitung, Controlling, Services und Start Up Relations. Das VPD-Team war hinsichtlich Alter und Geschlecht heterogen (Tabelle 7.14).

Tabelle 7.14 Checkliste zur Eignung des Projekts für die Anwendung des VPD[51]

Voice of Business Analyse: Checkliste Evaluationsstudie 1	**Erfüllt?** (+/o/−)
A: Technologieinduzierte Entwicklung	
• Marktreife oder der Marktreife nahe Technologie im Unternehmen vorhanden oder im Zugriff*	+
• Unsicherheit bzgl. des adressierten Markts	+
• Kenntnisse über Mitbewerber vorhanden	+
B: Pre-Planning	
• Entwicklungsteam vorhanden (mit adäquaten Ressourcen hinsichtlich Teamgröße, Zeit und Arbeitsmitteln)*	+
• QFD Moderator vorhanden*	+
• Product Owner vorhanden	+

*Muss-Kriterium
+ = Ist erfüllt,
− = nicht erfüllt
o = (aktuell) nicht beantwortbar

[51] Eigene Darstellung.

Das Projekt erfüllte dementsprechend alle der in Abschnitt 6.2.1 geforderten Kriterien zur Anwendbarkeit des VPD. Auf Basis der Erfahrungen aus Evaluationsworkshop 1 wurden Veränderungen am Design des VPD vorgenommen. Während des ersten Evaluationsworkshops beschränkte sich die Voice of Business Analyse auf eine Darstellung des Projektziels durch den Product Owner. Während des Workshops zeigte sich allerdings, dass innerhalb des VPD-Teams Unklarheiten bzgl. des Projektziels bestanden. Auch wurden die zur Entwicklung induzierenden Technologien unterschiedlich interpretiert, was im weiteren Verlauf zu widersprüchlichen Aussagen innerhalb des Teams führte.

Diese Erkenntnisse führten im Anschluss an den Workshop zur Weiterentwicklung der Phase der VoB-Analyse innerhalb des VPD. Ergebnis der Überarbeitung ist die in Abschnitt 6.2.1 dargestellte 6 W-Analyse der Voice of Business. Diese soll das gemeinsame Verständnis und die Akzeptanz des Projektziels innerhalb des VPD-Teams unterstützen. Tabelle 7.15 zeigt die aus den Erfahrungen im ersten Evaluationsworkshops hervorgegangen Veränderungen hinsichtlich der notwendigen Zwischenziele vor dem Übergang zur zweiten Phase des VPD.

Tabelle 7.15 Ergänzungen der VoB-Analyse im VPD nach dem ersten Evaluationsworkshop (fett markiert)[52]

Voice of Business Analyse: Notwendige Artefakte für Übergang zum Prototyping
– Feststellung der Eignung des Projekts für Anwendung des Value Proposition Deployments
– **Gemeinsames Verständnis und Akzeptanz des Projektziels innerhalb des VPD-Teams**

Prototyping

Die Phase des Prototypings beginnt mit der Ideation, in der im VPD-Team Ideen für mögliche Prototypen erarbeitet werden sollen. Zur Vereinfachung der Teamarbeit und zur Generierung einer größeren Zahl an Ideen und Prototypen wurde das Team in zwei Gruppen A und B unterteilt. Es wurde dabei darauf geachtet, die Heterogenität hinsichtlich demographischer und beruflicher Struktur innerhalb der Teams beizubehalten. Mit dem Ziel eine mittelfristige Vision zu generieren, zu deren Erfüllung der Prototyp einen Beitrag leisten soll, wird die Methode *Remember the Future* angewendet.[53] Hier sollten fiktive Schlagzeilen aus dem Jahr 2036, die mit dem von

[52] Eigene Darstellung.

[53] Vgl. Abschnitt 6.2.2

der VoB formulierten Projektziel korrespondieren, generiert werden. Die Schlagzeilen wurden jeweils auf Karten geschrieben und dem VPD-Moderator ausgehändigt. Die formulierten 21 Schlagzeilen thematisieren Themen aus den Bereichen Dienstleistung, Datenschutz, Gesundheit und Wirtschaftlichkeit.[54] Die Ideen der Teams erwiesen sich als thematisch sowohl heterogen als auch teilweise inhaltlich weit entfernt von der Zielsetzung der VoB. Hier offenbarten sich erste Unterschiede im Verständnis der Zielsetzung und der behandelten Technologie.

Weiterhin zeigten sich einige der Teilnehmenden reserviert gegenüber der Aufgabenstellung, nahmen jedoch an der Bearbeitung teil. Nach Fertigstellung der Formulierung wurden die Karten mit den fiktiven Schlagzeilen für alle Teilnehmenden sichtbar durch den VPD-Moderator an einer Wand befestigt. Die Schlagzeilen wurden jeweils kurz vorgestellt, so dass jeder Teilnehmende die Möglichkeit hatte von ihnen Notiz zu nehmen und sie als Inspiration für die weiteren Aufgaben zu nutzen. Zur Generierung von Ideen wurden den Workshopteilnehmenden die Methoden 6–3–5, Brainstorming und Reverse Brainstorming nahegelegt.[55]

Eine Gruppe (A) entschied sich für die Nachverfolgung der Schlagzeile „Mein Auto hilft mir in jeder Lebenssituation“. Diese war ursprünglich nicht Teil der während der Ideation erarbeiteten Schlagzeilen, sondern entstand nachträglich aus Rekombination verschiedener Schlagzeilen. Die andere Gruppe (B) entschied sich für die Kategorie Datenschutz und orientierte sich an allen dieser Kategorie zugeordneten Schlagzeilen.

Bei der Generierung von Ideen für die Prototypen war bei den Teilnehmenden wiederholt Unsicherheit bezüglich der System- und Kontextabgrenzung des Projekts zu beobachten.

Zur Visualisierung der Ideen für mögliche Prototypen standen Schreibwaren, Papierbögen, Kunststoffklemmbausteine sowie Kartonage zur Verfügung. Beide Gruppen entschieden sich dazu, ihre Ideen auf Papierbögen grafisch darzustellen. Abbildung 7.10 zeigt die grafische Darstellung der Ideen beider Gruppen. Gruppe A erarbeitete die Idee für eine mobile Applikation zum Auffinden von Tankstellen, Gruppe B eine mobile Applikation für sicheres Parken eines Fahrzeugs.

Beide Gruppen präsentierten im Anschluss ihre Ideen dem gesamten Team. Dies geschah mit dem Ziel, einerseits ein gemeinsames Verständnis über Inhalte und Bestimmung der Ideen zu erreichen bzw. zu vertiefen und andererseits, um zur Inspiration etwaiger Weiterentwicklungen von Ideen beizutragen. Mit der Präsentation der Ideen ist die Phase des Prototypings abgeschlossen. Die notwendigen

[54] Eine vollständige Liste der während des Workshops generierten Schlagzeilen kann in den elektronischen Ergänzungsmaterialien eingesehen werden.

[55] Eine Beschreibung der Methoden ist in Abschnitt 6.2.2 dargestellt.

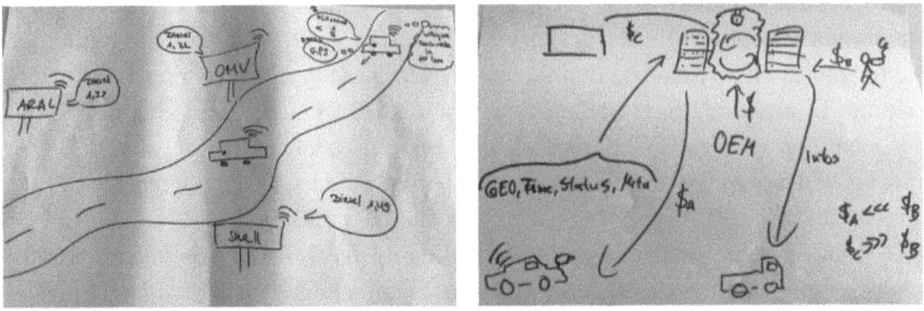

Abbildung 7.10 Grafische Darstellung der Ideen von Gruppe A und B[56]

Artefakte, nämlich mindestens einen Prototyp (in diesem Fall zwei) zu erarbeiten und das gemeinsame Verständnis und die Akzeptanz des Prototyps innerhalb des VPD-Teams zu schaffen. Die Phase des Prototypings konnte durchgeführt werden, einen Anlass für Änderungen am Vorgehen konnte nicht identifiziert werden. Das Vorgehen entspricht folglich bereits dem in Abschnitt 6.2 dargestellten finalen Stand.

Prototypenanalyse

Mit dem Erreichen der notwendigen Artefakte der Phase des Prototypings beginnt die Prototypenanalyse. Gemäß der Logik, dass der Prototyp aus einer bestimmten Kombination von Produkt- und Qualitätsanforderungen bestehen muss, ist es analog dem in Abschnitt 6.2.3 dargestellten Vorgehen das Ziel, eben jene Produkt- und Qualitätsanforderungen herauszuarbeiten und explizit zu formulieren. Die zu diesem Zweck formulierten Fragestellungen sind in Tabelle 6.6 in Abschnitt 6.2.3 dargestellt. Die Fragen wurden für beide Gruppen sichtbar an einer Metaplanwand befestigt. Die Gruppen wurden danach vom Moderator aufgerufen, die Fragen durch Aussagen auf Klebezetteln zu beantworten. Die Klebezettel wurden im Anschluss eingesammelt und diskutiert. Dieses Vorgehen wurde für beide Prototypen durchgeführt; die Diskussion fand gruppenübergreifend statt.

Zum Prototyp A konnten 49 Teamaussagen generiert werden. Mithilfe einer 6 W-Tabelle konnten diese durch Diskussion in 35 Produktanforderungen übersetzt werden. Zum Prototyp B wurden 28 Teamaussagen formuliert; diese konnten ebenfalls mithilfe einer 6 W-Tabelle in 24 Produktanforderungen übersetzt werden. Mit der Formulierung der Produktanforderungen konnte die Phase der Prototypenanalyse abgeschlossen werden.

56 Eigene Darstellung.

Kundenanalyse

Ziel der nächsten Phase ist es, jene Nutzen zu identifizieren, die mögliche Kunden aus der Nutzung der Prototypen generieren können. Im Unterschied zu dem in Abschnitt 6.2 dargestellten Vorgehen war, im ersten Evaluationsworkshop noch nicht von *Personas* die Rede. Dieses Konstrukt wurde erst als Reaktion auf, in späteren Workshops aufgetretene, Missverständnisse adaptiert. Im Rahmen des hier dargestellten Workshops wurde von *Kunden* gesprochen. Die Analyse der Nutzen erfolgte innerhalb des VPD-Teams. Wiederum wurde die 6 W-Tabelle als Werkzeug gewählt, jedoch mit besonderem Fokus auf die Antworten zur Frage nach dem „Warum". Dies diente dazu, den Zweck, der mit der Implementierung einer bestimmten Produktfunktion in den Prototyp durch das Team verfolgt wurde, explizit sichtbar zu machen. Gemäß der in Abschnitt 2.3.2 dargestellten Abgrenzung von Kundennutzen und Produktanforderung als Zweck-Mittel-Beziehung wird so vom Mittel auf den Zweck geschlossen und entsprechend auch von der Produktanforderung auf den damit verbundenen Kundennutzen.

Zum Prototyp A konnten 12, zum Prototyp B 18 Kundennutzen formuliert werden.[57] In einem nächsten Schritt wurde die Bildung von Affinitäten und die Zuordnung hypothetischer Kundengruppen zu den affinen Kundennutzen angegangen. Tabelle 7.16 zeigt die identifizierten Kundengruppen.

Tabelle 7.16 Identifizierte mögliche Kundengruppen (Personagruppen) aus Evaluationsworkshop[58]

Rang	Prototyp A	Prototyp B
1	Autofahrende	Autofahrende
2	Flottenbetreibende	Flottenbetreibende
3	Fahrzeugherstellende	Fahrzeugherstellende
4	Tankstellen	Parkhausbetreibende

Der finale Stand des Value Proposition Deployments sieht an dieser Stelle eine Priorisierung der Personagruppen vor. Dieser Schritt muss in Abstimmung mit der VoB durchgeführt werden und die Projekt- und strategischen Ziele des Unternehmens miteinbeziehen. Dies erfolgte prinzipiell auch im Evaluationsworkhop 1, allerdings hatte das VPD-Team hinsichtlich der Personagruppen keine Vorgaben seitens der VoB. Vielmehr war von dieser Seite bewusst offengehalten, welche Kunden das zu definierende Wertversprechen avisieren soll. Da sich zeigte, dass

[57] Die Liste der identifizierten Kundennutzen ist in den elektronischen Ergänzungsmaterialien einsehbar.

[58] Eigene Darstellung.

die Teilnehmenden Schwierigkeiten bei der parallelen Betrachtung verschiedener Kundengruppen hatten, wurden die identifizierten Kundengruppen durch das VPD-Team in eine Rangfolge eingeordnet. Dies erfolgte weniger aus strategischen Gesichtspunkten, sondern vielmehr pragmatisch nach Größe der zugeordneten Affinitäten: Den Gruppen *Autofahrende* und *Flottenbetreibende* wurden die weitaus meisten Kundennutzen zugeordnet (A: 12, B: 14 bzw. A: 8, B: 11). Von beiden Workshopgruppen wurden die Autofahrenden als wichtigste Kundengruppe ausgewählt.

Diese Bewertung und die sich daraus ergebende Auswahl der betrachteten Kundengruppe erwies sich im Nachhinein als erschwerend für den weiteren Verlauf des Workshops, da das – für dieses Unternehmen strategisch eher nachranginge – Endkundengeschäft sehr stark in den Fokus rückte. Zwar wurde davon im weiteren Verlauf abstrahiert; dies erforderte allerdings eine weitere Iteration und entsprechend die Verlängerung der notwendigen Bearbeitungszeit.

Ein weiterer Unterschied zum finalen Vorgehen ist die Nutzung der Rangfolge auch für die Priorisierung der Kundennutzen. Diese Bewertungsmethode führte bei der Berechnung der sich aus der VPD-Matrix $M1_{ij}$ ergebenden Bewertung der Produktanforderungen zu Fehlern, da die Ordinalskala ein niedrigeres Skalenniveau aufweist als die Bewertung der Korrelationen. Diese Einschränkungen wurden unter der Annahme, dass die exakten Werte für die Bewertung der Produktanforderungen in der ersten Iteration von geringerer Bedeutung sind, in Kauf genommen. Dies erfolgte hauptsächlich aus Zeitgründen.

Matrixanalyse

Die Kundennutzen, deren Rangfolge sowie die Produktanforderungen wurden jeweils in die VPD-Matrizen $M1_{A11}$ und $M1_{B11}$ übertragen. Beide Teams bewerteten den Unterstützungsgrad der Kundennutzen durch die Produktanforderungen.

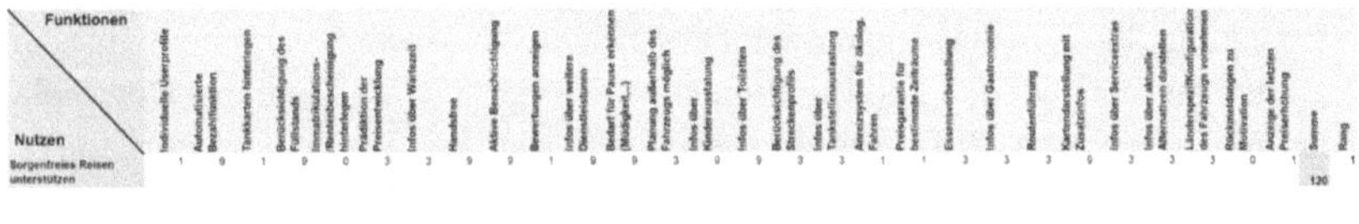

Abbildung 7.11 VPD Matrix $M1_{A11}$ für den ranghöchsten Kundennutzen[59]

Abbildung 7.11 zeigt beispielhaft einen Ausschnitt der VPD-Matrix $M1_{A11}$. Der Kundennutzen „Sorgenfreies Reisen unterstützen" wurde vom VPD-Team aus

[59] Eigene Darstellung.

Sicht der Autofahrenden als wichtigster Nutzen identifiziert. Dieser wurde den 28 Produktanforderungen gegenübergestellt und bewertet, inwiefern diese Produktanforderungen Unterstützung bei der Erfüllung des Kundennutzens leisten. Zu erkennen war, dass lediglich zwei Produktanforderungen gar keine (0) Korrelation aufweisen und nur sechs eine schwache (1). Demgegenüber stehen neun extrem starke (9) und elf starke (3) Korrelationen. Es handelt sich hierbei also um eine sehr starke Zeile.

Funktionen / Nutzen	Handsfree	Prädiktion der Parkplatzsituation	Routenführung zum nächsten freien Parkplatz	Erhebung notwendiger Infos	Fahrzeuginfo in Auswahl miteinbeziehen	Infos über aktuelle Parkalternativen darstellen	Automatisierte Bezahlfunktion	Infos über Parkplatzbeschaffenheit	Reservierung vn Parkplätzen für Gruppe/Flotten	Paketanlieferung während Parken	Darstellung der Parkplatzinfos	Do not Track Function user	Infos über Lademöglichkeit	Transparenz über Darstellung gespeicherter Daten	Darstellung/ Info über erhobene Daten	Do not trakc function Parkplatz	Summe	Rang
Stress beim Parken reduzieren	3	9	9	3	9	3	9	3	9	1	3	0	3	0	0	0	64	1
Sorgenfreies Reisen	9	9	9	3	3	3	9	3	9	1	1	1	3	0	0	0	63	2

Abbildung 7.12 VPD Matrix $M1_{B11}$ für die ranghöchsten Kundennutzen[60]

Ein ähnliches Bild zeigt der Blick auf Team B. Zwar wurde hier der Kundennutzen „Stress beim Parken reduzieren“ höher gewichtet als „Sorgenfreies Reisen“, trotzdem zeigt sich auch bei diesem Kundennutzen eine sehr starke Zeile. Bei 16 Produktanforderungen zeigen sich fünf extrem starke (9), fünf sehr starke (3), drei schwache (1) und dreimal keine (0) Korrelationen (Abbildung 7.12)

An dieser Stelle zeigt sich die Bedeutung und der Einfluss des VPD-Teams auf das weitere Vorgehen. Bei isolierter Betrachtung der Matrizen wären die betrachteten Zeilen entsprechend Matrix Row of Interest (MRoI) und die sowohl im Softwareprototyp als auch in der Checkliste dargestellten Hinweise zur Bearbeitung lauten (Tabelle 7.17):

Tabelle 7.17 Handlungsempfehlung bei Auftreten einer sehr starken Zeile in der VPD-Matrix[61]

Kundennutzen zu generisch formuliert. Prüfen, ob Formulierung des Kundennutzens definitionsgemäß erfolgt ist. Kundennutzen entsprechend präziser formulieren bzw. auf mehrere aufteilen.

[60] Eigene Darstellung.

[61] Eigene Darstellung.

Obwohl der Kundennutzen formal korrekt formuliert ist, lohnt sich dennoch die Prüfung, ob die empfohlene Handlung an dieser Stelle zielführend ist. Es war zu beobachten, dass innerhalb des VPD-Teams Diskussionen aufkamen, ob die dem Workshop zugrundeliegende Simulationstechnologie nicht tatsächlich diesen Kundennutzen unterstützen sollte und zwar nicht nur beschränkt auf bestimmte Situationen, wie dem Auffinden von Tankstellen und dem sicheren Parken, sondern während allen Situationen auf der Reise. Grund für diesen Gedanken war die Erkenntnis, dass beide Gruppen unter der gleichen Zielstellung Prototypen entwickelten, die den gleichen Kundennutzen in hohem Maß unterstützen und der von beiden Gruppen hoch (Rang 1 bzw. 2) bewertet wurde.

Matrixsynthese

Beide Teams waren sich einig, die Erfüllung des Kundennutzens „Sorgenfreies Reisen unterstützen" ins Zentrum der Entwicklung zu stellen. Dies führte zum Übergang der Matrizen $M1_{A11}$ und $M1_{B11}$ zur neuen, gemeinsamen Matrix $M1_{12}$. Es handelt sich also um die VPD-Matrix M1 zur ersten betrachteten Personagruppe (Autofahrende) in der zweiten Iteration. Zur Bearbeitung dieser Matrix konnte die folgende Fragestellung formuliert werden (Tabelle 7.18):

Tabelle 7.18 Fragestellung zur VPD-Matrix $M1_{12}$ im ersten Evaluationsworkshop

Wie kann die zugrundeliegende Simulationstechnologie Autofahrende beim sorgenfreien Reisen unterstützen?

Hinsichtlich der Formulierung eines Wertversprechens lässt diese Fragestellung bereits eine Annäherung erkennen. Sowohl eine Kundengruppe (bzw. angesichts des noch ausstehenden Tests eine Personagruppe), als auch ein möglicher Nutzenaspekt konnten identifiziert werden. Für die weitere Bearbeitung ist nun ein weiterer Ideation-Durchgang vorgesehen. Hier sollen mögliche Produktanforderungen für den identifizierten Kundennutzen identifiziert werden. Der grundsätzliche Ablauf entspricht dem ersten Durchgang der Ideation.

Ergebnis des zweiten Durchgangs war der Vorschlag einer mobilen Applikation zum Reisemanagement, der viele Aspekte des Reisens vereinfacht und bspw. Fahrzeugeinstellungen entsprechend den jeweiligen Straßenverkehrsordnungen selbstständig vornimmt. Dieser Vorschlag wurde der Voice of Business vorgestellt, welche allerdings die Entwicklung einzelner mobiler Applikationen als strategisch nachrangig einstufte. Als Grund wurde genannt, dass die Endkunden für ein Zulieferunternehmen eine niedrig priorisierte Kundengruppe darstellen.

Hier zeigt sich ein Defizit des VPD zum Zeitpunkt des ersten Priorisierungsworkshops: Eine Priorisierung der Kundengruppen während der Analyse hätte hier bereits frühzeitig durch die Voice of Business eingebracht werden können.

Entsprechend wurde für die dritte Iteration die Fragestellung nochmals angepasst und für die VPD-Matrix $M1_{13}$ wie folgt formuliert (Tabelle 7.19):

Tabelle 7.19 Fragestellung zur VPD-Matrix $M1_{13}$ im ersten Evaluationsworkshop

Wie kann die zugrundeliegende Simulationstechnologie unseren Kunden helfen, Autofahrende beim sorgenfreien Reisen zu unterstützen?

Der avisierte Nutzen beim Endkunden blieb aus Sicht des VPD-Teams von großer Bedeutung, die Einwände der Voice of Business führten allerdings zu einem Wechsel der Entwicklungsparadigmen: So wurde bisher versucht den Nutzen beim Endkunden direkt zu erfüllen. Dies wurde geändert und der Fokus daraufhin ausgerichtet, den Geschäftskunden des Unternehmens Hilfsmittel zur Verfügung zu stellen, die auf der zugrundeliegenden Simulationstechnologie basieren und dabei unterstützen, den Nutzen der Endkunden zu erfüllen.

Formulierung der Value Proposition

Ergebnis der Überlegungen war schließlich die Entwicklung von Entwicklungswerkzeugen, welche die Simulationstechnologie nutzen, um fahrzeugnahe Applikationen, bspw. für das Reisemanagement entwickeln zu können. Diesen Applikationen kann über Application Programming Interfaces (APIs) der Zugriff auf bestimmte Fahrzeugfunktionen gestattet werden. Die Simulationstechnologie erlaubt das frühzeitige Testen (Abbildung 7.13).

Triangulative Produktentwicklung

Die in den erarbeiteten VPD-Matrizen enthaltenen Hypothesen sollten im weiteren Verlauf des Vorgehens mithilfe von MVPs überprüft werden. Dies betrifft insbesondere jene Aussagen (also bspw. User Stories, die sich aus hohen Korrelationen von Kundennutzen und Produktfunktionen innerhalb der VPD-Matrix wiederfinden), die nicht auf weniger aufwändige Arten (bspw. Befragungen) überprüft werden können. Gewonnene Erkenntnisse, auch aus der Abstimmung des erarbeiteten Wertversprechens mit der VoB, müssen regelmäßig in die VPD-Matrix zurückfließen, um so die Abstimmung der Produktentwicklung mit dem Geschäftsmodell zu erhalten. Durch

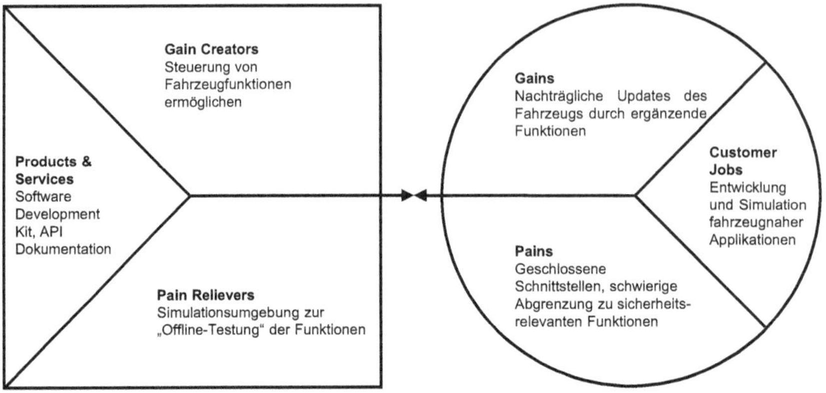

Abbildung 7.13 Mögliche Value Proposition auf Basis der Ergebnisse des ersten Evaluationsworkshops[62]

Bestätigung der enthaltenen Hypothesen können die VPD-Matrizen schließlich als Product Backlog für die weitere agile Entwicklung dienen.[63]

Rezeption des ersten Evaluationsworkshops

Mit dem Proof of Value werden insbesondere die Ziele Messung des Wirkungsvermögens (Efficacy), Beschreibung möglicher unerwünschter Wirkungen, die Formulierung von Prozessen zur Erzielung der erwünschten Wirkungen sowie ein besseres Verständnis über die Gründe eventuell aufgetretener Probleme bei der Durchführung überprüft.[64] Hinsichtlich der Efficacy kann konstatiert werden, dass mit der Anwendung des VPD innerhalb des ersten Evaluationsworkshops die intendierten Ergebnisse erreicht werden konnten. Es wurde, basierend auf einer realen Technologie, ein Wertversprechen entwickelt. Dieses enthält klar definierte Kundennutzen und eine Beschreibung jener Kundengruppe, für die das Wertversprechen relevant ist. Hinsichtlich der intendierten Wirkungen ist es weiterhin wichtig, dass das Ergebnis vom gesamten Team und der Voice of Business akzeptiert wird.

Um über die Akzeptanz des Vorgehens und des erzielten Ergebnisses Aufschluss zu geben, wurden die Teilnehmenden im Nachgang per Fragebogen zu Einschätzung

---

[62] Eigene Darstellung.

[63] Dies gilt insb. wenn die VPD-Matrizen um weitere Informationen, bspw. zur Aufwandschätzung angereichert werden. Vgl. hierzu das Vorgehen im Agilen SQFD in Abschnitt 5.3.3.

[64] Vgl. Nunamaker et al. (2015), S. 17.

und Bewertung des VPD-Workshops befragt. Insgesamt zeigen die Ergebnisse ein überwiegend positives Bild. Lediglich hinsichtlich der Zustimmung zur Aussage „Es wurden relevante Kunden miteinbezogen" ergab sich ein unscharfes Bild.[65] Dieses bestätigt sich auch in Beobachtungen der Moderatoren und findet Eingang in die Bewertung der Gestaltungsanforderungen durch das VPD, wie nachfolgende Tabelle 7.20 zeigt. Wie bereits früher im Kapitel erwähnt, fand der erste Evaluationsworkshop im Rahmen des Proof of Value mit einem früheren Arbeitsstand des VPD statt. Die ausgewiesenen Änderungen ergaben sich aus den Lerneffekten im Rahmen der Durchführung. Auf diese wird nachfolgend eingegangen.

Beim Blick auf die Erfüllung der Gestaltungsanforderungen durch das VPD zeigt sich, dass der überwiegende Teil der Anforderungen als erfüllt betrachtet werden kann. Defizite zeigten sich insbesondere bei der Erfüllung der Anforderung A3 (Entwicklung im Kontext von Softwareökosystemen unterstützen) und A8 (Gemeinsames Verständnis des zu entwickelnden Wertversprechens innerhalb des Entwicklungsteams unterstützen).

Durch Beobachtungen des Workshops ergab sich das Defizit bei Gestaltungsanforderung A3 insb. durch Unklarheiten während der Entwicklung bzgl. der zu adressierenden Kunden in mehrseitigen Märkten: So ergaben sich unter den Teilnehmenden teilweise unterschiedliche Sichten darauf, welche der Marktseiten adressiert werden sollen. Dieses Problem wurde insb. durch das Wording noch bestärkt: So sprachen die Teilnehmenden häufig pauschal von „den Kunden" oder „den Nutzern", wobei hierunter unterschiedliche tatsächliche Kundengruppen verstanden wurden. Diese Erfahrung ist Ausgangspunkt für die Implementierung des Persona-Konstrukts in das VPD.[66]

Hinsichtlich der Gestaltungsanforderung A8 wurden ebenfalls Defizite des VPD offenbar: Zwar konnten bei der Kommunikation innerhalb des VPD-Teams zufriedenstellende Ergebnisse erzielt werden (abgesehen von den vorher beschriebenen Missverständnissen in Bezug auf die Kundengruppen), jedoch zeigten sich Schwierigkeiten beim Einbezug der VoB. Dies wurde vom VPD-Team passiv zur Kenntnis genommen, allerdings nicht weiter diskutiert, was wiederum zu Unklarheiten und Missverständnissen hinsichtlich der intendierten Ziele der VoB innerhalb des Teams führte. Diese Erfahrungen motivierten in der Weiterentwicklung des VPD den Einbezug der VoB Analyse mithilfe der 6 W-Fragen. Weiterhin wird eine Priorisierung der Personas gemäß den Zielen der VoB implementiert um strategische

[65] Auf die weiteren Bewertungen der Teilnehmenden des ersten Evaluationsworkshops im Rahmen des Proof of Value soll an dieser Stelle verzichtet werden.

[66] Vgl. Abschnitt 6.2.4.

Tabelle 7.20 Erfüllungsgrad der Gestaltungsanforderungen durch das Value Proposition Deployment nach Iteration 1[67]

	Gestaltungsanforderung	**Aktivitäten des Value Proposition Deployments**									
		Voice of Business Analyse:	Checkliste	**Prototyping:**	Ideation	Gestaltung des Prototyps	**Prototypinganalyse:**	Identifikation der Produktfunktionen	**Analyse der Kundennutzen:**	Nutzenanalyse	Kundenidentifikation
A1	Entwicklung software-intensiver Produkte unterstützen				3	9		3			
A2	Umgang mit dem Fuzzy Front End der Produktentwicklung im SiB unterstützen				3	9		3		3	3
A3	Entwicklung im Kontext von Software-ökosystemen unterstützen										3

(Fortsetzung)

[67] Eigene Darstellung. Legende: „9" = sehr große Unterstützung, „3" = geringe Unterstützung „0" = keine (direkte) Unterstützung. „+" = Gestaltungsanforderung zufriedenstellend erfüllt, „!" = Gestaltungsanforderung nicht zufriedenstellend erfüllt. Aus Gründen der Übersicht wird eine Bewertung mit „0" nicht dargestellt.

Tabelle 7.20 (Fortsetzung)

	Gestaltungsanforderung	**Aktivitäten des Value Proposition Deployments**									
		Voice of Business Analyse:	Checkliste	**Prototyping:**	Ideation	Gestaltung des Prototyps	**Prototypinganalyse:**	Identifikation der Produktfunktionen	**Analyse der Kundennutzen:**	Nutzenanalyse	Kundenidentifikation
A4	Kompatibilität mit agilen Entwicklungsansätzen sicherstellen							3		3	
A5	Prognosen über Eigenschaften und Verhalten zu potenziellen Kunden ermöglichen				3	9		9		9	9
A6	Technologieinduzierte Entwicklung unterstützen					9		9		9	9
A7	Kommunikation innerhalb des Entwicklungsteams unterstützen				9	9		9		9	3

(Fortsetzung)

Tabelle 7.20 (Fortsetzung)

	Gestaltungsanforderung	**Aktivitäten des Value Proposition Deployments**									
		Voice of Business Analyse:	Checkliste	**Prototyping:**	Ideation	Gestaltung des Prototyps	**Prototypinganalyse:**	Identifikation der Produktfunktionen	**Analyse der Kundennutzen:**	Nutzenanalyse	Kundenidentifikation
A8	Gemeinsames Verständnis des zu entwickelnden Wertversprechens innerhalb des Entwicklungsteams erreichen		3			3		3		3	3
A9	Kreativität des Entwicklungsteams fördern				9	9				3	3
A10	Erreichen des „Fits“ zwischen Kunde und Produkt sicherstellen									3	3
A11	Abstimmung mit dem Geschäftsmodell unterstützen									3	3

(Fortsetzung)

Tabelle 7.20 (Fortsetzung)

	Gestaltungsanforderung	**Aktivitäten des Value Proposition Deployments**									
		Voice of Business Analyse:	Checkliste	**Prototyping:**	Ideation	Gestaltung des Prototyps	**Prototypinganalyse:**	Identifikation der Produktfunktionen	**Analyse der Kundennutzen:**	Nutzenanalyse	Kundenidentifikation
A12	Bewerten des „Fits“ zwischen Kunde und Produkt ermöglichen										3
A13	Kompatibilität mit QFD-Leitlinien und -Anwendungen sicherstellen							3		3	
A14	Frühzeitiges Feedback zu Entwicklungsartefakten ermöglichen					9					
A15	Gewonnenes Feedback in die Entwicklung einbeziehen					9					

(Fortsetzung)

Tabelle 7.20 (Fortsetzung)

	Gestaltungsanforderung	**Aktivitäten des Value Proposition Deployments**									
		Matrixanalyse und -synthese:	VPD Matrixanalyse	VPD Matrixsynthese	Kano-Klassifikation	**Formulierung des Wertversprechens:**	Value Proposition Canvas	**Triangulative Produktentwicklung:**	Matrixdarstellung	Definition der MVP	**Status**
A1	Entwicklung softwareintensiver Produkte unterstützen		9								+
A2	Umgang mit dem Fuzzy Front End der Produktentwicklung im SiB unterstützen		3								+
A3	Entwicklung im Kontext von Softwareökosystemen unterstützen		3	3							!

(Fortsetzung)

Tabelle 7.20 (Fortsetzung)

	Gestaltungsanforderung	**Aktivitäten des Value Proposition Deployments**									
		Matrixanalyse und -synthese:	VPD Matrixanalyse	VPD Matrixsynthese	Kano-Klassifikation	**Formulierung des Wertversprechens:**	Value Proposition Canvas	**Triangulative Produktentwicklung:**	Matrixdarstellung	Definition der MVP	**Status**
A4	Kompatibilität mit agilen Entwicklungsansätzen sicherstellen		3						9		+
A5	Prognosen über Eigenschaften und Verhalten zu potenziellen Kunden ermöglichen		3		3		3				+
A6	Technologieinduzierte Entwicklung unterstützen				3						+

(Fortsetzung)

Tabelle 7.20 (Fortsetzung)

	Gestaltungsanforderung	**Aktivitäten des Value Proposition Deployments**									
		Matrixanalyse und -synthese:	VPD Matrixanalyse	VPD Matrixsynthese	Kano-Klassifikation	**Formulierung des Wertversprechens:**	Value Proposition Canvas	**Triangulative Produktentwicklung:**	Matrixdarstellung	Definition der MVP	**Status**
A7	Kommunikation innerhalb des Entwicklungsteams unterstützen		9	3	9						+
A8	Gemeinsames Verständnis des zu entwickelnden Wertversprechens innerhalb des Entwicklungsteams erreichen		3		3		3				!
A9	Kreativität des Entwicklungsteams fördern		3								+

(Fortsetzung)

Tabelle 7.20 (Fortsetzung)

	Gestaltungsanforderung	**Aktivitäten des Value Proposition Deployments**									
		Matrixanalyse und -synthese:	VPD Matrixanalyse	VPD Matrixsynthese	Kano-Klassifikation	**Formulierung des Wertversprechens:**	Value Proposition Canvas	**Triangulative Produktentwicklung:**	Matrixdarstellung	Definition der MVP	**Status**
A10	Erreichen des „Fits" zwischen Kunde und Produkt sicherstellen		3	9					9		+
A11	Abstimmung mit dem Geschäftsmodell unterstützen						9				+
A12	Bewerten des „Fits" zwischen Kunde und Produkt ermöglichen		9	3					9		+

(Fortsetzung)

Tabelle 7.20 (Fortsetzung)

	Gestaltungsanforderung	**Aktivitäten des Value Proposition Deployments**									
		Matrixanalyse und -synthese:	VPD Matrixanalyse	VPD Matrixsynthese	Kano-Klassifikation	**Formulierung des Wertversprechens:**	Value Proposition Canvas	**Triangulative Produktentwicklung:**	Matrixdarstellung	Definition der MVP	**Status**
A13	Kompatibilität mit QFD-Leitlinien und -Anwendungen sicherstellen		9	9					9		+
A14	Frühzeitiges Feedback zu Entwicklungsartefakten ermöglichen									9	+
A15	Gewonnenes Feedback in die Entwicklung einbeziehen			9					9		+

und geschäftliche Zielstellungen besser in die Entwicklung miteinfließen lassen zu können.

Tabelle 7.21 Changelog des VPD nach dem ersten Evaluationsworkshop[68]

#	Änderungen	Begründung
1	Neu: Voice of Business Analyse mit 6 W-Analyse	Unklarheiten über Projektziele führten zu Unsicherheiten während der Workshops
2	Neu: Verwendung des Konstrukts „Persona“ statt der Formulierung „möglicher Kunden“, während den frühen VPD-Iterationen	• Bessere Abgrenzung zu bestehenden QFD-Deployments • Bessere Abgrenzung zwischen realen und hypothetischen Kunden während der Entwicklung • Besserer Fokus auf verschiedene Kundengruppen im Rahmen von Softwareökosystemen
3	Neu: Priorisierung der Personagruppen gemäß Zielen und der Voice of Business	Priorisierung unterstützt das Team bei der notwendigen Fokussierung

7.2.3 Startup im Bereich Ladeinfrastruktur für Elektroautos

Der zweite Evaluationsworkshop wurde in Zusammenarbeit mit dem Startup-Unternehmen ChargeIQ durchgeführt. Die Workshops fanden am 1. Juli 2020 und am 22. Oktober 2020 in den Räumen des Unternehmens statt, wobei ein Teilnehmer per Videokonferenzsystem zugeschaltet war. Das Unternehmen entwickelt Software im Kontext von Ladesäulen für Elektrofahrzeuge.[69]

Gegenüber dem ersten Evaluationsworkshop strebt das zweite untersuchte Unternehmen explizit ein Wertversprechen in einem Plattformökosystem an und kann damit als repräsentativ für diesen innerhalb des SiB bedeutsamen Aspekts angesehen werden. Für das Erbringen des Proof of Value ist dies bedeutend, da bei der Erfüllung der Gestaltunganforderungen bzgl. der Eignung des VPD für die Anwendung in Plattformökosystemen im ersten Evaluationsworkshop noch Verbesserungspotenzial bestand. Die erarbeiteten Verbesserungen können im zweiten Evaluationsworkshop überprüft werden.

[68] Eigene Darstellung.

[69] Vgl. ChargeIQ (2022), URL siehe Literaturverzeichnis.

Voice of Business Analyse

Im Rahmen des Workshops soll ein Wertversprechen für die vom betrachteten Startup-Unternehmen entwickelte Technologie erarbeitet werden. Hierbei handelt es sich um eine Appliance, bestehend aus einem Hardware- und einem Softwaremodul, die es ermöglicht, Ladesäulen für Elektrofahrzeuge mit zusätzlicher Funktionalität, bspw. über die Installation komplementärer Applikationen auszustatten. Diese Applikationen sollen über die Nutzung eines offenen Schnittstellenstandards auch dritten Anbietern zugänglich gemacht werden. Am Workshop nahmen alle Mitarbeitenden des Startup-Unternehmens teil. Entsprechend waren alle wesentlichen Rollen wie Geschäftsführung, Entwicklung, Finanzen und Marketing vertreten.

Tabelle 7.22 Checkliste für die Eignung des Projekts für die Anwendung des VPD

Voice of Business Analyse: Checkliste Evaluationsstudie 2	**Erfüllt?** (+/o/−)
A: Technologieinduzierte Entwicklung	
• Marktreife oder der Marktreife nahe Technologie im Unternehmen vorhanden oder im Zugriff*	+
• Unsicherheit bzgl. des adressierten Markts	+
• Kenntnisse über Mitbewerber vorhanden	+
B: Pre-Planning	
• Entwicklungsteam vorhanden (mit adäquaten Ressourcen hinsichtlich Teamgröße, Zeit und Arbeitsmitteln)*	+
• QFD Moderator vorhanden*	+
• Product Owner vorhanden	+

*Muss-Kriterium
+ = Ist erfüllt,
− = nicht erfüllt
o = (aktuell) nicht beantwortbar

Wie in Tabelle 7.22 dargestellt, erfüllte das Projekt alle der in Abschnitt 6.2.1 geforderten Kriterien zur Anwendbarkeit des VPD. Im ersten Evaluationsworkshop[70] wurde festgestellt, dass ein einheitliches Verständnis über die Voice of Business für die weiteren Workshopschritte von großer Bedeutung ist, das VPD allerdings nicht ausreichend Unterstützung geboten hatte, um dieses allgemeinverständlich aufzubereiten. Dementsprechend wurde die VoB Analyse gegenüber dem ersten Evaluationsworkshop ausgeweitet: Gemäß der Beschreibung in

[70] Vgl. Abschnitt 7.2.2.

Abschnitt 6.2.1 und dem Changelog in Tabelle 7.21 wurde die VoBA um eine 6 W-Analyse der Geschäftsziele ergänzt.

Die VoBA brachte ein hohes Maß an Komplexität des Marktumfelds zu Tage. Dies liegt insbesondere darin begründet, dass das Unternehmen die Entwicklung einer Softwareplattform anstrebt, die simultan die Interessen einer hohen Zahl differenzierter Kundengruppen innerhalb eines mehrseitigen Markts vereinen muss.[71] Auf Basis der Diskussionen und der Ergebnisse der 6 W-Fragen konnte eine kompakte, von allen Beteiligten akzeptierte Formulierung der VoB erarbeitet werden, die als Leitmotiv für die weitere Gestaltung mit dem VPD wirkte (Tabelle 7.23):

Tabelle 7.23 Voice of Business des Evaluationsworkshops mit ChargeIQ[72]

„Wir möchten, basierend auf unserem IoT-System, welches aus einer Hardwarekomponente in der Wallbox und der Backend-Cloud besteht, eine Plattform für den halböffentlichen Bereich am Markt platzieren, wobei mit dem Terminus 'halböffentlich' Business Kunden, insbesondere Anbieter von Ladestationen auf halböffentlichen Parkplätzen oder Flottenkunden gemeint sind.“

Mit dem Bestätigen der Checkliste und der Formulierung einer im Team verstandenen und akzeptierten VoB sind die notwendigen Schritte für den Übergang in die zweite Phase erreicht worden.

Prototyping

Analog zum in Abschnitt 7.2.2 beschriebenen ersten Evaluationsworkshop in der Praxis, wurde auch dieses Mal das Team in zwei Gruppen (A und B) unterteilt. Dies sollte wiederum die Zahl der generierten Ideen erhöhen und die Gruppenarbeit vereinfachen. Bei der Aufteilung des Teams in Gruppen wurde auf die Heterogenität hinsichtlich demografischer und beruflicher Struktur geachtet. Beide Gruppen bestanden aus jeweils vier Personen.

Im ersten Schritt des Prototypings erfolgte die Ideengenerierung (Ideation). Als ein hierfür nützliches Werkzeug wird im VPD das *Remember the Future Game* vorgeschlagen. Durch die detaillierte VoB-Analyse strebten beide Gruppen allerdings danach, möglichst frühzeitig ihre bereits vorhandenen Ideen zu Papier zu bringen, weshalb auf eine explizite Ideengenerierungsphase verzichtet werden konnte. Zur

[71] Entsprechend kann diese Aufgabenstellung als prototypisch für die Gestaltung von Wertversprechen im SiB, insbesondere im darin enthaltenen Ökosystem betrachtet werden.

[72] Eigene Darstellung.

Visualisierung der Ideen standen die aus dem ersten Workshop bekannten Werkzeuge zur Verfügung. Die Gruppen entschieden sich für die Visualisierung auf Papier und einer formulierten Beschreibung der ablaufenden Prozesse an der Ladesäule. Beispielhaft wurde allerdings auch ein Prototyp mit Kunststoffklemmbausteinen gebildet. Abbildung 7.14 zeigt einen Prototyp mit Kunststoffklemmbausteinen für die Idee von Gruppe A. Visualisiert wird ein Szenario, in dem Ladesäulen verschiedener Hersteller mithilfe des sog. IoT-Moduls mit einer Applikation ausgestattet werden können, die das Reservieren der Ladesäulen im Vorfeld ermöglicht. Zudem soll durch eine weitere Applikation das Blockieren der Ladesäule durch Nicht-Elektrofahrzeuge verhindert werden.

Abbildung 7.14 Prototyp der Abläufe an einer Ladesäule[73]

Gruppe B entschied sich für die Skizzierung des Ablaufs eines Entwicklungsprozesses solcher Applikationen im Zeitverlauf. Dieser wurde auf Papier skizziert und detailliert beschrieben.

Im Anschluss an die Fertigstellung der Prototypen stellten beide Teams gegenseitig ihre Ideen vor. Durch dieses Vorgehen sollte die Betrachtung der Thematik aus unterschiedlichen Blickwinkeln ermöglicht werden und so einerseits das Team

[73] Eigene Darstellung.

für weitere Ideen inspiriert werden und andererseits das gegenseitige Verständnis über die jeweils erarbeiteten Prototypen erhöht werden.

Prototypenanalyse

Im Anschluss an die Vorstellung der Prototypen begann die Analyse. Diese erfolgte wieder in Zusammenarbeit beider Gruppen, um möglichst viele Informationen herausarbeiten zu können und eine sich ggf. negativ auswirkende Konkurrenzsituation zu vermeiden.

In der Prototypenanalyse konnten 62 Aussagen über enthaltene Funktionen beider Prototypen erarbeitet werden. Die nachfolgende Tabelle 7.24 stellt einen Auszug der Liste der getroffenen Aussagen dar.

Tabelle 7.24 Ausgewählte Aussagen aus der Diskussion zur Prototypenanalyse[74]

Aussagen zur Prototypenanalyse
„Datenmodelle"
„Simulation zum direkten Testen"
„Developer Portal mit Registrierung"
„Endnutzer sieht nur die Ladesäule"
„Regelmäßige Softwareupdates"
„Intuitivität"

Diese willkürliche Auswahl der Aussagen zeigt, dass im ersten Schritt der Prototypenanalyse viele Aspekte weitgehend unstrukturiert geäußert wurden. Die Aussagen entsprechen hinsichtlich ihrer Struktur und Urheberschaft daher der Stimme der Entwickler, die mithilfe der 6 W-Analyse und Satzschablonen in Produktfunktionen überführt werden können. Da auch die angesprochenen Kunden und deren Nutzen bereits häufig Gegenstand der Aussagen waren, wurde an dieser Stelle die Identifikation der Personas mit in die Analyse einbezogen. Die Identifikation von Betroffenen ist prinzipiell durch die Frage nach dem „Wer" in der 6 W-Analyse auch im VPD bei der Prototypenanalyse vorgesehen und gewünscht, jedoch kein explizites Ergebnis. Aufgrund der Vielzahl der von den Prototypen potenziell betroffenen Stakeholdern und Kunden wurde deren Identifikation vorgezogen.

Personaanalyse

Die Aussagen wurden mithilfe einer 6 W-Tabelle innerhalb des VPD-Teams analysiert. In den sich daraus ergebenden Diskussionen konnten mehrere von der

[74] Eigene Darstellung.

Entwicklung betroffenen Personas identifiziert werden. Da sowohl Geschäfts- (B2B) als auch Privatkunden (B2C) adressiert werden sollen, wurde dabei auf die ganz konkrete Beschreibung der Personas verzichtet. Dies war möglich, da die Moderatoren den Eindruck hatten, dass das VPD-Team keine Schwierigkeiten hatte, Rollenmodelle zu verinnerlichen und in ihnen zu denken. Die Hilfestellung konkreter Personabeschreibungen erschien daher nicht als notwendig.

In der Analyse konnten sechs Personagruppen identifiziert werden, die innerhalb der Gruppe mithilfe des paarweisen Vergleichs priorisiert wurden. Die Ergebnisse der Personaanalyse in der Iteration sind in nachfolgender Tabelle 7.25 dargestellt.

Tabelle 7.25 Ergebnis der Personaanalyse in Iteration 1[75]

#	Priorität	Identifizierte Personagruppen
1	30 %	Hersteller der Ladesäulen
2	26 %	Elektroflottenbetreiber
3	22 %	Fahrzeughersteller
4	11 %	Betreiber der Ladesäulen
5	8 %	Elektrogroßhandel
6	4 %	Private Betreiber von Ladesäulen

Aufbauend aus der Personaanalyse wurden die weiteren Einträge der 6 W-Tabelle in der Gruppe diskutiert. Dabei wurden die enthaltenen Produktfunktionen der jeweiligen Prototypen analysiert und formuliert. Bei dieser Analyse ergab sich eine weitgehende Überschneidung der grundsätzlichen Ausrichtung der Prototypen beider Gruppen, weshalb die Entscheidung getroffen wurde, beide Gruppen zusammenzuführen und gemeinsam eine Lösung zu entwickeln. Aus den 62 Aussagen konnten so aus beiden Prototypen 20 voneinander abgegrenzte Produktfunktionen herausgearbeitet werden. Damit konnte die Phase der Prototypenanalyse abgeschlossen werden.[76]

Zur Identifikation der Personanutzen wurde zunächst auf die drei höchstpriorisierten Personas fokussiert. Deren Sicht wurde vom VPD-Team übernommen, um aus der 6 W-Analyse mögliche Personanutzen zu identifizieren. Auf diese Weise konnten nach der ersten Iteration 15 voneinander abgegrenzte Personanutzen formuliert werden. Diese ergaben sich aus der parallelen Untersuchung der Personagruppen 1–3 in Tabelle 7.25.

[75] Eigene Darstellung. Die zu 100 % abweichende Summe ist rundungsbedingt.

[76] Wie dargestellt lief die Prototypenanalyse und Personaanalyse durch die starke Dependenz der Entwickleraussagen vom Kontext der angesprochenen Personas teilweise parallel.

Um die Fokussierung des VPD-Teams zu erhalten, wurden die bisher erarbeiteten Ergebnisse in eine Darstellung der System- und Kontextabgrenzung überführt und dem Team zugänglich gemacht. Diese ist in nachfolgender Abbildung 7.15 dargestellt.

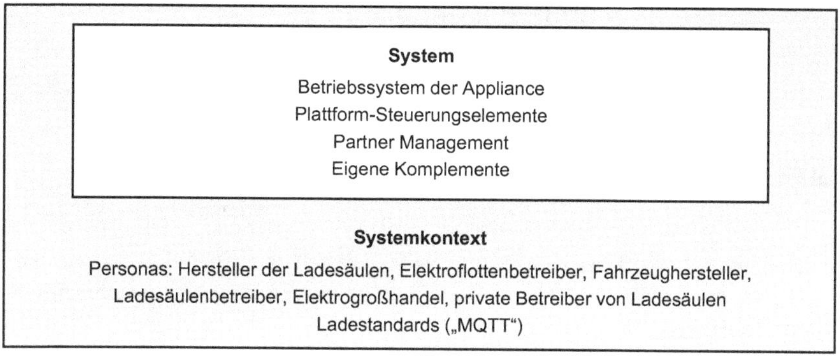

Abbildung 7.15 System- und Kontextabgrenzung auf Basis der Zwischenergebnisse[77]

Matrixanalyse und -synthese

Im nächsten Schritt wurden durch das VPD-Team Prognosen über die hypothetische Priorisierung der Personanutzen durch die drei untersuchten Personagruppen erstellt. Da sich die Priorisierungen der Personanutzen zwischen den Personagruppen deutlich unterschied, führte dies zur parallelen Bildung von drei VPD-Matrizen. Für die Hersteller der Ladesäulen ergab dies die VPD Matrix der ersten Personagruppe in der ersten Iteration $M1_{11}$, für die Elektroflottenbetreiber $M1_{21}$ und für die Fahrzeughersteller entsprechend $M1_{31}$. Die drei VPD-Matrizen wurden gemäß nachfolgend skizziertem Schema (Abbildung 7.16) aneinandergereiht und parallel bearbeitet.

Die parallele Betrachtung der Stakeholdergruppen ergab sich aus der Notwendigkeit des mehrseitigen Marktes. Zwar konnte eine Priorisierung der Personagruppen hergestellt, allerdings keine klare Dominanz einer der Gruppen festgestellt werden.

[77] Eigene Darstellung. Die durchgezogenen schwarzen Linien entsprechen der jeweiligen System- und Kontextgrenze. Vgl. hierzu auch Abschnitt 2.3.2.

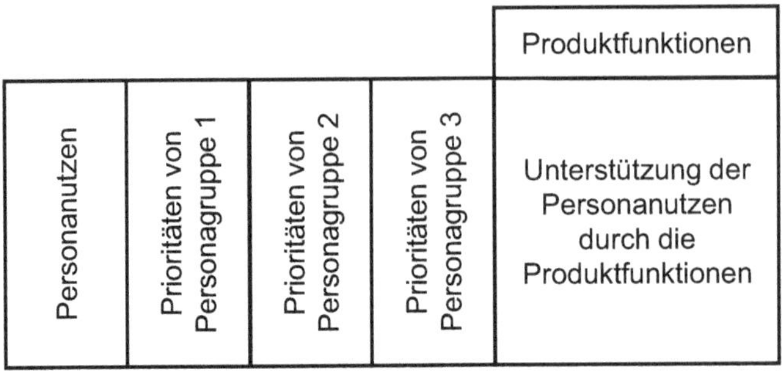

Abbildung 7.16 Parallele Bearbeitung der VPD-Matrizen $M1_{11}$, $M1_{21}$ und $M1_{31}$[78]

Entsprechend der VoB erschien es dem VPD-Team, auch hinsichtlich der Implikationen des Ökosystems, nicht sinnvoll nur eine Personagruppe in einem mehrseitigen Markt anzusprechen.[79]

Die Analyse der VPD Matrizen erfolgte in der Gruppe und anhand der in Kapitel 5 dargestellten Degenerationentabelle für die M1-Matrix. Auffällig war hierbei insb. eine Häufung sog. schwacher Spalten, also Produktfunktionen, die mit keinem der identifizierten Personanutzen korrelierten. Da es sich bei den betreffenden Funktionen weder um Begeisterungs- noch um Basismerkmale des Kano-Modells handelte, aber auch ausgehend von den betrachteten Personas keine Personanutzen identifiziert werden konnten, führte dies zur Erkenntnis, dass weitere Personagruppen betrachtet werden mussten. Tabelle 7.26 stellt diese ergänzenden Personagruppen dar.

Tabelle 7.26 Aus der Analyse der Matrizen $M1_{11}$ – $M1_{31}$ zusätzlich hervorgehende Personagruppen[80]

#	**Identifizierte Personagruppen**
7	Komplementäre Softwareentwickler
8	Komplementäre Dienstleistungsentwickler
9	Plattformanbieter
10	Endnutzer

[78] Eigene Darstellung.

[79] Vgl. zum Ökosystem die Ausführungen in Abschnitt 2.1.2.

[80] Eigene Darstellung.

Die Personagruppen wurden anschließend unter Einbezug der VoB und der bis dahin gewonnenen Zwischenergebnisse repriorisiert. Die Ergebnisse dieser Analyse flossen in die Bildung der M1-Matrizen in der zweiten Iteration ein. Entsprechend der in Abbildung 7.16 dargestellten Logik wurden die so entstehenden Matrizen $M1_{21} - M1_{210}$ miteinander verknüpft und hinsichtlich enthaltender Degenerationen analysiert. Diese Analyse stellte den Ausgangspunkt für die Formulierung weiterer Personanutzen und die Identifikation von Produktfunktionen dar. Abbildung 7.17 zeigt einen Ausschnitt der kombiniert betrachteten Matrizen.

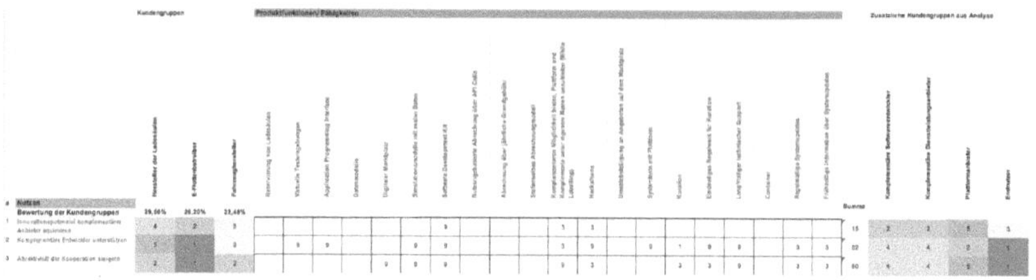

Abbildung 7.17 VPD Matrizen $M1_{21} - M1_{210}$ in kombinierter Darstellung. Links die Personanutzen und deren Priorisierung durch die drei ursprünglich erhobenen Personagruppen. Rechts ergänzend identifizierte Personagruppen und deren Priorisierung[81]

Formulierung der Wertversprechen

Analog zu dem in Kapitel 5 beschriebenen Vorgehen im VPD sollte anschließend auf Basis der erarbeiteten Matrizen das Wertversprechen formuliert werden. Im vorliegenden Fall ist dabei zu beachten, dass sich das Unternehmen in einem mehrseitigen Markt befindet und als Plattformanbieter auftreten möchte. Aus der Analyse innerhalb des VPD ergibt dies die Herausforderung, dass das Unternehmen getrennte Wertversprechen für die verschiedenen Kundengruppen im mehrseitigen Markt definieren muss.[82] Abbildung 7.18 zeigt beispielhaft die Value Proposition Canvas für das Wertversprechen des Unternehmens an die Kundengruppe komplementäre Softwareanbieter, die auf Basis weiterer Iterationen der VPD-Matrizen entstand.

Dieses Wertversprechen ergab sich aus der Analyse und Synthese der VPD-Matrix $M1_{27}$, also der zweiten Iteration der VPD-Matrix M1 für die 7. Personagruppe (komplementäre Softwareanbieter).

[81] Eigene Darstellung.

[82] Vgl. Abschnitt 2.1.2.

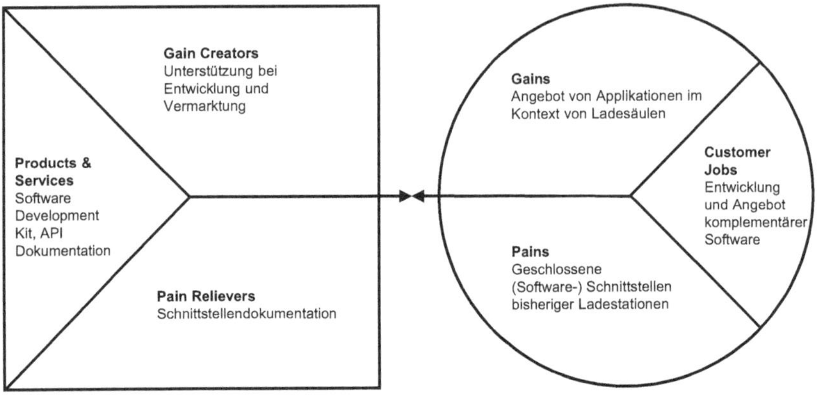

Abbildung 7.18 Value Proposition Canvas für komplementäre Softwareanbieter, basierend auf VPD Matrix $M1_{27}$[83]

Dementsprechend stellt sich die Value Proposition Canvas auf Basis des Wertversprechens für die Kundengruppe Elektroflottenbetreiber dar, wie Abbildung 7.19 zeigt:

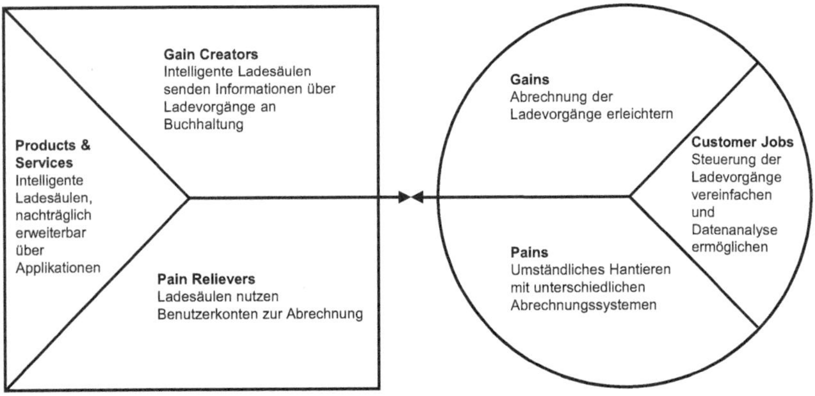

Abbildung 7.19 Value Proposition Canvas für Elektroflottenbetreiber, basierend auf VPD Matrix $M1_{22}$[84]

[83] Eigene Darstellung.

[84] Eigene Darstellung.

Zu beachten ist dabei, dass die zu gestaltende Lösung alle Produktfunktionen aufweisen muss, die zum Erreichen der Personanutzen der verschiedenen Kunden notwendig sind: Es entstehen – insbesondere in mehrseitigen Märkten – also nicht nur eines, sondern verschiedene Wertversprechen. Im Falle einer Softwareplattform muss diese zudem die Möglichkeit für komplementäre Anbieter aufweisen, eigene Wertversprechen gestalten zu können.

Zur Validierung der getroffenen Hypothesen über die Eigenschaften der Personas, ihrer Personanutzen und deren Priorisierung ist nun ggf. die Überführung der Produktfunktionen in Minimal Viable Products notwendig. Aufgrund zeitlicher Restriktionen ist die Entwicklung von MVPs im Rahmen der Evaluation allerdings nicht möglich gewesen.

Triangulative Produktentwicklung
Für die weitere Produktentwicklung stehen den Entwicklern nun die Informationen aus den VPD-Matrizen zur Verfügung. Diese können mit Schätzungen zum Implementierungsaufwand angereichert werden und dienen im weiteren Verlauf der Entwicklung als Product Backlog für die weitere (agile) Entwicklung. Erkenntnisse aus der Entwicklung und aus den Tests mit den definierten MVPs müssen dabei regelmäßig eingepflegt werden. Sie unterstreichen nochmals die Bedeutung agiler Ansätze für die anschließende Entwicklung.

7.2.4 Evaluation

Im Vergleich zum ersten Priorisierungsworkshop mit der Praxis zum Erreichen des Proof of Value wurde das VPD verbessert. Dies betrifft, wie bereits in den Changelogs dargestellt, die 6 W-Analyse im Rahmen der VoBA und die Verwendung des Personakonstrukts bei der Analyse. Die Ergebnisse des zweiten Workshops zeigten, dass diese Veränderungen positive Auswirkungen auf die Erfüllung der Gestaltungsanforderungen haben. So erfüllt das VPD-Vorgehen nun die Gestaltungsanforderung A3 (Entwicklung im Kontext von Softwareökosystemen) zufriedenstellend. Dies konnte durch die Anwendung des Personakonzepts und durch die parallele Betrachtung der verschiedenen Personagruppen in entsprechenden VPD-Matrizen erreicht werden. Auch hinsichtlich der Gestaltungsanforderung A8 (Gemeinsames Verständnis) konnten Fortschritte erzielt werden. Durch die Diskussion und Analyse der VoB konnte diese durch das VPD-Team besser verstanden werden, was sich in deutlich weniger zu Tage getretenen

Tabelle 7.27 Erfüllung der Gestaltungsanforderungen durch das Value Proposition Deployment nach Iteration 2[85]

	Gestaltungsanforderung	**Aktivitäten des Value Proposition Deployment**										
		Voice of Business Analyse:	Checkliste	6 W-Analyse	**Prototyping:**	Ideation	Gestaltung des Prototyps	**Prototypinganalyse:**	Identifikation der Produktfunktionen	**Analyse der Personanutzen:**	Personaidentifikation	Identifikation der Personanutzen
A1	Entwicklung softwareintensiver Produkte unterstützen			3		3	9		3			
A2	Umgang mit dem Fuzzy Front End der Produktentwicklung im SiB unterstützen			3		3	9		3		3	3

(Fortsetzung)

[85] Eigene Darstellung. Legende: „9" = sehr große Unterstützung, „3" = geringe Unterstützung „0" = keine (direkte) Unterstützung. „+" = Gestaltungsanforderung zufriedenstellend erfüllt, „!" = Gestaltungsanforderung nicht zufriedenstellend erfüllt. Aus Gründen der Übersicht wird eine Bewertung mit „0" nicht dargestellt.

Tabelle 7.27 (Fortsetzung)

	Gestaltungsanforderung	**Aktivitäten des Value Proposition Deployment**										
		Voice of Business Analyse:	Checkliste	6 W-Analyse	**Prototyping:**	Ideation	Gestaltung des Prototyps	**Prototypinganalyse:**	Identifikation der Produktfunktionen	**Analyse der Personanutzen:**	Personaidentifikation	Identifikation der Personanutzen
A3	Entwicklung im Kontext von Softwareökosystemen unterstützen										9	9
A4	Kompatibilität mit agilen Entwicklungsansätzen sicherstellen								3		3	
A5	Prognosen über Eigenschaften und Verhalten zu potenziellen Kunden ermöglichen					3	9		9		9	9

(Fortsetzung)

Tabelle 7.27 (Fortsetzung)

	Gestaltungsanforderung	**Aktivitäten des Value Proposition Deployment**										
		Voice of Business Analyse:	Checkliste	6 W-Analyse	**Prototyping:**	Ideation	Gestaltung des Prototyps	**Prototypinganalyse:**	Identifikation der Produktfunktionen	**Analyse der Personanutzen:**	Personaidentifikation	Identifikation der Personanutzen
A6	Technologieinduzierte Entwicklung unterstützen						9		9		9	9
A7	Kommunikation innerhalb des Entwicklungsteams unterstützen			9		9	9		9		9	3
A8	Gemeinsames Verständnis des zu entwickelnden Wertversprechens innerhalb des Entwicklungsteams erreichen		3				3		3		3	3

(Fortsetzung)

Tabelle 7.27 (Fortsetzung)

	Gestal-tungsan-forderung	**Aktivitäten des Value Proposition Deployment**										
		Voice of Business Analyse:	Checkliste	6 W-Analyse	**Prototy-ping:**	Ideation	Gestal-tung des Prototyps	**Prototy-pingana-lyse:**	Identifika-tion der Produkt-funktionen	**Analyse der Persona-nutzen:**	Personai-dentifika-tion	Identifika-tion der Persona-nutzen
A9	Kreativität des Entwick-lungs-teams fördern					9	9				3	3
A10	Erreichen des „Fits“ zwischen Kunde und Produkt sicherstel-len										3	3
A11	Abstim-mung mit dem Geschäfts-modell unterstüt-zen			3							3	3
A12	Bewerten des „Fits“ zwischen Kunde und Produkt ermögli-chen											3

(Fortsetzung)

Tabelle 7.27 (Fortsetzung)

	Gestaltungsanforderung	**Aktivitäten des Value Proposition Deployment**										
		Voice of Business Analyse:	Checkliste	6 W-Analyse	**Prototyping:**	Ideation	Gestaltung des Prototyps	**Prototypinganalyse:**	Identifikation der Produktfunktionen	**Analyse der Personanutzen:**	Personaidentifikation	Identifikation der Personanutzen
A13	Kompatibilität mit QFD-Leitlinien und -Anwendungen sicherstellen								3		3	
A14	Frühzeitiges Feedback zu Entwicklungsartefakten ermöglichen						9					
A15	Gewonnenes Feedback in die Entwicklung einbeziehen						9					

(Fortsetzung)

Tabelle 7.27 (Fortsetzung)

	Gestaltungsanforderung	**Aktivitäten des Value Proposition Deployment**										
		Priorisierung der Personas	**Matrixanalyse und -synthese:**	VPD Matrixanalyse	VPD Matrixsynthese	Kano-Klassifikation	**Formulierung des Wertversprechens:**	Value Proposition Canvas	**Triangulative Produktentwicklung:**	Matrixdarstellung	Definition der MVP	**Status**
A1	Entwicklung softwareintensiver Produkte unterstützen			9								+
A2	Umgang mit dem Fuzzy Front End der Produktentwicklung im SiB unterstützen	3		3								+
A3	Entwicklung im Kontext von Softwareökosystemen unterstützen	9		3	3							+

(Fortsetzung)

Tabelle 7.27 (Fortsetzung)

	Gestaltungsanforderung	**Aktivitäten des Value Proposition Deployment**										
		Priorisierung der Personas	**Matrixanalyse und -synthese:**	VPD Matrixanalyse	VPD Matrixsynthese	Kano-Klassifikation	**Formulierung des Wertversprechens:**	Value Proposition Canvas	**Triangulative Produktentwicklung:**	Matrixdarstellung	Definition der MVP	**Status**
A4	Kompatibilität mit agilen Entwicklungsansätzen sicherstellen			3						9		+
A5	Prognosen über Eigenschaften und Verhalten zu potenziellen Kunden ermöglichen	3		3		3		3				+
A6	Technologieinduzierte Entwicklung unterstützen	3				3						+

(Fortsetzung)

Tabelle 7.27 (Fortsetzung)

	Gestaltungsanforderung	**Aktivitäten des Value Proposition Deployment**										
		Priorisierung der Personas	**Matrixanalyse und -synthese:**	VPD Matrixanalyse	VPD Matrixsynthese	Kano-Klassifikation	**Formulierung des Wertversprechens:**	Value Proposition Canvas	**Triangulative Produktentwicklung:**	Matrixdarstellung	Definition der MVP	**Status**
A7	Kommunikation innerhalb des Entwicklungsteams unterstützen	9		9	3	9						+
A8	Gemeinsames Verständnis des zu entwickelnden Wertversprechens innerhalb des Entwicklungsteams erreichen	3		3		3		3				+
A9	Kreativität des Entwicklungsteams fördern			3								+

(Fortsetzung)

Tabelle 7.27 (Fortsetzung)

	Gestaltungsanforderung	**Aktivitäten des Value Proposition Deployment**										
		Priorisierung der Personas	**Matrixanalyse und -synthese:**	VPD Matrixanalyse	VPD Matrixsynthese	Kano-Klassifikation	**Formulierung des Wertversprechens:**	Value Proposition Canvas	**Triangulative Produktentwicklung:**	Matrixdarstellung	Definition der MVP	**Status**
A10	Erreichen des „Fits" zwischen Kunde und Produkt sicherstellen			3	9					9		+
A11	Abstimmung mit dem Geschäftsmodell unterstützen							9				+
A12	Bewerten des „Fits" zwischen Kunde und Produkt ermöglichen	9		9	3					9		+

(Fortsetzung)

Tabelle 7.27 (Fortsetzung)

	Gestaltungsanforderung	**Aktivitäten des Value Proposition Deployment**										
		Priorisierung der Personas	**Matrixanalyse und -synthese:**	VPD Matrixanalyse	VPD Matrixsynthese	Kano-Klassifikation	**Formulierung des Wertversprechens:**	Value Proposition Canvas	**Triangulative Produktentwicklung:**	Matrixdarstellung	Definition der MVP	**Status**
A13	Kompatibilität mit QFD-Leitlinien und -Anwendungen sicherstellen			9	9					9		+
A14	Frühzeitiges Feedback zu Entwicklungsartefakten ermöglichen										9	+
A15	Gewonnenes Feedback in die Entwicklung einbeziehen				9					9		+

Unklarheiten über Ziele der Entwicklung während der VPD-Phasen zeigte. Nachfolgende Tabelle 7.27 stellt die Erfüllung der Gestaltungsanforderungen durch die finale Version des VPD dar.

Beide Workshops im Rahmen der Evaluation des Proof of Value zeigen, dass das übergeordnete Ziel, die technologieinduzierte Entwicklung neuer Wertversprechen im SiB, erreicht werden konnte. Basierend auf den Erkenntnissen des Proof of Concept konnten dabei generalisierbare Anforderungen hinsichtlich der Weiterentwicklung des VPD gewonnen werden, welche in die Gestaltung einflossen. Nach dem zweiten Evaluationsworkshop kann dem VPD damit eine zufriedenstellende Erfüllung der Gestaltungsanforderungen und damit der Proof of Value bescheinigt werden.

Schlussbetrachtung 8

8.1 Gang der Untersuchung

Ziel der vorliegenden Arbeit war die Konzeption einer Erweiterung von Quality Function Deployment zur methodischen Unterstützung der technologieinduzierten Entwicklung neuer Wertversprechen im Software-intensive Business. Dieses Forschungsziel wird durch die Formulierung der Leitforschungsfrage repräsentiert:

Wie kann ein Value Proposition Deployment zur methodischen Unterstützung der technologieinduzierten Entwicklung neuer Wertversprechen im Software-intensive Business gestaltet sein?

Zur Beantwortung der Leitforschungsfrage wurden drei spezifische Forschungsfragen definiert:

Forschungsfrage 1: *Welche Herausforderungen existieren bei der technologieinduzierten Entwicklung im Rahmen des Software-intensive Business?*

Die Gestaltungsbedingungen, unter denen die zu entwickelnde Methode wirken soll, werden maßgeblich durch das Software-intensive Business definiert. Dieses subsummiert die sozioökonomischen Veränderungen der Digitalisierung und deren Auswirkungen auf die Produkt- und Geschäftsmodellentwicklung der Unternehmen. Um die Auswirkungen dieses Umfelds auf die Entwicklung neuer Wertversprechen beurteilen zu können, wurde das Software-intensive Business in Abschnitt 2.1 in einem theoretischen Bezugsrahmen konzeptualisiert und anhand theoretischer Konzepte der Organisationstheorie und Plattformökonomie strukturiert untersucht.

F. Schönhofen, *Technologieinduzierte Entwicklung neuer Wertversprechen im Software-intensive Business*, https://doi.org/10.1007/978-3-658-43471-7_8

Um spezifische Implikationen hinsichtlich des Gestaltungsziels dieser Arbeit herauszuarbeiten, wurde im theoretischen Bezugsrahmen in Abschnitt 2.2 die literaturbasierte Definition des Begriffs des Wertversprechens im Software-intensive Business formuliert.

Die Auswirkungen evolutionärer Marktinnovationen auf das Paradigma der Kundenorientierung im Rahmen der technologieinduzierten Entwicklung neuer Wertversprechen in Abschnitt 2.3 vervollständigen den theoretischen Bezugsrahmen dieser Arbeit.

Aus den Implikationen des theoretischen Bezugsrahmens konnten in Abschnitt 3.1 drei grundlegende Herausforderungen bei der technologieinduzierten Entwicklung neuer Wertversprechen im Software-intensive Business abgeleitet und formuliert werden.

Die identifizierten Herausforderungen thematisieren den Umgang mit dem stark erweiterten Lösungsraum durch die zunehmende Diffusion von Software- und Fertigungsbranche, den Zustand des permanenten Wandels und der damit zusammenhängenden Unsicherheit im Entwicklungsumfeld, sowie den scheinbaren Widerspruch von Kundenorientierung bei technologieinduzierter Entwicklung.

Forschungsfrage 2: *Welche Anforderungen zur Gestaltung des Value Proposition Deployments ergeben sich aus den Herausforderungen bei der technologieinduzierten Entwicklung im Rahmen des Software-intensive Business?*

Die identifizierten Herausforderungen tangieren sowohl Elemente des Innovationsmanagements als auch des Qualitäts- und Produktmanagements sowie der Softwareproduktentwicklung. Als hierfür geeignete Methodenbasis konnte in Abschnitt 3.2 mit Quality Function Deployment eine Methode identifiziert werden, die zum einen auf den Fit zwischen Kunde und Produkt im Wertversprechen fokussiert, andererseits aber auch die differenzierten Sichten aller in die Entwicklung einbezogenen Disziplinen integrieren kann.

Die detaillierte Analyse der Methodenbasis ergab Stärken hinsichtlich der Produktentwicklung und des Qualitätsmanagements, offenbarte aber Lücken hinsichtlich des Umgangs mit evolutionären Marktinnovationen im Zentrum der technologieinduzierten Entwicklung. Zur Auflösung dieser Schwächen wurden in Kapitel 4 Ansätze des Innovationsmanagements identifiziert, die im Kontext der abgeleiteten Herausforderungen angewandt wurden. Mit dem Ziel, konkrete Gestaltungsanforderungen an das Value Proposition Deployment zu erarbeiten, wurden die Ansätze des Innovationsmanagements als potenzielle Träger impliziten Wissens über mögliche Lösungen der Herausforderungen strukturiert analysiert.

Auf Basis dieser Analyse konnten aus den Herausforderungen und dem, aus den Innovationsansätzen extrahierten Wissen über mögliche Lösungsansätze, 15 Gestaltungsanforderungen an das Value Proposition Deployment abgeleitet werden.

Forschungsfrage 3: *Welche Gestaltungsmaßnahmen soll das Value Proposition Deployment zur Erfüllung dieser Anforderungen enthalten?*

Die Eignung von Quality Function Deployment zur Annäherung an das Gestaltungsziel der Arbeit konnte auf konzeptioneller Ebene in Abschnitt 3.2 gezeigt werden. Zum abschließenden Nachweis der Forschungslücke und der Identifikation von potenziellen Lösungsmerkmalen wurden in Kapitel 5 zehn QFD-Ansätze detailliert untersucht. Diese Ansätze decken sowohl die frühen Phasen der Produktentwicklung, den Umgang mit einem dynamischen Entwicklungsumfeld sowie die Anwendung im Kontext von Softwareplattformen und Geschäftsmodellen ab.

Auf Basis der Gestaltungsanforderungen sowie der Analyse der Ansätze von QFD und des Innovationsmanagements, wird in Kapitel 6 das Value Proposition Deployment erarbeitet und dessen Ablauf in acht Schritten detailliert beschrieben. Es mündet in die Darstellung einer triangulativen Produktentwicklung, welche die Formulierung eines konkreten Wertversprechens mit der Ausarbeitung konkreter Vorgaben für die weitere (agile) Entwicklung software-intensiver Produkte verbindet.

Um einschätzen zu können, ob die Gestaltungsanforderungen erfüllt werden, wird in Kapitel 7 eine zweistufige Evaluation hergeleitet und durchgeführt. Die Umsetzbarkeit des Value Proposition Deployments konnte mithilfe eines Softwareprototyps, sowie der Anwendung durch Studierende der Universität Stuttgart nachgewiesen werden (Proof of Concept). Dabei gewonnene Erkenntnisse flossen in die Gestaltung des Value Proposition Deployments zurück.

Der Nachweis der Wirksamkeit der Methode unter Realbedingungen konnte durch je eine Anwendung in Unternehmen der Automobilelektronik sowie der Elektromobilitätsbranche geführt werden (Proof of Value).

Mit der Gestaltung des Value Proposition Deployments sowie der zweistufigen Evaluation konnte die Leitforschungsfrage beantwortet und somit das Ziel der Arbeit erreicht werden.

8.2 Kritische Würdigung

Das Wertversprechen als zentraler Entwicklungsgegenstand des Value Proposition Deployments repräsentiert die Schnittstelle zwischen Kunde und Produkt. Bei Entwicklungsprojekten, die durch technische Innovationen angestoßen werden, fehlt häufig die genaue Kenntnis der Kunden und deren Bedürfnisse. Eine kundenorientierte Entwicklung von Produkten, die beim Kunden Wert erzeugen, ist daher erschwert.

Um dieses Dilemma aufzulösen, vereint das im Rahmen dieser Arbeit konzipierte Value Proposition Deployment zwei gegensätzliche Sichtweisen: Einerseits die enge Orientierung am Kunden zur Identifikation der Anforderungen, und andererseits die Konzentration auf technologische Innovationen, für die bei Entwicklungsbeginn noch keine Zielgruppe definiert werden konnte. Diesen Gegensatz löst das VPD durch eine Verbindung von Innovations- und Qualitätsmethoden mit dem Ziel, Innovationen in konkrete Produkte zu überführen, die bei realen Kunden Wert generieren.

Mit dem Value Proposition Deployment werden Instrumente wie das MVP zum Erkennen und Integrieren von Lerneffekten in eine strukturierte Qualitätsmethode implementiert. Dies ermöglicht es, technologische Innovationen in einen Prozess der konstruktiven Qualitätssicherung zu integrieren.

Weiterhin kann diese Arbeit als Aufruf verstanden werden, Aspekte der Qualitätssicherung auch in einem Umfeld – bspw. Startup-Unternehmen – nicht außer Acht zu lassen: Die Anwendung dieser Methoden kann von Beginn an das Erreichen hoher relativer und technischer Qualität von Produkten unterstützen und durch die Verbesserung der Kommunikation innerhalb des Entwicklungsteams und der Unternehmensorganisation allgemein akzeptierte Lösungen hervorbringen. So kann die Wahrscheinlichkeit erhöht werden, im ersten Anlauf Produkte zu gestalten, die Wert beim Kunden generieren und dazu beitragen, das Risiko teurer und aufwändiger Fehlschläge zu reduzieren.

Durch den Einbezug von Methoden und Techniken des Innovationsmanagements erweitert das VPD auch die Anwendbarkeit von QFD auf die sehr frühen Phasen der Produktentwicklung, einschließlich des Fuzzy Front Ends. Durch die Integration von Konzepten wie Personas, Mockups und Prototypen in den Entwicklungsprozess, können Elemente des VPD auch in anderen QFD-Anwendungen hilfreich sein und dabei u. a. die Herausforderung der System- und Kontextabgrenzung zu Beginn eines Entwicklungsprojekts unterstützen.

Das VPD mündet in eine triangulative Produktentwicklung, die einen kontinuierlichen Abgleich des Geschäftsmodells (über das Wertversprechen), den Einbezug realer Kunden über das MVP (zum frühzeitigen Testen der tatsächlichen

Erfüllung der Kundennutzen) und das Deployment dieser Erkenntnisse in die weitere agile Produktentwicklung vorsieht. Damit unterstützt das VPD das von QFD geforderte Prinzip der engen Zusammenarbeit von Kunden und Entwicklern mit einer praktisch anwendbaren Methodik auch im Fall der technologieinduzierten Entwicklung.

Somit zeigt das VPD Wege auf, wie methodische Entwicklungsansätze mit den erfolgreichen agilen Modellen der Softwareentwicklung zusammenwirken können. Das volatile Umfeld und das im VPD integrierte organisationale Lernen erfordern regelmäßige Änderungen im Projektverlauf, die durch agile Ansätze überhaupt erst ermöglicht werden.

Den erreichten Ergebnissen stehen auch Schwächen gegenüber, die sich auf die Generalisierbarkeit der gewonnenen Erkenntnisse negativ auswirken können.

- Zur Annäherung an eine Lösung der komplexen Problemstellung wird mit Quality Function Deployment eine Methodenbasis ausgewählt, die sich im Kontext interdisziplinärer Entwicklung bereits vielfach bewährt hat und deren Auswahl anhand der zugrundeliegenden QFD-Prinzipien gut zu rechtfertigen ist. Aus Forschungssicht ist hieran allerdings zu kritisieren, dass kein abschließender Nachweis über die grundsätzliche Überlegenheit dieser Methodenbasis gegenüber anderen Methoden geführt wurde. Dieser Kompromiss wurde zugunsten einer detaillierteren Ausarbeitung des Value Proposition Deployments und einer daraus resultierenden, erhöhten praktischen Anwendbarkeit der Methode getroffen.
- Die Zuspitzung der Problemstellung auf die (rein) technologieinduzierte Entwicklung auf der Basis von Technology-Push-Faktoren ist in der Realität weniger scharf von anderen Entwicklungsvoraussetzungen zu trennen. Es kann angenommen werden, dass reale Entwicklungsprojekte sowohl Elemente der technologieinduzierten Entwicklung als auch der nachfrageinduzierten Entwicklung aufweisen.
- Die fokussierte Betrachtung des Wertversprechens auf den Fit zwischen Kunde und Produkt bedingt, dass andere Metriken für die Gestaltung von Geschäftsmodellen außer Betracht gelassen wurden. Dies betrifft bspw. die Architektur der Wertschöpfung (die lediglich mittelbar über das Produkt bzw. dessen Erstellungsprozess integriert wird) und das Erlösmodell. Somit können die theoretischen Erkenntnisse dieser Arbeit nur innerhalb dieser Grenzen zur Erklärung realer Phänomene herangezogen werden.
- Die Gestaltungsanforderungen an das VPD sind innerhalb der Kontextgrenzen des theoretischen Bezugsrahmens belegt und begründet; über ihre Suffizienz

und Gültigkeit über die Kontextgrenze des Software-intensive Business hinaus kann allerdings keine abschließende Aussage getroffen werden.

- Die Beurteilung der Zweck-Mittel-Beziehung bei der Erfüllung der Gestaltungsanforderungen durch die analysierten QFD-Anwendungen erfolgten theoriebasiert. Mögliche Anpassungen der Methoden in der praktischen Umsetzung wurden dabei nicht miteinbezogen.
- Im Rahmen der Evaluation des Value Proposition Deployments wurde kein Proof of Use durchgeführt. Dies liegt zum einen an Restriktionen hinsichtlich des zeitlichen Aufwands bei der Anfertigung der vorliegenden Arbeit, andererseits auch darin begründet, dass die für eine seriöse Umsetzung eines solchen Proof of Use notwendigen „Laborbedingungen" (bspw. sehr kongruente Problemstellungen sowie hochgradig ähnliche Teamzusammenstellung und -besetzung) nur schwer zu erreichen sind.

8.3 Forschungsausblick

Die angesprochenen Limitationen der vorliegenden Arbeit deuten den Bedarf weiterer Forschungsarbeiten an, die zum Schließen dieser Lücken beitragen können.

Zum Erreichen des Proof of Use im Rahmen der Evaluation sollten weitere vergleichbare Anwendungen in der Praxis durchgeführt werden.

Generell zeigt die umfangreiche Analyse im Rahmen dieser Arbeit, dass die Beurteilung von Methoden hinsichtlich ihrer Wirksamkeit auf die jeweilige Problemstellung nicht trivial ist, da entsprechende Metriken fehlen. So könnte durch die Anwendung in standardisierten Umgebungen ein direkter Vergleich von Methoden durchgeführt werden und die so erhobenen Ergebnisse dann in eine (zumindest ordinale) Bewertung einfließen.

Weiterer Forschungsbedarf besteht hinsichtlich der Implikationen des theoretischen Bezugsrahmens dieser Arbeit. Zuvorderst steht hier der Bedarf an weiteren Untersuchungen zur Erarbeitung einer genaueren Konzeptualisierung des Software-intensive Business. Die besonderen Phänomene dieses Forschungsumfelds, wie Softwareplattformen und hybride Produkte bestehend aus Software- und Fertigungskomponenten, erfordern die weitere wissenschaftliche Auseinandersetzung.

Eine im Rahmen des SiB zunehmende Rolle spielt die Erhebung, Analyse und Vermarktung von Daten. Im Rahmen dieser Arbeit wurden bereits datengetriebene

Geschäftsmodelle im Kontext der Evaluationsworkshops betrachtet, allerdings sollten zukünftige Studien diese noch spezifischer in den Fokus nehmen.

Weiterhin soll diese Arbeit als Aufruf verstanden werden, vielfach bewährte Methoden, wie Quality Function Deployment, bei der Untersuchung von Konzepten der Wirtschaftsinformatik, bspw. den Geschäftsmodellen, nicht außer Acht zu lassen. Dies gilt im Besonderen, wenn, wie in dieser Arbeit, die grundsätzliche Zielsetzung hohe Kongruenz aufweist: Sowohl bei QFD als auch vom Wertversprechen wird die Verbindung von Produkt und Kunden fokussiert. Diese Verbindung ist auch für die Entwicklung und Beurteilung von Geschäftsmodellen zentral.

Die Erkenntnisse dieser Arbeit bieten auch für die Weiterentwicklung von QFD selbst Potenzial. So konnte gezeigt werden, dass die zentralen QFD-Prinzipien nicht nur für die Anwendung in der konstruktiven Qualitätssicherung geeignet sind, sondern darüber hinaus auch im Innovationskontext wertvoll sein können. Das VPD zeigt so, wie QFD sinnvoll und gewinnbringend mit modernen Methoden der IT-Branche, (z. B. Personas, Minimal Viable Product) verbunden werden kann.

In diesem Zusammenhang sollte untersucht werden, wie die an das VPD anschließende, triangualitive Produktentwicklung weiter optimiert werden kann. Dies betrifft insbesondere mögliche Effekte hinsichtlich der Skalierung auf größere Entwicklungsteams und die verstärkte Betrachtung von Priorisierungsverfahren, die sich für die Anwendung im agilen Umfeld eignen.

Erratum zu: Problemstellung

Erratum zu:
Kapitel 1 in: F. Schönhofen, *Technologieinduzierte Entwicklung neuer Wertversprechen im Software-intensive Business,*
https://doi.org/10.1007/978-3-658-43471-7_1

Aufgrund eines Versehens seitens des Verlages wurde die Abbildung 1.3 dieses Buches ursprünglich mit einem Fehler veröffentlicht. Die Abbildung wurde inzwischen korrigiert und die korrekte Darstellung wird auch hier wiedergegeben.

Die korrigierte Version des Kapitels ist verfügbar unter
https://doi.org/10.1007/978-3-658-43471-7_1

F. Schönhofen, *Technologieinduzierte Entwicklung neuer Wertversprechen im Software-intensive Business*, https://doi.org/10.1007/978-3-658-43471-7_9

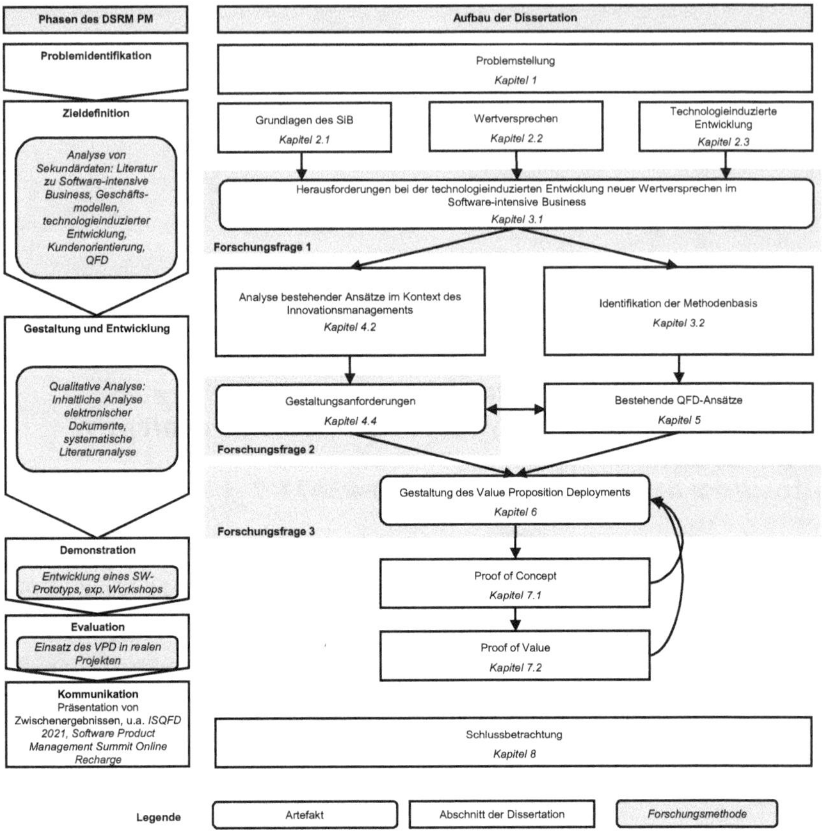

Abbildung 1.3 Aufbau der Dissertation und Phasen des DSRM-Prozessmodells[1]

[1] Eigene Darstellung.

Literaturverzeichnis

Abrahamsson, P., Bosch, J., Brinkkemper, S. und Mädche, A. (Hrsg., 2018), Software Business, Platforms, and Ecosystems: Fundamentals of Software Production Research, Dagstuhl Reports, 8, 2018, 4

Achimugu, P., Selamat, A., Ibrahim, R. und Mahrin, M.N.R. (2014), A systematic literature review of software requirements prioritization research, in: Information and Software Technology, 56, 2014, 6, S. 568–585

Adams, R.J., Smart, P. und Huff, A.S. (2017), Shades of Grey: Guidelines for Working with the Grey Literature in Systematic Reviews for Management and Organizational Studies, in: International Journal of Management Reviews, 19, 2017, 2, S. 432–454

Adner, R. (2006), Match your innovation strategy to your innovation ecosystem, in: Harvard Business Review, 84, 2006, 4, S. 98–107

Akao, Y. (Hrsg., 1990a), Quality Function Deployment: Integrating Customer Requirements into Product Design, translated by Glenn H. Mazur and Japan Business Consultants, Cambridge, Massachusetts, 1990

Akao, Y., Harada, A. und Matsumoto, K. (1990), Quality Function Deployment and Technology Deployment, in: Akao (Hrsg., 1990), S. 148–179

Akao, Y. (1990b), An introduction to Quality Function Deployment, in: Akao (Hrsg., 1990a), S. 1–24

Akao, Y. und Mazur, G. (2003), The leading edge in QFD: past, present and future, in: International Journal of Quality and Reliability Management, 20, 2003, 1, S. 20–35

Al-Debei, M.M., El-Haddadeh, R. und Avison, D. (2008), Defining the Business Model in the New World of Digital Business, in: Proceedings of the 14th Americas Conference on Information Systems, Toronto 2008, S. 1511–1561

Al-Debei, M.M. und Avision, D. (2010), Developing a unified Framework of the business model concept, in: European Journal of Information Systems, 19, 2010, S. 359–376

Alt, R., Leimeister, J.M., Priemuth, T., Sachse, S., Urbach, N. und Wunderlich, N. (2020), Software-Defined Business Implications for IT Management, in: Business & Information Systems Engineering, 62, 2020, 6, S. 609–621

Andreessen, M. (2011), Why Software is eating the world, in: Wall Street Journal, 20, 2011, 2, o.S.

Ansoff, H.I. (1965), Corporate Strategy, New York (NY) 1965

F. Schönhofen, *Technologieinduzierte Entwicklung neuer Wertversprechen im Software-intensive Business*, https://doi.org/10.1007/978-3-658-43471-7

Backhaus, K. und de Zoeten R. (1992), Organisation der Produktentwicklung, in: Frese (Hrsg. 1992), S. 2024–2066

Baldwin, C. und Woodard, C.J. (2009), The architecture of platforms: a unified view, in: Gawer (Hrsg. 2009a), S. 19–44

Balzert, H. (2009), Lehrbuch der Softwaretechnik: Basiskonzepte und Requirements Engineering, 3. Aufl., Heidelberg 2009

Baumöl, U. (2008), Change Management in Organisationen: Situative Methodenkonstruktion für flexible Veränderungsprozesse, Wiesbaden 2008

Bea, F.X. und Haas, J. (2019), Strategisches Management, 10. Aufl., Stuttgart 2019

Beck, K. (1999), Extreme Programming Explained. Embrace Change, Reading (MA) u.a. 1999

Beck, K., Beedle, M., van Bennekum, A., Cockburn, A., Cunningham, W., Fowler, M., Grenning, J., Highsmith, J., Hunt, A., Jeffries, R., Kern, J., Marick, B., Martin, R. C., Mellor, S., Schwaber, K., Sutherland, J., Thomas, D. (2001), Manifesto for Agile Software Development – Manifest für Agile Softwareentwicklung, URL: http://agilemanifesto.org, abgerufen am: 20.11.2020

Becker, J. (2010), Prozess der gestaltungsorientierten Wirtschaftsinformatik, in Österle et al. (Hrsg., 2010b), S. 13–17

Becker, J., Knackstedt, R., Holten, R., Hansmann, H. und Neumann, S. (2001), Konstruktion von Methodiken: Vorschläge für eine begriffliche Grundlegung und domänenspezifische Anwendungsbeispiele, Arbeitsberichte des Instituts für Wirtschaftsinformatik 2001

Bellman, R., Clark, C.E., Malcolm, D.G., Craft, C.J. und Ricciardi, F.M. (1957), On the construction of a multi-stage, multi-person business game, in: Operation Research 5, 1957, 4, S. 469–503

Bennett, N. und Lemoine, J. (2014), What a difference a word makes: Understanding threats to performance in a VUCA world, in: Business Horizons, 57, 2014, 3, S. 311–317

Bernecker, T. (2005), Entwicklungsdynamik organisatorischer Netzwerke Konzeption, Muster und Gestaltung, Wiesbaden 2005

Biermann, B. und Erne, R. (2020), Nachhaltiges Produktmanagement Wie Sie Nachhaltigkeitsaspekte ins Produktmanagement integrieren können, Wiesbaden 2020

Birkinshaw, J. und Ansari, S. (2015), Understanding management models: going beyond "what" and "why" to "how" work gets done in organizations, in: Foss, N.J., Saebi, T. (Hrsg., 2015), S. 85–103

Boehm, B.W. (1976), Software Engineering, in: IEEE Transactions on Computers, 25, 1976, 12, S. 1226–1241

Bosch, J. (2006), The Challenges of Broadening the Scope of Software Product Families Adressing the challenges involved in broadening the scope of software product families, in: Communications of the ACM, 49, 2006, 12, S. 41–44

Bosch, J. (2018), Transforming To A Software Business, in: Abrahamsson, Bosch, Brinkkemper und Mädche (Hrsg. 2018), S. 169

Bosch, J. (2019), From Efficiency to Effectiveness: Delievering Business Value Through Software, in: Hyrynsalmi, Suoranta, Nguyen-Doc, Tyrväinen und Abrahamsson (Hrsg. 2019), S. 19–27

Bowen, G.A. (2009), Document Analysis as a Qualitative Research Method, in: Qualitative Research Journal, 9, 2009, 2, S. 27–40

Brandenburger, A.M. und Nalebuff, B.J. (2008), Coopetition – Kooperativ konkurrieren; mit der Spieltheorie zum Geschäftserfolg, 3. Aufl., Eschborn 2008

Braun-Thürmann, H. (2005), Innovation, Bielefeld 2005

Brehm, L., Heinzl, A. und Lynne, M. (2001), Tayloring ERP Systems: A Spectrum of Choices and their Implications, in: Sprague (Hrsg., 2001), S. 1–9

Brim, O.G., Glass, D.C., Goodman, N. und Lavin, D.E. (1962), Personality and Decision Processes. Studies in the social psychology of thinking, Stanford 1962

Brinkkemper, S., Bosch, J., Cusumano, M.A., Herzwurm, G., Holmström, H., Hyrynsalmi, S., Margaria, T., Spinellis, D. und Werder, K. (2018b), Working Group on Software-Intensive Business Research: Definition and Roadmap, in: Abrahamsson, Bosch, Brinkkemper und Mädche (Hrsg. 2018), S. 194–196.

Brockhoff, K. (1992), Forschung und Entwicklung. 4. Aufl., München 1992

Brown, S.L. und Eisenhardt, K.M. (1995), Product Development: Past research, present, and future directions, in: Academy of Management Review, 20, 1995, 2, S. 343–378

Brown, T. (2008), Design Thinking, in: Harvard Business Review, 86, 2008, 6, S. 84–92

Bruhn, M. und Hadwich, K. (Hrsg., 2017), Dienstleistungen 4.0 Geschäftsmodelle – Wertschöpfung – Transformation Band 2, Wiesbaden 2017

Bühler, P. und Maas, P. (2017), Transformation von Geschäftsmodellen in einer digitalisierten Welt, in: Bruhn und Hadwich (Hrsg., 2017), S. 43–70

Buschmann, F. (2015), Scoping and Requirements Woes, in: IEEE Software, 6, 2009, S. 68–69.

Buxmann, P., Diefenbach, H. und Hess, T. (2011), Die Softwareindustrie: Ökonomische Prinzipien, Strategien, Perspektiven, 2. Aufl., Berlin 2011

Carrizo, D., Dieste, O. und Juristo, N. (2014), Systematizing requirements elicitation technique selection, in: Information and Software Technology, 56, 2014, 1, S. 644–669

Ceccagnoli, M., Forman, C., Huang, P. und Wu, D.J. (2012), Co-creation of value in a platform ecosystem: The case of enterprise software, in: MIS Quarterly, 36, 2012, 1, S. 263–290

ChargeIQ (2022), Anwendungsfälle, URL: https://www.chargeiq.de, abgerufen am 02.10.2022

Cohen, L. (1995), Quality Function Deployment – How to make QFD Work for You, Reading u.a. 1995

Cohn, M. (2004), User Stories Applied for agile Software Development, Boston u.a. 2004

Cooper, R.G. (1983), A Process Model for Industrial New Product Development, in: IEEE Transactions on Engineering Management, 30, 1983, 3, S. 2–11

Cooper, R.G. (1988), Predevelopment Activities Determine New Product Success, in: Industrial Marketing Management, 17, 1988, 3, S. 237–247

Cooper, R.G. (1996), Overhauling the new product process, in: Marketing Management, 26, 1996, 6, S. 465–482

Cooper, R.G. (1990), Stage-Gate Systems: A New Tool for Managing New Products, in: Business Horizons, 33, 1990, 3, S. 44–54

Cooper, R.G. und Kleinschmidt, E.J. (1991), New Product Processes at Leading Industrial Firms, in: Industrial Marketing Management, 20, 1991, 2, S. 137–147

Cooper, A. (1999), The Inmates are Running the Asylum: Why High-Tech Products Drive Us Crazy and How to Restore the Sanity, Indianapolis (IN) 1999

Crawford, M. und Di Benedetto, A. (2011), New Products Management, 10, New York (NY), 2011
Curedale, R.A. (2013), Design Thinking: process and methods manual, Topanga (CA) 2013
Cusumano, M.A. und Gawer, A. (2002), The Element of Platform Leadership, in: MIT Sloan Management Review, 43, 2002, 3, S. 51–58
Cusumano, M.A. (2010), Staying power – Six enduring principles for managing strategy and innovation in an uncertain world (lessons from Microsoft Apple Intel Google Toyota and more), Oxford 2010
Cusumano, M.A., Gawer, A. und Yoffie, D.B. (2019), The Business of Platforms: Strategy in the Age of Digital Competition, Innovation, and Power, New York (NY) 2019
Dame, K. (2022), The Power of Visioning – A six step guide to supercharging product innovation and thinking big at YouTube, URL: https://design.google/library/youtube-visioning/, abgerufen am 17.02.2022
Davis, A.M. (1993), Software Requirements: Objects, Functions, and States, Englewood Cliffs 1993
De Reuver, M., Sørensen, C. und Basole, R.C. (2018), The digital platform: a research agenda, in: Journal of Information Technology, 33, 2018, 1, S. 124–135
Debortoli, S., Müller, O., Junglas, I. und vom Brocke, J. (2016), Text Mining for Information Systems Researchers: An Annotated Topic Modeling Tutorial, in: Communications of the Association for Information Systems, 39, 2016, 7, S. 110–135
Demil, B. und Lecocq, X. (2010), Business Model Evolution: In Search of Dynamic Consistency, in: Long Range Planning, 43, 2010, 4, S. 227–246
Denzin, N.K. (1970), The research act: A theoretical introduction to sociological methods, New York (NY) 1970
Dhanaraj, C. und Parkhe, A. (2006), Orchestrating innovation networks, in: Academy of Management Review, 31, 2006, 3, S. 659–669
Disselkamp, M. (2012), Innovationsmanagement Instrumente und Methoden zur Umsetzung in Unternehmen, 2. Aufl., Wiesbaden 2012
DIN EN ISO 9000 (2015), Qualitätsmanagementsysteme – Grundlagen und Begriffe, DIN EN ISO 9000:2015, Berlin 2015
Ebert, C. (2014a), Software Product Management, in: IEEE Software, 31, 2014, 3, S. 21–24
Ebert, C. (2014b), Systematisches Requirements Engineering – Anforderungen ermitteln, dokumentieren, analysieren und verwalten, 5. Aufl., Heidelberg 2014
Eisenmann, T., Parker, G. und van Alstyne, M. (2006), Strategies for two-sided markets, in: Harvard Business Review, 84, 2006, 10, S. 92–102
Eisner, E.W. (1991), The enlightened eye: Qualitative inquiry and the enhancement of educational practice, Toronto 1991
Erbeldiger, J. und Ramge, T. (2015), Durch die Decke denken, München 2015
Evans, P. und Gawer, A. (2016), The rise of the platform enterprise, URL: https://www.thecge.net/app/uploads/2016/01/PDF-WEB-Platform-Survey_01_12.pdf, abgerufen am 20.12.2021
Fehlmann, T. und Mazur, G. (2016), Using AHP in QFD – The Impact of the new ISO 16355 Standard, in: Proceedings of the 22nd International Symposium on Quality Function Deployment, Boise (ID) 2016

Fereday, J. und Muir-Cochrane, E. (2006), Demonstrating rigor using thematic analysis: A hybrid approach of inductive and deductive coding and theme development, in: International Journal of Qualitative Methods, 5, 2006, 1, S. 80–92
Flanagan, J.C. (1954), The Critical Incident Technique, in: Psychological Bulletin, 51, 1954, 4, S. 327.
Foss, N.J. und Saebi, T. (Hrsg., 2015), Business Model Innovation: The Organizational Dimension, Oxford 2015
Frese, E. (Hrsg., 1992), Handwörterbuch der Organisation, 3. Aufl., Stuttgart 1992
Frese, E. und Noetel, W. (1992), Kundenorientierung in der Auftragsabwicklung. Strategie, Organisation, Informationstechnologie, Stuttgart und Düsseldorf 1992
Garousi, V., Felderer, M. und Mäntylä, M.V. (2019), Guidelines for including Grey Literature and conducting multivocal literature reviews in software engineering, in: Information and Software Technology, 106, 2019, 1, S. 101–121
Gassmann, O., Frankenberger, K. und Csik, M. (2013), Geschäftsmodelle entwickeln 55 innovative Konzepte mit dem St. Galler Business Model Navigator, München 2013
Gawer, A. und Cusumano, M.A. (2008), How companies become platform leaders, in: MIT Sloan Management Review, 49, 2008, 2, S. 28–35
Gawer, A. (2009a), Platforms, markets and innovation, Cheltenham 2009
Gawer, A. (2009b), Platform Dynamics and Strategies: From Products to Services, in: Gawer (Hrsg., 2009a), S. 45–76
Gawer, A. (2014), Bridging differing perspectives on technological platforms: Toward an integrative framework, in: Research Policy, 43, 2014, 7, S. 1239–1249
Gawer, A. (2021), Digital platforms' boundaries: The interplay of firm scope, platform sides, and digital interfaces, in: Long Range Planning, 54, 2021, 5, S. 1–16
Giardino, C., Paternoster, N., Unterkalmsteiner, M., Gorschek, T. und Abrahamsson, P. (2016), Software development in Startup Companies: The Greenfield Startup Model, in: IEEE Transactions on Software Engineering, 42, 2016, 6, S. 585–604
Glinz, M. (2017), A Glossary of Requirements Engineering Terminology, URL: https://www.ireb.org/content/downloads/2-cpre-glossary/ireb_cpre_glossary_17.pdf, abgerufen am 14.02.2022
Gloger, B. (2016), Scrum – Produkte zuverlässig und schnell entwickeln, München 2016
Gogan, J., McLaughlin, M.-D. und Thomas, D. (2014), Critical Incident Technique in the Basket, in: 35th International Conference on Information Systems, Auckland 2014, S.
Google Scholar (2021), URL: https://scholar.google.de/, abgerufen am 28.06.2021
Gottschalk, S., Rittmaier, F. und Engels, G. (2019), Intertwined Development of Business Model and Product Functions for Mobile Applications: A Twin Peak Feature Modeling Approach, in: Hyrynsalmi, S., Suoranta, M., Nguyen-Doc, A., Tyrväinen, P., und Abrahamsson, P. (Hrsg. 2019), S. 192–207
Grant, R.M. (2002), Contemporary Strategy, 4. Aufl., Cambridge 2002
Greiffenberg, S. (2003), Methoden als Theorien der Wirtschaftsinformatik, in: Proceedings der 6. Internationalen Tagung Wirtschaftsinformatik (WI 2003), Dresden, S. 947–967
Grochla, E. (1978), Einführung in die Organisationstheorie, Stuttgart 1978
Grochla, E. (1993), Betrieb, Betriebswirtschaft und Unternehmung, in: Wittmann,W., Kern, W., Köhler, R., Küpper, U. und v. Wysocki, K. (Hrsg., 1993), S. 374–390
Gruber, H., Terrel, G. und Wertheimer, M. (Hrsg., 1967), Contemporary Approaches to Creative Thinking, New York (NY) 1967

Guinta, L.R. und Praizler, N.C. (1993), The QFD Book: The Team Approach to Solving Problems and Satisfying Customers through Quality Function Deployment, New York (NY) 1993

Gutzwiller, T. (1994), Das CC RIM-Referenzmodell für den Entwurf von betrieblichen transaktionsorientierten Informationssystemen, Heidelberg 1994

Haas, J. (1997), Die Entwicklungsfähigkeit von Unternehmungen, Frankfurt am Main 1997

Hassenzahl, M. (2001), The effect of perceived hedonic quality on product appealingness, in: International Journal of Human-Computer Interaction, 13, 2001, 4, S. 481–499

Hassenzahl, M. (2008), User Experience (UX): Towards an experiental perspective on product quality, in: Proceedings der International Conference on Association Francophone d'Interaction Homme-Machine, Metz 2008, S. 11–15

Hassenzahl, M. und Tractinsky, N. (2006), User experience – a research agenda, in: Behavior & Information Technology, 25, 2006, 2, S. 91–97

Hauschildt, J. (1997), Innovationsmanagement, München 1997

Hedman, J. und Kalling, T. (2003), The business model concept: Theoretical underpinnings and empirical illustrations, in: European Journal of Information Systems, 12, 2003, 1, S. 49–59

Helferich, A. (2010), Software Mass Customization: Übertragung des Konzepts der individualisierten Massenfertigung auf Softwareprodukte, Lohmar und Köln, 2010

Herstatt, C. (1999), Theorie und Praxis der frühen Phasen des Innovationsprozesses, in: io Management, 68, 1999, 10, S. 72–81.

Herzwurm, G. (2000), Kundenorientierte Softwareproduktentwicklung, Wiesbaden 2000

Herzwurm, G. (2018), Position Statement, in: Abrahamsson, Bosch, Brinkkemper und Mädche (Hrsg. 2018), S. 176

Herzwurm, G., Dowie, U. und Schockert, S. (2000b), Continuous QFD – Employing of QFD in the case of fuzzy development tasks, in: Transactions from the 12th Symposium on Quality Function Deployment and the 6th International Symposium on QFD, Novi (MI), 2000, S. 84–103

Herzwurm, G., Fehlmann, T., Pietsch, W. und Schockert, S. (2011), Der Qualität ein Haus, in: QZ – Qualität und Zuverlässigkeit, 56, 2011, 8, S. 23–27

Herzwurm, G. und Pietsch, W. (2009), Management von IT-Produkten – Geschäftsmodelle, Leitlinien und Werkzeugkasten für softwareintensive Systeme und Dienstleistungen, Heidelberg 2009

Herzwurm, G. und Schockert, S. (2003), The leading edge in QFD for software and electronic business, in: International Journal of Quality & Reliability Management, 20, 2003, 1, S. 36–55

Herzwurm, G., Schockert, S. und Mellis, W. (1997), Qualitätssoftware durch Kundenorientierung – Die Methode Quality Function Deployment (QFD): Grundlagen, Praxis und SAP R/3 Fallbeispiel, Braunschweig 1997

Herzwurm, G., Schockert, S. und Mellis, W. (2000a), Joint Requirements Engineering – QFD for Rapid Customer-Focused Software and Internet-Development, Braunschweig und Wiesbaden, 2000

Herzwurm, G., Schockert, S. und Tauterat, T. (2016), A Critical Analysis of Software QFD Publications, in: Proceedings of the 22nd International Symposium on QFD, Boise (ID), 2016, S. 171–200

Hevner, A.R., March, S.T., Park, J. und Ram, S. (2004), Design Science in Information Systems Research, in: MIS Quarterly, 28, 2004, 1, S. 75–105
Heym, M. (1993), Methoden-Engineering: Spezifikation und Integration von Entwicklungsmethoden für Informationssysteme, Diss. an der Universität St. Gallen 1993
Highsmith, J. (1997), Messy, Exciting, and Anxiety-Ridden: Adaptive Software Development, in: American Programmer, 11, 1997, 4, S. 23–29
Highsmith, J.A. (1999), Adaptive Software Development. A Collaborative Approach to Managing Complex Systems, New York (NY) 1999
Hilkert, D. (2012), Das Partnermanagement in Softwareplattformen, Berlin 2012
Hines, K. und Mazur, G. (2007), Using QFD to Involve all Employees in the Corporate Innovation Process, in: Proceedings of the 13th International Symposium on QFD, Williamsburg (VA) 2007, S. 425–433
Homburg, C. (2017), Marketingmanagement, Strategie – Instrumente – Umsetzung – Unternehmensführung, 6. Aufl., Wiesbaden 2017
Horney, N., Pasmore, B. und O'Shea, T. (2010), Leadership agility: A Business Imperative for a VUCA World, in: People & Strategy, 33, 2010, 4, S. 32–38
Hyrynsalmi, S., Suoranta, M., Nguyen-Doc, A., Tyrväinen, P., und Abrahamsson, P. (Hrsg. 2019), Software Business Proceedings of the 10th International Conference on Software Business (ICSOB 2019), Jyväskylä 2019
Iansiti, M. und Levien, R. (2004), The keystone advantage: What the new dynamics of business ecosystems mean for strategy, innovation and sustainability, Boston (MA), 2004
Ideo (2012), Design Thinking for educators, New York (NY) 2012
IEEE 830 (1998), IEEE Recommended Practice for Software Requirements Specifications, IEEE 830–1998, New York (NY) 1998
Imai, M. (1986), The Key to Japan's Competitive Success, New York (NY) 1986
ISO 16355–1 (2015), Application of statistical and related methods to new technology and product development process – Part 1: General Principles and Perspectives of Quality Function Deployment (QFD), ISO 16355–1:2015, Genf 2015
ISO 16355–2 (2017), Application of statistical and related methods to new technology and product development process – Part 2: Non-quantitative approaches for the acquisition of voice of customer and voice of stakeholder, ISO 16355–2:2017, Genf 2017
ISO 16355–5 (2017), Application of statistical and related methods to new technology and product development process – Part 5: Solution strategy, ISO 16355–5:2017, Genf 2017
ISO/IEC/IEEE 24765 (2010), Systems and Software Engineering, Vocabulary, ISO/IEC/IEEE 24675:2010, Genf, New York (NY) 2010
ISO/IEC/IEEE 26515 (2012), Systems and Software Engineering – Developing user documentation in an agile environment, ISO/IEC/IEEE 26515:2012, Genf, New York (NY) 2012
ISO/IEC/IEEE 29148 (2018), Systems and software engineering – Life cycle processes – Requirements Engineering, ISO/IEC/IEEE 29148:2018, Genf, New York (NY) 2018
Itami, H. und Nishino, K. (2010), Killing Two Birds with One Stone Profit for Now and Learning for the Future, in: Long Range Planning, 43, 2010, 1, S. 364–369
Jackson, M.A. (1976), Data Structures as a Basis for Program Design, in: Structured Programming – Infotech State of the Art Report, 1976
Jacobides, M.G., Cennamo, C. und Gawer, A. (2018), Towards a theory of ecosystems, in: Strategic Management Journal, 39, 2018, 8, S. 2255–2276

Jansen, S. (2009), Proceedings of the First International Workshop on Software Ecosystems (IWSECO 2009), Falls Church (VA) 2009

Jansen, S., Brinkkemper, S. und Finkelstein, A. (2009), Business Network Management as a Survival Strategy: A Tale of Two Software Ecosystems, in: Jansen (Hrsg., 2009), S. 34–48

Jansen, S., Brinkkemper, S. und Cusumano, M.A. (Hrsg., 2013), Software Ecosystems Analyzing and managing Business Networks in the Software Industry, Cheltenham und Northampton (MA), 2013

Jansen, S. und Cusumano, M.A. (2013), Defining software ecosystems: a survey of software platforms and business network governance, in: Jansen, Brinkkemper und Cusumano (Hrsg., 2013), S. 13–28

Jansen, S. und Werder, K. (2018), Executive Summary, in: Abrahamsson, Bosch, Brinkkemper und Mädche (Hrsg. 2018), S. 176

Jansen, S. (2019), There's No Business Like Software Business: Trends in Software Intensive Business Research, in: Hyrynsalmi, Suoranta, Nguyen-Doc, Tyrväinen und Abrahamsson (Hrsg., 2019), S. 19–27

Jayaswal B.K. und Patton P.C. (Hrsg., 2007), Design for trustworthy software, Upper Saddle River (NJ) 2007

Jedlitschka, A., Kuvaja, P., Kuhrmann, M., Männistö, T., Münch, J. und Raatikainen, M. (Hrsg., 2014), Product-Focused Software Process Improvement, Helsinki, 2014

Johnson, M.W. (2010), The time has come for business model innovation, in: Leader to Leader, 57, 2010, 3, S. 6–10

Juran, J.M. (1992), Juran on Quality by Design. The New Steps for Planning Quality into Goods and Services, New York (NY) 1992

JSA (Hrsg., 2003), Performance improvement of management systems – Guidelines for Quality Function Deployment, JIS Q 9025:2003, Tokio 2003

Kano, N., Seraku, S., Takahashi, F. und Tsuji, S. (1984), Attractive Quality and Must-Be Quality, in: Hinshitsu (Quality), 1, 1984, 2, S. 39–48

Katumba, B. und Knauss, E. (2014), Agile Development in Automotive Software Development: Challenges and Opportunities, in: Jedlitschka, Kuvaja, Kuhrmann, Männistö, Münch und Raatikainen (Hrsg., 2014), S. 33–47

Khurana, A. und Rosenthal, S.R. (1997), Integrating the Fuzzy Front End of New Product Development, in: Sloan Management Review, 38, 1997, 2, S. 103–120

King, B. (1994), Doppelt so schnell wie die Konkurrenz, 2. Aufl., St. Gallen 1994

Kittlaus, H.-B. (2018), Position Statement, in: Abrahamsson, Bosch, Brinkkemper und Mädche (Hrsg., 2018), S. 179

Konczal, E.F. (1975), Models are for Managers, not Mathematicians, in: Journal of Systems Management, 26, 1975, 1, S. 12–15

Kreutzer, R.T. (2022), Praxisorientiertes Marketing – Grundlagen – Instrumente – Fallbeispiele, 6. Aufl., Wiesbaden 2022

Kruchten, P., Nord, R. und Ozkaya, I. (2019), Managing Technical Debt, Reducing friction in software development, London 2019

Kubicek, H. (1975), Empirische Organisationsforschung. Konzeption und Methodik, Stuttgart 1975

Kujala, S., Roto, V., Väänänen-Vainio-Mattila, K., Karapanos, E. und Sinnelä, A. (2011), UX Curve: A method for evaluating long-term user experience, in: Interacting with Computers, 23, 2011, 5, S. 473–483

Kusay-Merkle, U. (2018), Agiles Projektmanagement im Berufsalltag – Für mittlere und kleinere Projekte, Berlin 2018

Latzko, W.J. und Saunders, D.M. (1995), Four Days with Dr. Deming: A Strategy for Modern Methods of Management, Reading (MA) u.a. 1995

Lee, J.D. und See, K.A. (2004), Trust in Automation: Designing for Appropriate Reliance, in: Human Factors: The Journal of the Human Factors and Ergonomics Society, 46, 2004, 1, S. 50–80

Lehmann-Ortega, L. und Schoettl, J.-M., (2005), From buzzword to managerial tool: the role of business models in strategic innovation, in: Cladea Annual Assembly, 5, 2005, 1, S. 1–14

Lenz, U. (2019), VUCA Umbrüche: Die neue Welt für Führung und Change, in: Business Psychology To-Go, 1, 2019, 1, S. 20–23

Lima, G.L.B., Ferreira, G.A.L., Saotome, O., da Cunha, A.M. und Dias, A.B. (2015), Hardware Development: Agile and Co-Design, in: Proceedings of the twelth International Conference on Information Technology, 2015, S. 784–787

Lindberg, T., Meinel, C. und Wagner, R. (2011), Design Thinking: A Fruitful Concept for IT Development?, in: Plattner et al. (Hrsg., 2011), S. 3–18

Lynn, G.S. und Akgün, A.E. (2001), Project visioning: Its components and impact on new product success, in: The Journal of Product Innovation Management, 18, 2001, 6, S. 374–387

Mackert, O. und Pietsch, W. (2017), QFD und Design Thinking – Idee und Praxis, in: QFD Forum 33, 2017, S. 1–37

Mädche, A. (2018), Position Statement, in: Abrahamsson, Bosch, Brinkkemper und Mädche (Hrsg. 2018), S. 180–181

Mahadevan, B. (2000), Business Models for Internet based E-Commerce. An Anatomy, in: California Management Review, 42, 2000, 4, S. 55–69

Mahadevan, B. (2004), A framework for Business Model Innovation, URL: http://www.iimb.ernet.in/~mahadev/imrc2004.pdf, abgerufen am 21.01.2022

Malik, F. (1996), Strategie des Managements komplexer Systeme, 5. Aufl., Bern und Stuttgart 1996

Mautsch, L.O. (2015), Softwareplattformen für Unternehmenssoftwareökosysteme, Lohmar und Köln, 2015

Mazur, G. (1994), Glenn Mazur's interpretation of the Japanese characters for QFD, URL: http://www.mazur.net/works/qfd_definition.pdf, abgerufen am 26.01.2022

Mazur, G. (2012), Blitz QFD – The Lean Approach to Product Development, in: Proceedings of the ASQ's World Conference on Quality and Improvement, Anaheim (CA), 2021, S. 1–16

Mizuno, S. und Akao, Y. (1994), QFD: the customer-driven approach to quality planning and development, Tokyo 1994

Model, K. und Schönhofen, F. (2022), Herausforderungen bei der Produktentwicklung von cyber-physischen Systemen, in: Stuttgarter Schriften zur Unternehmenssoftware, Nr. 8, Stuttgart 2022

Moore, J.F. (1997), The death of competition: leadership and strategy in the age of business ecosystems, New York (NY) 1997
Mootee, I. (2013), Designing for strategic innovation, Hoboken (NY) 2013
Nakui, S. (1991), Comprehensive QFD System, in: Transactions of the third Symposium on Quality Function Deployment, Novi (MI) 1991, S. 137–152
Newell, A., Shaw, J.C., Simon, H.A. (1967), The Process of Creative Thinking, in: Gruber et al. (Hrsg., 1967), S. 63–119
Nunamaker, J.F., Briggs, R.O., Derrick, D.C. und Schwabe, G. (2015), The Last Research Mile: Achieving Both Rigor and Relevance in Information Systems Research, in: Journal of Management Information Systems, 32, 2015, 3, S. 10–47
Nuseibeh, B. (2001), Weaving together Requirements and Architectures, in: Computer, 34, 2001, 3, S. 115–117
OPC Foundation (2022), OPC UA Technology Wiki, URL: http://wiki.opcfoundation.org/index.php/Main_Page, abgerufen am 16.03.2022
Osborn, A. (1979), Applied Imagination: Principles and Procedures of Creative Problem-Solving, 3. Aufl., New York (NY) 1979
Österle H., Becker, J., Frank, U., Hess, T., Karagiannis, D., Krcmar, H., Loos, P., Mertens, P., Oberweis, A. und Sinz, E.J. (2010a), Memorandum zur gestaltungsorientierten Wirtschaftsinformatik, in: Zeitschrift für betriebswirtschaftliche Forschung, 62, 2010, 6, S. 664–672
Österle, H., Winter, R. und Brenner, W. (Hrsg., 2010b), Gestaltungsorientierte Wirtschaftsinformatik: Ein Plädoyer für Rigor und Relevanz, St. Gallen 2010
Osterwalder, A. (2004), The Business Model Ontology – A Proposition in a Design Science Approach, Diss. an der Universität Lausanne, Lausanne 2004
Osterwalder, A., Pigneur, Y. und Tucci, C.L. (2005), Clarifying Business Models: Origins, Present, and Future of the Concept, in: Communications of the Association for Information Systems, 15, 2005, 1, S. 1–25
Osterwalder, A. und Pigneur, Y. (2010), Business Model Generation: A Handbook for Visionaries, Game Changers, and Challengers, Hoboken (NJ) 2010
Osterwalder, A., Pigneur, Y., Bernarda, G., Smith, A. und Papadakos, T. (2014), Value Proposition Design: How to Create Products and Services Customers Want, Hoboken (NJ) 2014
Parker, G.G. und van Alstyne, M.W. (2005), Two-Sided Network Effects: A Theory of Information Product Design, in: Management Science, 51, 2005, 10, S. 1494–1504
Peffers, K., Tuunanen, T., Rothenberger, M.A. und Chatterjee, S. (2007), A Design Science Methodology for Information Systems Research, in: Journal of Management Information Systems, 24, 2007, 3, S. 45–77
Pelicioni, R.A., Armellini, F., Kaminski, P.C. und Bassetto, S. (2017), Including the Voice of the Client in the creative process – a case study of the integration of Quality Function Deployment (QFD) to the Value Proposition Design (VPD) in the service sector, in: Journal of modern Project Management, 5, 2017, 2, S. 6–21
Pelzl, N. (2016), Methodische Entwicklung von zukunftsorientierten Geschäftsmodellen im Cloud-Computing, Lohmar und Köln 2016
Penrose, E. (2009), The Theory of the Growth of the Firm, 4. Aufl., Oxford 2009
Pepels, W. (2016), Produktmanagement, 6. Aufl., Berlin 2016

Petrik, D., Schönhofen, F., Straub, D., Herzwurm, G. und Kuolt, H. (2018), Application of a software ecosystem framework for connected vacuum gripping systems, in: Procedia CIRP, 72, 2018, S. 580–585

Pietsch, W. (2019), German Interpretation and Dissemination of ISO 16355, in: Proceedings of the 25th International Symposium on Quality Function Deployment, Boise 2019

Plattner, H., Meinel, C. und Weinberg, U. (2009), Design Thinking. Innovation lernen, Ideenwelten öffnen, München 2009

Plattner, H., Meinel, C. und Leifer, L. (Hrsg., 2011), Design Thinking: Understand – Improve – Apply, Berlin und Heidelberg 2011

Plattner, H., Meinel, C. und Leifer, L. (Hrsg., 2018), Design Thinking Research – Making Distinctions: Collaboration versus Cooperation, Cham 2018

Pohl, K. (1994), The three dimensions of Requirements Engineering: A Framework and its applications, in: Information Systems, 19, 1994, 3, S. 243–258

Pohl, K. und Rupp, C. (2015), Basiswissen Requirements Engineering: Aus- und Weiterbildung nach IREB-Standard zum Certified Professional for Requirements Engineering Foundation Level, 4. Aufl., Heidelberg 2015

Pohl, K. und Rupp, C. (2021), Basiswissen Requirements Engineering: Aus- und Weiterbildung nach dem IREB-Standard zum Certified Professional for Requirements Foundation Level, 5. Aufl., Heidelberg 2021

Porter, M.E. (1980), Competitive Strategy. Techniques for Analyzing Industries and Competitors, New York (NY) 1980

Porter, M.E. (2001), Strategy and the Internet, in: Harvard Business Review, 73, 2001, 3, S. 63–78

Porter, M.E. (2013), Wettbewerbsstrategie. Methoden zur Analyse von Branchen und Konkurrenten, 12. Aufl., Frankfurt am Main und New York (NY) 1988

Porter, M.E. und Heppelmann, J.E. (2014), How Smart, Connected Products Are Transforming Competition, in: Harvard Business Review, 92, 2014, 7, S. 64–88

Priem, R.L. und Butler, J.E. (2001), Is the Resource-Based "View" a useful Perspective for Strategic Management Research?, in: Academy of Management Review, 26, 2001, 1, S. 22–40

Probst, G.J.B. (1987), Selbstorganisation, Berlin und Hamburg 1987

QFD Institute (2020), Reverse-QFD: Product-out vs. Market-in Approaches, URL: http://www.qfdi.org/newsletters/reverse-qfd.html, abgerufen am 23.11.2020

QFD Institut Deutschland (2021), 4 Stufen der Zertifizierung, URL: https://qfd-id.de/wie-kann-ich-mich-zertifizieren-lassen-2/, abgerufen am 21.07.2021

Reichwald, R. und Piller, F. (2009), Interaktive Wertschöpfung Open Innovation, Individualisierung und neue Formen der Arbeitsteilung, 2. Aufl., Wiesbaden 2009

Ries, E. (2011), The Lean Startup: How Today's Entrepreneurs Use Continuous Innovation to Create Radically Successful Businesses, New York (NY) 2011

Robertson, S. und Robertson, J. (2012), Mastering the Requirements Process – Getting Requirements Right, 3. Aufl., Upper Saddle River (NJ) u.a. 2012

Rochet, J. und Tirole, J. (2003), Platform competition in two-sided markets, in: Journal of the European Economic Association, 1, 2003, 4, S. 990–1029

Rohrbach, B. (1969), Kreativ nach Regeln – Methode 635, eine neue Technik zum Lösen von Problemen, in: Absatzwirtschaft, 19, 1969, 12, S. 73–75

Saatweber, J. (2011), Kundenorientierung durch Quality Function Deployment: Produkte und Dienstleistungen mit QFD systematisch entwickeln, 3. Aufl., Düsseldorf 2011
Saaty, T.L. (2008), Decision making with the analytic hierarchy process, in: International Journal of Services Sciences, 1, 2008, 1, S. 83–98
Sarker, S., Sarker, S., Sahaym, A. und Bjørn-Andersen, N. (2012), Exploring Value Cocreation in Relationships between an ERP Vendor and its Partners: A Revelatory Case Study, in: MIS Quarterly, 36, 2012, 1, S. 317–338
SAQ, EOQ-SC (Hrsg., 1994), Software Quality Concern for People, Proceedings of the Fourth European Conference on Software Quality, Basel und Zürich 1994
Schallmo, D.R.A. (2013), Geschäftsmodell-Innovation: Grundlagen, bestehende Ansätze, methodisches Vorgehen und B2B-Geschäftsmodelle, Wiesbaden 2013
Schallmo, D.R.A. (Hrsg., 2014a), Kompendium Geschäftsmodell-Innovation Grundlagen, aktuelle Ansätze und Fallbeispiele zur erfolgreichen Geschäftsmodell-Innovation, Wiesbaden 2014
Schallmo, D.R.A. (2014b), Vorgehensmodell der Geschäftsmodell-Innovation – bestehende Ansätze, Phasen, Aktivitäten und Ergebnisse, in: Schallmo (Hrsg., 2014a), S. 51–74
Schallmo, D.R.A. (2017), Design Thinking erfolgreich anwenden – So entwickeln Sie in 7 Phasen kundenorientierte Produkte und Dienstleistungen, Wiesbaden 2017
Schockert, S. (2017), Agiles Software Quality Function Deployment, Lohmar und Köln 2017
Schön, O. (2012), Business Model Modularity – A Way to Gain Strategic Flexibility?, in: Zeitschrift für Controlling und Management, 56, 2012, 2, S. 73–78
Schönhofen, F. (2021), Software Product Management Summit: Value Proposition Development for Deep Tech Innovations, URL: https://spmsummit.org/spm-online-recharge-16062021, abgerufen am 16.02.2022
Schönhofen, F., Petrik, D., Schockert, S. und Herzwurm, G. (2017), Analysis of platform-based Business Models using Quality Function Deployment, in: Proceedings of the 23rd International Symposium on Quality Function Deployment, Tokyo 2017
Schönhofen, F. und Schockert, S. (2017), Das Business Model House of Quality: Bewertung plattformbasierter Geschäftsmodelle mit Quality Function Deployment, in: Proceedings der 13. Internationalen Tagung Wirtschaftsinformatik (WI 2017), St. Gallen, S. 1477–1488
Schönhofen, F., Schockert, S. und Herzwurm, G. (2021), Towards a Value Proposition Deployment for Software-intensive Innovations, in: Proceedings of the 26th International Symposium on Quality Function Deployment, Aachen 2021
Schumpeter, J.A. (1934), The Theory of Economic Development: An Inquiry into Profits, Capital, Credit, Interest and the Business Cycle, New Brunswick (NJ) und London 1934
Schwaber, K. und Beedle, M. (2002), Agile Software Development with Scrum, Upper Saddle River (NJ) 2002
Schwaber, K. und Sutherland, J. (2020), The Scrum Guide, The Definitive Guide to Scrum: The Rules of the Game, URL: https://scrumguides.org/docs/scrumguide/v2020/2020-Scrum-Guide-US.pdf, abgerufen am 10.03.2021
Schwaber, K. und Sutherland, J. (2021), Changes between 2017 and 2020 Scrum Guides, URL: https://scrumguides.org/revisions.html, abgerufen am 11.03.2021
ScienceDirect (2021), URL: https://www.sciencedirect.com, abgerufen am 28.06.2021
Social Searcher (2021), URL: https://www.social-searcher.com, abgerufen am 28.06.2021

Sprague, R.H. (2001), Proceedings of the 34th Annual Hawaii International Conference on System Sciences (HICSS '01), Maui (HI) und Los Alamitos (CA) 2001

Stähler, P. (2002), Geschäftsmodelle in der digitalen Ökonomie, 2. Aufl., Lohmar und Köln 2002

Straub, D., Petrik, D., Schönhofen, F., Herzwurm, G. und Kuolt, H. (2017), Geschäftsmodellentwicklung für vernetzte Vakuumsauggreifer, in: Arbeitswelten 4.0 Chancen, Herausforderungen, Lösungen, Tagungsband der 16. Tage des Betriebs- und Systemingenieurs, Chemnitz 2017

Swartout, W. und Balzer, R. (1982), On the Inevitable Intertwining of Specification and Implementation, in: Communications of the ACM, 25, 1982, 7, S. 438–440

Taipale-Erävala, K., Salmela, E. und Lampela, H. (2020), Towards a New Business Model Canvas for Platform Businesses in Two-Sided Markets, in: Journal of Business Models, 8, 2020, 3, S. 107–125

Takeuchi, H. und Nonaka, I. (1986), The new product development game, in: Harvard Business Review, 64, 1986, 1, S. 137–146

Teece, D.J. (2010), Business Models, Business Strategy and Innovation, in: Long Range Planning, 43, 2010, 2, S. 172–194

Teng, D. und Lu, P. (2016), Value Proposition Discovery in Big Data Enabled Business Model Innovation, in: Proceedings of the 23rd International Conference on Management Science and Engineering, Olten 2016

Thiess, M., Streckfuß, G. und Jahn, W. (2011), Why we need matrices in QFD, in: Proceedings of the 17th International QFD Symposium, Stuttgart 2011, S. 1–13

Thom, N. (1980), Grundlagen des betrieblichen Innovationsmanagements, 2. Aufl., Königstein 1980

von Thienen, J.P.A., Clancey, W.J., Corazza, E.G. und Meinel, C. (2018), Theoretical Foundations of Design Thinking, in: Plattner et al. (Hrsg., 2018), S. 13–42

T2Informatik (2022), Reverse Brainstorming – Probleme umkehren, um daraus Ideen zu entwickeln, URL: https://t2informatik.de/wissen-kompakt/reverse-brainstorming/, abgerufen am 08.03.2022

UX Planet (2022), Visiontypes: A Tool for Strategic Innovation, URL: https://uxplanet.org/visiontypes-a-tool-for-strategic-innovation-755c680f4536, abgerufen am 17.02.2022

Vahs, D. und Brem, A. (2015), Innovationsmanagement. Von der Idee zur erfolgreichen Vermarktung, 5. Aufl., Stuttgart 2015

Veit, D., Clemons, E., Benlian, A., Buxmann, P., Hess, T., Spann, M., Kundisch, D. und Leimeister, J.M. (2014), Geschäftsmodelle. Eine Forschungsagenda für die Wirtschaftsinformatik, in: Wirtschaftsinformatik, 56, 2014, 1, S. 55–64

VersionOne (2020), 14th Annual State of Agile Report, URL: https://content.cdntwrk.com/files/aT0xMjUxNDE3JnY9MiZpc3N1ZU5hbWU9MTR0aC1hbm51YWwtc3RhdGUtb2YtYWdpbGUtcmVwb3J0JmNtZD1kJnNpZz0xOGQ5NDI4YTM5MTMzNTI5OD U2MmZhYjI5NDNkNmRjMg%253D%253D, abgerufen am 20.11.2020

Voelpel, S.C., Leibold, M. und Tekie, E.B. (2004), The wheel of reinvention: how to reshape your business model to leapfrog competitors, in: Journal of Change Management, 4, 2004, 3, S. 259–276

Vue.js Guide (2021), What is Vue.js?, URL: https://vuejs.org/v2/guide/, abgerufen am 15.07.2021

Watanabe, Y., Yoshikawa, M. und Shindo, H. (2013), Software development method based on twin peaks model with QFD, in: Proceedings of the International Symposium on QFD & North American Symposium on QFD, Santa Fe, USA, 2013, S. 117–126

Watson, G., Mazur, G. und Akao, Y. (2011), QFD Applications for the Board of Directors, in: Transactions of the 23rd Symposium on QFD, San Diego (CA) 2011, S. 1–17

Wheelwright, S. und Clark, K. (1992), Creating project plans to focus product development, in: Harvard Business Review, 70, 1992, 2, S. 70–82

Wirtz, B.W. (2000), Electronic Business, Wiesbaden 2000

Wirtz, B.W. und Thomas, M.-J. (2014), Design und Entwicklung einer Business Model-Innovation, in: Schallmo (Hrsg., 2014), S. 31–50

Wirtz, B.W., Pistoia, A., Ullrich, S. und Göttel, V. (2016), Business Models: Origin, Development and Future Research Perspectives, in: Long Range Planning, 49, 2016, 1, S. 36–54

Wirtz, B.W. (2020), Electronic Business, 7. Aufl., Wiesbaden 2020

Wirtz, B.W. (2021), Business Model Management: Design – Instrumente – Erfolgsfaktoren von Geschäftsmodellen, 5. Aufl., Wiesbaden 2021

Wittmann, W., Kern, W., Köhler, R., Küpper, U. und v. Wysocki, K. (Hrsg., 1993), Handwörterbuch der Betriebswirtschaft, 5. Aufl., Stuttgart 1993

Wnuk, K. und Kollu, R., A Systematic Mapping Study on Requirements Scoping, in: Proceedings of the 20th International Conference on Evaluation and Assessment in Software Engineering (EASE 2016), Limerick 2016, S. 1–11

Worthington, I. und Britton, C. (2009), Business Environment, Essex 2009

Yip, G.S. (2004), Using strategy to change your business model, in: Business Strategy Review, 15, 2004, 1, S. 17–24

Yoffie, D.B. und Cusumano, M.A. (1999), Judo Strategy. The Competitive dynamics of Internet Time, in: Harvard Business Review, 77, 1999, 1, S. 71–81

Yoshizawa, T., Togari, H. und Kuribayashi, T. (1990), Quality Function Deployment for software development, in: Akao (Hrsg., 1990), S. 329–353

Zäpfel, G. (1989), Taktisches Produktionsmanagement, Berlin und New York (NY) 1989

Zultner, R.E. (1991), Before the House. The Voices of Customers in QFD, in: Proceedings of the 3rd Symposium on Quality Function Deployment, Novi (MI) 1991, S. 451–464

Zultner, R.E. (1992), Quality Function Deployment for Software: Satisfying Customers, in: American Programmer, 6, 1992, 2, S. 28–41

Zultner, R.E. (1994), Software Quality Function Deployment – The North American experience, in: SAQ, EOQ-SC (Hrsg., 1994), S. 143–158

Zultner, R.E. (1995), Blitz QFD: Better, Faster, and Cheaper Forms of QFD, in: American Programmer, 9, 1995, 10, S. 24–36

Zultner, R.E. (2007), Understanding Customer Needs: Software QFD and the Voice of Customer, in: Jayaswal und Patton (Hrsg., 2007), S. 345–404

Kolibri 360 GmbH
Ferdinand-Jühlke-Straße 7
99095 Erfurt, Deutschland
produktsicherheit@kolibri360.de